国家级一流本科专业建设点配套教材
高等院校经济管理类专业"互联网+"创新规划教材

货币金融学

黄绥彪 主　编
滕莉莉 副主编

内 容 简 介

本书根据货币金融发展的内在逻辑，全面系统地介绍了货币金融的基本原理和基础知识，主要包含五个方面的内容。一是货币与信用，先介绍了货币的本质与职能，货币制度及其演变；然后介绍了信用的功能、形式，以及利息、利率的相关理论。二是金融机构，先介绍金融机构的功能及现代金融机构体系的构成；然后分别对商业银行、中央银行及金融监管机构进行了介绍。三是金融市场，对货币市场、资本市场、外汇市场、金融衍生工具市场进行了详细的介绍。四是货币供求与货币政策，对货币需求、货币供给、通货膨胀及货币政策的基本理论进行了系统的介绍。五是国际收支，主要介绍了国际收支理论及国际收支的调节。

本书适合作为经济类、管理类和金融类专业"货币银行学"或"金融学"课程的教材，也可以作为金融从业人员了解金融理论和基础知识的参考资料。

图书在版编目(CIP)数据

货币金融学 / 黄绥彪主编. —北京：北京大学出版社，2023.2
高等院校经济管理类专业"互联网+"创新规划教材
ISBN 978-7-301-33667-0

Ⅰ.①货… Ⅱ.①黄… Ⅲ.①货币和银行经济学—高等学校—教材 Ⅳ.①F820

中国国家版本馆 CIP 数据核字(2023)第 006164 号

书　　　名	货币金融学 HUOBI JINRONGXUE
著作责任者	黄绥彪　主编
策划编辑	李娉婷
责任编辑	耿　哲　李娉婷
数字编辑	金常伟
标准书号	ISBN 978-7-301-33667-0
出版发行	北京大学出版社
地　　　址	北京市海淀区成府路 205 号　100871
网　　　址	http://www.pup.cn　新浪微博：@北京大学出版社
电子信箱	编辑部 pup6@pup.cn　总编室 zpup@pup.cn
电　　　话	邮购部 010-62752015　发行部 010-62750672　编辑部 010-62750667
印　刷　者	北京溢漾印刷有限公司
经　销　者	新华书店
	787 毫米×1092 毫米　16 开本　19.25 印张　462 千字 2023 年 2 月第 1 版　2025 年 6 月第 2 次印刷
定　　　价	58.00 元

未经许可，不得以任何方式复制或抄袭本书之部分或全部内容。
版权所有，侵权必究
举报电话：010-62752024　电子邮箱：fd@pup.cn
图书如有印装质量问题，请与出版部联系，电话：010-62756370

前言

本书根据高等院校经济类及管理类各专业本科教学的需要，吸收经济和金融全球一体化及我国金融改革所带来的理论与实践的发展成果，结合广西大学金融学教师多年教学体会和教材编写经验，在广泛参阅国内外有影响力的金融学相关文献的基础上编写而成。

我国的市场经济体系虽然已经确立，但仍然处于不断发展和完善的变革时期，社会主义市场经济理论在继续探索和不断完善。金融领域也同样发生着巨大的变革，无论是金融理论、金融体制，还是金融实务，均在不断的发展变化之中。在这种情况下，迫切需要编写一本货币金融学的基础理论教科书：既能反映现代市场经济发展，又具有中国特色；既能总结我国金融实践的经验，又能反映金融领域出现的新变化；既坚持以马克思主义理论为指导，又充分吸收西方货币金融理论中的合理成分。本书遵循党的二十大报告中的健全资本市场功能、加强和完善现代金融监管、守住不发生系统性风险底线等相关金融精神编写，吸收了现阶段金融研究的成果，同时参考了大量国内外成熟的货币金融学方面的文献，尽可能做到融理论性、实践性、知识性和适用性于一体。

本书为广西高等教育本科教学改革工程重点立项项目"《金融市场学》线上线下混合+虚拟仿真实验教学改革探索"（2020JGZ100）的成果之一，由广西大学经济学院黄绥彪教授担任主编，广西大学工商管理学院滕莉莉教授担任副主编。广西大学的高见、黄照温、宁学江、潘永、申韬、谢建宁、岳桂宁老师，中国财政科学研究院陈昕，广西大学金融硕士研究生郭彩扣、黄靖凯、李金珠、李萍、梁锟霖、丘科霖、韦凯倩、吴奔月、薛雁天参与编写。各章编写分工如下：第1章，宁学江、梁锟霖；第2章，宁学江、郭彩扣；第3章，高见、黄靖凯；第4章，高见、薛雁天；第5章，谢建宁、李金珠；第6章，黄绥彪；第7章，谢建宁、丘科霖；第8章，谢建宁、韦凯倩；第9章，滕莉莉、李萍；第10章，潘永；第11章，陈昕；第12章，申韬；第13章，黄照温、吴奔月；第14章，黄绥彪；第15章，岳桂宁。虽然编者付出了很大的努力，但受水平所限，加之编写时间仓促，本书难免存在一些疏漏甚至错误，恳请专家学者批评指正。

编者

2022年11月

【资源索引】

目录

1 货币 — 1
第一节 货币的概念及本质/2
第二节 货币的职能/4
第三节 货币的形态与结构/8
习题/11

2 货币制度 — 13
第一节 货币制度的基本内容/14
第二节 货币制度的演变/16
第三节 国际货币体系/19
习题/25

3 信用 — 27
第一节 信用概述/28
第二节 信用的形式/31
第三节 融资形式/39
习题/40

4 利息与利率 — 42
第一节 利息的定义、来源和本质/43
第二节 利息的计算/45
第三节 利率概述/48

第四节 利率决定理论/54
第五节 利率变动的影响因素/58
习题/61

5 金融机构 — 64

第一节 金融机构存在的理论基础/65
第二节 金融机构的功能/66
第三节 金融机构体系的构成/68
习题/74

6 商业银行 — 76

第一节 商业银行概述/77
第二节 商业银行的负债与资本业务/81
第三节 商业银行的资产业务/85
第四节 商业银行的中间业务和表外业务/91
第五节 商业银行经营管理/95
习题/100

7 中央银行 — 102

第一节 中央银行的产生和发展/103
第二节 中央银行的性质与职能/104
第三节 中央银行的制度类型和结构/107
第四节 中央银行的相对独立性/110
第五节 中央银行的业务/112
习题/119

8 金融监管 — 121

第一节 金融监管及其一般理论/122
第二节 金融监管的目标和原则/124
第三节 金融监管体系/127

第四节　金融监管的对象、内容和方法 /131
第五节　银行监管的国际合作 ——《巴塞尔协议》/136
习题 /138

9　金融市场 —————————————————————■140

第一节　金融市场概述 /141
第二节　货币市场 /148
第三节　资本市场 /153
第四节　外汇市场 /166
第五节　金融衍生工具市场 /171
习题 /179

10　货币需求 —————————————————————■182

第一节　货币需求概述 /183
第二节　货币需求理论 /185
习题 /196

11　货币供给 —————————————————————■198

第一节　中央银行体制下的货币供给 /199
第二节　影响货币供给的因素 /206
第三节　西方货币供给理论 /208
习题 /214

12　货币均衡 —————————————————————■217

第一节　货币均衡的概念及实现条件 /218
第二节　简单货币均衡 /219
第三节　总供求均衡下的货币均衡：IS-LM 模型 /221
习题 /225

13 通货膨胀与通货紧缩 — 227

第一节　通货膨胀的概念及度量/228
第二节　通货膨胀的类型与成因/230
第三节　通货膨胀的效应分析/236
第四节　通货膨胀的治理/238
第五节　通货紧缩/241
习题/246

14 货币政策 — 248

第一节　货币政策目标/249
第二节　货币政策中介指标/252
第三节　货币政策工具/256
第四节　货币政策的传导机制/263
第五节　货币政策的有效性/267
习题/271

15 国际收支及其调节 — 273

第一节　国际收支理论/274
第二节　国际收支概述与国际收支平衡表/280
第三节　国际收支失衡的调节/288
习题/296

附录 — 298

参考文献 — 302

货 币 1

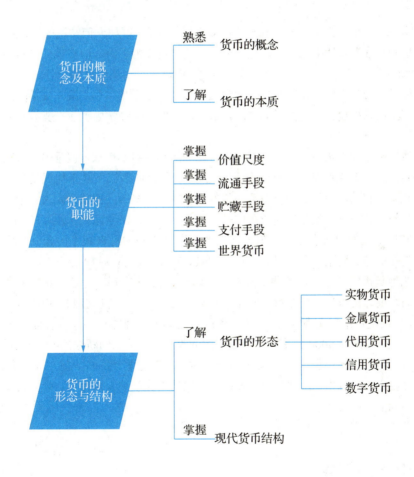

货币,人们每天都与之打交道,用它购物、还债、消费。货币也是金融学和经济学最常见、最重要的概念,各国经济中发生的失业、通货膨胀、经济衰退、债务危机、国际收支失衡等问题,都与货币有着密切的关系。但是,货币也是最容易引起混淆、最难以理解的一个概念。为了理解货币在经济社会中的重要作用,我们必须确切地理解货币到底是什么。本章我们将探讨货币的定义、货币的产生、货币的职能、货币的种类和货币层次划分等问题。

第一节 货币的概念及本质

一、货币的定义

货币一词在日常交谈中被用来表示许多不同的东西,譬如人们常说的"你身上有钱吗?"这句话里的"钱"显然指的只是现金,即货币仅被定义为现金。但在现代经济中绝不能把货币定义为现金。因为支票存款和现金作用相同,都可用来购买商品和劳务。在某些发达国家,用现金支付的交易额所占比重很低,大约只有全部交易额的1%,既然支票存款与现金作用相同,而我们感兴趣的又是货币的作用,那么,在现代经济学中就应把支票存款与现金一起放在货币的定义之中。

虽然以现金作为货币的定义过于局限,在经济学中并不可取,但是另一种货币定义却又过于宽泛,这种定义将货币等同于财富。比如,"他有许多钱"是指他很富裕,不仅有许多的现金和支票存款,而且还拥有股票、债券、房屋、汽车等。把货币定义为财富,就会混淆货币与其他各类财富,就会忽略货币的基本特征。西方经济学家把可用以购物的现金、活期存款及其他形式的货币和作为价值贮藏的各项财产总和的财富做了区分。财富不仅包括货币,还包括债券、股票、艺术品、土地、家具、汽车和房屋等资产。

第三种货币定义把货币等同于收入。比如,"他挣多少钱?"这句话里的"钱"就是收入。我们知道,货币是一个存量,即在某一时点上的一个确定的金额,而收入是一定期限内的流量,如果把货币定义为收入,那么货币量将无法计量。例如,某人告诉你他的收入为5000元,你如果不知道这5000元是一年还是一周的收入,就难以判断他的收入究竟是多还是少。而如果有人告诉你他口袋里有5000元现金,那么你对这笔钱的多少就是完全有数的。

由此我们可以看出,虽然货币一词在日常生活中经常被人们使用,但其含义在不同的情况下是不同的。在经济学中,货币通常被定义为:在商品或劳务的支付中或债务的偿还中被普遍接受的任何东西。

二、货币的产生

货币是在人类社会发展到一定阶段才产生的。纵观几千年的货币史可知,货币是商品经济的产物。它随着商品经济的产生而产生,随着商品经济的发展而发展,没有商品经济,就不会有货币。所以马克思说,只要理解了货币的根源在于商品本身,货币分析上的主要困难就克服了。把握货币本质的主要难点在于如何认识货币从商品中产生的过程。货币首先是一种商品，它是随着商品交换过程的发展而从商品界分离出来的。要正确认识货币的产生，必须先从商品和商品交换谈起。

众所周知，人要在社会上生存就要消费，就要生产。在存在社会分工的条件下，生产者生产的产品是否为社会需要，只有通过交换才能知道。而在物物交换中产品要转化为商品，必须满足一系列条件。①生产者所提供的产品能满足对方的一定需求，在对方不需要的情况下交换行为不可能发生。②双方所提供的产品在数量上都与对方的需求量一致或产品可以分割成较小单位进行交换，若数量不一致且产品不可分割成小单位，则交换仍不能实现。例如，交换方法为4米布换一只羊，如果有羊者只需2米布，则这笔交易将无法实现。③双方在产品交换比例上能达成一致（双方都认为交易比例是适当的）。在上述条件中，如果有一个条件不能满足，交换就难以成功。如果再把时间、空间考虑在内，那么实现交换的条件就会更加复杂。

在相当长的一段历史时期里，因为实现交换所需满足的条件复杂、严格，所以物物交换的成功率很低。效率低、成本高，是物物交换的最大缺陷。当商品经济发展到一定阶段，进入交换过程的物品数量和种类日益增多，消费者的消费需求也渐趋复杂，物物交换的缺陷就逐渐显露出来，交换的各方都迫切要求改变这种效率低、成本高的状况。当日益增多的物品进入频繁的交换过程中时，必然会有某种物品进入交换过程的次数较多，即这种物品的使用价值较多地为进入市场的人们所需要。于是，人们就先用自己的商品和这种人们普遍需要的商品进行交换，然后用这种商品去交换自己实际所需要的商品。这样，就从无数的商品中逐渐分离出一种充当商品交换媒介的东西，这种固定充当一般等价物的特殊商品就是货币。

货币的产生，使交换以较高的效率、较低的成本进行，并且把以物物直接交换为特征的商品交换转变为以货币为媒介的商品流通。这一变化使卖和买分裂成两个过程，即先卖后买，打破了商品直接交换中所存在的时间、空间和个人偏好的限制，使商品交换者的选择余地在时间、空间、对象、方式上都大大增加了。每个人既可以在多次卖后进行一次性买，也可以在一次性卖后进行多次买；既可以在一个地方卖而在多个地方买，也可以在多个地方卖后到一个地方买；既可以卖生产所需的各种物品，也可以买生活所需的各种物品；既可以卖而不买，也可以买而不卖；等等。由此可见，货币的产生，能节约许多寻觅交换对象、搜集市场信息和资料所需的时间和资源。这些节省下来的时间和资源，又可用于生产商品和劳务，从而不断提高生产量，大大推进了商品经济的发展。

三、货币的本质

货币的本质就在于它是固定充当一般等价物的特殊商品，体现着一定的生产关系。

（一）货币是固定充当一般等价物的特殊商品

货币是商品，具有商品的共性，它是在交换过程中由个别等价物、特殊等价物、一般等价物逐渐演变而成的。

货币与普通商品之间既有共性，也有本质的区别。它们的区别主要表现在以下两方面。

（1）货币是表现一切商品价值的材料，而其他商品则没有这种特征。货币出现以前，一种商品的价值是通过同另一种商品相交换而表现出来的。货币出现以后，商品价值不再直接地由另一种商品表现出来,而是通过商品和货币的交换表现出来的。

(2) 货币具有同一切商品直接交换的能力,而其他商品没有这种能力。货币是唯一等价物,具有与其他一切商品直接交换的能力。其他商品只有换成货币,才能实现自己的价值,才能去换另外的商品。

(二) 货币体现了一定的生产关系

在商品生产条件下,每个商品生产者都以货币为媒介进行商品交换,即要把他的商品换成货币,使其私人劳动转化为社会劳动。因此,以货币为媒介进行的商品交换,实际上是生产者之间的劳动交换,货币体现了商品生产者之间的社会经济关系。

第二节 货币的职能

货币在商品交换的发展过程中,逐渐演化出五种职能:价值尺度、流通手段、贮藏手段、支付手段和世界货币。

一、价值尺度

货币在表现商品的价值(质的方面)及衡量商品价值量大小(量的方面)时是价值尺度。它使各种商品和劳务在质的方面相同,在量的方面可相互比较。

货币执行价值尺度的职能,是通过把商品的价值表现为一定的价格来实现的,如1件衣服值1克黄金,1辆自行车值2克黄金等。货币在执行价值尺度的职能时,并不需要用现实的货币,可以用想象的或观念上的货币,简单来说,只要在商品上贴上一个标明货币数量的标签就行了。

货币作为价值尺度,可用来衡量一切商品的价值,并把价值表现为价格。商品由于数量不同、种类不同,因此价值量也不同。为了能够衡量和计算各种商品的价值量,也为了方便交换,需用不同的货币量把不同的价值量表现为不同的价格,因此确定货币本身的计量单位就十分必要。"克"可以进一步分成若干等份,如1克可分为10毫克,这种包含一定金属重量的货币单位及其等份,称为价格标准。

价格标准是为价值尺度职能服务的一种技术性规定。它与价值尺度是不同的,二者之间的区别有以下几点。

(1) 货币作为价值尺度,代表的是一定量的社会劳动,是用来衡量其他商品价值的。价格标准则表示货币商品本身的重量并可以此去衡量不同商品的不同价值量。

(2) 价值尺度是一种社会职能,不受国家和人们主观意志的支配,是在商品交换中自发形成的,是客观的。而价格标准则是技术职能,是由人主观规定的,通常是由国家法律规定的。

(3) 作为价值尺度,货币(金属)商品的价值量随着劳动生产率的变化而变化;而价格标准是货币单位本身,与劳动生产率无关,与金属的价值变化无关,且价格标准一经规定就比较稳定,不经国家调整不会发生变动。

二、流通手段

在商品交换中，当货币作为交换的媒介实现商品的价值时，执行的就是流通手段职能。作为流通手段的货币，必须是现实存在的货币，而不能是想象的或观念上的货币。因为当货币作为商品交换的媒介时，它是代表一定的价值量来同商品相交换，交易双方必须一手交钱，一手交货。然而，作为媒介的货币，虽然必须是现实的货币，但却不一定是足值的货币。因为货币只是交换手段，而不是交换目的。商品所有者出售商品换取货币，其目的是用货币去购买自己所需要的商品。他们关心的是换得的货币能否再换到相同价值的商品，而不关心货币本身是否足值。正是因为这一特点，人们发现货币可以用有权威证明的符号来代替，这类符号可以是不足值的铸币、纸币、存款货币及电子货币等。价值符号代替真实货币流通的可能性就是从货币的流通手段职能中产生的。

一方面，货币发挥流通手段职能，克服了商品直接交换的局限性，使买卖双方的商品可以不必恰好符合对方的需要，买和卖也不必在同一时间、同一地点进行，从而促进了商品流通的发展。另一方面，在商品流通条件下，商品交换分裂为两个独立的行为，即卖和买，这就可能产生买卖脱节的情况，而当这种情况的发展超过一定限度时，就有可能出现危机。所以说，货币发挥的流通手段职能包含危机的可能性。

货币的流通手段职能，是为商品流通服务的。那么，在一定时期内，流通中究竟需要多少货币量？这具有一定的规律，通常我们称之为货币流通规律，即：

$$M = \frac{PQ}{V} \tag{1-1}$$

式中，M 代表流通中所需货币量，P 代表商品价格，Q 代表一定时期内待实现的商品数量，V 代表货币流通速度。

流通中所需要的货币量取决于待实现的商品数量、商品价格和货币流通速度这一规律，是商品经济中不以人们意志为转移的客观经济规律。凡是有商品需要用货币交换的地方，这一规律就必然会发挥作用。

三、贮藏手段

当货币退出流通领域被人们保管收藏起来时，就执行了货币的贮藏手段职能。

货币的贮藏手段是在价值尺度和流通手段职能的基础上产生的，货币能够作为贮藏手段，是因为货币是一般等价物，是社会财富的一般代表，人们贮藏货币就意味着可以随时将其交换为现实的商品。

执行贮藏手段职能的货币，同执行价值尺度和流通手段职能的货币不同，它必须是足值的、现实的货币。作为价值尺度的货币可以是想象的或观念上的货币；作为流通手段的货币，可以是价值符号；但作为贮藏手段的货币只能是实实在在的货币商品或者是金银条块。

人们处置手中货币的方式大致有三种：①持币待购，即把准备购买商品的货币留在身边，如家庭用于日常生活开支的货币、厂商用于日常业务开支的货币等；②储蓄，即把暂时不用的货币存入金融机构，如厂商存入金融机构的资金等；③窖藏，即将积少成多的、意欲以财富形式保存的货币收藏于家中或自认为合适的地方。窖藏是最朴素、最原始的货币贮藏方式，正如马克思所说:"只有在不发达的、资本主义以前的商品生产形式中,才为贮藏货币而贮藏货币。"此外,在现代经济中,人们还可以通过持有有价证券(如短期期票、债券、股票)或实物(如家具、房屋、土地等)进行贮藏。

货币作为贮藏手段,具有调节货币流通的功能。当市场需求低迷时,货币退出流通领域进入贮藏的状态;当市场需求高涨时,货币又重新进入流通领域,从而发挥出调节货币流通的特殊作用。但要发挥此作用,货币本身必须具备币值或购买力稳定、存取方便、安全可靠等条件。

四、支付手段

当货币被用来清偿延期付款或债务时,就发挥了支付手段职能。

支付手段职能最初是由赊销引起的。由于各种商品的生产周期、销售周期和消费的季节性不同,加之商品市场的空间位置差异等原因,某些生产者拥有生产技术和手段,但暂时无资金购置生产要素,而拥有这些生产要素的一部分生产者却急于销售自己的商品以实现其价值,于是赊购赊销便应运而生,买卖双方形成了债务债权关系,当债务人用货币来偿还债务时,支付手段就产生了。

当货币执行支付手段职能时,商品和货币在交换过程中就不再同时出现,因为这时货币已经不是流通过程的媒介,而是补充交换的一个独立的环节,即作为价值的独立存在形态而使流通过程结束。随着商品交换的发展,货币作为支付手段扩展到商品流通领域之外,在赋税、地租、借贷等支付中发挥着职能。不论是在赊销买卖中,还是在其他支付中,没有商品在同时、同地与之相向运动是货币发挥支付手段职能的特征。

发挥支付手段职能的货币同发挥流通手段职能的货币一样,都是处于流通过程中的现实的货币。所谓流通中的货币,指的就是这两者的总体。流通中的每一枚货币,往往是在交替地发挥这两种职能:用来作为支付手段的货币往往是已经实现了的商品价值的体现者,即曾发挥过流通手段的职能;而经过一次或几次支付之后,货币又往往会再用来实现商品的价值,即再作为流通手段用于购买。因此,作为支付手段的货币与作为流通手段的货币一样,都必须是现实的货币,且都可用价值符号来代替。

货币作为支付手段,既促进了商品生产和商品流通的发展,又促进了买卖的进一步脱节。赊销赊购活动形成了一个债权债务链,这个债权债务链如果中断,即有个别环节出现不能按期还款的情况,就可能发生连锁反应,当这种情况超过一定限度时,就会爆发货币危机,进而导致大批生产者破产。可见,货币在作为流通手段时所蕴含的危机的可能性,在它作为支付手段时又得到进一步增强。

当货币作为支付手段出现后,在一定时期内流通中所需要的货币量也相应地发生了变化。一方面,过去形成的、目前到期的债务的清偿增加了货币需求量;另一方面,目前成交的但可在将来支付的信用交易,因目前不需要清算而可能减少货币需求量。货币需求量 M 的计算公式变化为:

$$M = \frac{PQ + W_0 - W_1 - W}{V} \tag{1-2}$$

式中,W_0 代表到期支付总额,W_1 代表赊销商品总额,W 代表彼此抵消的支付总额。

五、世界货币

当货币超出一个国家范围而在世界市场上发挥一般等价物的作用时，就执行了世界货币职能。货币在执行世界货币职能时，必须和一定国家或地区的货币单位脱钩，而还原为金属条块形式并按实际重量发挥职能。因为在各个国家内部起作用的价格标准、铸币及货币价值符号等，都是在各国经济发展基础上根据习惯或国家权力而获得该国社会认可的，对其他国家来说则不被承认。

世界货币职能的作用主要表现在三个方面：①作为国际支付手段，用来支付国际收支差额；②作为国际一般购买手段，主要是一国单方面向另一国购买商品，该国货币商品直接同另一国的一般商品相交换；③社会财富的转移，如战争赔款、对外援助、资本输出等。

货币在发挥世界货币的职能时，并不直接影响国内流通的货币量。当作为世界货币的金银流入国内时，流通不会因此而泛滥；当作为世界货币的金银从国内流出时，流通也不一定就因此而不足。这是因为流出的货币会由国内的贮藏来满足，而国外流入的过多货币则会转化为贮藏。

货币的五种职能是随商品交换的不断发展而逐步形成和完善的，按其作用、地位，可分为基本职能（价值尺度、流通手段）和派生职能（贮藏手段、支付手段和世界货币）。货币的各种职能不是孤立的，而是具有内在联系的，是货币本质的统一体。

货币作为固定充当一般等价物的特殊商品这一本质，直接决定了货币具有价值尺度、流通手段职能。一般等价物区别于普通商品的两个特点是：货币能表现一切商品的价值；具有和一切商品直接交换的能力。正因为货币能表现一切商品的价值，所以它具有价值尺度职能；正因为货币能与一切商品相交换，所以它具有流通手段职能。因此，马克思指出，一种商品变成货币，首先是作为价值尺度和流通手段的统一，换句话说，价值尺度和流通手段的统一是货币。而货币作为贮藏手段是由于流通过程中卖后不立即买而形成的，同时贮藏手段又是潜伏的流通手段，只要流通需要，就又会回到流通中去。

支付手段职能的出现和发展是以前三种职能的发展为前提的。第一，在信用买卖条件下，货币在发挥支付手段职能前必定已经发挥了价值尺度职能，否则就不能计价，因为如果商品没有价格，就不可能有任何形式的买卖行为。第二，信用买卖是在现金买卖之后发展起来的，因而支付手段也是在流通手段之后发展起来的。第三，货币在支付之前必须是贮藏状态。只有卖而不买，把货币贮藏起来，才能支付前期债务。

世界货币职能是最晚发展起来的一种货币职能。因为货币如果不是已经在各国国内发挥了各种职能，那它就绝不可能成为国际的一般支付手段、一般购买手段和财富的一般转移手段。

由此可见，货币的五种职能的排列顺序不是任意的，而是以商品经济的发展顺序为依据的。首先是两项基本职能的发展；然后产生了贮藏手段职能，并在此基础上产生了货币的支付手段；最后四种职能的国际延伸形成了世界货币职能。

比特币会成为未来的货币吗？

第三节 货币的形态与结构

一、货币的形态

货币的形态是随着货币制度的发展而不断变化的，迄今为止，货币大致经历了如下几种形态。

（一）实物货币

实物货币又称商品货币，是人类历史上最古老的货币，如谷物、牲畜、布匹、贝壳等商品。这些商品在充当货币时，基本上保持原有的自然形态，在交易过程中不固定地充当交易媒介。一般来说，实物货币都有不可克服的缺陷，如体积大而笨重、不便携带与运输，质地不均、不易分割，易腐烂变质、难以贮藏、难以作为价值标准，等等。因此，实物货币不是商品交换中的理想媒介物。随着经济的发展与交易的扩展，实物货币逐渐被金属货币所代替。

（二）金属货币

金属货币是以金、银、铜等贵金属作为币材的货币。金属货币具有以下特点：价值稳定；不易腐烂变质，便于携带与保存；质地均匀，易于分割和计量。马克思指出，金银天然不是货币，但货币天然是金银。由于贵金属所具有的天然属性使其最适于充当货币，因此贵金属逐步排挤其他实物货币而独占货币地位。

贵金属在流通早期，是以条块形式出现的，以自然重量为计量标准。进入近代，金属货币变成按一定重量、成色铸造的货币，即铸币。金属货币在流通中有以下缺点：①称重与鉴定成色十分麻烦；②流通过程中易磨损，携带不安全，流通成本较高；③金银开采不易，数量有限，币材供应不能适应市场交易的扩展。因此，随着经济的发展，产生了代替金属货币流通的各种代用货币，代用货币又进一步发展为信用货币。

（三）代用货币

代用货币是由政府或银行发行的代表金属货币流通的货币。这种货币在市场上流通，充当转瞬即逝的媒介。发行代用货币必须有充足的准备金。

代用货币优于金属货币的原因有四个。①代用货币制作成本低于金属货币的铸造成本。②代用货币易运输和携带。③代用货币的流通可以避免或减少金属货币流通所产生的一些问题。例如，在金币流通的条件下，往往会出现不足值的金币与足值的金币同时流通的情形，如果金币的法定价值和实际价值出现差异，则按重量和成色计算的实际价值较高的金币，就会被人们所收藏，而实际价值较低的金币则继续在市面上流通。④可以将稀有的金银移作他用。

（四）信用货币

信用货币是代用货币进一步发展的产物，也是目前世界上几乎所有国家都采用的货币形态。信用货币是指经过信用渠道发行的本身价值低于货币价值的货币。与代用货币不同的是，信用货币不再代表任何贵金属。但这并不意味着发行信用货币不需要准备金。事实上，当今世界上大多数采用信用货币制度的国家都以一定数量的贵金属、外汇、有价证券等资产作为货币发行的准备金。政府或货币当局的货币发行不再受十足准备约束，而是根据政策需要决定信用货币的发行数量。信用货币凭借发行者的信用进行流通，在政府动荡、经济恶化的条件下，政府发行的信用货币流通范围就会缩小或被完全排斥在流通之外。因此，发行者的信用状况直接影响信用货币的稳定。

（五）数字货币

数字货币是在区块链网络上通过特殊的计算产生的带密码的数字，是可以存放在电子钱包中并在区块链上发送的货币，具有超国界及不易受到攻击的特点。

货币始终与商品经济一起发展，随着现代社会经济和科学技术的高速发展、信用制度的日趋完善，货币形态也发生了重大变化，其发展趋势主要是从有形到无形。互联网和移动通信技术的发展，特别是区块链技术的发展，导致货币形态向以互联网和移动通信为基础，以电子数据形式传递来实现流通手段和支付手段的数字货币发展。数字货币将比纸币、支票存款更快速、方便、安全和节约，从而能更好地满足社会商品流通的需要。

阅读材料 1-1

如何理解央行数字货币的特征

数字人民币与目前常用的电子支付工具既互补也有差异。"数字人民币可提高支付工具的多样性和通用性，有助于提升支付体系效率与安全性。"中国人民银行数字货币研究所创新部总经理表示，"我们支持各种支付方式协调发展，数字人民币将和传统电子支付工具长期并存。"虽然二者支付功能相似，但是数字人民币具有自己的特定优势：一是作为国家法定货币，是安全等级最高的资产；二是具有价值特征，可在不依赖银行账户的前提下进行价值转移，并支持离线交易，具有"支付即结算"特性；三是支持可控匿名，有利于保护个人隐私及用户信息安全。（人民日报，2022年2月23日）

二、现代货币的结构

由于货币存在着不同的形态，而不同形态的货币对经济运行的影响又是不相同的，因而要研究货币问题，就必须对货币本身的层次结构进行归类和划分。西方学者基于对货币是一种资产的认识，根据资产流动性的差异，将货币分为狭义货币 M_1 和广义货币 M_2，有的还把货币进一步区分出 M_3、M_4。其中：

$$M_1 = 通货 + 活期存款$$
$$M_2 = M_1 + 定期存款 + 储蓄存款$$
$$M_3 = M_2 + 金融机构的金融债券$$

$$M_4 = M_3 + 短期公债及其他安全性较高的企业债券$$

虽然各学派的经济学家对货币的定义各有主张,但是大多数经济学家倾向于以 M_1 作为货币的基本结构。因此,各国在进行宏观调控时,通常把 M_1 和 M_2 作为调控货币供应量的重要指标。不同层次的货币会对社会经济活动产生不同的影响,然而即使同样是 M_1 或 M_2,但由于经济环境和金融状况不同,各国的 M_1 或 M_2 所包含的具体内容也有差别。

(一)国际货币基金组织对货币的划分

现钞和银行存款虽然都是货币,但它们的流动性有很大不同。现钞直接就是现实的购买力,而银行存款则必须满足一定的条件才能变成购买力。为了掌握流通中货币供应量的情况,更有效地调控货币供应量,国际货币基金组织根据货币涵盖范围的大小和流动性的差别,把货币划分成三个层次:

$$M_0 = 流通于银行体系之外的现钞$$
$$M_1 = M_0 + 活期存款$$
$$M_2 = M_1 + 储蓄存款 + 定期存款$$

M_0 又称"现钞",是指流通于银行体系之外的现钞,也就是居民和企业手中的现钞。M_0 是最灵活、具有最强流动性和最强购买力的货币。

M_1 又称"狭义货币",由流通于银行体系之外的现钞(M_0)和银行的活期存款构成。其中,活期存款由于随时可以变现(提取),所以流动性和购买力不亚于现钞。M_1 代表了一国经济中的现实购买力,因此,它对社会经济生活有着最广泛和最直接的影响。许多国家都把 M_1 作为调控货币供应量的主要对象。

M_2 又称"广义货币",由流通于银行体系之外的现钞加上活期存款(M_1),再加上定期存款、储蓄存款等构成。M_2 包括一切可能成为现实购买力的货币形式。定期存款、储蓄存款等不能直接变现,所以不能立即转变成现实的购买力,但经过一定的时间和手续后,就能够转变为现实的购买力,因此,它们又称"准货币"。由于 M_2 对于研究货币流通的整体状况有着重要的意义,近年来,很多国家开始把货币供应量的调控对象转向 M_2。

我们通常所说的货币一般是指 M_1,即流通于银行体系之外的现钞+活期存款。货币的流动性是指各种货币转换为现金所需要的时间和成本。转换成现金的时间越短、成本越低,货币的流动性就越强。

(二)我国的货币统计口径

根据国情并结合国际上通用的规则,我国对货币层次进行了划分。中国人民银行于1994年第三季度开始按季度公布我国的货币供应量指标,并于2001年6月修订了货币供应量指标,将证券公司客户保证金计入 M_2,从而形成了较为完善的货币层次。目前中国人民银行公布的货币划分口径为:

$$M_0 = 流通中现金$$
$$M_1 = M_0 + 企业活期存款$$
$$M_2 = M_1 + 准货币(定期存款+储蓄存款+其他存款)$$

其中,M_0 是指中央银行历年投放的,目前尚处于流通中的现钞和铸币,因此它对于反映消费资料的供应状况和制定货币发行政策,仍有特殊意义。特别是我国长期以来一直将流通中现金作为货币的统计指标,即使货币范围扩大了,也须保留流通中现金指标作为一个独立的层次,以保持历史数据的连续性和可比性。M_1是流通中现金与企业活期存款之和,它是商品、劳务、有价证券交易的中间媒介,又是支付工资、租金、利息等的手段,它是社会公众手中流动性最强的金融资产。M_2是M_1与准货币之和,其中准货币是定期存款、储蓄存款等流动性较低的存款。准货币虽然不能直接作为商品和劳务的交易媒介来使用,但它在被其所有者提取出来之后就成为流通中现金或可用于转账的活期存款,而流通中现金和可用于转账的活期存款又可以被所有者存入银行或转为定期存款,即准货币与M_1可以相互转换。由于存在这种可以相互转换的关系,因此M_1只能被看作正处于流通之中的货币量,而不是全部货币存量,M_2才是全部货币存量。

M_1和M_2这两个层次的货币,在我国宏观经济运行中所发挥的作用是不同的。M_1是经济运行中社会主体的真实交易媒介,是可以直接作为流通手段和支付手段的货币,是现实的购买力。M_1在短期之内与工业生产的波动、全社会零售物价指数的关系密切,能灵敏地反映生产资料和消费资料的供应状况。M_2由现实流通中的货币和准货币构成。准货币是经济运行中社会主体的潜在交易媒介,即潜在的购买力。M_2与社会总产值、国内生产总值及国民收入等综合经济指标间存在着较为稳定的关系,能基本反映社会总需求与总供给的平衡状况。从理论上来讲,如果M_1的供应过多,就会发生通货膨胀;如果M_1的供应过少,社会中就必然会出现由于交易媒介不足而造成的交易困难,从而限制生产的正常进行,出现工业生产疲软和流通货币紧缩的状况。从中长期来看,M_2决定社会总需求,它影响社会的投资、消费和净出口水平,决定潜在的通货膨胀压力,而潜在的通货膨胀压力又会影响真实的通货膨胀。

习 题

一、选择题(含单项选择题和多项选择题)

1. 货币是( )。
   A. 偶然地充当一般等价物的商品　　B. 固定充当一般等价物的商品
   C. 能够用于交换的商品　　　　　　D. 固定不变的商品
2. 在货币具有的职能中,其作为交换媒介,实现商品的价值时充当的职能通常被称为( )。
   A. 价值尺度　　B. 支付手段　　C. 贮藏手段　　D. 流通手段
3. 货币在清偿延期付款和债务时执行着( )职能。
   A. 价值尺度　　B. 价值储藏　　C. 支付手段　　D. 流通手段
4. 货币发展演变的过程应该是( )。
   A. 金属货币→实物货币→代用货币→数字货币→信用货币
   B. 实物货币→金属货币→代用货币→信用货币→数字货币
   C. 实物货币→金属货币→信用货币→代用货币→数字货币
   D. 金属货币→实物货币→数字货币→代用货币→信用货币

5. 在我国货币层次划分中，M_0 通常是指（　　）。
   A. 企业活期存款　　　　　　　　B. 流通中现金
   C. 居民储蓄存款　　　　　　　　D. 银行全部存款
6. 货币的本质体现在它的职能上，货币的职能有很多种，其中基本职能是（　　）。
   A. 世界货币　　B. 价值尺度　　C. 流通手段　　D. 支付手段
7. 在商场柜台上，一台彩电标价 2000 元，这 2000 元是（　　）。
   A. 价值尺度的职能　B. 现实中的货币　C. 观念中的货币
   D. 商品的价值　　　E. 商品的价格
8. 下列属于准货币的是（　　）。
   A. 居民储蓄存款　B. 活期存款　C. 外币存款　D. 定期存款
9. 广义货币包括（　　）。
   A. 流通中现金　　B. 活期存款　C. 储蓄存款
   D. 定期存款　　　E. 准货币
10. 信用货币制度的特点有（　　）。
    A. 黄金作为货币发行的准备
    B. 贵金属非货币化
    C. 国家强制力保证货币的流通
    D. 货币发行通过信用渠道

二、名词解释

货币　狭义货币　广义货币　信用货币　价值尺度　流通手段　支付手段　货币的流动性

三、简答题

1. 货币的本质是什么？
2. 如何区分代用货币和信用货币？
3. 货币的职能有哪些？各职能有哪些基本特点？
4. 货币层次划分的依据是什么？国际货币基金组织把货币划分为哪些层次？
5. 我国如何划分货币层次？M_1 和 M_2 层次的货币有哪些不同？

四、论述题

为什么说货币的产生可以解决物物交换的困难？

货币制度 2

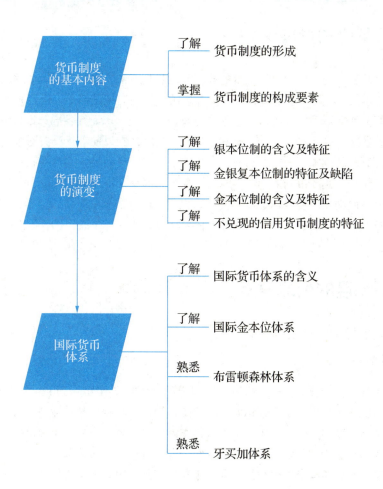

货币制度是国家对货币的有关要素、货币流通的组织与管理等加以规定而形成的制度，其目的是保证货币和货币流通的稳定，以及各项货币职能的正常发挥。本章主要介绍货币制度的形成和构成要素、货币制度的演变和国际货币体系。

第一节　货币制度的基本内容

货币制度，简称"币制"，是一个国家以法律形式确定的该国货币流通的结构和组织形式。货币制度对于保障本国货币流通的正常和稳定、避免货币流通的分散和紊乱具有极其重要的作用。

一、货币制度的形成

货币制度是随着资本主义经济制度的建立而逐步形成的，它经历了一个逐渐发展、演变的过程。在资本主义经济制度建立以前，世界各国曾先后出现了铸币，但当时的自然经济条件和政权的割据使得造币权分散，铸币的成色及重量不统一，而且各国铸币普遍出现变质、成色下降、重量减轻等问题。因此，资本主义经济制度建立以前，货币流通极为紊乱，既不利于正确地计算商品成本、价格和利润，也不利于建立广泛而稳定的信用联系，从而阻碍了商业的扩展和统一的民族市场的形成，成为资本主义商品经济发展的障碍。为了扫除货币流通的混乱现象、促进经济发展，资本主义国家先后以法令的形式对货币流通做出种种规定，这些先后颁布的货币方面的法令和条例逐渐固定下来，并形成了统一的、稳定的资本主义货币制度。

二、货币制度的构成要素

货币制度主要由以下要素构成。

（一）货币金属

货币金属就是作为货币材料的金属。不同货币金属构成不同的货币本位制度，如以金、银为货币材料的货币制度，就分别称为金本位制、银本位制。因此，确定以何种金属作为币材，是建立货币制度的基础。选择哪一种金属作为币材，虽然是由国家确定的，但是这种选择不是以国家的意志为转移的，而是受客观经济发展制约的。从各国历史来看，一般都先以银为货币材料，然后随着金矿的大量开采，逐渐过渡到金银并用，并最终由金在币材中独占了统治地位。

（二）货币单位

货币金属确定之后，就要规定货币单位，包括规定货币单位的名称和每一货币单位所包含的货币金属量。例如，英国的货币单位名称为"英镑"，其1870年的铸币条例规定每英镑的含金量为7.97克。只有规定了货币单位及其等份，才能建立统一的价格标准，从而使货币更准确地发挥计价流通的作用。

（三）通货的铸造、发行和流通程序

通货是指流通中的货币，包括金属货币、纸币和各种信用货币，如银行券、商业票据等。货币制度对这些通货如何铸造、发行和流通都做出了规定。

金属货币分为本位币和辅币。

本位币是按照国家规定的货币材料和货币单位所铸造的铸币，亦称主币或本币。它是一个国家法定作为价格标准的主要货币，也是一个国家的基本通货，它的面值与实际金属价值是一致的，是足值的货币。国家对本币的铸造、发行和流通的规定一般如下所述。

（1）**国家赋予本币无限法偿的能力，**即国家规定本币有无限支付的能力，不论每次支付数额有多大，不论是用于购买商品、支付服务，还是结清债务、缴纳税款等，支付的对方均不能拒绝接受。这一规定保证了本币的信誉。

（2）**本币可以自由铸造、自由熔化。**自由铸造是指法律规定每个公民都有权把金属货币送到国家造币厂并请求铸成本币，其数额没有限制。自由熔化是指公民也有权将本币熔化制成金属块或其他饰物，使货币金属进入贮藏状态。

（3）**国家规定的流通中本币的最大磨损程度，称为铸币的"磨损公差"。**为了避免重量不足的铸币自由流通而导致主币贬值，各国的货币制度中一般都限定了每枚铸币的法定重量与磨损以后的实际重量的差别。这种法律允许的磨损程度，即为磨损公差。流通中磨损程度超过磨损公差的本币，不准流通使用，但可到政府指定的单位兑换新币，即超差兑换。这一规定保证了本币的面值。

本币的自由铸造、自由熔化和超差兑换，使得铸币价值与铸币包含的金属价值保持一致，保证了流通中的铸币自发地适应流通对铸币的客观需求量。

辅币是本币以下的小额通货，供日常零星交易与找零之用。由于辅币的面额太小，并且使用频繁、磨损较大，为了便于铸造、节省流通费用，辅币通常用贱金属铸造，具有实际价值低于名义价值的特征。国家对辅币的铸造、发行和流通的规定一般如下所述。

（1）**辅币的铸造权由国家垄断，禁止公民自由铸造。**铸造辅币的收入归国家所有，是国家财政收入的重要来源。

（2）**国家规定辅币仅具有有限法偿能力，**即当辅币的每次支付金额超过一定限额时，对方有权拒绝接受，但在法定限额内，拒收不受法律保护。例如，美国规定 10 分银币的每次支付限额为 10 元，铜镍币的每次支付限额为 25 分，同时还规定用辅币向国家纳税不受数额限制，用辅币向政府兑换本币不受数额限制。

（3）**辅币可以按国家规定的比例自由兑换成本币。**这一规定有利于辅币随时按其名义价值正常流通，防止其发生贬值现象。

在发达的商品经济条件下，商品生产和流通规模的增长幅度大大超过贵金属产量和存量的增长幅度，金属货币逐渐无法满足商品对流通手段和支付手段日益增长的需求，于是就出现了银行券和纸币。

银行券是在商业信用基础上，通过银行信贷程序发行的信用货币。纸币是国家发行的并依靠国家权力强制流通的货币符号。现在的纸币，其前身就是可兑换的银行券。

（四）金准备制度

金准备制度又称黄金准备，是指一个国家拥有的金块和金币的总额，是该国的黄金储备。金准备制度是货币制度的一项重要内容，也是一国货币稳定的基础。世界上大多数国家的黄金储备都集中由中央银行或财政部管理。在金属货币流通条件下，黄金准备主要有三项用途：①作为国际支付手段的准备，也就是作为世界货币的准备金；②作为时而扩张、时而收缩的国内金属流通的准备金；③作为支付存款和兑换银行券的准备金。在当今世界各国已无金属货币流通的情况下，纸币不再兑换黄金，黄金准备的后两项用途已经消失，但黄金作为国际支付手段的准备这一用途仍然存在，各国也都保存一定量的黄金储备。

第二节 货币制度的演变

货币制度自诞生以来，经历了银本位制、金银复本位制、金本位制和不兑现的信用货币制度四种主要制度形态。

一、银本位制

银本位制是指以白银为本币材料的一种货币制度，又称银单本位制。其特点是：以白银作为本币的币材，银币具有无限清偿能力，银币的价值与所包含的白银价值相等；银币可以自由铸造、自由熔化；货币代表物可以兑换银币；白银和银币可以自由输出输入国境。

银本位制是历史上最早的货币制度，从16世纪开始盛行，直到19世纪以后，各国才相继放弃了银本位制，其原因有两个。一是银贱金贵。19世纪末，白银产量激增，但需求减少；而黄金需求大幅度增加，但供应不足。这一结果导致金银比价大幅度波动，二者差价越来越大。以伦敦市场金银比价为例：1860年为1∶15，1870年为1∶15.5，1900年为1∶33，1932年为1∶73.5。二是与黄金相比，白银体积大而价值小，给计量与运送带来了困难，不便于大宗交易使用。银币显然已经不再适应经济发展需要了，经济发展客观上要求由金币充当价值尺度和流通手段。

二、金银复本位制

金银复本位制（简称复本位制）是指金、银两种金属同时作为本币的货币制度。其特征为：金、银都是本币币材，金币、银币的价值与其所含的金、银价值相等；两种货币都可以自由铸造、自由熔化、自由输出输入；都具有无限清偿的能力。

复本位制盛行于资本主义发展初期（16—18世纪），这与当时的社会经济发展相适应。当时，随着资本主义生产的发展和商品流通的扩大，市场对白银和黄金的需求都进一步增加。一方面，小额交易需要更多的白银；另一方面，大额交易越来越多，需要价值更高的黄金来满足流通的需要。

复本位制又可分为三种不同的类型：平行本位制、双本位制和跛行本位制。

（1）平行本位制是指金银两种货币均按其所含金属的实际价值任意流通的货币制度。其特征是：国家对两种货币的交换比率不加以规定，而由市场上形成的金银比价自行确定。这样，市场上的各种商品就会有双重价格——按金标价和按银标价。由于金银在市场上的比价频繁波动，金币和银币的兑换比率也不断变动，用金币和银币表示的双重价格会随金银比价的变化而变化，从而造成交易混乱，使这种平行本位制极不稳定。

（2）双本位制是指由国家用法律规定金银两种本币的比价，两种本币按该比价流通的货币制度。其特点是：国家按照市场金银比价为金币与银币规定固定的兑换比率。用法律形式固定金银比价，其本意是为了克服平行本位制中金币与银币比价频繁波动的缺陷，保持币值稳定，但事与愿违，因为两种货币都有各自的市场价格，当市场上金银比价发生波动，国家又未及时调整兑换比率时，就会出现货币的名义价值与实际价值相背离的现象。当这种法律规定与价值规律的自发作用发生矛盾时，劣币驱逐良币规律就会出现。

劣币驱逐良币规律又称格雷欣法则，是指两种实际价值不同而名义价值相同的货币同时流通时，实际价值较高的货币（良币）必然会被熔化、收藏或输出，从而退出流通领域，而实际价值较低的货币（劣币）则会充斥市场。银贱则银币充斥市场，金贱则金币充斥市场，这必然造成货币流通混乱。

由于复本位制理论上的矛盾和实践中的失败严重影响和阻碍了商品经济的发展，因此许多国家先后废除银币，并逐步由复本位制向金本位制过渡。

（3）跛行本位制是指由国家规定金币与银币的固定兑换比率，但金币可以自由铸造而银币不允许自由铸造。这时银币的币值不取决于本身的金属价值，而取决于银币与金币的法定兑换比率。事实上，此时银币已成为辅币。从科学的划分标准来看，跛行本位制实质上已经不是复本位制，而是由复本位制向金本位制过渡的临时币制。

案例 2-1

劣币驱逐良币

美国于 1791 年建立金银复本位制，它以美元作为货币单位，规定金币和银币的比价为 1∶15，但当时法国等几个实行复本位制的国家规定金银的比价为 1∶15.5。也就是说，美国金对银的法定比价低于国际市场的比价。于是黄金很快就在美国的流通领域消失了，金银复本位制实际上变成了银本位制。

1834 年，美国重建金银复本位制，将金币和银币的法定比价重新定为 1∶16，而当时法国和其他实行复本位制的国家规定的金银比价仍然是 1∶15.5，这就导致出现了相反的情况。由于美国银对金的法定比价比国际市场低，因此金币充斥美国市场，银币却被驱逐出流通领域，金银复本位制实际上又变成了金本位制。

三、金本位制

金本位制是指以黄金作为本币的货币制度，包括三种具体形式：金币本位制、金块本位制、金汇兑本位制。

（一）金币本位制

金币本位制又称金单本位制。其主要特点是：金币为本币，货币单位为定量的黄金；金币可自由铸造、自由熔化，具有无限清偿能力；辅币、银行券与金币同时流通，并可按其面值自由兑换成金币；黄金和金币可以自由输出输入国境；国家金属准备全部为黄金。

金币本位制对国内和国外来说，都是一种相对稳定的货币制度。因为它保证了本币名义价值与实际价值相一致，国内价值与国外价值相一致，价值符号所代表的价值与本币价值一致，并拥有了货币流通的自动调节机制，从而成为世界货币制度史上最稳定、最长久的货币制度（1819 年英国最早实行，随后其他国家先后实行，直至 1914 年第一次世界大战爆发后中断，盛行近 100 年）。金币本位制对资本主义经济的发展起到了积极的促进作用。但随着资本主义各种矛盾的加深，这种货币制度的基础逐渐遭到削弱，并最终崩溃，主要原因有以下几个。

（1）金币自由铸造和自由流通的基础遭到破坏。19 世纪下半叶以来，资本主义国家经济发展不平衡加剧，引起黄金存量分配失衡，1913 年年末，美、英、法、德、俄五国占有世界黄金存量的 2/3，其他国家黄金储备减少，因此动摇了这些国家的货币基础。

（2）价值符号对金币自由兑换的可能性遭到破坏。由于黄金分配不均衡，许多国家缺少黄金储备，无力使纸币兑换黄金。同时，少数帝国主义列强为瓜分世界，大幅度增加军费开支，引起国家财政支出急剧增长，为了弥补财政赤字，这些国家大肆增加其价值符号的发行，从而损害了价值符号自由兑换的可能性。

（3）黄金在国际上的自由转移受到很大限制。资本主义国家为了本国垄断资本的利益，用高额关税限制进口外国商品。这样一来，受限制的国家只能以黄金支付外债。但黄金大量外流又会削弱黄金储备，影响本国价值符号的兑换。因此，这些国家就采取各种措施来阻止黄金自由输出。特别是在危机时期，商品输出困难及资本外逃进一步导致黄金外流，更促使这些国家限制黄金输出，甚至完全禁止输出。

在第一次世界大战以前，市场对金币本位制基础的削弱是潜在的。但在第一次世界大战以后，破坏货币制度稳定性的各种因素日益增多，导致金币本位制彻底崩溃。当时除美国外，其他大多数国家只能实行没金币流通的金本位制，即残缺不全的金本位制：金块本位制和金汇兑本位制。

（二）金块本位制

金块本位制又称生金本位制，是指金币虽然是本币，但不参加流通，而代表一定质量黄金的银行券只能在一定条件下兑换金块的货币制度。在这种制度下，各国根据自己的黄金储备情况规定银行券的最低兑换金额。金块本位制的主要特点是：货币单位虽然规定了含金量，但实际上不铸造也不流通金币，仅流通银行券或纸币；黄金由国家集中储备；居民可按规定的含金量在一定数额以上、一定用途以内用银行券兑换金块。例如，英国于 1925 年 5 月率先实行此制度，规定用银行券兑换金块时至少要兑现等于 400 盎司黄金的银行券（约合 1700 英镑），法国于 1928 年规定每次兑换至少要兑现 21.5 万法郎。

（三）金汇兑本位制

金汇兑本位制又称虚金本位制，是一种在国内不能兑换黄金而只能兑换外汇的以银行券代替金币流通的货币制度。其主要特点是：仍规定金币为本币，但国内不铸造也不流通金币，而流通银行券，银行券不能兑换黄金，只能兑换外汇，以外汇间接兑换黄金；实行金汇兑本位制的国家必须把本国货币同另一实行金本位制国家的货币挂钩，保持固定比价，并在该国存放外汇，以备随时向本国国内供应外汇，维持本国币值的稳定。

金块本位制和金汇兑本位制都是残缺不全的、不稳定的金本位制。首先，这两种制度都没有金币的自由铸造和自由流通功能，难以自发调节货币流通，因此不利于币值稳定。其次，银行券虽有法定的含金量，但其兑换能力已大为降低。最后，实行金汇兑本位制的国家，将本国货币依附于他国，无法独立自由地保持本国货币的稳定。因此，这两种货币制度实行时间很短，取而代之的是不兑现的信用货币制度。

四、不兑现的信用货币制度

不兑现的信用货币制度是指以不兑换黄金的纸币作为本币的货币制度（纸币本位制）。其主要特点是：纸币不能兑换黄金，也不规定含金量；纸币一般由中央银行发行，并由国家法律赋予无限法偿能力；现实经济中的货币是信用货币，由不兑现的纸币和银行存款两部分构成，一般经银行信用渠道投入流通领域，非现金流通成为货币流通的主体；货币的发行视本国的需要而定，不受准备金的限制，发行量的大小取决于货币当局（中央银行）调控经济和实施货币政策的需要；国家对通货的管理成为经济稳定发展的必要条件。因为货币是通过银行放款程序进入流通领域的，货币投放过多，会造成通货膨胀；货币投放过少，会使部分商品价值不能实现，进而造成生产萎缩。所以，为了使货币流通满足经济发展的需要，必须由国家对银行信用加以调节。这一特点是其他货币制度所没有的。

从货币制度的发展历史可以得出这样一个结论：货币制度是对货币流通的约束和规范，其核心是稳定币值，货币制度的更替始终是围绕币值的稳定和适应经济的发展而展开的，国家如何强化对货币制度的管理和对货币流通的调控，成为各国普遍关注的问题。

第三节　国际货币体系

一、国际货币体系的含义

国际货币体系是指各国政府对货币在国际发挥其职能作用，以及有关国际货币金融问题所确定的原则、协议，采取的措施和建立的组织形式的总称。国际货币体系主要包括四方面内容。①各国货币的比价，即汇率的确定。具体包括：一国货币与其他货币之间的汇率应如何决定和维持，货币比价确定的依据、货币比价波动的界限、货币比价的调整和维护措施；一国货币能否自由兑换成国际支付货币，应采取固定汇率制度还是浮动汇率制度。汇率的高低不仅体现着一国货币与其他国家货币购买力的强弱，还涉及资源分配的多寡，因此如何按照合理的原则在世界范围内确定汇率，从而形成一种较为稳定的为各国共同遵守的国际汇率制度，成为国际货币体系要解决的核心问题。②国际储备资产的确定。即使用什么货币作为国际支付货币，以及一国政府应持有何种国际储备资产，以维持国际支付原则和满足调节国际收支的需要。③国际收支的调节方式。当国际收支出现不平衡时，各国政府应采取什么方式弥补这一缺点，各国之间的政策措施又应如何协调。④各国经济政策与国际经济政策的协调。在国际经济合作日益加强的过程中，一国经济政策往往会波及相关国家，造成国与国之间的利益摩擦，因而一国经济政策与他国经济政策的协调也成为国际货币体系的重要内容。

国际货币体系大体上经历了三个时期：国际金本位体系、布雷顿森林体系和牙买加体系。

二、国际金本位体系

在国际金本位体系下，黄金充分发挥了世界货币的职能。通常认为 1880—1914 年是国际金本位体系的黄金时期。国际金本位体系的主要特点如下。

（1）黄金充当国际货币。在金本位制下，由于金币可自由铸造、自由熔化，金币的面值可以与黄金含量保持一致，因此金币的数量就能自发地满足流通的需要；由于辅币和银行券可按其面值自由兑换成金币，各种金属辅币和纸币就能够稳定地代表一定数量的金币进行流通，从而保持币值的稳定；黄金和金币可以自由输出输入国境，因而本币汇率能够保持稳定。国际金本位体系名义上要求黄金充当国际货币，但因为在国际金本位制时期，英国在国际金融、国际贸易中占据绝对的主导地位，所以通常情况下，英镑代替黄金充当了国际货币。

（2）严格的固定汇率制。在金本位制下，各国货币之间的兑换比率是由它们各自的含金量比例——金平价决定的，这就意味着在国际金本位体系下，各国货币的汇率是比较固定的，是固定汇率制。当然，汇率也并非正好等于金平价，在供求关系影响下，它会围绕金平价上下窄幅变动，但其变动幅度不会超过两国的黄金输送点，否则黄金将会取代货币在两国之间流动。

（3）国际收支自动调节机制。美国经济学家休谟提出的价格－铸币流动机制解释了国际收支自动调节机制：一国国际收支逆差→黄金输出→货币减少→物价和成本下降→出口竞争力增强→出口增加，然后进口减少→国际收支顺差→黄金输入；相反，一国国际收支顺差→黄金输入→货币增加→物价和成本上升→出口竞争力减弱→进口增加，然后出口减少→国际收支逆差→黄金输出。上述国际收支自动调节机制的实现，需要各国严格遵守三个原则：①将本国货币与一定数量的黄金固定下来，并随时可以兑换成黄金；②黄金可以自由输出输入，各国货币当局应随时按官方比价无限制地买卖黄金和外汇；③中央银行发行货币时必须持有一定的黄金储备。然而在实际运行中，这三个原则并没有被各国丝毫不差地遵守，因而国际金本位体系下的国际收支自动调节机制并没有解决各国的国际收支不平衡问题。

三、布雷顿森林体系

布雷顿森林体系是指第二次世界大战后以美元为中心的国际货币体系。

1944年7月,在美国新罕布什尔州布雷顿森林,44个国家的代表参加了联合国货币金融会议,并商定建立以美元为中心的国际货币体系。该会议通过了《国际货币基金协定》和《国际复兴开发银行协定》,确立了新的国际货币体系的基本内容。

(一)布雷顿森林体系的内容

1. 本位制度

以黄金为基础,以美元作为最主要的国际储备货币。美元直接与黄金挂钩,其他国家货币与美元挂钩,形成以美元为中心的汇兑平价体系,即所谓的"双挂钩"体系。

2. 汇率制度

实行可调整的固定汇率制度,即各国货币与美元保持可调整的固定比价,一般规定波动幅度为上下各1%,各国政府有义务在外汇市场上进行干预以保持汇率的稳定。只有当一国发生"根本性国际收支不平衡"时,才允许该国货币升值或贬值。

3. 储备制度

在储备制度方面,美元与黄金具有同等的国际储备资产地位。

4. 国际收支调整制度

国际货币基金组织成员须向国际货币基金组织缴纳份额,份额的25%以黄金或可兑换成黄金的货币缴纳,其余则以本国货币缴纳。成员在发生国际收支逆差时,可用本国货币向国际货币基金组织按规定程序购买一定数额的外汇,并在规定时间内以购回本国货币的方式偿还借款。成员认缴的份额越大,能得到的贷款也越多。贷款只限于成员用于弥补国际收支赤字,即用于经常项目的支付。成员对于国际收支经常项目的外汇交易不得加以限制,不得采用歧视性的货币措施或多种货币汇率制度。

5. 组织形式

为了保证上述货币制度的贯彻和执行,成立了国际货币基金组织和世界银行两大国际组织。可以看出,布雷顿森林体系下的国际货币制度实质上是以黄金-美元为基础的国际金汇兑本位制。

(二)布雷顿森林体系的崩溃

布雷顿森林体系下的固定汇率制度一直运行良好,直到20世纪60年代末,它开始出现问题,并在1973年崩溃,被有管理的浮动汇率体系所取代。固定汇率制度的崩溃与美元在该制度中的特殊作用紧密相关。美元作为唯一能够兑换成黄金的货币及其他货币的参照点,其在布雷顿森林体系中处于中心地位,任何对美元贬值的压力都会严重破坏这个体系。

布雷顿森林体系有一个致命的弱点:如果关键货币——美元受到投机性攻击,这个体系就无法运作。因此,布雷顿森林体系只有在美国保持较低的通货膨胀率且没有国际收支逆差的情况下才能运行。否则,这个体系很快就会崩溃。

（三）对布雷顿森林体系的评价

1. 布雷顿森林体系的作用

（1）布雷顿森林体系的形成暂时结束了第二次世界大战前货币金融领域的混乱局面，维持了世界货币体系的正常运转。固定汇率制是布雷顿森林体系的支柱之一。资本主义世界的经济危机引发了货币制度危机，导致金本位制崩溃，国际货币金融关系呈现出一片混乱的局面。而以美元为中心的布雷顿森林体系的建立，使国际货币金融关系又有了统一的标准和基础，混乱局面暂时得以稳定。

（2）布雷顿森林体系的形成，在相对稳定的情况下扩大了世界贸易规模。美国通过赠予、信贷、购买外国商品和劳务等形式，向世界散发了大量美元，客观上起到了增加世界购买力的作用。同时，固定汇率制在很大程度上消除了由于汇率波动而引起的动荡，在一定程度上稳定了很多国家的货币汇率，有利于国际贸易的发展。

（3）布雷顿森林体系形成后，国际货币基金组织和世界银行的活动对世界经济的恢复和发展起了一定的积极作用。一方面，国际货币基金组织提供的短期贷款暂时缓和了第二次世界大战后许多国家的收支危机，促进了支付办法上的稳步自由化。国际货币基金组织的贷款业务迅速增加，重点也由欧洲转至亚洲、非洲、拉丁美洲。另一方面，世界银行为发展中国家经济发展提供资金便利，以协助这些国家的复兴与开发。此外，国际货币基金组织和世界银行提供的技术援助、对国际经济货币的研究等也对世界经济的恢复与发展起到了一定的促进作用。

（4）布雷顿森林体系的形成有助于生产和资本的国际化，汇率的相对稳定，降低了国际资本流动所引发的汇率风险，有利于国际资本的输入与输出。同时汇率的相对稳定也为国际融资创造了良好环境，不仅有助于金融业和国际金融市场的发展，还为跨国公司的生产国际化创造了良好的条件。

2. 布雷顿森林体系的局限性

布雷顿森林体系虽然有助于稳定国际金融市场，对第二次世界大战后的经济复苏也起到了一定的促进作用，但布雷顿森林体系存在着无法克服的缺陷——**特里芬两难**。在布雷顿森林体系下，美元承担着两个责任。一是美元与黄金挂钩，美国需要保证美元按官价兑换黄金。二是各国货币与美元挂钩，各国以美元为储备货币和国际结算货币，美国需要维持各国货币与美元的固定汇率。美国只有保持长期贸易逆差，才能使美元流散到世界各地，从而使其他国家获得美元供应。但这样一来，必然会影响人们对美元的信心，引发美元危机。而美国如果保持国际收支平衡，就会断绝国际储备的来源，造成国际清偿能力不足。因此，这是一个无法化解的矛盾。

（1）以美元为中心的国际货币体系能在较长的时期内顺利运行，与美国雄厚的经济实力和充足的黄金储备是分不开的。但若美国国际收支持续逆差，美元对外价值长期不稳，美元则会丧失其中心地位，危及布雷顿森林体系存在的基础。

（2）美国要履行 35 美元兑换一盎司黄金的义务，就必须拥有充足的黄金储备。美国如果黄金储备流失过多，储备不足，就难以履行兑换义务，进而使得布雷顿森林体系难以维持。

（3）若美国黄金储备不足，无力进行市场操作和平抑金价，则美元与黄金比价就会下降，国际货币体系的基础也会随之动摇。

（4）布雷顿森林体系下的汇率波动幅度需保持在 1% 以内，这使得汇率缺乏弹性，限制了汇率对国际收支的调节作用，而且它实际上仅侧重于国内政策的单方面调节。

在全球经济一体化进程中，国际货币体系将向各国汇率自由浮动、国际储备多元化、金融自由化和国际化的趋势发展。随着世界经济多元化趋势的不断加强，单一的货币制度越来越难以满足经济飞速发展的需要，因而布雷顿森林体系最终彻底崩溃。布雷顿森林体系崩溃以后，国际货币基金组织和世界银行作为全球重要的国际组织仍继续存在并发挥作用。

四、牙买加体系

布雷顿森林体系崩溃后，国际金融形势动荡不安。各国为建立新的国际货币体系进行了长期的讨论和协商，最终各方就一些基本问题达成了共识，并于 1976 年 1 月在牙买加签署了《牙买加协议》。同年 4 月，国际货币基金理事会通过了《国际货币基金协定第二次修正案》，从此形成了新的国际货币体系，人们称之为牙买加体系。

（一）牙买加体系的主要内容

1. 浮动汇率合法化

《牙买加协议》正式确认了浮动汇率制的合法化，承认固定汇率制与浮动汇率制并存的局面，成员可自由选择汇率制度。同时国际货币基金组织继续对各国货币汇率政策实行严格监督，并协调成员的经济政策，促进金融稳定，缩小汇率波动范围。

2. 黄金非货币化

《牙买加协议》做出了逐步使黄金退出国际货币的决定，并规定：废除黄金条款，取消黄金官价，各成员的中央银行可按市价自由进行黄金交易；取消成员相互之间、成员与国际货币基金组织之间须用黄金清算债权债务的规定，国际货币基金组织逐步处理其持有的黄金。

3. 国际储备多元化

牙买加体系削弱了美元作为单一储备货币的地位，各国储备货币呈现以美元为首的多元化状态，包括美元、英镑、日元、黄金、特别提款权等。

4. 提高了国际货币基金组织的清偿力

牙买加体系提高特别提款权的国际储备地位，扩大其在国际货币基金组织一般业务中的使用范围，并适时修订特别提款权的有关条款。特别提款权是国际货币基金组织创立的用于进行国际支付的特殊手段，它是一种储备资产和记账单位。它作为国际货币基金组织成员原有普通提款权以外的一种使用资金的特别权利，补充储备资产的不足。特别提款权可用于政府间的结算，向其他成员换取外汇以弥补国际收支逆差，偿还向国际货币基金组织借的贷款和利息，但不能兑换黄金或直接用于贸易或非贸易支付。国际货币基金组织扩大了信贷额度，以加大对发展中国家的融资力度。

（二）牙买加体系的运行特征

1. 储备货币多元化

与布雷顿森林体系下国际储备结构单一、美元地位十分突出的情形相比，在牙买加体系下，国际储备呈现多元化局面，美元虽然仍是国际主导货币，但其地位明显削弱了，由美元垄断外汇储备的情形不复存在。欧元、日元、英镑脱颖而出，成为重要的国际储备货币。

2. 汇率安排多样化

在牙买加体系下，浮动汇率制与固定汇率制并存。一般而言，发达国家大多采取单独浮动或联合浮动制度，但有的也会钉住自选的货币篮子。而发展中国家则多是钉住某种国际货币或货币篮子，单独浮动的很少。每种汇率制度各有优劣，浮动汇率制可以为国内经济政策提供更大的活动空间与独立性，而固定汇率制则降低了本国企业可能面临的汇率风险，方便生产与核算。各国可根据自身的经济实力、开放程度、经济结构等相关因素权衡利弊。

3. 多种渠道调节国际收支

（1）运用国内经济政策。一国往往通过运用国内经济政策改变国内市场的需求与供给，从而消除国际收支不平衡。例如，在资本项目逆差的情况下，可提高利率，减少货币发行量，以此吸引外资流入，弥补缺口。需要注意的是，一国在运用财政政策或货币政策调节外部均衡时，往往会受到"米德冲突"的限制，即在实现国际收支平衡的同时，牺牲了其他的政策目标，如经济增长、财政平衡等，因而国家内部政策应与汇率政策相协调，这样才不至于顾此失彼。

（2）运用汇率政策。在浮动汇率制度或可调整的固定汇率制度下，汇率是调节国际收支的一个重要工具，其原理是：经常项目赤字时本币趋于下跌，本币贬值有利于刺激出口，抑制进口，从而促使经常项目赤字减少或消失。但在实际经济运行中，汇率的调节作用受到马歇尔-勒纳条件及"J曲线效应"的制约，效果往往并不理想。

（3）国际融资。在布雷顿森林体系下，这一功能主要由国际货币基金组织完成。在牙买加体系下，国际货币基金组织的贷款能力进一步提高。值得注意的是，伴随20世纪70年代石油危机的爆发和欧洲货币市场的迅猛发展，各国逐渐转向欧洲货币市场，利用该市场比较优惠的贷款条件融通资金，调节国际收支中的顺逆差。

（4）加强国际协调。这主要体现在：第一，以国际货币基金组织为桥梁，各国政府通过磋商，就国际金融问题达成共识与谅解，共同维护国际金融市场的稳定与繁荣；第二，七国集团通过多次会议达成共识，多次合力干预国际金融市场，虽然主观上是为了各自的利益，但是客观上也促进了国际金融与经济的稳定与发展。

（三）对牙买加体系的评价

1. 牙买加体系的积极作用

（1）牙买加体系多元化的储备结构摆脱了布雷顿森林体系下各国货币间的僵硬关系，为国际经济提供了多种清偿货币，在较大程度上解决了储备货币供不应求的问题。

（2）多样化的汇率安排要适应各国多样化的、处于不同发展水平的经济，为各国维持经济发展提供了灵活性与独立性，并有助于各国保持其国内经济政策的连续性与稳定性。

（3）多种渠道并行，使国际收支的调节更为有效与及时。各国既可以动用本国储备，又可以借入国外资金或国际货币基金组织的贷款，还可以调整汇率，所以在新的国际货币体系下，各国在国际收支调节方面具有较大的灵活性。

2. 牙买加体系的缺陷

（1）在多元化国际储备格局下，储备货币发行国仍享有"铸币税"等多种好处。但在这种格局下会缺乏统一的、稳定的货币标准，而这一问题本身就可能造成国际金融的不稳定。

（2）汇率大起大落，变动频繁，汇率体系极不稳定。其负面影响之一是增加了外汇风险，从而在一定程度上抑制了国际贸易与国际投资活动，对发展中国家而言，这种负面影响尤为突出。

（3）国际收支调节机制并不健全，现有的渠道都有各自的局限性，牙买加体系并没有解决全球性的国际收支失衡问题。

习　　题

一、选择题（含单项选择题和多项选择题）

1. 商品流通与物物交换的区别在于（　　）。
   A. 前者包括许多商品的交换，而后者只包括两种商品
   B. 前者是指以货币为媒介的商品交换的总体，后者只包括两种商品
   C. 前者是指以货币为媒介的商品交换的总体，后者则是不以某种商品为媒介的各种商品之间的交换
   D. 前者是指不以货币为媒介的商品交换的总体，后者则是没有货币的两种商品之间的交换
2. 劣币是指实际价值（　　）的货币。
   A. 等于零   B. 等于名义价值
   C. 高于名义价值   D. 低于名义价值
3. 本位币是（　　）。
   A. 一个国家货币制度规定的标准货币   B. 本国货币当局发行的货币
   C. 以黄金为基础的货币   D. 可以与黄金兑换的货币
4. 双本位制是指（　　）。
   A. 金银比价由政府和市场共同决定的金银复本位制
   B. 金银比价由市场决定的金银复本位制
   C. 金银比价由政府规定的金银复本位制
   D. 金银比价由银行规定的金银复本位制
5. 跛行本位制是指（　　）。
   A. 银币的铸造受到控制的金银复本位制   B. 金币的铸造受到控制的金银复本位制
   C. 以金币为本位货币的金银复本位制   D. 以银币为本位货币的金银复本位制
6. 纸币本位制是（　　）的货币制度。
   A. 以银行券为本位货币   B. 可以自由兑换黄金的本位货币
   C. 以信用货币为本位货币   D. 以纸币为本位货币
7. 典型的金本位制是（　　）。
   A. 金块本位制   B. 金汇兑本位制
   C. 虚金本位制   D. 金币本位制

8. 货币制度的构成要素有（　　）。
   A. 货币金属　　　B. 货币单位　　　C. 货币职能
   D. 货币铸造、发行与流通　　E. 发行准备制度
9. 金本位制具体包括（　　）。
   A. 金币本位制　　B. 金块本位制　　C. 金条本位制
   D. 金锭本位制　　E. 金汇兑本位制
10. 以下可以自由铸造银币的货币制度有（　　）。
    A. 银币本位制　　B. 跛行本位制　　C. 双本位制
    D. 金汇兑本位制　　E. 平行本位制

二、名词解释

银本位制　金银复本位制　格雷欣法则　金本位制

三、简答题

1. 什么是货币制度？它由哪些要素构成？
2. 银本位制有哪些特征？
3. 简述劣币驱逐良币规律。
4. 简述特里芬两难。
5. 简述牙买加体系的主要内容。

四、论述题

论述货币在经济发展中的重要作用。

信用 3

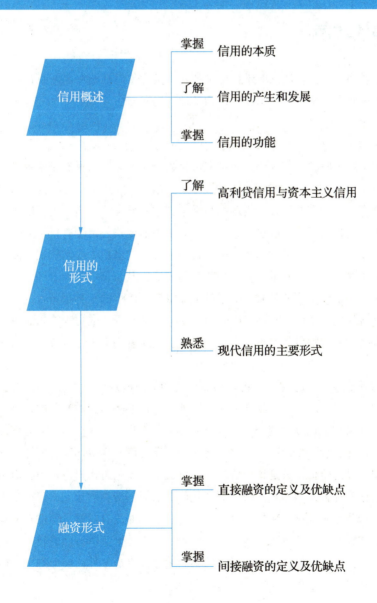

在现代商品货币经济中，货币分布的不均匀导致资金多余者与资金不足者同时存在，这就产生了调剂资金余缺的必要，而这种调剂只能通过信用方式来实现。信用是以偿还为条件的特殊的价值运动形式。信用的产生、发展和存在的经济基础是商品货币经济的发展。信用产生后以不同形式存在于各种不同的社会形态中。在不同的社会制度下，信用反映着不同的社会生产关系。在现代信用活动中，各类经济主体主要是通过商业信用、银行信用、国家信用、消费信用等信用形式来实现资金融通的。

第一节 信用概述

一、信用的本质

信用是一种借贷行为，是以偿还和支付利息为条件暂时让渡商品或货币的一种行为。由此可见，信用有两个基本特征：①以偿还为条件，到期归还；②偿还时带有一个附加额，即利息。

信用的本质可以从以下三个方面理解。

（1）信用不是一般的借贷行为，而是有条件的借贷行为。所谓有条件的借贷行为，是指商品或货币的所有者把商品或货币暂时让渡（贷）出去，并约定一定时间后由借款人还本付息。这种借贷行为不同于原始社会内部那种无条件的物质交换行为，也不同于财政分配。财政分配基本上是无偿的，财政收进来、支出去，都不需要偿还，没有直接的返还关系；而信用分配则是有偿的，具有直接的返还关系，贷款人必须向借款人收回贷款，而且借款人除归还本金，还要按规定支付一定的利息，作为使用资金的代价。

（2）信用关系是债权债务关系。信用是商品货币经济中的一种借贷行为，在这种借贷行为中，借贷双方（信用主体）通过直接或间接的方式进行资金或实物的融通所形成的信用关系即为债权债务关系。提供信用者为债权方，接受信用者为债务方，双方有着各自对应的权利和义务。

（3）信用是价值运动的特殊形式。马克思认为信用就是一种"贷和借的运动"。也就是说，信用是价值运动采取的一种特殊形式，这种特殊主要是指它与商品的直接买卖不同。在商品买卖中，交易过程可以从两个层次来分析。一是所有权转移，卖者放弃商品所有权，取得货币所有权，而买者正相反；二是等价交换，商品货币交换时，卖者虽然放弃商品的所有权，但未放弃商品的价值，只是该价值从商品价值形态变为货币形态，而买者放弃货币，取得与货币等价的商品，即买和卖同时完成，是价值的对等转移和运动。但在信用活动中，一定数量的商品或货币从贷款人手中转移到借款人手中，并没有同等价值的对立运动，只是商品或货币的使用权让渡，没有改变所有权。所以，信用是价值单方面的转移，是价值运动的特殊形式，这是信用与其他价值运动形式的不同之处，也是各种社会形态下的信用所共有的特征。

二、信用的产生

信用是与商品经济紧密相连的经济范畴。其产生的基本前提是私有制条件下的社会分工和大量剩余产品。通过考察历史，我们发现，人类最早的信用活动产生于原始社会末期。那时，随着社会生产力的发展，出现了两次社会大分工，即畜牧业从原始农业中分离出来和手工业从农业中分离出来。这两次社会大分工使劳动生产率明显提高，交易日益频繁，劳动产品也有了剩余。交换的扩大和发展，加速了原始公社公有制的瓦解和私有制的产生，使得原始公社内部发生了财富分化，即出现了富裕家庭和贫困家庭。富裕家庭手中聚集了大量的货币资金，而贫困家庭则缺少生活资料和生产资料，为了维持生活和继续生产，他们不得不向富裕家庭借贷，信用随之产生。最早的借贷对象是实物，然后逐步转变为货币。总的来说，信用经历了实物借贷→实物借贷为主，货币借贷为辅→货币借贷为主的过程。

商品货币关系是信用存在的经济基础。在商品货币经济条件下，各经济主体的经济活动会引起频繁的货币收支运动。在运动过程中，收支可能相等，处于平衡状态，但更多的情况是收支不相等，处于失衡状态。这说明在一定时点上货币在各个所有者之间的分布往往是不均衡的：一方面，有的人手中有货币但暂时不需要购买商品；另一方面，有的人需要购买商品但暂时缺乏货币。商品交换必须遵循等价交换原则，这就在客观上产生相互借贷的需要，而且必须是有偿的借贷方式，双方才能同时接受。当生产者以赊销方式出卖商品时，形成了货币的延期支付，货币的支付手段职能正是在信用交易的基础上产生和发展起来的，而它的产生和发展又进一步促进信用关系的发展和完善，使信用关系超出了商品流通范围，得到普遍发展。所以说，信用是与商品经济相联系的经济范畴。

三、信用的发展

信用的发展过程实际上可以看作信用替代货币发挥流通手段和支付手段的职能及支付手段由低级向高级演进的过程。货币进入经济生活以后，使得信用得以量化和发展，成为货币的延伸，而且随着发展，信用还在很大程度上替代了货币，成为货币供给的基础。到目前为止，信用的发展大致经历了以下四个阶段。

（1）尚未工具化的信用阶段。这一阶段是借贷活动已发生，但没有具体化为信用工具的阶段。例如，仅口头承诺将来偿还商品或货币的借贷活动，虽然发生了信用的授受，但没有任何书面凭证，属于尚未工具化的信用。

（2）尚未流动化的信用阶段。这一阶段是借贷活动已发生，并已具体化为信用工具的阶段，但这些信用工具不能在市场上流通转让，因而资金依然处于呆滞或沉淀状态。

（3）流动化的信用阶段。这一阶段是借贷活动已发生，并已具体化为信用工具的阶段，而且这些信用工具可以在市场上流通转让，使资金可以灵活运用。流动化的信用阶段是信用发展的较高级阶段。

（4）电子化、网络化与信用制度相结合的阶段。在计算机网络高度发达的知识经济时代，电子货币和网络银行的出现，使得货币的存储、给付、交换和转移可以通过网络的传输来完成，与此同时还必须同步传递各种相关信息，这些信息本身就代表了借贷双方的一种信用行为。电子化、网络化与信用制度相结合的阶段是信用发展的高级阶段，只有在一国信用制度高度发达的基础上才可能实现。

四、信用的功能

现代社会是一个信用社会，经济就是信用经济。不论是在发达国家，还是在发展中国家的经济活动中，都普遍存在着债权债务关系，而且各类经济主体（包括企业、单位、个人、政府）的经济活动都伴随着货币收支。在频繁的货币收支过程中，各经济主体不可能都实现收支平衡，有的出现盈余，有的出现赤字，它们之间通过借贷进行调剂已成必然，信用应运而生。早期的信用形式是高利贷，其高利盘剥的特征使其对社会经济的积极作用十分有限。而进入现代，出现了银行资本，形成了借贷资本的周转运动，由此信用的功能越发突出。

（一）信用具有聚集和分配资金的功能

借助某种信用工具可以聚集和分配部分社会资金。例如，先通过银行信用、国家信用等信用形式，广泛聚集社会上分散的、期限长短不等的各种闲置资金，形成巨额银行存款，然后通过贷款给赤字单位，满足规模经济发展对巨额资金的需要；也可以通过证券市场分配资金，具体由赤字单位创造证券工具，通过发行股票、企业债券等形式来吸收盈余单位手中的闲置资金。即赤字单位在金融市场上发行股票或债券，盈余单位购买股票或债券，从而完成资金的重新分配和组合。

信用分配资金功能是在不改变所有权条件下实现的。信用利用所有权和使用权相分离的特点，改变资金的分配布局，从而实现全社会资金的重新组合，达到资金合理运用的目的。

（二）信用具有促进生产、扩大投资规模的功能

发展信用关系，可以极大地促进社会资金的流动与合理分配，扩大生产与投资规模，提高资金的使用效益。现代经济的增长，依赖于不断扩大再生产，而扩大再生产，主要依靠资本的持续投入与技术的进步。其中，追加投资是扩大再生产的起点。如果一个社会为满足现时的消费而将全部生产品或获得的全部收入都花掉，那就不可能使投资增加。因此，扩大投资的前提是增加储蓄，也就是说，扩大投资依赖于资金的积累。而信用在推动资金积累方面起着重要的作用。

（1）借助信用活动，可以实现资本的集中和积聚，从而克服个别企业自身积累的不足，满足现代化大生产对有效投资的要求。

（2）借助信用活动，可以加快资金周转的速度，从而提高资金的使用效率。例如，通过银行信用的存款、贷款和结算业务，发行多样化的信用工具，可以最大限度地利用各类企业的闲散资金，扩大社会生产与投资规模。

（3）信用活动可以促使居民家庭的储蓄资金顺利地转化为生产资金，从而扩大积累规模，扩大社会再生产。

（三）信用具有促进消费、提高消费总效用的功能

在经济日益繁荣的现代社会，信用对消费的影响越来越大。

（1）信用的发生可以促进家庭购买力的提高，使得消费结构日趋合理，并且有利于扩大生产与就业。现代社会生产的发展、就业的增加，都离不开消费信用。随着信用消费观念的日益普及，越来越多的家庭采用分期付款的方式购买高档耐用消费品，如汽车、房屋等。这种消费观念的转变，大大提高了许多家庭的购买力。通过信用向消费者发放住房贷款，可以把家庭的购买力引向住宅建设，解决住房紧张的问题，同时还可以把住房制度改革推向商品化、市场化。这种变化有利于改善城镇住房消费不足，以及家庭消费支出结构不合理的状况，同时对于促进生产发展、优化生产结构、增加就业岗位也有积极作用。

（2）信用可以使每个家庭把它们的消费按时间先后作最适当的安排，从而提高了消费的总效用。每个家庭的消费活动必须根据收入的多少来合理安排，但是收入与消费在时间上并不总是一致的。有些家庭现时消费需求大，但本期的收入却不能满足这种需求；而有些家庭现时消费需求小，但本期的收入却相对较多。借助信用关系，可以把两类家庭现时的消费与未来的消费交换，从而使双方的利益都能得到满足。

（四）信用可以调节需求总量和结构，进而调节宏观经济运行

信用分配是对货币资金的再分配，而货币资金将直接产生对社会总产品的需求，从而改善总供求的关系，达到调节宏观经济运行的目的。因此，信用的调节功能既表现在总量上，又表现在结构上。下面以银行信用为例来说明信用的调节功能。第一，通过信贷规模的变动，调节货币供应量，使货币供应量与货币需求量保持一致，从而保证社会总供求的平衡。第二，通过利率变动和信贷投向的变动，调节需求结构，以实现对产品结构、产业结构、经济结构的调整。第三，通过汇率的调整和国际信贷的变动，达到保证对外经济协调发展、调节国际贸易和国际收支的目的。由此可见，在现代商品经济条件下，信用已经成为调节国民经济的杠杆。

第二节　信用的形式

一、高利贷信用与资本主义信用

信用伴随着商品经济关系的发展而不断发展，并以不同的形式存在于不同的社会形态中，通常把前资本主义社会中的信用称为高利贷信用，而现代信用则主要以资本主义信用为代表。

（一）高利贷信用

高利贷信用是一种最古老的生息资本的运动形式，是以牟取高额利息为特征的借贷活动。高利贷信用的主要特点是利率高、剥削重、具有非生产性和保守性。一方面，高利盘剥使高利贷者积聚了巨额货币资本，使广大农民和手工业者破产，并成为无产阶级，从而为资

本主义生产方式的建立创造了重要的前提条件。另一方面，由于高利贷者不愿放弃高额利息收入，他们竭力保持旧的生产方式，这必然阻碍高利贷资本向产业资本转化，从而导致生产力衰退，并阻碍新的生产方式形成。因此，新兴资产阶级反对高利贷，建立和发展了资本主义信用制度，打破了高利贷的垄断地位。但高利贷并未被消灭，仍有广泛的活动领域，如一国的经济落后领域等。

阅读材料 3-1

高 利 贷

高利贷信用，简称高利贷，产生于原始公社瓦解时期，在奴隶社会得到了广泛发展，并成为占统治地位的信用形式，这主要是因为其生存和发展的经济基础是小生产占主导地位的自然经济。高利贷的贷者主要是大商人，特别是专门从事货币兑换的商人，以及奴隶主、大地主、职业军人等；而高利贷的借者主要是小生产者、贫苦农民，他们为了维持简单再生产和最低的生活需要，不得不去借贷，并只能忍受高利盘剥，而无讨价还价的余地。此外，作为寄生阶级的奴隶主贵族和封建主，为了维持荒淫无度的奢侈生活或者为了政治斗争的需要，也会向高利贷者借贷，当然，他们负担的高额利息最终是靠加深对劳动者的剥削来转嫁的。由此可见，高利贷者获取的高额利息来源于小生产者和奴隶、农奴的剩余劳动。因此，高利贷反映了高利贷者无偿占有小生产者劳动的剥削关系，也反映了高利贷者和奴隶主、封建主共同瓜分奴隶、农奴的剩余劳动的剥削关系。

（二）资本主义信用

资本主义信用是借贷资本的运动形式。所谓借贷资本，是指货币资本家为了获取剩余价值而暂时贷给职能资本家使用的货币资本，它是在再生产过程中形成的具有独立形态的资本。与职能资本相比，借贷资本具有以下特点。

1. 借贷资本是一种商品资本

借贷资本具有特殊的使用价值。当货币资本家贷放货币资本给职能资本家使用时，借贷资本是作为商品卖出的，这种商品能给使用者带来剩余价值，因此是商品资本。不仅如此，借贷资本还具有"价格"，也就是职能资本家借贷这部分特殊商品作为资本使用时必须付出的代价，即利息。因此，借贷资本是一种特殊的商品资本。

2. 借贷资本是一种所有权资本

货币资本家贷出货币资本时，只是将货币资本的使用权暂时让渡给职能资本家，而仍保留着所有权，这就造成了使用权与所有权的分离。货币资本家虽然不直接参加生产经营活动，但凭借其保留的所有权可以在到期时向职能资本家收回本金和利息。可见，借贷资本只是作为一种资本商品进行了让渡，而非真正意义上的卖出，与普通商品买卖完全不同。

3. 借贷资本具有独特的运动形式和规律

借贷资本是在产业资本运动的基础上产生的，但其运动形式有自己的特点。首先来看产业资本的运动形式：$G—W\cdots P\cdots W—G'$。其中 G 代表货币，W 代表商品，P 代表生产过程，

G' 代表增殖后的货币。在这个运动过程中，借贷资本的运动形式是 $G—G'$，在运动过程中，资本形态没有发生变化。这种特殊的运动形式给人造成一种假象，好像货币可以自行增殖，而掩盖了利息的真实来源，从而使人们对货币产生一种神秘感。事实上，借贷资本运动是以资本主义再生产为基础的，借贷资本的增殖与再生产有很大关系。我们来考察借贷资本运动的完整公式：

$$G—G—W\begin{Bmatrix}P_n\\A\end{Bmatrix}P\cdots W'—G'—G'$$

公式中存在双重支出、双重归流的运动规律，具体分析如下。

第一重支出是货币资本家将货币资本借给职能资本家使用（$G—G$），这是借贷资本运动的起点；第二重支出是职能资本家将借来的货币资本用来购买生产资料等生产要素并将之投入生产过程（$G—W$）。第一重归流是经过生产和流通过程后，职能资本家将商品销售出去变为已经增殖的货币资本（$W'—G'$）；第二重归流是职能资本家从归流的货币资本中将本金连同利息归还给货币资本家（$G'—G'$），这是借贷资本运动的终点。

可见，借贷资本的增殖，来自产业资本运动中劳动者所创造的一部分剩余价值。

二、现代信用的主要形式

信用活动是通过具体的信用形式表现出来的，随着商品经济的发展，信用形式也更加多样化、复杂化。现代信用的形式种类繁多，以信用期限的长短为标准，信用可分为短期信用和长期信用；以信用的用途为标准，信用可分为生产信用和消费信用；以信用的授受主体为标准，信用可分为商业信用、银行信用、国家信用、消费信用、民间信用等。下面将主要介绍以授受主体为标准划分的信用形式。

（一）商业信用

商业信用是指厂商在进行商品销售时，以延期付款或预付货款等形式提供的信用，它是现代信用制度的基础。

商业信用早在前资本主义社会就已经出现，但在当时还未成为主要的信用形式。到了商品经济发达的资本主义社会，商业信用由于更适应产业资本循环的需要，因此得到了广泛发展，成为资本主义信用制度的基础。这种信用形式直接与商品生产和商品流通相联系，有利于促进商品销售，保持社会再生产的连续进行。一方面，在社会化大生产中，虽然各企业之间联系密切，但是它们在生产和流通时间上常常不同步，致使有些企业生产出商品在等待销售，而需要它们的买主却因自己的商品尚未生产出来或尚未售出，暂时没有现款购买。这就需要借助商品赊销、延期付款方式来促进商品交易顺利完成，从而加速了资本的循环和周转，促进了资本主义再生产的顺利进行。另一方面，由于商业资本和产业资本相分离，如果要求所有企业用自有资本购入全部商品，就会造成商业资本紧缺。因此，厂家向商家提供商业信用，既有利于商家减少资本持有量，也有利于加快其商品价值的实现，提高商品流通速度，从而促进社会经济的发展。由此可见，商业信用对经济发展具有积极意义。

商业信用有以下几种类型。①口头商业信用。即在信用交易中，没有任何文字记载和书面凭证，仅凭授信人和受信人之间的口头承诺达成信用关系，这是最古老的商业信用形式。

②挂账商业信用。即信用交易双方只在各自的会计账户上作相应记载，待信用关系结束时再进行冲销。这是我国目前企业间商业信用的主要表现形式。由于挂账商业信用缺乏清偿和索债的合法凭证，难以实施法治监督，因此给银行造成了管理困难。③票据商业信用。这是一种典型的商业信用形式，整个信用交易是以商业票据为载体的。商业票据是债权债务的书面协定，是结清信用关系的凭证，同时也是诉讼时的法律依据。

　　商业信用的特征有以下几点。①商业信用的范围局限于企业，包括生产企业之间及商业企业和生产企业之间的预付形式或赊欠形式的信用活动，无论是债权人还是债务人都是商品的经营者。②商业信用与特定商品买卖相联系，其提供的对象既不是具有独立形态的资本，也不是闲置资本，而是商品资本这种仍然处于资本循环周转过程中的资本。这种商品资本借助商业信用向货币资本转化，从而完成它的循环。考察商业信用得知，整个商业信用活动过程同时包含着两种性质不同的经济行为——买卖和借贷。一个企业把商品赊销给另一个企业时，商品的买卖行为已完成，即商品的所有权发生了转移，由卖方手中转到了买方手中，但由于商品的货款并未立即支付，因此买卖双方形成了债权债务关系，到期时买方必须以货币的形式偿还债务。③商业信用的载体——商业票据作为一种支付手段来使用，可以暂时替代现金，从而加速商品流转，节省货币流通费用。④商业信用的供求动态与资本主义再生产周期的各个阶段上的产业资本的动态是一致的。在经济繁荣阶段，随着生产和流通的发展和产业资本的扩大，商业信用的供应和需求也会随之增加。而在经济衰退阶段，商业信用的供应和需求又会随着生产和流通的削减和产业资本的收缩而减少。

　　上述特征决定了商业信用的存在和发展具有一定的局限性。①商业信用规模受到单个企业现有资本数量的限制，企业所能赊销的商品一般是企业生产周转过程中最后阶段的产成品。②商业信用在授信方向上受到限制。因为商业信用是以商品形式提供的，而商品具有特定的使用价值，只有当买方需要卖方商品时，双方才能建立信用关系，因此商业信用的提供受到商品流转方向的限制，它只能向需要该种商品的厂商提供，而不能向生产该种商品的厂商提供。③信用能力具有局限性。商业信用的借贷行为能否产生，取决于卖方对买方信用能力的了解与信任程度。④商业信用在管理和调节上具有一定的局限性。商业信用是在众多企业之间自发发生的，经常会形成一条债务锁链，可能是"线形债"，如甲欠乙、乙欠丙、丙则欠丁等，也可能是"三角债""多角债"。不管是哪种类型的债务锁链，只要这条锁链上的任何一环出现问题，不能按时偿债，整个债务体系就将面临危机。另外，国家经济调控机制对商业信用的调控能力也十分微弱，例如，当中央银行紧缩银根时，银行信用的获得会变得较为困难，这就为商业信用活动提供了条件。只有当中央银行放松银根，使银行信用的获得较为容易时，商业信用活动才可能相对减少。因此，各国政府和中央银行都缺乏有效手段应对商业信用膨胀所带来的危机。⑤商业信用的期限一般比较短，会受到企业资本周转时间的限制。

我国商业信用的发展

（二）银行信用

　　银行信用是银行及其他金融机构以货币形式向企业或个人提供的信用，包括吸收存款和发放贷款等信用活动。它是为适应资本主义经济发展的需要，在商业信用广泛发展的基础上形成的一种信用形式。

1. 银行信用的特点

（1）**银行信用是以货币形式提供的**。这一特点使银行信用克服了商业信用所具有的局限性。一方面，通过吸收存款的方式，银行不仅可以把企业暂时闲置的资金集中起来，还可以把非经营单位和居民将用于消费的货币收入和积蓄集中起来转化为资本，从而增加了社会可用资本总量，并且使银行信用分配的资本超出了企业的现有资本，克服了商业信用在信用规模上的局限性。另一方面，银行信用是以单一的货币形态提供贷款的，因此不受商品流转方向的限制，它可以向任何一个有需要的部门和企业提供信用，从而克服了商业信用在授信方向上的局限性。

（2）**银行信用是一种中介信用**。银行信用活动的主体是银行和其他金融机构，它们先以债务人的身份通过吸收存款等方式从其他社会各部门、各阶层取得暂时闲置的货币资本，然后以债权人的身份通过贷款方式把资金运用到社会再生产的各种需要之中。在整个信用活动过程中，银行本身并不构成社会最终的债务人和债权人。从这个意义上来说，银行只是货币资本所有者和使用者之间的一个中介，起联系或桥梁的作用。

（3）**银行信用是一种独立的借贷资本的运动形式**，它所利用的资本是再生产过程中游离出来的处于暂歇状态的资本。银行信用的动态和产业资本的动态可能并不一致。

（4）**产业周期的各个阶段对银行信用的需求是不同的**。在经济繁荣时期，企业对银行信用的需求是增加的；在经济衰退时期，由于商品生产过剩，企业对商业信用的需求会减少，但对银行信用的需求却有可能减少，也有可能增加（如企业为了支付债务、避免破产而向银行借贷）。

银行信用所具有的特点，使它较之商业信用具有更大的优越性，可以在更大程度上满足企业生产和扩大再生产的需要，从而在一国信用体系中占据主导地位，并成为现代信用的主要形式。

2. 银行信用与商业信用的关系

银行信用和商业信用都是信用的基本形式，两者既密切联系又有区别。

（1）联系。①商业信用始终是一切信用制度的基础。②银行信用是在商业信用广泛发展的基础上产生与发展的，这是因为：第一，从历史上看，商业信用先于银行信用，一般商品生产者会先运用商业信用来调剂资金余缺，只有在商业信用不能满足需要时才利用银行信用；第二，从银行信用本身来看，其大量的业务仍然是以商业信用为基础的，如票据贴现和票据抵押贷款业务的票据，就是商业信用的产物。③银行信用的产生又反过来促进商业信用进一步发展与完善。④商业信用与银行信用各具特点，各有其独特的作用。二者之间是相互促进的关系，并不存在相互替代的问题。

（2）区别。①银行信用是一种间接信用，银行充当企业之间资金余缺调剂的中介；而商业信用是一种直接信用，是企业之间相互提供的信用。②银行信用的载体主要是闲置的货币资本，它的来源和运用都没有方向限制，既可以流入，也可以流出；而商业信用的载体主要是商品资本。③银行信用具有广泛可接受性，规模大、范围广、期限长；而商业信用则接受性有限，规模小、范围窄、期限短。

20世纪以来，银行信用发生了巨大的变化，主要表现在：越来越多的借贷资本集中在少数大银行手中；银行规模越来越大；贷款数额增大，贷款期限变长；银行资本与产业资本的结合日益紧密；银行信用提供的范围不断扩大。在目前的信用体系中，银行信用仍占据绝对优势。

案例 3-1

我国银行信用的地位

银行信用一直是我国的基本信用形式。在计划经济体制下，我国实行单一的银行信用形式，企业所需流动资金完全依赖银行"供给"。改革开放以后，为适应社会主义商品经济发展的需要，我国的信用形式呈现多样化趋势，不过银行信用仍然是主要信用形式。这是由我国的社会主义银行信用特点所决定的。首先，银行信用是国家掌握的重要经济杠杆，主要授信者是在金融体系中处于主体地位的商业银行。其次，国民经济各部门、各企业所需资金主要是由银行体系提供的。2020 年，我国直接融资和间接融资的比例是 24.98∶75.02，也就是说，在企业的资金来源中，直接融资占 24.98%，来自银行的间接融资占 75.02%。近年来，随着我国资本市场的快速发展，直接融资规模逐渐扩大，但直至 2021 年 12 月，我国间接融资余额在社会融资规模存量中仍然占 67.49%（表 3-1）。再次，银行信用具有广泛性和灵活性，可以弥补商业信用的不足。最后，商业信用、国家信用，以及其他信用的发展往往依赖银行的支持。如果没有银行信用，企业能否提供商业信用，必然取决于企业自身的资金周转状况；而如果有了银行信用提供的票据承兑和贴现等业务，就可以促进商业信用的发展。

当然，银行信用所占比重过高也有其局限。①来自金融风险的压力积压在银行身上，使银行不堪重负。②优秀的企业不能以低成本获得资金支持从而做大做强，企业发展的激励机制和社会监督机制也不能借助于资本市场建立健全起来。因此，一方面，我们要加快银行体制改革的步伐，促使银行信用这种主体信用形式在广度和深度上有更大的发展；另一方面，又要借助金融市场发展的有利时机，加快直接融资的发展。

表 3-1　2021 年 12 月社会融资规模存量统计表　　单位：万亿元人民币

社会融资规模存量	314.12
人民币贷款	191.54
外币贷款（折合人民币）	2.23
委托贷款	10.87
信托贷款	4.36
未贴现银行承兑汇票	3.01
企业债券	29.93
政府债券	53.06
非金融企业境内股票	9.46
存款类金融机构资产支持证券	2.17
贷款核销	6.32

资料来源：中国人民银行网站。

（三）国家信用

国家信用是指由国家作为债权、债务主体所形成的信用，包括国内和国外两部分。国内部分主要是"内债"，是指国家以债务人身份向国内居民和企业以公债、国库券形式借款，以及在特定情况下向中央银行透支或借款。国家信用的国外部分，既包括国家以债务人身份在国际金融市场上以债券形式筹资，或向国际金融机构、外国政府借款，形成的"外债"；也包括国家以债权人身份向外国政府提供的贷款。利用国家信用形式动员起来的货币资金，由政府掌握并使用，发挥着以下作用。

（1）调节财政收支的短期不平衡。国家财政收支经常会出现短期不平衡的情况，即使从整个财政年度看，财政收支是平衡的，但由于财政收入与财政支出发生时间不一致，也会出现收支暂时不平衡的情况，对此，国家往往借助于发行国库券来解决。

（2）弥补财政赤字。一般来说，弥补财政赤字的方法很多，如增加税收、向银行借款或透支、发行国债等。增加税收会受到限制，因为，一方面，税收过多会影响企业生产积极性；另一方面，改变税制要受立法程序的制约，不仅不能满足短期资金需要，而且会在政治和经济上遭到纳税人的反对。向中央银行借款或透支，如果是在中央银行资金来源不足的情况下进行，就会导致中央银行增发货币，从而引发通货膨胀。与增加税收相比，通过发行国债来弥补财政赤字则更具优越性。因为，发行国债是将企业与居民的购买力转移给了国家，是一种财力再分配，既不会引发通货膨胀，也不会影响企业的生产积极性。因此，目前世界各国一般都尽量采取发行国债的方法来弥补财政赤字。

（3）调控经济。中央银行通过买进或卖出国债来调节货币供给，影响金融市场资金供求关系，从而达到调控经济的目的。

在资本主义制度下，政府通常会根据筹集资金的目的和用途的不同，而发行不同期限的债券。一种情况是发行一年以内的短期国库券，主要是为了解决财政年度内先支后收的矛盾；另一种情况是发行一年以上的中长期公债，以筹措资金弥补当年财政赤字或进行长期投资。国债不仅是政府筹集资金的工具，还是一国重要的经济调节杠杆。因为国债发行规模直接影响了一国预算支出规模的大小，并影响到该时期社会总需求水平及实际国民收入水平；而且国债可以进入二级市场流通，是中央银行进行公开市场业务操作的重要工具，中央银行要调节流通中的货币供应量，以及实现货币政策的目标是离不开国债市场的。因此，国家信用在资本主义国家得到了广泛的发展。

改革开放以来，我国的国家信用得到了充分利用，并且伴随着国债一、二级市场的发展，为国家筹集了巨额建设资金，对弥补财政赤字、减少货币发行量、稳定物价起到了重要作用。今后，我国还应继续大力发展国债市场，使国家信用更好地成为银行信用的重要补充。

我国国家信用的发展

我国的消费信用

（四）消费信用

消费信用又称消费融资，是指工商企业或银行等金融机构，为消费者提供的直接用于生活消费的信用。消费信用的主要形式包括以下几种。

（1）赊销，这是零售商向消费者提供的短期消费信用，即以延期付款方式销售商品。

（2）分期付款，属于中长期消费信用，消费者购买消费品或取得劳务时只支付一部分货款或劳务费，然后按合同分期加息支付剩余货款或劳务费。它适用于购买高档耐用消费品，或工期长、劳务费支出高的工程。

（3）消费贷款，属于中长期消费信用，是商业银行或其他金融机构用信用贷款或抵押贷款的方式,对消费者发放的贷款,规定期限偿还本息。它适用于购买耐用消费品、住房及支付旅游费用等。

(4) 信用卡,是银行与其他金融机构发给消费者的卡,消费者可凭卡在约定单位购买商品、支付劳务,须定期结算清偿。

消费信用具有如下作用。

(1) 提高消费水平,缓解消费者有限的购买力与不断提高的生活需求之间的矛盾。如对于广大中低收入消费者而言,他们虽然渴望购买使用周期长、价格贵的高档耐用消费品和住房等大件商品,但是现实收入水平又难以满足高层次消费需求,就可以利用消费信用来提高消费能力。

(2) 开拓销售市场,促进商品的生产和流通。企业可以利用消费信用作为推销商品的重要手段,尤其是新产品从进入市场到消费者接受需要一个过程,如果企业采用赊销或分期付款方式,就会更容易受到商家和消费者的欢迎,从而促进了新技术的应用及产品的更新换代,扩大了商品的生产和流通。

(3) 调节市场供求关系。当市场供求总量与结构失衡时,通过扩张消费信用,可在一定程度上缓解供求矛盾。

我国信用卡的规模

但是,消费信用毕竟是对未来购买力的预支,在一定条件下,也会产生消极作用。例如,当消费需求增长超过了生产扩张能力的限度时,消费信用就会加剧市场供求紧张局势,推动物价上涨。因此,对于经济条件不同的国家和地区,甚至在同一国家和地区的不同时期,消费信用都可能产生不同的效果。对消费者个人来说,过度利用消费信用,可能会使自己背上沉重的债务负担,并陷入财务困境。

(五) 民间信用

民间信用又称民间借贷或个人信用,是指不通过已存在的金融机构而私下进行的货币或非货币的借贷活动,是一种比较原始的直接信用形式。其特点是方便、自由、借贷风险大。过去,当某些城乡居民个人生活出现困难时,自然就产生了向生活富裕者借贷的需求。近年来,我国个体经济和私营经济发展速度较快,为发展生产,它们迫切需要筹措营运资金。但受银行机构网点设置、服务方式和服务时间所限,个体经济融通资金的需求不能得到满足,所以,自发产生的民间借贷成为我国信用形式的补充。

民间借贷与高利贷相比,二者区别较大。民间借贷的典型特征有以下几点。①民间借贷是在平等互利的基础上进行的。②利率高低不同。有的无息,有的利率等于或略高于市场利率,有的则比市场利率高几倍。③借款主要是用于解决生产和经营方面的资金需要,即大部分作为周转金使用。④借款人有农民、小手工业者,也有规模较小的生产经营单位。⑤授信人和受信人不是固定关系,多出于互助的目的,而高利贷的授信人是职业高利贷者。⑥民间借贷不属于现代信用的运作模式。

由上述特征可见,民间借贷不等同于高利贷,因此要正确对待。一方面我们不能因为民间借贷在发展过程中发生的一些问题就完全否定其对经济的积极促进作用,限制其发展,而应该予以保护,加强管理,积极引导,使之能合法存在,充分发挥作用。另一方面,我们要加快金融体制改革的步伐,建立多层次信用体系,拓宽融资渠道,切实解决广大农村和一些城市居民困难户的借贷需求及小型经营活动的小额货币资金需求问题。通过发展现代信用方式来取代这种古老的信用方式才是根本出路。

第三节 融资形式

信用活动的融资形式可以分为直接融资和间接融资两种。

一、直接融资

直接融资也称直接金融,是指没有中介机构参与而由资金供求双方直接进行资金融通的一种信用方式,是资金需求者直接发行融资凭证给资金供给者以筹集资金的方式。直接融资可以对实体经济的资金需求形成直接的供给,支持实体经济发展,党的二十大报告明确提出,健全资本市场功能,提高直接融资比重。直接融资的金融工具主要有股票和债券。

直接融资避开了商业银行等中介机构,由资金供求双方直接进行交易。商业信用是资金供求双方直接进行融资的行为,符合"直接"融资的字面含义,但在现代信用体系下,直接融资主要是指公司、企业在金融市场上从资金所有者那里直接融通货币资金。直接融资虽然是由资金供求双方直接进行交易的,但它也需要依托证券市场,借助证券公司、证券交易所等金融机构的服务来实现。证券公司、证券交易所等金融机构的主要功能是为资金供求双方牵线搭桥,提供策划、咨询、保荐、承销、经纪服务等。

1. 直接融资的优点

(1)筹集长期资金。直接融资中的资金供求双方可以直接联系,根据各自的融资条件进行资金融通,在资金的使用上受到的限制较少。而且发行证券筹集资金不受企业资产规模和风险管理的约束。

(2)合理配置资源。直接融资把资金供求双方置于市场机制的作用之下,金融市场的价格引导机制可以有效地把资金配置到高效率的投资项目中,从而实现资源的优化配置。

(3)加速资本积累。金融市场所具有的股份细分功能,使得直接融资可以利用股票、债券等金融工具把闲置的资金集中起来,形成巨额资金,从而使需要巨额资金的公司、项目得以迅速发展,并推动社会生产规模扩大及国民经济发展。

2. 直接融资的缺点

(1)进入门槛高。由于存在逆向选择问题,直接融资有较高的进入门槛,资金筹集者必须披露足够的信息,其经营规模也要达到一定的要求。中小企业往往较难达到进入证券市场的标准。

(2)投资风险大。直接融资资金筹集期限长,风险影响因素众多,而金融市场变化又很大,所以其投资风险比间接融资大。

二、间接融资

间接融资是指资金供求双方通过信用中介机构实现资金融通的融资方式。在间接融资中,资金供给者先把资金使用权转让给金融中介机构(如商业银行),并获得一种金融资产(如存款凭证),金融中介机构再把资金贷放给资金需求者,从而实现资金的融通。

间接融资具有悠久的历史,它是随着古代货币经营业的发展而产生的。由于某地货币经营者手中集聚了若干货币资产,而贸易商人在当地采购货物时缺少货币,因此货币经营者就将货币借给贸易商人使用。于是，货币经营者充当了信用中介，也由此产生了间接信用。间接融资的特点是资金供给者与资金需求者不直接见面，互相也不了解，而是由信用中介替他们办理一切信用手续。欧洲中世纪以后，随着货币经营业的发展和信用中介业务的扩大，货币经营者逐渐发展成银行。银行信用是间接信用的典型形式。银行可以不受单个储蓄者存款额的限制，把全部存款作为一个整体来支持生产、流通和其他事业。

1. 间接融资的优点

（1）降低成本。 一是降低信息成本。间接融资中的金融中介机构——商业银行特有的规模经济优势和范围经济优势，可以使其更方便进行信息搜集、筛选、监督，以及代表投资者作出正确的决策，因而大量的分散主体也就没有必要再去从事相同的信息搜集工作。另外，通过企业开设在商业银行的账户，商业银行可以了解更多关于企业资金往来的信息，增加其对企业的了解。二是降低交易成本。对个人与企业来说，个人拥有资金盈余，企业需要资金，此时双方都有转移资金的意愿。但是，如果双方直接进行资金融通，那么个人存款人在拟定条款、聘请法律顾问等方面花费的成本相对于其储蓄额来说就过于高昂了。此时，商业银行发挥自身规模优势，拟定格式化条款，使得单位储蓄额分担的成本很小，从而有效地降低了交易成本。

（2）降低风险。 单个资金供给者将资金借给需求者时，难以避免因对方无力偿还而导致的亏损风险。商业银行通过专业化的甄别技术、完善的贷款管理制度，可以有效降低来自贷款方的风险。而且商业银行特有的规模经济优势和范围经济优势，使其可以有足够的资金和人力来实现投资（贷款）的多样化，即使个别企业发生坏账，商业银行也能够做到风险规避，保证存款人获得本金和利息，从而降低存款人的风险。

（3）转换期限。 由于商业银行是面向众多存款人吸收存款的，因此它可以集中大量的短期资金，这些短期资金的不断存取势必会形成资金的接续，这就使得商业银行能够将其用于发放长期贷款，做到短借长贷，从而提高资金使用效率。

2. 间接融资的缺点

（1）资金运用和资源配置效率很大程度上依赖于金融中介机构的素质。 因为间接融资中的资金供求双方并不直接面对对方，双方需依赖金融中介机构来实现资金的融通。

（2）资金供求双方的直接联系被割裂可能导致资金使用效率下降。 间接融资很大程度上降低了储蓄者对借款企业生产经营活动的关注，借款企业则缺少了资金使用的约束，因此间接融资可能会降低资金使用效率，影响投资收益率。

习　题

一、选择题（含单项选择题和多项选择题）

1. 以下有关信用的说法正确的是（　　）。
　　A. 银行信用是一切信用的基础　　B. 银行信用与产业资本的变动方向一致
　　C. 信用体现了货币的支付手段　　D. 信用是以归还为条件让渡所有权的行为
2. 以下对银行信用的描述正确的是（　　）。
　　A. 信用是直接融资
　　B. 银行信用使用的资本属于生产再循环中的货币资本

C. 银行信用是在商业信用的基础上发展起来的

D. 银行信用可以取代商业信用

3. 以下属于国家信用的是（　　）。

A. 中国人民银行印刷人民币　　　　B. 居民使用支付宝花呗付款

C. 购买房屋向银行申请住房贷款　　D. 新冠疫情期间政府发放补贴

4. 以下关于高利贷的说法正确的是（　　）。

A. 高利率就是高利贷

B. 高利贷存在的经济环境是小生产占主导地位的自然经济

C. 高利贷信用反映了高利贷者有偿占有小生产者劳动的剥削关系

D. 高利贷为社会主义生产方式的建立创造了重要的前提条件

5. 以下属于直接融资的是（　　）。

A. 工商银行发行5年期理财产品

B. 中国移动股票通过招商证券首次公开发售

C. 由银行进行承兑的汇票

D. 银行发行资产支持证券

6. 信用的功能包括（　　）。

A. 集聚资金　　　B. 扩大投资规模　　　C. 促进消费

D. 调整产业结构　　E. 加速资金周转

7. 消费信用的主要形式是（　　）。

A. 商品赊购　　　B. 分期付款　　　C. 消费贷款　　　D. 预付货款

8. 与间接融资相比，直接融资的局限性体现在（　　）。

A. 资金供给者的风险较大　　　　B. 降低了投资者对筹资者的约束压力

C. 资金数量、期限方面限制条件较多　　D. 资金供给者获得的收益低

E. 资金需求者面临的压力大

9. 以下属于直接融资工具的是（　　）。

A. 普通股　　　B. 优先股　　　C. 国库券

D. 银行承兑汇票　　E. 期权

二、名词解释

信用　商业信用　银行信用　国家信用　消费信用　直接融资　间接融资

三、简答题

1. 简述信用的本质及功能。
2. 简述商业信用、银行信用的优缺点及二者之间的关系。
3. 如何理解借贷资本双重支出、双重归流的特殊运动规律？
4. 比较直接融资和间接融资的异同。

四、论述题

1. 论述信用的主要形式及其内容。
2. 消费信用有哪些作用？如果消费信用增长过快会产生哪些消极影响？

利息与利率 4

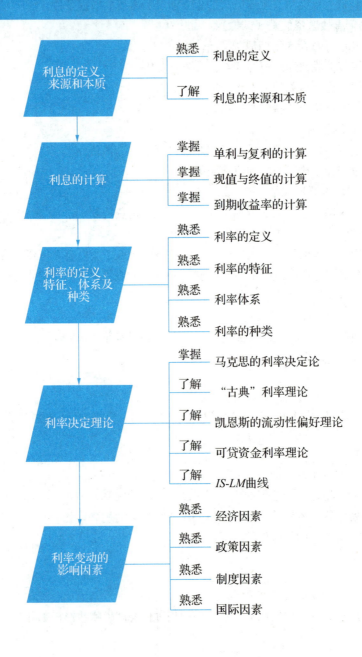

4 利息与利率

利率是最受关注的一个经济变量，它与我们的日常生活息息相关，对整体经济健康运行具有重大影响。本章从利息的来源和本质等基本问题入手，重点讨论利率的特征、利率的种类及利率体系问题，同时对利率决定理论作一般介绍。理解并掌握本章所介绍的概念非常重要，它将使我们对利率在日常生活和经济发展中的重大作用有更加深刻的认识。

第一节 利息的定义、来源和本质

一、利息的定义

利息是与信用相伴随的一个经济范畴，是货币所有者因贷出货币而从货币使用者那里获得的报酬。货币使用者到期偿还货币所有者本金时还必须支付一个增加额，这个增加额就是利息。可见，利息是借贷资本的增值额，或者说是使用借贷资本的代价。

在远古时代，就已有了借贷行为。当时借方以实物（如布匹、谷物等）作为利息支付给贷方，作为其让渡资金使用权的报酬。随着商品货币经济的发展，利息的支付逐渐过渡到货币形式上来。真正意义上的利息是资本的利息。正如马克思所说："贷出者和借入者双方都是把同一货币额作为资本支出的。但它只有在后者手中才执行资本的职能。同一货币额作为资本对两个人来说取得了双重的存在，这并不会使利润增加一倍。它所以能对双方都作为资本执行职能，只是由于利润的分割。其中归贷出者的部分叫作利息。"在资本主义社会中，利息是借贷资本家因贷出货币资本而从职能资本家那里获得的报酬。而在我国社会主义初级阶段，以公有制为主体的多种所有制形式并存，各经济主体之间形成了各种各样的信用关系，利息的普遍存在也就成为必然。

二、利息的来源和本质

利息是信用的基础，它与信用一样，在不同的社会生产方式下，反映着不同的经济关系。

在奴隶社会或封建社会，高利贷资本是生息资本的主要形式。高利贷者的贷款对象有奴隶主、地主及小生产者。如果高利贷的借入者是小生产者，利息显然来源于小生产者的劳动所创造的价值。如果高利贷的借入者是奴隶主或地主，则利息来源于奴隶或农奴的剩余劳动价值，甚至还包括他们的一部分必要劳动价值。高利贷的利息，体现了高利贷者与奴隶主或封建主共同对劳动者的剥削。

在资本主义制度下，利息是借贷资本运动的产物，但在借贷资本（$G—G'$）的表面运动形式中，资本主义生产关系被掩盖了，货币被贷出去一定时间后，带着增值的价值ΔG回到出发点，似乎货币本身具有生出货币的能力，这给利息蒙上了一层神秘的面纱。对于资本主义制度下利息的来源和本质，各经济学派分别从不同的立场和不同的角度阐述了自己的观点。

（一）马克思关于利息来源和本质的观点

马克思指出，借贷资本的运动特点是双重支出和双重回流。首先，货币资本家把货币资本借给职能资本家；然后，职能资本家将用货币资本购买生产要素并投入生产过程；接着，职能资本家把生产出来的含有剩余价值的商品销售出去，取得货币；最后，职能资本家将所借资本连本带利归还给货币资本家。借贷资本的整个运动过程为：

$$G - G - W \begin{cases} p_n \cdots P \cdots W' - G' - G' \\ A \end{cases}$$

其中，G 代表货币，W 代表商品，A 代表劳动力，p_n 代表生产过程，G' 代表增殖后的货币。由此可见，借贷资本的运动与现实资本的运动和资本主义再生产过程密切相关，借贷资本只有转化为现实资本，进入生产，才能增殖。由于货币资本家在货币资本贷出期间，将资本商品的使用价值即生产利润的能力让渡给了职能资本家，因此当后者运用借入的资本购买生产要素，进行生产，并将所获得的剩余价值转化为利润后，必须分割一部分给货币资本家，作为使用资本商品的报酬，这份报酬便是利息。利息，就其本质而言，是利润的一部分，是剩余价值的转化形式，体现了借贷资本家和职能资本家共同剥削雇佣工人的关系，也体现了借贷资本家和职能资本家之间瓜分剩余价值的关系。

马克思对经济运行中利息的本质的认识具有重大意义。因为他阐述了利息的真正来源是劳动者创造的剩余价值，提出了资本家与劳动者的对立关系，明确了利息直接来源于利润，而且利息与利润之间有着量的关系。但是利息与利润在形式上有明显区别，二者归属不同范畴，一个是"资本所有权的果实"，另一个是"运用资本发挥职能的果实"。

（二）西方经济学家关于利息来源和本质的观点

对于利息的来源与本质，古典政治经济学派分别从借贷关系与分配关系出发进行了研究。其中，配第、洛克、诺思等人认为利息是与借贷资本相联系的一个经济范畴，他们从借贷资本的表面运动来分析利息的来源和本质。而自马西开始，古典政治经济学派对利息的研究则侧重于对利息来源进行分析，认为利息是与分配理论相联系的一个范畴，利息是社会总收入的一部分，是资本所有者的报酬。

与古典政治经济学派不同，近现代西方经济学家主要从资本的范畴、人的主观意识和心理活动等角度研究利息的来源和本质，并提出了众多的学说，比较有影响力的有"资本生产力论""节欲论""时差利息论""流动性偏好理论"等。由法国经济学家萨伊首先提出的"资本生产力论"认为，资本、劳动、土地是生产的三要素，在生产中它们各自提供了服务，因此，利息、工资和地租便是它们各自服务的报酬。英国经济学家西尼尔提出"节欲论"，认为资本来自储蓄，要进行储蓄就必须节制当前的消费和享受，利息来源于对未来享受的等待，是对为积累资本而牺牲现在消费的一种报酬。奥地利经济学家庞巴维克的"时差利息论"则认为，现在物品要比同类等量的未来物品具有更大的价值，二者之间存在着价值时差，利息是对价值时差的一种补偿。英国现代经济学家凯恩斯在批判古典政治经济学派利息理论的基础上提出了"流动性偏好理论"，认为利息是一种"纯货币的现象"，是人们放弃流动性偏好，即不持有货币进行储蓄的一种报酬。这些理论大多脱离了经济关系本身，有些甚至是从非经济现象进行考察的，因此无法揭示出资本主义利息真正的来源与本质。

第二节 利息的计算

一、单利法和复利法

（一）单利法

单利法是指在计算利息额时，只按本金计算利息，而不将利息额加入本金进行重复计算的方法。其计算公式为：

$$I = P \times r \times n \tag{4-1}$$

$$S = P(1 + r \times n) \tag{4-2}$$

式（4-1）和式（4-2）中，I代表利息额，P代表本金，r代表利率，n代表时间，S表示本金与利息之和，简称本利和。

【例4-1】A银行向甲企业贷放一笔期限为3年，年利率为10%的100万元贷款，则到期日甲企业应付利息额与本利和分别为：

$$I = P \times r \times n = 100 \times 10\% \times 3 = 30 \text{（万元）}$$

$$S = P(1+r \times n) = 100 \times (1+10\% \times 3) = 130 \text{（万元）}$$

（二）复利法

复利法是指在一定时期（如年、季或月）按本金计算利息，期末将利息并入本金构成新本金，并作为下一期计算利息基础的方法，通常称作"利滚利"计息法。其计算公式为：

$$I = P\left[(1+r)^n - 1\right] \tag{4-3}$$

$$S = P(1+r)^n \tag{4-4}$$

【例4-1续】若其他条件不变，按复利计算甲企业到期日应付利息额与本利和分别为：

$$I = P\left[(1+r)^n - 1\right] = 100 \times \left[(1+10\%)^3 - 1\right] = 33.1 \text{（万元）}$$

$$S = P(1+r)^n = 100 \times (1+10\%)^3 = 133.1 \text{（万元）}$$

上述两种方法各有优缺点。以单利计算，手续简单，计算方便，借入者的利息负担比较轻，但未能考虑货币的时间价值。而以复利计息，考虑了货币的时间价值，有利于增强资金使用者的时间观念，有利于发挥利息的杠杆调节作用，从而提高社会资金使用效益。单利计息法更适用于短期借贷，而长期借贷则一般采用复利计息法。根据我国现行利率政策，活期存款每季结息一次，每季度末月的20日为结息日，利息并入本金起息，因而活期存款计息带有一定的复利性质。我国银行贷款按单利结息，但如果结息日不能支付利息，欠息部分就会并入本金并计收复利。

二、现值与终值

（一）现值与终值的概念

由于利息被认为是收益的一般形态，因此任何一笔货币金额，不论将如何运用，甚至还没有考虑将如何运用，我们都可根据利率计算出它在未来的某一时点上将会是一个什么样的金额。这个金额就是所谓的本利和，统称终值。

【例 4-2】 如果年利率为 6%，现有 100000 元，按复利计算 5 年后的终值为：

$$100000 \times (1+6\%)^5 = 133822.56(元)$$

把这个过程倒转过来，如果我们知道在未来某一时点上有一定金额的货币，只要把它看作那时的本利和，就可按现行利率计算出要取得这样的本利和，现在所必须拥有的本金，即

$$P = \frac{S}{(1+r)^n} \tag{4-5}$$

【例 4-3】 设 5 年后期望取得一笔 100000 元的货币资金，假如年利率不变，现在应拥有的本金为：

$$\frac{100000}{(1+6\%)^5} = 74725.82(元)$$

这个逆算出来的本金称为现值，又称贴现值。式（4-5）叫作贴现值公式。

现代银行有一项非常重要的业务，即票据回购业务，其收购的价格就是根据票据金额和利率倒算出来的现值。

（二）年金现值

年金是指一定时期内每期等额的收付款项。可以说，年金是复利的产物，是复利的一种特殊形式（等额收付）。

年金现值就是在已知等额收付款金额的未来本利和、利率（这里我们默认为年利率）和计息期数时，考虑货币的时间价值，计算出的这些收付款折现到现在的等价票面金额。

普通年金是指在每期期末收付款项的年金，如采用直线法计提的单项固定资产折旧（折旧总额会随着固定资产数量的变化而变化，虽然不是年金，但就单项固定资产而言，其使用期内按直线法计提的折旧额是一定的）、一定期间的租金（该期间租金不变）、每年员工的社会保险金（按月计算，每年 7 月 1 日到次年 6 月 30 日不变）、一定期间的贷款利息（该期间银行存贷款利率不变且存贷金额不变，如贷款金额有变化可以将其视为多笔年金）等。按复利计算的普通年金现值 P 的公式为：

$$P(A, i, n) = A\left[1 - \frac{1}{(1+i)^n}\right] \tag{4-6}$$

式（4-6）中，A 代表每年收付金额，i 表示折现利率，n 表示期数。

先付年金是指在每期期初收付款项的年金。例如，先付钱后用餐的餐厅，出来的每一道菜都可以视为先付年金。n 期先付年金与 n 期普通年金的收付款次数相同，但由于付款时间不同，先付年金的现值比普通年金的现值要多计算 1 期利息。因此，在 n 期普通年金现值的

基础上乘以（1+i）即可得出 n 期先付年金的现值。

递延年金又称延期年金，是指在最初若干期没有收付款项的情况下，后面若干期有等额的系列收付款项，它是普通年金的特殊形式。

永续年金是指无限期连续收付款项的年金，最典型的永续年金就是诺贝尔奖奖金。永续年金的现值计算公式可以表述为：

$$P(A, i) = \frac{A}{i} \tag{4-7}$$

三、到期收益率

（一）到期收益率的概念

现实中，购买债券的投资者并不是根据承诺回报率来决定是否购买债券的，而是通过债券价格、期限、票面利率来推算债券在其存续期内的收益。到期收益率是指在以下两者的金额相等时所决定的现实起作用的利率：①至债券到期还本为止，分期支付的利息和最后归还的本金折合成现值的累计值，又称债券现金流的当前价值；②债券当前的市场价格。

在债券到期前，债券面值、票面利率和期限是不会变化的，因此，影响到期收益率变化的基本因素就是债券的市场价格，有些债券市场甚至直接用到期收益率对债券进行标价。

（二）息票债券到期收益率

对于一般的息票债券，我们可以根据公式计算其到期收益率，即

$$到期收益率 = \frac{(到期本利和 - 债券买入价)}{(债券买入价 \times 剩余到期年限)} \times 100\% \tag{4-8}$$

【例4-4】某公司2021年1月1日以102元的价格购买了面值为100元、年利率为10%、每年1月1日支付1次利息的2017年发行的5年期国库券，持有到2022年1月1日到期，则：

$$到期收益率 = \frac{100 \times 10\% + 100 - 102}{102 \times 1} \times 100\% \approx 7.84\%$$

到期收益率相当于投资人按照当前市场价格购买债券并且一直持有到期满时可以获得的年平均收益率。它的存在使因期限不同而导致现金流状态不同的债券之间的收益有了可比性。

（三）银行贷款到期收益率

银行贷款是指银行根据国家政策以一定的利率将资金贷放给资金需要者，并约定期限归还的一种经济行为。银行贷款多为抵押贷款，需要贷款人提供抵押品及收入证明。

最常见的是等额本息式分期贷款，可将分期的贷款视为一个年金。

$$L = \frac{C}{(1+r)} + \frac{C}{(1+r)^2} + \cdots + \frac{C}{(1+r)^n} = C \times \frac{1 - \frac{1}{(1+r)^n}}{r} \tag{4-9}$$

式中，L 表示贷款金额；C 表示每期偿还金额；r 表示贷款利率，即到期收益率。

（四）贴现债券到期收益率

贴现债券也称零息债券，是指以贴现方式发行，不附利息，而于到期日按面值一次性支付本利的债券。当债券按其面值的较大折扣出售后，债券到期时的利息和购买价格之和就是债券面值。贴现债券到期收益率可由式（4-10）计算得出。

$$P = \frac{F}{(1+y)^t} \tag{4-10}$$

式中，P 表示债券价格；F 表示债券面值；t 表示距离到期的时间；y 表示贴现利率，即贴现债券到期收益率。

（五）永续债券到期收益率

永续债券是指不规定到期期限，债权人也不能要求清偿但可按期取得利息的一种债券。永续债券与股票的性质相近，持有者也可以获得长期投资资本，但由于购买的不是股票，因此不能参与企业的经营管理和利润分配，仍属于一种间接投资。永续债券的到期收益率可由其定价公式［式（4-11）］得出。

$$P = \frac{C}{k} \tag{4-11}$$

式中，P 表示债券价格；C 表示票面年利息；k 表示贴现率，即到期收益率。

第三节 利率概述

一、利率的定义

利率是指借贷期满所形成的利息额与所贷出的本金额的比率。它体现着借贷资本或者生息资本的增殖程度，它是计算利息的依据，是调节经济发展的重要杠杆。对资金借出者来说，利率的高低意味着收益的多少；对资金使用者来说，利率的高低则意味着成本的高低。

二、利率的特征

利率具有以下基本特征。

（1）可变性。利率是一个变量，虽然各种利率变化不同，但是它们都有一个特点，即在量上不断变化。

（2）有限性。利率的变动不是任意和无限的，其变动范围总在社会平均利润率和零之间。

（3）可调节性。在利率的决定上，客观的内容表现为主观的约定，人们在一定限度内可根据主观的要求来调节利率。

（4）平均利率在一定时期内是确定和明确的量。因为一国的生产力水平在一段时期内比较稳定，而由这种生产力水平所决定的平均利润率也会趋于稳定，所以平均利率也会表现为一致的、确定的量。

三、利率体系

利率体系是指一个国家在一定时期内各种利率按一定规则所构成的系统，主要包括利率结构和各种利率间的传导机制。由于各国经济体制和经济条件不同，因此各国的利率体系也各具特色。一般来说，利率体系主要由中央银行利率、商业银行利率和市场利率组成。其中，中央银行利率主要有中央银行对商业银行和其他金融机构的再贴现率、再贷款利率，以及商业银行和其他金融机构在中央银行的存款利率。商业银行利率主要有商业银行的各种存款利率、各种贷款利率、发行的金融债券利率，以及商业银行之间相互拆借资金的同业拆借利率。市场利率主要有民间借贷利率、政府和企业发行的各种债券的利率等。在整个利率体系中，中央银行利率对商业银行利率和市场利率具有调节作用，特别是中央银行的再贴现率在西方国家传统上是基准利率的代表。基准利率是指在多种利率并存的条件下起决定作用的利率，当这种利率发生变动时，其他利率也会相应变动，只要了解了这种关键性利率水平的变化趋势，就可以了解整个利率体系的变化趋势。由此可见，基准利率在整个利率体系中起主导作用。

在市场经济国家，基准利率是指通过市场机制形成的无风险利率。一般来说，利息包含对机会成本的补偿和对风险的补偿，因而利率则包含机会成本补偿水平和风险溢价水平。

利率中用于补偿机会成本的部分往往由无风险利率表示。风险相对较小的由政府发行的债券利率，即国债利率，可称为无风险利率。由于风险的大小不同，风险溢价的程度也千差万别，因此，相对于千差万别的风险溢价，无风险利率也就成了"基准利率"。

现实中，通常把中央银行利率作为基准利率。美国的基准利率是由美国联邦储备系统确定的"联邦基金利率"。欧洲中央银行则发布了三个指导利率：有价证券回购利率、中央银行对商业银行的隔夜贷款利率及商业银行在中央银行的隔夜存款利率。中国人民银行公布的基准利率有再贷款利率、再贴现利率、存款准备金利率等。

四、利率的种类

现实生活中的利率都是以某种具体的形式存在的，如6个月期的贷款利率、1年期的储蓄存款利率等。利率按照不同的标准，可以分为不同的种类，下面对几种主要的利率类别进行介绍。

（一）年利率、月利率和日利率

按计算利息的期限单位可将利率划分为年利率、月利率和日利率。年利率是以年为单位计算利息的，月利率是以月为单位计算利息的，日利率是以日为单位计算利息的。通常，年利率以本金的百分之几表示，月利率按本金的千分之几表示，日利率按本金的万分之几表示。它们相互间的换算关系为：

$$年利率＝月利率\times 12＝日利率\times 360$$

例如，对于同样一笔贷款，如果年利率为7.2%，那么也可以用月利率6‰或日利率2‱来表示利率。

（二）持有期收益率、有效年利率、年化收益率和连续复利

假设你持有一份债券，发行价与面值相同，为 100 元，每年派发利息 4 元，1 年后由于市场利率波动，债券价格变为 110 元。此时如果卖出债券，实现的收益率称为持有期收益率（holding-period return，HPR，在这种情况下，持有期为 1 年），可以表示为：

$$\text{HPR} = \frac{(\text{期末价格} - \text{期初价格}) + \text{利息收入}}{\text{期初价格}} \tag{4-12}$$

本例中，$\text{HPR} = \frac{(110-100)+4}{100} = 0.14$，即 14%。

对于债券而言，无法预料的市场利率的变化将导致债券收益率随机变化。债券的持有期收益较初始时就出售所获得的收益来说，可能更好，也可能更差。债券收益率增加将导致债券价格降低，这意味着持有债券的收益将低于初始收益。反之，债券收益率降低将使持有债券的收益高于初始收益。

到期收益率仅依赖于债券的利息、当前价格和到期面值，所有这些值现在都是已知的，因此很容易计算出到期收益率。而持有期收益率则是整个特定投资周期的回报率，且依赖于持有期结束时债券的市场价格，但市场价格现在是未知的，因此很难准确预测持有期收益率。

下面我们观察不同期限的零息国库券，假设国库券价格为 $P(T)$，面值为 100 元，持有期为 T 年，把期限为 T 的总收益率表示为投资价值增长的百分比。

$$r(T) = \left[\frac{100}{P(T)} - 1\right] \times 100\% \tag{4-13}$$

假定面值为 100 元的零息国库券的价格及其对应的期限如表 4-1 所示，我们运用式（4-13）可以计算出每一种零息国库券的总收益率 $r(T)$。

表 4-1 不同期限零息国库券的总收益率

期限	价格 $P(T)$	总收益率（%）
6 个月	97.36	$r(0.5) = 2.71$
1 年	95.52	$r(1) = 4.69$
25 年	23.30	$r(25) = 329.18$

不出意料的是，持有期越长，总收益率越高。我们应该怎样比较不同持有期的投资收益率呢？这就需要将每一个总收益率都换算成某一常用期限的收益率，通常是把所有的投资收益率表达为有效年利率（effective annual rate，EAR），即 1 年期投资价值增长百分比。

对于 1 年期的投资来说，有效年利率等于总收益率 $r(1)$。总收入（1+EAR）是每一元的最终价值。对于期限少于 1 年的投资，我们把每一阶段的收益复利计算到 1 年。

【例 4-5】根据表 4-1 中 6 个月的投资，我们按 2.71% 的收益率复利计算现值为 1 元的投资，并得到 1 年后的投资终值 $1 + \text{EAR} = 1.0271^2 \approx 1.0549$，因此，$\text{EAR} \approx 5.49\%$。

对于投资期长于 1 年的投资来说，通常把有效年利率作为年化收益率。如表 4-1 中，持有期为 25 年的投资在 25 年里共增长了 329.18%，所以其有效年利率可以表示为：

$$(1 + \text{EAR})^{25} = 4.2918$$

$$1 + \text{EAR} = 4.2918^{1/25} \approx 1.0600，\text{EAR} = 6\%$$

总的来说，我们可以把有效年利率与总收益率 $r(T)$ 联系在一起，运用式（4-14）计算持有期限为 T 时的回报。

$$\text{EAR} = \left[\left(1+r(T)\right)^{\frac{1}{T}} - 1\right] \times 100\% \tag{4-14}$$

短期投资（T<1）的年化收益率通常是以单利而非复利来计算的，也被称为年化百分比利率（annual percentage rate，APR）。 例如，当涉及月收益率（如信用卡的利率）时，其年化百分比利率即为 12 乘以月收益率。通常来说，如果把一年分成 n 个相等的期间，并且每一期间的利率是 $r(T)$，那么 APR $= n \times r(T)$。反之，也可以通过年化百分比利率得到每个期间的实际利率 $r(T) = T \times \text{APR}$。通过这一计算方法，表 4-1 中 6 个月债券的年化百分比利率为 $2 \times 2.71\% = 5.42\%$。对一个期限为 T 的短期投资来说，每年有 $n = 1/T$ 个复利计算期。因此，复利计算期、有效年利率和年化百分比利率之间的关系可以用下面的公式来表示。

$$1 + \text{EAR} = \left[1 + r(T)\right]^n = \left[1 + r(T)\right]^{\frac{1}{T}} = \left[1 + T \times \text{APR}\right]^{\frac{1}{T}} \tag{4-15}$$

即

$$\text{APR} = \frac{(1+\text{EAR})^T - 1}{T} \tag{4-16}$$

根据上述公式，我们可以得到当年化百分比利率（APR）为 5.80% 时的有效年利率（EAR）的值（表 4-2）。

表 4-2　年化百分比利率（APR）与有效年利率（EAR）

期限	T	$r(T)$	APR	EAR
1 年	1.0000	5.8000%	5.80%	5.80%
6 个月	0.5000	2.9000%	5.80%	5.88%
1 个月	0.1132	0.6566%	5.80%	5.95%
1 天	0.0027	0.0159%	5.80%	5.97%

由表 4-2 可以明显看到年化百分比利率和有效年利率随复利计算频率变化而产生的差异。那么随着计算频率的不断提高，年化百分比利率和有效年利率的差异可以达到多大呢？**当 T 趋近于零时，我们可以得到连续复利（continuous compounding，cc），并且可以用以下公式表示有效年利率和年化百分比利率的关系。**

$$1 + \text{EAR} = e^{r_{cc}} \tag{4-17}$$

式（4-17）中，r_{cc} 表示连续复利下的年化百分比利率。

（三）官定利率、公定利率和市场利率

按照利率的决定方式可将利率分为官定利率、公定利率和市场利率。**官定利率又称法定利率，是由政府金融管理部门或者中央银行确定的利率，包括再贴现、再贷款利率和存贷款利率。由非政府部门的民间金融组织（如银行公会等）确定的利率是行业公定利率，这种公定利率对其会员银行具有约束性。**官定利率与公定利率在一定程度上反映了非市场的强制力量对利率的干预。

市场利率是指按照市场规律自由变动的利率，即由借贷资本的供求关系直接决定并由借贷双方自由议定的利率。借贷双方直接融资时商定的利率、金融市场上买卖有价证券的利率

等市场利率是资金供求状况的体现。当资金供大于求时,利率下降;反之,利率上升。利率变动频繁、灵敏。

在现代经济生活中,利率是对经济进行间接控制的重要杠杆。为了使利率水平的波动体现政府的政策意图,各国几乎都形成了官定利率、公定利率与市场利率并存的局面。一方面,市场利率的变化能灵敏地反映出借贷资本的供求状况,是制定官定利率、公定利率的重要依据;另一方面,官定利率对市场利率起着导向作用,其升降直接影响借贷双方对市场利率变化的预期,进而影响信贷供给的松紧程度,并引导市场利率随之升降。

(四)固定利率和浮动利率

按照借贷期限内利率是否调整可将利率分为固定利率和浮动利率。固定利率是指在整个借贷期限内,利率不随市场上货币资金供求状况变化而进行调整。实行固定利率,对于借贷双方准确计算成本与收益来说是十分方便的,是传统上经常采用的方式,它适用于借贷期限较短或市场利率变化不大的情况。但是,在借贷期限较长、市场利率波动频繁的时期,借贷双方往往倾向于采用浮动利率,以避免因通货膨胀等因素而带来的市场利率波动的风险。

浮动利率是指在借贷期限内,随市场利率的变化情况而定期进行调整的利率,多用于较长期的借贷及国际金融市场。根据借贷双方的协定,由一方在规定的时间内依据某种市场利率对利率进行调整,一般调整期为半年。例如,英国政府自 1977 年 5 月开始发行期限为 4~5 年的浮动利率债券,利率按半年期国库券利率加 0.5%计算;欧洲货币市场实行的浮动利率调整期为 3~6 个月,调整的依据为伦敦银行同业拆借市场的同期利率。

浮动利率与固定利率各有优缺点。与固定利率相比,浮动利率能够灵活地反映市场上的资金供求状况,更好地发挥利率的调节作用;其所具有的可以随时调整的特点,有利于减少利率波动所带来的风险,从而克服固定利率的缺陷。缺点是浮动利率变化不定,使得借贷成本的计算和考核相对复杂,且可能加重借款人的负担。

(五)名义利率和实际利率

按照利率的真实水平可将利率分为名义利率和实际利率。在实际投资过程中,如果考虑通货膨胀对投资收益的影响,那么名义利率就不能反映投资者所获得的实际收益率水平,这时需要用到实际利率。

实际利率是指物价水平不变,从而货币购买力不变条件下的利率。

名义利率是指包含通货膨胀(或通货紧缩)风险的利率,简略的计算公式可以写成:

$$r = i + p$$

式中,r 为名义利率;i 为实际利率;p 为借贷期间物价水平的变动率,可能为正,也可能为负。

由于通货膨胀或通货紧缩对利息部分也有影响,因此名义利率的计算公式也可以写成:

$$r = (1+i)(1+P) - 1 \tag{4-18}$$

从式(4-18)可以得出由名义利率推算实际利率的计算公式。

$$i = \frac{1+r}{1+p} - 1 \tag{4-19}$$

这也是目前国际上通用的计算实际利率的公式。

只要物价水平是变动的,市场中的各种利率就都是名义利率,而实际利率很难直接观察到。通常是利用式(4-19),根据已知的名义利率和物价水平变动率计算出实际利率。在利率可以自由变动的市场经济中,名义利率的变动取决于对实际利率的预期与对通货膨胀的预期。

需要注意的是,名义利率虽然随通货膨胀的变化而变化,但二者并不是同步的。由于人们对价格变化的预期往往滞后于通货膨胀率的变化,因此相对于通货膨胀率的变化,名义利率的变化往往会滞后,但这并不是绝对的。

案例 4-1

名义利率与实际利率

假定某年度物价水平没有变化,甲从乙处取得 1 年期的 1 万元贷款,年利息额为 500 元,此时,实际利率就是 5%。但物价水平不变这种情况在现实经济生活中是很少见的。自 20 世纪 30 年代以来,物价水平不断上升的通货膨胀局面就已成为世界经济的一种普遍趋势。如果某年的物价水平上升 3%,即通货膨胀率为 3%,乙年末收回的 1 万元本金实际上仅相当于年初的 9709 元,本金损失率接近 3%。为了避免通货膨胀给本金带来的损失,假设仍然要取得 5% 的利息,那么粗略地计算,乙必须把贷款利率提高到 8%。这样,才能保证收回的本金与利息之和与物价不变时相当。这个 8% 的利率就是名义利率。当然,经济运行过程中也会出现物价下跌的通货紧缩局面,但一般较为短暂。或许正因为如此,对于物价水平的下降,人们通常不用通货紧缩率来说明,而是采用"负"通货膨胀率的术语。例如,物价水平下降 3%,则说通货膨胀率为-3%。

(六)长期利率和短期利率

按照信用行为的期限长短可将利率划分为长期利率和短期利率。一般来说,一年期以下的信用行为,称为短期信用,相应的利率即为短期利率;一年期以上的信用行为通常称为长期信用,相应的利率则为长期利率。短期利率与长期利率又有各自长短不同的期限之分。总的来说,长期利率一般高于短期利率。一方面,融资期限长,意味着市场变化大,经营风险大,因此融资风险也就越大;另一方面,融资期限越长,使用借入资金取得的利润越高,借款人所应支付的利息也就应该越多。划分长短期利率的意义主要在于:明确融资期限长短对利率水平的影响,掌握期限利率结构管理要求,确保借贷资金的真实收益。

(七)存款利率和贷款利率

按所依附的经济关系可将利率划分为存款利率和贷款利率。存款利率是指客户在银行和其他金融机构存款所取得的利息与存款本金的比率。存款利率的高低直接决定了存款人的利息收益和金融机构的融资成本,对金融机构集中社会资金的数量有着重要影响。一般来说,存款利率越高,存款人的利息收入越多,金融机构融资成本越高,金融机构集中的社会资金数量越多。

存款利率随着存款种类不同而不同,通常存款期限越长,存款利率越高;反之,存款期限越短,存款利率越低。就不同国家而言,发达国家资本积累程度较高,资金比较充足,因而存款利率较低;而发展中国家通常资金比较缺乏,因而存款利率普遍较高。

什么是量化宽松

贷款利率是指银行和其他金融机构发放贷款所收取的利息与贷款本金的比率。贷款利率的高低直接决定着金融机构的利息收入和借款人的筹资成本,影响着借贷双方的经济利益。贷款利率越高,金融机构的利息收入越多,借款人的筹资成本越高。贷款利率因贷款期限和种类的不同而不同,如贷款期限越长,贷款利率就越高。

存款利率与贷款利率关系密切。贷款利率一般高于存款利率,贷款利率与存款利率之间的差距为存贷利差。存贷利差是银行利润的主要来源,它直接决定着银行的经营效益,对信贷资金的供求和货币流通也有着重要的影响。

第四节 利率决定理论

利率决定理论主要研究利率的决定因素及其在利率决定中的作用方式,由于不同经济学家对这些问题的认识不同,因而形成了不同的利率决定理论。

马克思的利率决定论建立在对利息来源和本质的分析的基础上,他认为利息量的多少取决于利润总额,利率取决于平均利润率,平均利润率是利率的上限,而下限应该是大于零的正数,因此利率总是在零和平均利润率之间受供求关系影响而波动。西方经济学家的利率理论主要是从供求关系进行分析的,认为利率由供求均衡点决定,但由于分析问题的角度不同,各种理论的内容与结论也不尽相同。

一、马克思的利率决定论

马克思的利率决定论是以剩余价值在不同资本家之间的分割作为起点的。马克思揭示,利息是职能资本家从借贷资本家那里分割来的一部分剩余价值,而利润是剩余价值的转化形式。利息的这种质的规定性决定了它的量的规定性,利息量只能在利润总额的限度内,利率取决于平均利润率。即平均利润率构成了利率的最高界限,因为利息只能是利润的一部分,而不能是全部,更不能超过利润总额,否则,职能资本家无利可图,也就不会去借款了。至于利率的最低界限,从理论上说,是难以确定的,它取决于职能资本家与借贷资本家之间的竞争。但不管怎样一定是大于零的数,否则,借贷资本家也无利可图,就不会愿意将资本贷出。因此,利率的变化范围在零和平均利润率之间。当然并不排除利率超出平均利润率或事实上成为负数的特殊情况。

马克思进一步指出,在平均利润率与零之间,利率的高低取决于两个因素:一是利润率;二是总利润在贷款人和借款人之间进行分配的比例。如果总利润在贷款人和借款人之间进行分配的比例是固定的,则利率随着利润率的提高而提高,随着利润率的下降而下降。在利息等于平均利润的一个不变部分的情况下,利润率越高,归职能资本家支配的那一部分利润就越大。所以，一般在这种情况下，职能资本家能够也愿意以与利润率成正比例的资金支付利息。但是，在总利润率一定的情况下，利息的变动便与职能资本家手中留下的那一部分的利润变动成反比，即利息多，那一部分利润便少，而利息少，那一部分利润便多。

在马克思的利率决定论中，他还指出，由于利润率决定利率，所以利率在决定过程中具有以下特点。①随着技术发展和资本有机构成的提高，平均利润率有下降的趋势，并使平均利率也出现同方向变化的趋势。但其他影响利率的因素，如社会财富及收入相对于社会资金需求的增长速度、信用制度的发达程度等，可能会加速或抵消这种变化趋势。②平均利润率虽然有下降趋势，但这是一个非常缓慢的过程，单就某一个阶段考察的话，一国的平均利润率一般是一个相对稳定的量。相应地，平均利率也具有相对的稳定性。③由于利率的高低取决于两类资本家对利润的分割，因此利率的决定具有很大的偶然性，无法由任何规律决定。而传统习惯、法律规定、竞争等因素，在利率的决定上可以起到直接或间接的作用。

二、"古典"利率理论

"古典"利率理论是一种实物利率理论，于十九世纪八九十年代，由奥地利经济学家庞巴维克、美国经济学家马歇尔和费雪等人提出。"古典"利率理论从资本的供给和需求两方面来分析利率的形成与决定，以储蓄表示借贷资本的供给，以投资表示借贷资本的需求，并最终形成储蓄投资的利率理论。根据这一理论，资本供给来自储蓄，而储蓄是一种延期的消费，它决定于人们的偏好和愿望。人们为了使收入的总效用达到最大，就要在现在消费和未来消费之间进行选择。所以利率是诱使人们去储蓄而不是去消费的一种支付，是储蓄的报酬。因此，利率越高，人们收入中用于储蓄的部分就越大，资本的供给就越多；而利率越低，储蓄就越少，资本的供给也就越少。与资本的供给对应的是资本的需求。资本的需求来自投资，而投资取决于对资本边际效率的比较。如果预期的资本边际效率大于利率，那么投资必然产生；如果预期的资本边际效率小于利率，那就不会产生投资。换言之，只有在投资收益率大于利率的情况下才有可能发生净投资。在此前提下，利率越低，投资需求越大；利率越高，投资需求越小。

"古典"利率理论进一步认为利率水平决定于资本供求的均衡点。一般来说，利率随储蓄与投资比例的变动而升降：当投资大于储蓄时，资本供不应求，利率就会上升；反之，当储蓄大于投资，资本供过于求时，利率就会下降。因此，储蓄与投资这两大因素的交互作用与均衡，决定了利率的水平，图4.1显示了资本供给（储蓄）、资本需求（投资）与利率之间的关系。

图4.1中，S代表储蓄，I代表投资，两曲线的交点表示储蓄与投资相等，由其决定的利率称为均衡利率（i_0）。若投资不变而储蓄曲线S因储蓄量增加而右移至S'时，均衡利率就由i_0降到i_1。其他情况的变动，也都可以根据图中这两条曲线的移动显示出来。可见，在这一利率模型里，储蓄与投资都是利率的函数，储蓄是利率的递增函数，而投资是利率的递减函数。当利率上升时，储蓄增加，投资减少；当利率下降时，储蓄减少，投资增加。因此，变动利率会使储蓄与投资重新趋于平衡。

总而言之，"古典"利率理论具有以下几个特点。①"古典"利率理论是从储蓄和投资等实物因素来讨论利率的决定的，并且认为通过利率的变动，能使储蓄和投资自动地达到一致，从而使经济始终维持在充分就业水平。②"古典"利率理论是一种局部均衡理论，即认为储蓄和投资都是利率的函数,而与收入无关。储蓄与投资的均衡决定均衡利率。利率的功能仅仅是促使储蓄与投资达到均衡,而不影响其他变量。③"古典"利率理论是实际的利率理论,即储蓄由"时间偏好""人性不耐"等实际因素决定,投资由资本边际生产力等实际因素决定。利率与货币因素无关,不受任何货币政策的影响。④"古典"利率理论使用的是流量分析方法,即对某一段时间内的储蓄量与投资量的变动进行分析。

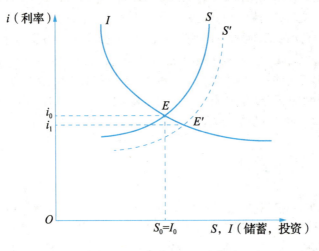

图 4.1 "古典"利率理论模型

可以看出,"古典"利率理论较"节欲论"和"时差利息论"前进了一大步,其分析更加接近客观现实。"古典"利率理论的供求分析法虽简单,却具有明显的合理性,被之后的各种理论广泛吸收和采纳。但是,"古典"利率理论也存在许多缺陷,经不起现实的检验和理论的推敲,这就决定了它会被其他利率理论所替代。

三、凯恩斯的流动性偏好理论

20 世纪 30 年代,英国经济学家凯恩斯在他的著作《就业、利息和货币通论》中,彻底否定了"古典"利率理论的实物因素决定利率的观点,他从货币因素出发讨论利率的决定,提出流动性偏好理论。凯恩斯认为,利息完全是一种货币现象,其数量的多少,即利率的高低取决于货币的供给和需求。货币供给就是某一时期一个国家中的货币总量,它基本上由货币当局控制。货币需求就是流动性偏好,即人们为满足交易动机、预防动机、投机动机等需求而持有货币的欲望。人们出于交易动机、预防动机的货币需求是收入的递增函数,与利率没有直接关系;而出于投机动机的货币需求是利率的递减函数。如果以 L_1 表示为满足交易动机和预防动机而保有货币的货币需求,则 $L_1(y)$ 为收入 y 的递增函数;以 L_2 表示为满足投机动机而保有货币的货币需求,则 $L_2(r)$ 为利率的递减函数。货币总需求为 $L= L_1(y)+ L_2(r)$。再假设 M_s 表示货币供给,M_d 表示货币需求、y 表示收入,r 表示利率水平,$\bar{M}$ 为货币当局决定的货币总量(常数),则有公式:

$$M_s = \bar{M}$$
$$M_d = L = L_1(y) + L_2(r)$$

当 $M_s = M_d$ 时,r_0 是由货币供给与货币需求决定的均衡利率,如图 4.2 所示。

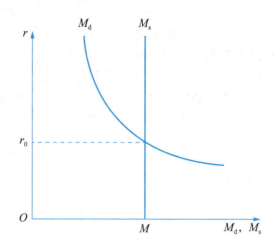

图 4.2 流动性偏好利率理论模型

凯恩斯的流动性偏好理论具有以下几个特点。①该理论是一种货币理论。凯恩斯主要是从货币供求的均衡或变动来分析利率水平的决定或变动，认为利率纯粹是货币现象，与实际因素无关，而与流动性偏好等货币因素有关。②货币可以影响实际经济活动水平，但影响程度只是在它对利率的影响限度之内，即货币供求的变化引起利率变动，再由利率的变动改变人们意愿的投资支出，从而改变国内生产总值水平。③凯恩斯的流动性偏好理论是一种存量理论，即认为利率是由某一时点的货币供求量所决定的。

四、可贷资金利率理论

凯恩斯及其之前的利率理论均为局部均衡的利率理论，一些经济学者认为现实世界是一个统一又相互依存的整体，应该把利率的实物因素与货币因素结合起来进行一般均衡利率分析，因此他们提出了可贷资金利率理论，其先驱者是美国经济学家熊彼特，后由英国剑桥学派的罗伯逊将其发展完善。可贷资金利率理论认为，利率并非由货币的供求所决定，而是由可贷资金的供求所决定的。

决定可贷资金需求的因素有：①当前投资；②固定资产重置及折旧和报废的补偿；③货币贮藏。其中，货币贮藏表示人们持有现金而不出借，贮藏量为利率的递减函数。当利率降低时，贮藏的机会成本也降低，因此，货币贮藏量增加；反之，当利率上升时，贮藏的机会成本也上升，贮藏量减少。显然，因消费和投资引起的可贷资金的总需求也是利率的递减函数，利率越高，可贷资金需求越小；利率越低，可贷资金需求越大。

决定可贷资金供给的因素有：①个人、企业和政府的当前储蓄，分别为它们当期所得中未用于消费支出的部分；②固定资产出售收入；③货币反贮藏（表示人们将持有的现金变成债券或其他资产）；④银行新创造信用。这几个因素都是利率的递增函数，利率越高，可贷资金的供给就越多；利率越低，可贷资金的供给就越少。

假设 S 表示当前储蓄与固定资产出售收入（过去储蓄）的总和，S 为利率的增函数，ΔM 表示货币当局新创造的货币量，那么，可贷资金总供给为 $S+\Delta M$。再假设 I 表示当前投资与固定资产重置和补偿的总和，I 表示利率的减函数，ΔH 表示货币贮藏与反贮藏相减的净贮藏量，ΔH 为利率的减函数，则可贷资金的总需求为 $I+\Delta H$，于是，图 4.3 中的 Q 点即为可贷资金供求的均衡点，Q 点所对应的利率为均衡利率 r_0。

从前面的分析可以看出，可贷资金利率理论实际上是试图在"古典"利率理论的框架内，将货币供求的变动额等货币因素对利率的影响考虑进来，以弥补"古典"利率理论只关注储蓄、投资等实物因素的不足，所以它被称为新古典利率理论。

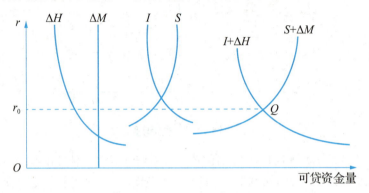

图 4.3 可贷资金利率理论模型

可贷资金利率理论具有以下几个特点。①可贷资金利率理论继承了"古典"利率理论的流量分析方法。可贷资金利率理论中的储蓄、投资，以及货币供给和货币需求的变动额，都是在一定时间段内发生的量。②可贷资金利率理论是对"古典"利率理论和流动性偏好理论的一种综合。它从可贷资金市场的供求出发，既考虑了实物因素（如储蓄和投资）对利率的影响，也考虑了货币因素（如货币供求的变动）对利率的影响。③可贷资金利率理论所进行的分析仍只是局部均衡分析，因为可贷资金市场的均衡并不能保证产品市场和货币市场同时达到均衡。

五、IS-LM 曲线

为了建立一个比较完整且接近实际的利率理论，经济学家进一步把货币因素与实物因素综合起来分析，同时，又把收入作为与利率相关的变量加以考虑，从而创建了 IS-LM 曲线分析模型，把利率理论推向了新的高度。该部分内容将在第 12 章中详细介绍。

第五节 利率变动的影响因素

确定合理的利率水平是运用利率杠杆调节经济的关键。然而，利率水平的确定并不是人们单纯的主观行为，它必须遵循客观经济规律的要求，综合考虑影响利率水平的各种因素，并根据经济发展战略和资金供求状况进行灵活调整。

一、经济因素

（一）平均利润率

平均利润率是决定利率的基本因素。就全社会来讲，利息最终来自再生产过程所创造的利润。平均利润率既然决定着利润总量，也必然制约着利息总量。平均利润率越高，利润总量越大，则利率越高，因此，平均利润率是决定利率的基本因素，而且它是利率的最高限度。因为，如果利率高于或等于平均利润率，借贷利息就会高于或等于平均利润，借贷资本的需求者无利可图就不会借款了。当然，利率也不能低于零，因为如果低于零，借贷资本的所有者就不愿贷出资本，而宁可把它保留在手中。所以，利率通常在零和平均利润率之间波动。

（二）市场资金的供求和竞争

市场资金的供求和竞争是影响利率的直接因素。利率在零和平均利润率之间动态波动，其高低取决于市场资金的供求状况和竞争程度。一般而言，在其他条件不变的情况下，当市场资金供不应求、竞争激烈时，利率将上升；当市场资金供过于求、竞争缓和时，利率将下降。而影响市场资金供求的因素主要是全社会货币供求和暂时闲置资金。

在利润率一定的情况下，贷款人和借款人之间的竞争决定着利率的高低。对于贷款人来说，他们关心的只是按期收回资本并尽可能多地占有平均利润；对于借款人来说，他们只希望以尽可能低的利率获得所需资本，以便占有更多的平均利润。这种竞争的结果，即利率的高低，是由借贷资本的供给和需求状况决定的。当借贷资本供给大于需求时，利率将下跌，借款人可以支付较少的利息；而当借贷资本需求大于供给时，利率将上升，贷款人可以占有更多的利润。

（三）社会再生产状况

社会再生产状况是影响利率的决定性因素。马克思认为，借贷资本的供求状况不是由借贷双方的主观愿望决定的，而是由社会再生产状况决定的。因此，分析利率变化的原因，不能仅仅局限在对借贷资本供求状况的简单描述上，而必须深入生产领域，必须重视经济周期不同阶段的生产状况及其影响。

一般而言，经济周期包括危机、萧条、复苏、繁荣四个往复循环的阶段，各个阶段的借贷资本供求状况和利率变化各不相同。

在危机阶段，由于商品滞销、物价暴跌导致许多工商企业生产下降而无法按期偿还债务，从而造成支付关系紧张并引起货币信用危机。社会对现金的需求急剧增加，而借贷资本的供给又不能满足需要，从而促使利率急剧上升到最高限度。在萧条阶段，物价已下降到最低点，产业资本不再收缩，借贷资本大量闲置，整个社会生产处于停滞状态。借贷资本需求减少导致利率下降到最低程度。进入复苏阶段后，投资、交易逐渐增加，工厂开始复工，从而增加了借贷资本需求。由于这个阶段信用周转灵活、支付环节畅通、借贷资本充足，因此，借贷资本的需求在低利率情况下得到满足。进入繁荣阶段后，生产迅速扩张，物价稳定上升，利润急剧增长，新企业不断建立，借贷资本需求也越来越大。但由于资本回流迅速，信用周转灵活，利率仍维持在较低水平上。随着生产继续扩张，借贷资本需求日益扩大，特别是在危机前夕，利率又会迅速上升。在资本主义社会，利率就这样随经济周期不同阶段的生产状况而发生变化。由此可见，社会再生产状况是影响利率变化的决定性因素。

（四）物价水平

在不兑现信用货币制度下，存在着通货膨胀的可能性。一旦发生通货膨胀，就会引起货币贬值、物价上涨，必然会给借贷资本的贷款人造成损失，并导致借贷资本本金和利息贬值。因此，物价水平在一定程度上影响着实际利率水平。为了弥补本金损失并保证实际利息不减少，在确定利率时，既要考虑物价上涨对借贷本金的影响，又要考虑它对利息的影响。在通货膨胀时期计算实际利率时应加上预期物价变动因素，可采取提高利率水平或采用附加条件等方式来减少通货膨胀所带来的损失。

名义利率水平与物价水平具有同向变动的趋势。因为要想保持名义利率高于物价上涨率，就必须在物价上涨时调高名义利率。此外，物价上涨是有支付能力的需求大于商品供应的表现，因此要稳定物价就必须控制需求，而调高利率、紧缩通货是控制需求的重要手段。

（五）税收

一般来说，各国会依照本国税法，对不同的利息收入实行不同的税收政策，征收与否，以及税率高低将直接影响实际利率水平。例如，我国对商业银行存款征税，因此税前利率与税后利率就有差别；购买并持有国债的利息收入可以免税，但买卖国债的收入则需征税，这些区别都会影响实际利率水平。

在资本主义国家，通常将利息作为征税的对象。税收的多征少征，早征迟征，关系着利息的偿付，会引起利息的变化并导致收益结构发生变动。因此，是否对利息征税对利率的高低有着重要影响。

二、政策因素

20 世纪 30 年代资本主义经济大危机过后，资本主义国家普遍推行国家干预经济的政策。利率成为国家对经济活动实行垄断调节的重要工具。因此，利率不再随借贷资本的供求状况自由波动，而是受到国家的控制和调节。例如，政府要实行扩张的经济政策时可适当调低利率，反之则提高利率。又如，政府可根据国家产业政策发展需要，对不同产业和地区采取差别利率政策，对需要支持的产业和地区可采取低利率政策，对不需要支持的则用高利率政策来限制。

现代经济中，一国的货币政策、财政政策、汇率政策等其他非利率经济政策的实施，都会引起利率的变动，其中以货币政策对利率变动的影响最为直接和明显。比如中央银行为回笼市场上过多的货币量，抑制通货膨胀，欲实行紧缩的货币政策，就可通过上调法定存款准备金率和再贴现率来引起利率变动。

三、制度因素

在一国的经济非常时期或在经济不发达的国家，利率管制是直接影响利率水平的重要因素。利率管制的基本特征是由政府有关部门直接制定利率或利率变动的界限。由于利率管制具有高度行政干预和法律约束力量，排斥各类经济因素对利率的直接影响，因此，尽管许多发达的市场经济国家也会在经济非常时期实行利率管制，但其管制范围有限，且一旦非常时期结束就会立即解除管制。相比之下，发展中国家由于经济贫困，资金严重不足，通常会实行利率管制以促进经济发展，防止利率过高给经济带来不良影响。同时，在一定时期内实行利率管制，也有利于抑制较严重的通货膨胀，以及配合全面的经济控制。

四、国际因素

当今世界经济呈现出一体化趋势，世界各国之间的经济联系也日趋紧密，因此，利率不可避免地会受到国际经济因素的影响，主要表现在以下几个方面。

（1）利率水平受国际资金流动的影响。货币资金流出，会减少一国的货币资金供应量。如果要限制货币资金的大量流出，就必须提高利率，但利率提高会导致投资减少，利润率下降，进而使利率水平也相应降低。而货币资金流入则会相应引起反方向的变化。

（2）利率水平受国际商品竞争的影响。参与国际竞争往往需要用价廉物美、储量充足的商品去占领市场，这就对货币资金产生了巨大的需求。在货币资金供给不变的条件下，需求的增加将会导致利率水平的提高。但高利息支付又会使商品成本增加，不利于竞争，因此从这方面来说，又会抑制利率水平的提高。

（3）利率水平还受国家外汇储备及利用外资的政策的影响。如果外汇储备少，需要大量引进外资，一般就要适当提高利率水平；而如果外汇储备多，对引进外资需求较小，一般就不需要提高利率水平。

习　　题

一、选择题（含单项选择题和多项选择题）

1. 以下利率决定理论中，（　　）是侧重储蓄与投资对利率的决定作用的。
   A. 马克思的利率决定论　　　　　　B. "古典"利率理论
   C. 流动性偏好理论　　　　　　　　D. 可贷资金利率理论
2. 在多种利率并存的条件下，起决定作用的利率是（　　）。
   A. 官定利率　　B. 市场利率　　C. 公定利率　　D. 基准利率
3. 利率对储蓄的收入效应表示，人们在利率水平提高时，希望（　　）。
   A. 增加储蓄，减少消费　　　　　　B. 减少储蓄，增加消费
   C. 在不减少消费的状况下增加储蓄　D. 在不减少储蓄的状况下增加消费
4. 某公司获得银行贷款 100 万元，年利率为 6%，期限为 3 年，按年计息，复利计算，则到期后应偿还银行本息共（　　）元。
   A. 11.91 万　　B. 119.1 万　　C. 118 万　　D. 11.8 万

5. 某人期望在 5 年后取得一笔 10 万元的货币，若年利率为 6%，按年计息，复利计算，则现在他应该存入他的银行账户的本金为（　　）元。

　　A. 74725.82　　　　B. 7472.58　　　　C. 76923　　　　D. 7692.3

6. 在物价下跌时，要保持实际利率不变，名义利率应（　　）。

　　A. 保持不变　　　　B. 可高可低　　　　C. 调高　　　　D. 调低

7. 当银行存款的名义利率和物价变动率一致时，存户到期提取的本利和会（　　）。

　　A. 增值　　　　B. 贬值　　　　C. 保值　　　　D. 不确定

8. 决定利率水平的因素有（　　）。

　　A. 平均利润率　　　　B. 经济周期　　　　C. 通货膨胀

　　D. 经济政策　　　　E. 均衡利率

9. 利率对（　　）有影响。

　　A. 消费　　　　B. 投资　　　　C. 储蓄　　　　D. 物价

10. 利率提高会导致（　　）。

　　A. 企业贷款减少　　　　B. 物价上升

　　C. 消费增加　　　　D. 居民存款减少

11. 到期收益率取决于（　　）。

　　A. 债券面值　　　　B. 债券的市场价格

　　C. 票面利率　　　　D. 债券期限

二、名词解释

利息　利率　基准利率　固定利率　浮动利率　名义利率　实际利率　到期收益率　现值　终值

三、简答题

1. 如何理解利息的来源和本质？
2. 利率的基本特征是什么？
3. 利率有哪些划分方法？
4. 简述马克思的利率决定论的主要观点。
5. 比较"古典"利率理论与可贷资金利率理论。
6. 简述流动性偏好理论。
7. 影响利率变动的主要因素有哪些？
8. 试述利率对经济的调节作用。

四、计算题

1. 如果金融市场的名义利率是 6%，实际利率为 3%，则通货膨胀率是多少？

2. 张三于 2021 年 1 月 1 日以 102 元的价格购买了面值为 100 元、年利率为 9%、每年 1 月 1 日支付一次利息的 2017 年发行的 5 年期国库券，持有到 2022 年 1 月 1 日到期，则张三投资的到期收益率是多少？

3. 如果年利率为 10%，你会选择以下哪种情况？

（1）现在得 100 元。

（2）以后 10 年内每年年末得 12 元。

（3）每年年末得 10 元，且这种情况持续到永远。

（4）现在是 5 元，以后每年以 5%的速度增长且一直持续下去。

4. 一张面额为 10000 元的国库券，售价为 9500 元，到期期限为 91 天，计算到期收益率。

5. 面额为 10000 元的 5 年期债券，按年利率 8%计付利息，每年支付一次利息和每 6 个月支付一次利息的终值分别是多少？

五、论述题

如何看待利率市场化？它对社会有什么影响？

金融机构 5

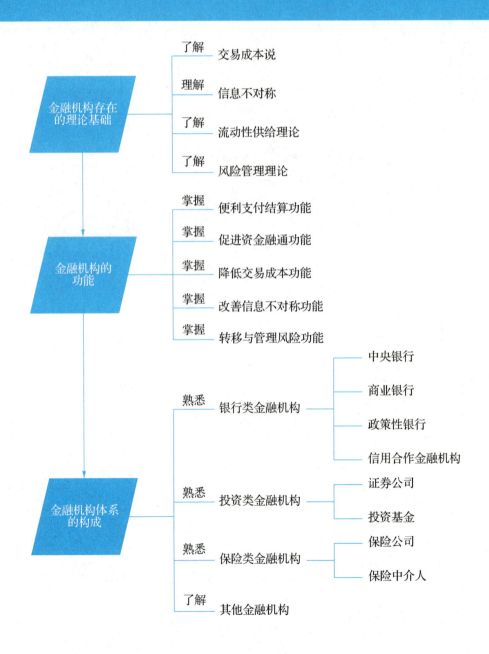

金融机构是指专门从事各种金融活动，提供各种金融服务的机构。货币、信用和资金融通活动，在很大程度上都要经由各种金融机构来办理。金融机构既是货币、信用与金融市场的参与者和经营者，又是组织者，它们在金融活动中处于重要地位。本章我们主要阐述金融机构体系的一般构成及各种类型金融机构的业务分工。

第一节　金融机构存在的理论基础

一、交易成本说

交易成本是金融市场中的一个主要问题。作为金融体系的一部分，金融机构能够降低交易成本，并为小储蓄者和借款人提供从金融市场获益的通道。

（1）规模经济。随着交易规模的不断扩大，金融市场中每笔交易的平均成本变得更小。最典型的例子就是共同基金，共同基金是将股份出售给个人投资者，然后将集中起来的资金投资于债券或股票的金融中介机构。由于共同基金的投资规模很大，因此它的交易成本很低。在共同基金扣除客户的账户管理费后，这些因成本节约所带来的收益就被转移给了个人投资者。通常来说，大规模的共同基金都会投资建立计算机系统，用于处理大量的交易，从而大大降低了每笔交易的成本。

（2）专业技能。金融机构能够利用其专业技能更有效地为客户提供服务。通过利用计算机技术方面的专业技能，金融机构能够为客户提供服务便利。

二、信息不对称：逆向选择和道德风险

信息不对称是指交易一方缺乏另一方的信息，因而在进行交易时将影响其做出正确决策。信息是影响市场交易决策的重要因素。通常来说，公司的管理者比股东更了解公司的业务情况。信息不对称会导致逆向选择和道德风险。

逆向选择是在交易之前发生的信息不对称问题：那些可能产生信贷风险的潜在借款人正是那些最积极寻求贷款的人，即交易中最可能造成不利结果的一方就是最希望参与交易的人。例如，喜欢冒险的人或商业骗子可能就是最希望获得贷款的人，因为他们从来就不打算偿还贷款。由于逆向选择会增加出现信贷风险的可能性，因此贷款人审核发放贷款的积极性会降低。而金融机构通过信息提供和担保服务，能够在一定程度上解决金融市场上的逆向选择问题。

道德风险是在交易之后发生的信息不对称问题：借款人可能从事一些在贷款人看来非常不利的活动，这些活动很可能导致贷款无法偿还，最终由贷款人承担风险。例如，某些借款人使用贷款从事高风险活动（这些活动可能获得高回报率，但需要承担很大的风险）。用借来的钱冒险投资，这种道德风险降低了归还贷款的可能性，也打击了贷款人的贷款意愿。而金融机构因拥有足够的资本和专业性，可以对公司或合约进行有效的监督和管理。

三、流动性供给理论

在现实世界中，货币的流转速度是有限的，现金流约束使货币对资源配置产生了至关重要的影响。在经济增长对货币的需求不断增加，而技术又不能使一种既定货币（如黄金）大量生产出来，货币流转速度也不可能达到无穷大时，信用便被催生出来，信用贷款机构也就由此产生了，可以说是信用创造出了新的货币。但零散的信用不能保证经济的稳定性，被货币乘数放大后的流动性依然短缺，因此产生了中央银行，并由其对货币信用提供保险。然而，中央银行也面临着两难的困境：对商业银行的流动性救助会增加其不努力经营的道德风险，但不救助商业银行又会导致流动性危机的发生。在这样的情况下，政府除了加强对银行的监管，还需要通过金融机构在公开市场不断购买和抛出契约的方式来控制货币供应量，从而保证经济发展所需的流动性供给。

四、风险管理理论

金融机构较低的交易成本能够带来的一个好处是降低投资者面临的风险，即投资者凭借资产获取收益的不确定性。金融机构能够通过风险分担过程来达到其目的。金融机构创造并出售人们觉得风险适中的各种资产，然后将出售这些资产所获得的资金用于购买其他一些风险性更高的资产。由于金融机构的交易成本很低，因此它们能够以低成本达到风险分担的目的，进而从购买风险性资产获得的收益率和售出资产偿付的利率的差额中获利。这种风险分担过程有时也被称为资产转换过程。从某种意义上来说，在该过程中，投资者的风险资产被转换为更加安全的资产。

金融机构还通过多样化投资来帮助个人降低风险以实现风险分担。投资多样化是指投资于一组资产，这些资产的收益率通常并不同步变化，因此，资产组合的整体风险比其中单个资产的风险要小。多样化是"不要把所有的鸡蛋都放在一个篮子里"的另一种表达方式。较低的交易成本使金融机构可以将一组资产组合成一种新资产并出售给个人投资者，从而使个人投资者实现投资多样化。

第二节 金融机构的功能

金融机构之所以有存在的必要，是因为它具有区别于非金融企业的特定的功能。不同的金融机构具有不同的金融功能。商业银行历史悠久，其功能也较为全面，尤其在支付结算和融资方面较为突出；投资类金融机构和保险类金融机构，则在信息提供、转移与管理风险方面较为突出。总的来说，金融机构具有五个基本功能：便利支付结算、促进资金融通、降低交易成本、改善信息不对称、转移与管理风险。

一、便利支付结算

便利支付结算功能是指金融机构通过一定的技术手段和流程设计，为客户之间完成货币收付或清偿因交易引起的债权债务提供服务，实现货币资金的转移。便利支付结算功能是金融机构最早具备的功能之一，最早的便利支付结算功能由对铸币的鉴定和兑换开始，那时，金融机构发挥便利支付结算功能的金融工具很少，方式也很简单。随着商品经济的发展，交易种类不断丰富，交易范围不断扩大，特别是信用的普及与各种债权债务关系的建立、转移和清算，使得支付结算关系错综复杂，并产生了货币各异、金额不等、时间不一、地域不同的多样化支付结算需求。金融机构为满足支付结算的需求，不断创造出诸如汇票、本票、支票、信用卡、借记卡等工具，使得结算工具日益多样化。特别是在电子计算机和通信技术的基础上建立的各种支付及清算系统和网络，极大地提高了金融机构支付结算的效率。

二、促进资金融通

促进资金融通功能是指金融机构通过吸收存款或发行各种金融工具把资金剩余方的资金聚集起来，再通过一定的专业化运作将资金提供给短缺方，促进储蓄向投资转化，并最终实现资金价值的增殖。对于资金剩余方与资金短缺方来说，进行资金融通是极其必要和重要的，一方面，资金剩余方为了获得未来收益而愿意放弃当前消费；另一方面，资金短缺方渴望得到资金以便扩大生产规模。金融机构满足了双方对于资金融通与调剂的需求，提升了社会总体效率。

资金剩余方与短缺方之间的资金融通方式有两种：直接融资和间接融资。直接融资是指拥有暂时闲置资金的单位（包括企业、机构及个人）与资金短缺需要补充资金的单位直接进行协议，或者前者在金融市场上购买后者发行的有价证券，将货币资金提供给需要补充资金的单位使用，从而完成资金融通的过程。间接融资是指拥有暂时闲置资金的单位通过存款的形式，或者购买银行、信托、保险等金融机构发行的有价证券，将其暂时闲置的资金先行提供给这些金融机构，然后由这些金融机构以贷款、贴现等形式，或通过购买需要补充资金的单位发行的有价证券，把资金提供给这些单位使用，从而实现资金融通的过程。

三、降低交易成本

降低交易成本功能是指金融机构通过规模经营和专业化运作，在为投融资双方提供资金融通的同时，降低交易的单位成本。降低交易成本是金融机构从事金融交易和为投资者提供金融服务的过程中所具有的一个重要功能，也是金融机构得以存在和发展的重要原因。

金融机构的出现与信息获取成本和交易成本具有密切关系。由于信息不对称，交易双方的当事人彼此不了解，存在逆向选择、道德风险和委托代理问题。这就需要金融机构为投资者寻找项目、监督债务人、设计风险防范措施和提供交易便利等。例如，通过商业银行实现的资金融通，借贷双方不直接达成交易，存款人直接将资金存入银行，而借款人从银行而非直接从存款人处获得资金。商业银行作为金融机构，可以对借款人进行专业监督和审查，由于需要审查的借款人数量非常多，使得商业银行对于此项工作的处理更加专业化、程序化，这种情况下就产生了规模经济，而规模经济的出现自然降低了单位成本。

四、改善信息不对称

改善信息不对称功能是指金融机构能够利用自身优势，及时搜集、获取比较真实完整的信息，并据此选择合适的借款人和投资项目，对所投资的项目进行专业化的监控。这不仅有利于促进投融资活动的正常进行，还能够降低信息处理成本。

信息不完全、不对称会在很大程度上影响投资者对投资项目收益的判断及储蓄向投资转化的规模和效率。在信息不完全的情况下，很难保证信息的准确性，在信息不对称的情况下，逆向选择和道德风险问题普遍存在，这些因素都会影响储蓄向投资转化。金融机构具有专业的信息筛选能力，在提供服务的过程中具有获取和搜集信息的便利条件，在信息处理和监管方面更是具有规模经济效应。由于金融机构能够更全面地掌握交易者的信息，并且在信息处理方面也具有优势，因此，金融机构的存在能改善交易双方的信息不对称问题，提高投资者的正确选择能力，促进资金的融通。

五、转移与管理风险

转移与管理风险功能是指金融机构通过各种业务、技术和管理，分散、转移、控制和降低经济活动中的各种风险。随着经济全球化、金融全球化与自由化的快速发展，资金的融通能力、收益率得到了前所未有的提高，但是投资者承担的金融风险也日益增大。在资金融通过程中，投资者需要承担的风险包括信用风险、利率风险、汇率风险、流动性风险、通货膨胀风险、汇兑风险等。这些风险的存在会降低投资者的预期收益，阻碍资金由储蓄向投资转化，因此分散或降低金融风险有利于提高投资者收益和促进经济发展。

金融机构进行风险分散比个体投资者更有优势。首先，个体投资者资金有限，难以通过分散投资来降低金融风险，即使可以通过投资于不同的资产来分散金融风险，也很难取得金融机构那样低的成本和那样高的收益。其次，个体投资者分散金融风险时，在知识、能力与专业技术方面都有所欠缺，无法与金融机构相比。因此，个体投资者更愿意选择金融机构来分散金融风险。金融机构运用自身的技术与经验，对可能遭受的金融风险进行分散和转移，在降低了金融风险的同时保证了投资者资金的价值增殖。最后，金融机构进行风险分散的优势还在于其具备总结经验和提高自身研究水平的能力，这种优势有利于其不断改进分散或降低金融风险的方法。

第三节　金融机构体系的构成

为适应经济快速发展的需要，各国都已形成规模庞大、职能齐全的金融机构体系，大多数国家形成了以中央银行为主导、商业银行（存款货币银行）为主体、多种金融机构并存的格局。西方各国的金融机构通常被粗略地概括为银行与非银行金融机构。经过40多年的改革开放，我国的金融机构体系逐步完善，并形成了以银行机构为主体，多种金融机构并存的金融机构体系。根据性质与功能的不同，金融机构一般可分为银行类金融机构、投资类金融机构、保险类机构及其他金融机构。划分金融机构的各种方法不是绝对的，因为随着金融业竞争日趋激烈，金融创新的发展使得金融业务分工不再那么分明，金融机构间的业务交叉或经营综合化现象不断增强，很难绝对地对它们进行分类。

一、银行类金融机构

（一）中央银行

中央银行是代表国家对金融活动进行监督管理，并制定和执行货币政策的金融机构。它是一国金融机构体系的中心环节，在金融机构体系中居于主导地位。中央银行是负责发行货币、调节货币流通，制定全国金融政策、实行金融管理和金融监督的金融权威机构。在一国的金融机构体系中，中央银行不经营一般的银行业务，不以营利为目的，而是在整个国民经济中发挥着宏观调控的作用。

（二）商业银行

商业银行在国际规范中称为存款货币银行，是各国金融机构体系的主体。商业银行是以吸收各种存款（特别是活期存款）、发放各种贷款、提供多种支付结算服务为主要业务，并以利润最大化为主要经营目标的唯一能够创造和消灭存款货币的金融机构。商业银行是间接金融领域最主要的金融机构，也是存款性金融机构的典型形式。

（三）政策性银行

政策性银行是由政府投资设立，根据政府的决策和意向，专门从事政策性金融业务的银行。它们的活动不以营利为目的，并且根据具体分工的不同，每家政策性银行均服务于特定的领域，所以又称政策性专业银行。

阅读材料 5-1

我国的政策性银行

1993年12月25日，我国国务院作出《关于金融体制改革的决定》，提出深化金融改革，将中国工商银行、中国农业银行、中国银行、中国建设银行四大行建设成国有大型商业银行。为此，我国从四大行中剥离出政策性业务，并于1994年组建了国家开发银行、中国进出口银行、中国农业发展银行三大政策性银行，直属国务院领导。三家政策性银行在业务活动中，均贯彻不与商业性金融机构竞争、自主经营与保本微利的基本原则。其资金来源主要有财政拨付、原来各专业银行资本金划出和发行金融债券三条渠道。

国家开发银行的主要任务是按照国家有关政策，筹集和引导境内外资金，向国家基础设施、基础产业及支柱产业的大中型基本建设和技术改造等政策性项目及其配套工程发放贷款，从资金来源上对固定资产投资总量进行控制和调节，优化投资结构。中国进出口银行的主要任务是执行国家产业政策和外贸政策，为扩大机电产品和成套设备等资本性货物出口提供政策性金融支持。中国农业发展银行的主要任务是按照国家相关政策，以国家信用为基础，筹集农业政策性信贷资金，承担国家规定的农业政策性金融业务，代理财政性支农资金的拨付，为农业和农村经济发展服务。

（四）信用合作金融机构

我国信用合作金融机构的发展

信用合作金融机构是指国际上普遍存在的一种互助性金融组织，包括农村农民的信用合作社，城市手工业者等特定范围成员的信用合作社等。这类金融机构一般规模不大，它们的资金来源于合作社成员交纳的股金和吸收的存款，贷款主要用于解决成员的资金需要。

二、投资类金融机构

（一）证券公司

证券公司又称券商，是以经营证券业务为主的非银行金融机构。国际上最主要的投资类金融机构是投资银行，但在我国没有直接以"投资银行"命名的金融机构，而是由众多的证券公司充当着金融机构体系中投资银行的角色。

我国最初设立的证券公司，或是由某家金融机构全资设立的独资公司，或是由若干金融机构、非金融机构以入股形式组建的股份制公司。同时，银行、信托投资公司、城市信用合作社、企业集团财务公司，甚至融资租赁公司、典当行等，大多都设有证券部。随着分业经营、分业管理原则的贯彻及证券公司的逐渐规范，对证券公司的要求也越来越严格，一方面要求证券公司彻底与原来出资组建它的金融机构脱钩，另一方面则要求非证券业金融机构下属的证券部及各种不规范的证券营业机构自行撤销或转让。在这一过程中，国家鼓励经营状况良好、实力雄厚的证券公司收购、兼并业务量不足的证券公司。

我国的证券公司与国外成熟的现代投资银行之间还存在着明显的差距，尚不能充分发挥投资银行的职能。我国的证券公司虽然数量众多，但业务经营范围比较狭窄，总体来说，规模小、机构分散、缺乏竞争力。1999年开始实施的《中华人民共和国证券法》明确了综合类证券公司和经纪类证券公司的分类管理原则，综合类证券公司可从事证券承销、经纪、自营业务，并已开始向现代投资银行过渡，而经纪类证券公司只能从事证券经纪类业务。

（二）投资基金

投资基金是一种间接的金融投资机构或工具。它在不同的国家有不同的叫法，如在美国称为共同基金或互助基金，在英国则称为单位投资信托。投资基金通过向投资者发行股份或受益凭证募集社会闲散资金，再以适度分散的组合方式投资于各种金融资产，为投资者谋取最高利益。在这一过程中，投资者把资金投入基金，购买基金股份，属于间接投资，但基金的股份可以随时买进或卖出，所以也可将其视为金融工具的一种。由此可见，投资基金的优势包括投资组合、分散风险、专家理财、规模经济。

投资基金具有多种投资功能，可以用来积累个人财富，可以作为价值贮藏的工具，同时也是一种追求高收益的手段。因为参加基金投资的最低限额一般都较低，所以极受小投资者的欢迎。

根据组织形式的不同，可以将投资基金分为公司型基金和契约型基金两类。公司型基金是指基金本身为一家股份有限公司，发行自身的股份，投资者通过购买基金的股份成为基金的股东，并凭股份领取利息或红利。契约型基金则是由委托者、受托者和受益者三方订立信托投资契约而组织起来的，基金本身并不是一个法人。具体来说，它由委托者（基金管理公司）根据契约运用信托财产进行投资，并由受托者（信托公司或银行）负责保管信托财产，而基金的投资成果则由受益者（投资者）享有。根据投资基金（或受益凭证，下同）是否可被赎回，可以分为封闭基金和开放基金。封闭基金的股份相对固定，一般不向投资者增发新股或赎回旧股。但投资者购买股份后可以将它在二级市场上卖出，从而换回现金。开放基金的发行总额则不固定，可以根据经营策略与实际需要连续发行，投资者可随时从基金购买更多的股份，或要求基金将自己手中的股份赎回，以换回现金。根据投资基金购买的主要证券种类不同，可以将其分为股票基金、债券基金和货币市场共同基金，它们分别以股票、债券和货币市场工具作为主要投资对象。根据投资策略不同，又可以把投资基金分为以追求资本价值的高速增长为目标的成长基金、以追求本期收益为目标的收入基金和以追求本金安全的平衡基金。这些不同类型的基金满足了投资者的不同偏好。

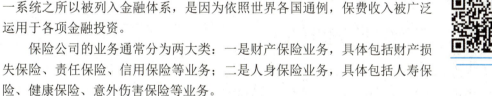

美国家庭投资的主要方式

三、保险类金融机构

（一）保险公司

保险公司是依法成立的，通过向投保人收取保险费和发行人寿保险单等方式聚集资金，对发生意外灾害或事故的投保人承担经济损失赔偿和保险给付义务的专业性金融机构。保险业是极具特色并具有很大独立性的系统。这一系统之所以被列入金融体系，是因为依照世界各国通例，保费收入被广泛运用于各项金融投资。

我国保险业的发展

保险公司的业务通常分为两大类：一是财产保险业务，具体包括财产损失保险、责任保险、信用保险等业务；二是人身保险业务，具体包括人寿保险、健康保险、意外伤害保险等业务。

（二）保险中介人

保险中介人是专门为保险交易双方提供服务的专业组织机构或个人，起到媒介、服务、评估等多方面的作用。保险中介人的活动，包括在保险人与投保人之间充当媒介，把保险人和投保人联系起来并建立保险合同关系的活动；也包括独立于保险人与投保人之外，以第三者身份处理保险合同当事人委托的事项，如办理有关保险业务的公估、鉴定、理算等业务。保险中介人的服务范围广泛，其服务能够提高保险市场成交率、降低保险交易成本。保险中介人包括保险代理人、保险经纪人、保险公估人等。

1. 保险代理人

保险代理人是指根据保险人的委托，在保险人授权的范围内代为办理保险业务的单位和个人，保险代理人的收入来源是在业务达成后向保险人收取的手续费。保险代理行为产生于保险人的委托授权，属于一种委托代理关系。保险代理人以保险人的名义进行保险业务代理活动，虽然其在保险人的授权范围内可以作出独立的意思表示，但是只要保险代理人与投保人之间签订保险合同，由此所产生的权利和义务，就视为保险人的民事法律行为，所有的法律后果都由保险人承担。

2. 保险经纪人

保险经纪人是指基于投保人的利益，为投保人与保险人订立保险合同、提供中介服务，并依法收取佣金的中介组织和个人。保险经纪机构可以经营下列保险经纪业务：为投保人拟订投保方案、选择保险公司及办理投保手续；协助被保险人或者受益人进行索赔；再保险经纪业务；为委托人提供防灾防损或者风险评估、风险管理咨询服务；中国银保监会规定的其他业务。保险经纪人的法律地位与保险代理人基本相同，都是具有独立代理权利的中介。但是，保险经纪人强调自己设计保险方案的能力，以及提供保险人业务情况、资信背景等资料的能力。

3. 保险公估人

保险公估人是指接受保险合同当事人的委托，为其办理保险标的的勘查、鉴定、估损及赔款的理算等业务，并出具证明的人。其主要职能是进行损失评估，并作出公证。因此，保险公估人具有较强的独立性，是独立于保险人和被保险人之外的第三者，能够公正、公平地为客户提供服务。保险公估机构是指依照相关法律、行政法规，经中国银保监会批准设立的，接受保险当事人委托专门从事保险标的的评估、勘验、鉴定、估损、理算等业务的单位。其经营的业务包括：保险标的承保前的检验、估价及风险评估；对保险标的出险后的查勘、检验、估损及理算等。

四、其他金融机构

（一）金融资产管理公司

金融资产管理公司是指由国家出资组建的专门收购、管理和处置商业银行不良资产的非银行金融机构。组建金融资产管理公司来管理和处置银行的不良资产是国际上的通行做法。

我国的金融资产管理公司是经国务院批准设立的收购国有独资商业银行不良贷款，管理和处置因收购国有独资商业银行不良贷款形成的资产的国有独资非银行金融机构。金融资产管理公司以最大限度保全资产、减少损失为主要经营目标，依法独立承担民事责任。我国早期有四家金融资产管理公司，分别为中国华融资产管理公司、中国长城资产管理公司、中国东方资产管理公司、中国信达资产管理公司，分别接收从中国工商银行、中国农业银行、中国银行、中国建设银行剥离出来的不良资产。2007年，这四家金融资产管理公司开始商业化运作，不再局限于只对应收购上述几家银行的不良资产，而是可以开展商业化收购和接受委托代理处置不良资产业务，从而逐步完成了商业化转型。

美国金融资产管理公司

（二）信托投资公司

信托投资公司是指以受托人的身份代人理财的非银行金融机构。一般来说，信托投资公司的主要业务包括：①资金信托业务；②动产、不动产及其他财产的信托业务；③投资基金业务；④企业资产的重组、并购，以及项目融资、公司理财、财务顾问等中介业务；⑤国债、政策性银行债券、企业债券等债券的承销业务；⑥代理财产的管理、运用和处分业务；⑦代保管业务；⑧信用鉴证、资信调查及经济咨询业务；等等。

（三）金融租赁公司

金融租赁公司是指经营金融租赁业务的非银行金融机构。金融租赁是指由承租人选定所需设备后，由金融租赁公司（出租人）负责购置，然后交付承租人使用，承租人按租约定期交纳租金。金融租赁合同通常规定任何一方不能中途毁约，租赁期满后，租赁设备可以由承租人选择退租、续租或购买。金融租赁方式大多用于大型成套设备的租赁。金融租赁是一种以融物代替融资，融物与融资密切相连的信用形式。它以融通资金为直接目的，以技术设备等动产为租赁对象，以经济法人——企业为承租人，具有非常浓厚的金融色彩。

我国的金融租赁行业起始于20世纪80年代初期。早期的金融租赁公司大多是由银行、其他金融机构及一些行业主管部门合资建立的，如中国租赁有限公司、东方租赁有限公司等。

（四）财务公司

财务公司又称金融公司，是指为企业技术改造、新产品开发及产品销售提供金融服务，以中长期金融业务为主的非银行金融机构。世界各国财务公司的名称不同，业务内容也有差异，但多数财务公司都是商业银行的附属机构，主要作用是吸收存款。中国的财务公司不是商业银行的附属机构，而是隶属于大型企业集团的非银行金融机构，是以加强企业集团资金集中管理和提高企业集团资金使用效率为目的，为企业集团成员单位提供财务管理服务的机构。

（五）汽车金融公司

汽车金融公司是指从事汽车消费信贷业务并提供相关汽车金融服务的专业机构，在国外已有近百年的历史。通常来说，汽车金融公司隶属于较大的汽车工业集团，是向消费者提供汽车消费服务的重要组成部分。

近年来，我国汽车生产和消费快速发展。成立专门办理汽车消费信贷业务的汽车金融公司，对完善汽车消费服务、促进汽车流通体系的发展、推动我国全面进入小康社会具有重要意义。

（六）货币经纪公司

货币经纪公司是指在金融市场上为媒介金融产品交易提供信息，促使交易达成的专业化机构。货币经纪公司起源于19世纪60年代的外汇市场和货币批发市场，并于20世纪50年代得到规范发展。20世纪70年代以前，货币经纪公司主要从事外汇即期和远期买卖、资金拆借等业务。之后，其业务范围逐渐扩大，覆盖货币市场产品、资本市场产品、外汇市场产品等相关产品。目前，货币经纪公司已成为世界各国金融机构体系中不可或缺的组成部分。

我国的货币经纪公司是指经批准在中国境内设立的,通过电子技术或其他手段,专门从事促进金融机构间资金融通和外汇交易等经纪服务,并从中收取佣金的非银行金融机构。

习　　题

一、选择题(含单项选择题和多项选择题)

1. 以下对金融机构存在的理论基础说法正确的是(　　)。
    A. 金融机构凭借规模经济、专业技能可以有效降低交易成本
    B. 金融机构完全消除了信息不对称问题
    C. 金融工具本身具有完美的流动性
    D. 金融机构本身不提供流动性

2. 以下有关信息不对称的论述正确的是(　　)。
    A. 逆向选择是事后风险
    B. 道德风险是事前风险
    C. 信息不对称可以由金融机构消除
    D. 公司治理中往往存在逆向选择和道德风险

3. 以下不属于金融机构的功能的是(　　)。
    A. 便利支付结算　　　　　　　　B. 促进资金融通
    C. 消除信息不对称　　　　　　　D. 管理风险

4. 下列叙述中属于商业银行职能的是(　　)。
    A. 经营存贷款　　　　　　　　　B. 进行金融监管
    C. 代理证券发行　　　　　　　　D. 管理、分散投资

5. 下列有关政策性银行的叙述正确的是(　　)。
    A. 以存贷款利差微薄盈利　　　　B. 可以由私人组建
    C. 通常面对一般领域　　　　　　D. 提供银行信用

6. 属于非银行金融机构的是(　　)。
    A. 信托投资公司　　　　　　　　B. 信用合作社
    C. 财务公司　　　　　　　　　　D. 商业银行

7. 证券公司的主要业务有(　　)。
    A. 代理证券发行
    B. 证券投资咨询
    C. 为工商企业提供间接融资
    D. 对所收购的不良贷款形成的资产进行租赁或者以其他形式转让、重组

8. 属于我国政策性银行的是(　　)。
    A. 国家开发银行　　　　　　　　B. 中国进出口银行
    C. 中国工商银行　　　　　　　　D. 中国农业发展银行

9. 金融租赁公司的主要业务包括（　　）。
   A. 吸收公众活期存款
   B. 固定收益类证券投资业务
   C. 融资租赁业务及转让和受让融资租赁资产
   D. 接受承租人的租赁保证金
10. 属于我国金融资产管理公司的是（　　）。
    A. 中国华融资产管理公司
    B. 中国东方资产管理公司
    C. 中国银行
    D. 东方证券

二、名词解释

信息不对称　逆向选择　道德风险　中央银行　商业银行　投资基金　金融租赁公司　信托投资公司

三、简答题

1. 简述金融机构存在的理论依据。
2. 简述金融机构的功能。
3. 简述我国设立政策性银行的背景与目的。

四、论述题

比较银行类金融机构、投资类金融机构、保险类金融机构的金融功能。

商业银行 6

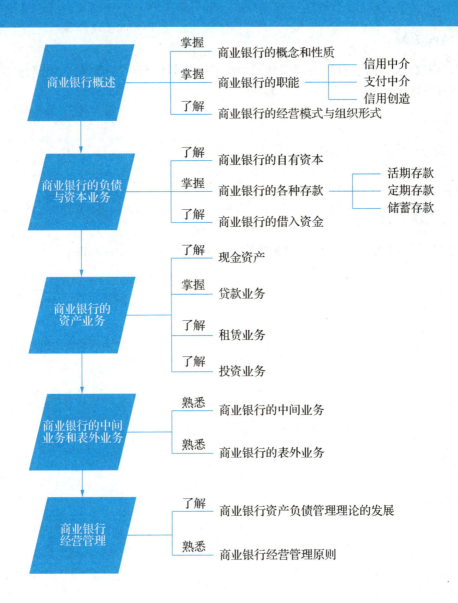

商业银行

商业银行是在市场经济中孕育和发展起来的金融组织机构,经过数百年的演进,现代商业银行已成为金融业务最综合的"金融百货公司",也是各国经济活动中最主要的资金集散地。因而在金融体系中,商业银行居于重要的地位,是金融体系的主体。本章将在介绍商业银行的性质、职能、组织形式的基础上,重点介绍商业银行的业务和商业银行的资产负债管理。

第一节　商业银行概述

一、商业银行的概念

现代银行有不同的种类,除了商业银行,还有中央银行、政策性银行及投资银行等各种专业银行。即便是同一类银行,由于社会制度的不同、经营环境的差异、历史条件的变化,其内涵也不完全相同,如早期的商业银行与现代的商业银行,无论是业务范围,还是经营方式都有许多不同。

商业银行这一名称,是在银行业的产生和发展过程中自然形成的。银行业的前身是从事货币保管和汇兑的货币经营业,它是随着古代商业的繁荣而逐步形成和发展起来的。当货币经营业发展到一定阶段时,货币经营者手中聚集了大量的货币,为了获取更多的利润,他们就利用这些货币贷款。当贷款业务逐渐发展成主要业务时,货币经营业就转化为办理存款、贷款和汇兑等业务的早期银行了。早期银行的资金来源主要是短期存款,资金运用局限于发放短期自偿性的商业贷款,因而早期银行被称为"商业银行"。

随着资本主义经济的发展,商业银行的经营内容和业务范围也不断发生变化,功能不断完善,作用日益增强,在社会经济中的地位也越来越突出。尤其是近几十年,随着各国经济的迅速发展和银行地位的不断提高,商业银行间的竞争也日益激烈,各家银行为了提高竞争力,增强自身实力,都在不断地扩大业务范围、增加服务内容,传统商业银行的业务界限早已被突破。当今世界上的银行,无论是德国的商业银行,还是美国的国民银行、日本的城市银行、英国的存款银行,都已成为综合性、多功能的银行,但它们仍普遍被称为"商业银行"。由此可见,"商业银行"只是一个抽象的一般化概念,是历史沿袭下来的习惯称谓。

现代商业银行的业务经营范围早已突破了传统的存款、贷款、汇兑业务范围,还涉及证券投资、外汇经营、黄金买卖、信托、租赁、保险、房地产、信息咨询、电子计算机服务等。现代商业银行已成为名副其实的"金融百货公司"。因此,现代商业银行可定义为:以经营工商业存贷款为主要业务,以追逐利润为主要经营目标,唯一能够创造和消灭存款货币的综合性、多功能的金融企业。

二、商业银行的性质

首先,商业银行具有企业的基本特征。它具有从事业务经营所需要的自有资本,实行自主经营、独立核算、依法活动、照章纳税,并遵从市场经营原则,以获取利润为经营目标。

所以，从商业银行在再生产过程中的地位和其所具备的企业特征来看，商业银行与工商企业在性质上都属于企业。

其次，商业银行与一般工商企业又有所不同。 工商企业经营的是具有一定使用价值的商品或劳务，或从事商品的生产和流通，或提供具体的劳务。商业银行不进行具体的使用价值的创造，而是从事信用业务。信用业务经营的是特殊商品——货币和货币资金。货币与普通商品的区别在于，货币是固定充当一般等价物的特殊商品。货币资金与普通商品的区别在于，普通商品销售以后所有权就发生转移，而货币资金的贷放并不改变其所有权，只是资金使用权的暂时让渡。商业银行经营的主要内容包括货币的收付、借贷，以及各种与货币运动有关的或者与之相联系的金融服务。从社会再生产过程来看，商业银行的经营是工商企业生产经营的条件。与一般工商企业的区别，使得商业银行成为一种特殊的企业——金融企业。

最后，商业银行作为金融企业，与专业银行和其他金融机构相比也有所不同。①商业银行是唯一能够创造和消灭存款货币的金融机构。在各种不同的金融机构中，只有商业银行可以接受活期存款，办理用支票提取活期存款的业务。商业银行通过存贷活动，既可以扩张存款货币，也可以紧缩存款货币。②商业银行的业务更综合，功能更全面，它可以经营一切金融"零售"业务（门市业务）和"批发"业务（大额信贷业务），为顾客提供所有的金融服务。而专业银行只集中经营指定范围内的业务和提供专门性服务；其他金融机构（如信托投资公司、人寿保险公司等）的业务经营范围相对来说更狭窄，业务方式也更单一。随着各国金融管制的放松，专业银行和其他金融机构的业务经营范围也在不断扩大，但与商业银行相比，仍相差甚远。商业银行在业务经营上所具有的优越性，使其业务扩张更为迅速，发展更快。

三、商业银行的职能

（一）信用中介职能

信用中介职能是商业银行最基本的职能。商业银行通过其负债业务，把社会上各种闲置货币资金集中起来，再通过其资产业务，把集中起来的货币资金投放到需要补充资金的各个部门。商业银行充当了资金贷出者与借入者之间的中介机构，实现了货币资金的融通。在此过程中，商业银行从筹集资金的成本与发放贷款的利息收入或投资收益之间的利差中获得经营利润。

信用中介这一职能很重要，它对提高资金的使用效率、促进国民经济发展具有重要作用。

(1) 信用中介在不改变社会资金总量的前提下，可增加社会资金的使用量。 通过信用中介的职能，把社会再生产过程中游离出来的闲置货币资金集中动员起来，再投放给需要补充资金的部门，只是改变了资金的使用权，而没有改变资金的所有权。因此，虽然社会资金的总量没有改变，但却增加了资金的使用量，扩大了社会再生产的规模，促进了国民经济的发展。

(2) 信用中介可以把货币收入转化为货币资金。 货币收入是居民个人用于消费或者作为消费准备的货币。这些货币中总有一部分会由于种种原因而没有在当期消费，如果没有信用中介，这些节余的货币就只能作为一般的货币贮藏起来。而通过商业银行的信用中介职能，则可以把它们集中起来，投入再生产过程中，这时货币收入转化为货币资金，从而增加了社会资金总量，促进了生产的发展。

（3）信用中介可以把短期资金转化为长期资金。企业单位的货币资金闲置时间有长有短，长的超过1个月、1年，短的则不到1天。短期闲置资金，从表面上看很难运用，但是商业银行会从全社会筹集资金，有些原来存储的资金被提用了，同时又会有一些新的闲置资金存进来，在存、取的交错中，自然会形成部分可供商业银行长期使用的资金。假定有1万元的存款，期限为7天，如果有52笔这样数额的存款相继发生，你取我存，相互交错，这就意味着有1万元资金可供商业银行使用1年，即短期闲置资金转换成了可长期使用的资金。

（二）支付中介职能

商业银行在办理与货币收付有关的服务性业务时，执行支付中介的职能，如根据企业的委托办理货币的收付与转账结算等。支付中介的职能使商业银行成为工商企业、社会团体和个人的货币保管者、出纳员和支付代理人。商业银行的支付中介职能，不仅节约了社会流通费用，而且大大加速了资金的周转，提高了资金的使用效益。

（三）信用创造职能

商业银行的信用创造职能原本是指商业银行在经营各项业务的过程中成为银行券和存款货币这两种信用货币的创造者，然而随着商业银行的发展和中央银行的产生，商业银行的银行券发行权被中央银行剥夺。因此，在现代银行制度下，商业银行的信用创造职能指的是其通过贷款和投资活动创造存款货币、扩大信用规模的功能。银行利用其所吸收的存款发放贷款，在支票流通和转账结算的基础上，贷款又转化为存款，这种存款不提取现金或不完全提取现金的情况，增加了商业银行的资金来源，从而导致在整个银行体系中形成了数倍于基础货币的派生存款。

信用创造职能的发挥，大大减少了货币流通费用。在现代信用货币制度下，存款构成了社会货币总量的大部分。通过贷款创造出的存款这种货币，不需要支付开采、铸造、印刷、运送、保管等一系列费用，只需要在银行账面上记载即可，因此，它是最廉价的货币。这样既节约了流通费用，又增加了经济发展中所需要的流通手段和支付手段。

四、商业银行的经营模式

从历史发展的角度来看，商业银行的经营模式大致可以分为两类，即职能分工型模式和全能型模式。

职能分工型模式是指在以法律形式规定金融机构只能专营某种金融业务的情况下，商业银行主要经营短期工商信贷业务。由于贷款的期限短、流动性高，因此这种经营模式对商业银行来说比较安全可靠。这种经营模式主要是受经济理论中的"商业放款论"或"真实票据论"的影响。

全能型模式下的商业银行不仅提供短期商业性贷款，也融通长期固定资本，并承做证券业务或其他银行业务。换言之，商业银行是经营一切银行业务的综合性银行。

对于哪一种模式更好，历史上曾经有过争论，但从现代金融业发展的情况来看，由于并购之风盛行，大银行之间也纷纷合并，因此"混业经营"成了发展的主流，即商业银行与保险机构、投资银行等机构业务相交叉。即便是美国、日本这些历来采取"分业管理"的国家，也纷纷提出了"混业经营"的金融改革计划。

五、商业银行的组织形式

商业银行的组织形式在不同的国家会由于政治经济条件的不同而有所不同，归纳起来大致有四种类型。

（一）总分行制度

总分行制度是指在一个大城市设立总行，在该市及国内其他城市或国外设立分行、支行，形成一个庞大的银行体系的制度。目前，世界上大多数国家的商业银行都采取这种制度。总分行制度的优点在于：银行的规模较大，可以进行合理分工，能够提高专业化水平；分支行遍布各地，容易吸收存款；便于分支行之间的资金调度，减少现金准备；贷款分散于各分支行，有利于风险的分散。但是总分行制度容易形成垄断，不利于自由竞争。

（二）单一银行制度

单一银行制度是指全部银行业务都由一个银行机构办理，不设立分支机构，每家银行都必须注册的制度。目前只有美国采取这种制度。单一银行制度的优点在于其地方性程度高，能全力为本地区服务，经营上更灵活、自主。但是由于只有一个经营机构，难免在整体实力上受到限制，许多业务要依赖其他银行代理才能完成，在竞争中常会处于不利地位。随着地区经济联系的加强及金融业竞争的加剧，美国许多州对银行开设分支机构的限制有所放宽，单一银行制度有向总分行制度发展的趋势。

（三）集团银行制度

集团银行制度又称持股公司制度，这一制度在美国最为流行。其特点是，由一个集团成立一个控股公司，再由控股公司控制或收购若干家银行，从而使大银行实现通过持股公司把许多小银行置于自己的控制之下的目的。这种方式无疑是逃避开设分支限制的一种策略。

（四）连锁银行制度

连锁银行制度与集团银行制度相似，区别只在于：连锁银行与股权公司无关，而是指两家（或两家以上）独立的以公司形式组织起来的银行，通过相互持有股份而由同一人或同一集团所控制。

除了上述四种建立在一国国内银行业务基础上的基本组织形式，近年来在国际业务中又出现了另一种流行的组织形式——财团银行，它是指由不同国家的大银行合资成立的银行，其目的在于专门经营境外美元市场业务及国际资金存贷业务。

阅读材料 6-1

我国商业银行模式

我国的商业银行主要有两大类：国有控股商业银行和其他股份制商业银行。

国有控股商业银行（中国工商银行、中国农业银行、中国银行、中国建设银行、交通银行和中国邮政储蓄银行，以下简称六大行）在我国金融中介体系中处于主体地位。目前，无论是在人员和机构网点数量上，还是在资产规模及市场占有份额上，六大行在我国金融领域均处于举足轻重的地位，在世界大银行排名中也位居前列。

自 1986 年以来，我国陆续建立了多家全国性股份制商业银行，包括招商银行、浦发银行、中信银行、中国光大银行、华夏银行、中国民生银行、广发银行、兴业银行、平安银行、浙商银行、恒丰银行、渤海银行等。从 1998 年开始，由各地方财政、企业和居民投资入股组成的地方性股份制商业银行（如城市商业银行）纷纷成立，这些商业银行已经成为我国商业银行体系中的一支生力军，成为银行业乃至国民经济的重要组成部分。

2014 年 3 月，我国决定试设民营银行，随后，深圳前海微众银行、温州民商银行、天津金城银行、上海华瑞银行和浙江网商银行等民营银行陆续开业。截至 2020 年年底，获批筹建和开业的民营银行已有 19 家。

第二节　商业银行的负债与资本业务

商业银行是银行体系中的主体，其业务种类繁多，但归纳起来，主要有三大类业务：负债与资本业务、资产业务、中间与表外业务。负债与资本业务是商业银行形成资金来源的业务，即商业银行吸收资金的业务。商业银行的负债就是商业银行以债务人的身份吸收的各种存款和借入的资金；商业银行的资本则是商业银行设立之初，投资者投入的资本金和历年积累的公积金。各种存款是商业银行最主要的负债，也是商业银行最主要的资金来源。

一、商业银行的自有资本

商业银行的自有资本包括商业银行成立时通过发行股票所筹集的股本金和各种公积金及未分配利润。商业银行的自有资本代表着银行投资者对银行的所有权，即所有者权益。它与负债的共同之处在于：它们共同构成商业银行的资金来源。我国商业银行的自有资本由实收资本、资本公积金、盈余公积金和未分配利润等组成。

（一）实收资本

实收资本是指商业银行实际收到的由投资者投入的资本金。按其来源不同，可分为以下四部分。

（1）**国家资本**，指有权代表国家投资的政府部门或机构将国有资产投入商业银行所形成的资本。

（2）**法人资本**，指其他法人单位将其依法可以支配的资产投入商业银行所形成的资本。

（3）**个人资本**，指社会个人或者本行内部职工将其合法财产投入商业银行所形成的资本。

（4）**外商资本**，指外国投资者将其资产投入商业银行所形成的资本。

根据 2015 年修正的《中华人民共和国商业银行法》的规定，设立全国性商业银行的注册资本最低限额为 10 亿元人民币，设立城市商业银行的注册资本最低限额为 1 亿元人民币，设立农村商业银行的注册资本最低限额为 5000 万元人民币，注册资本应当是实缴资本。在进行股份制改革前，我国四大国有商业银行（中国工商银行、中国农业银行、中国银行、中国建设银行）的资本全部是国家投入的资金，即使在进行股份制改革后，国家投入的资金仍然占绝大部分。

（二）资本公积金

资本公积金是指商业银行在筹集资本金的过程中，因投资者的出资额超出资本金（即资本和股本溢价）、法定资产重估增值及接受捐赠的财产等而增加的资本。资本公积金可按法定程序转增资本金。

（三）盈余公积金

盈余公积金是指商业银行按照规定从税后利润中提取的公积金，是商业银行自我发展的一种积累，包括法定盈余公积金和任意盈余公积金。法定盈余公积金按税后利润（减弥补亏损）的 10% 提取，累计达到注册资本的 50% 时，可不再提取。法定盈余公积金可用于弥补亏损或转增资本金，但转增资本金时，以转增后留存商业银行的法定盈余公积金不少于注册资本的 25% 为限。任意盈余公积金可按照商业银行章程或股东会议的决议提取和使用。

（四）未分配利润

未分配利润是指商业银行实现的利润中尚未分配的部分。它在分配前与实收资本和公积金具有相同的作用。

（五）各项准备金

各项准备金是指商业银行为防范金融风险，维持正常经营，按谨慎经营原则提取的准备金。它与银行的其他资本具有同样的功能，可用于应付银行的资产损失。因此，其未支用的部分可列入银行资本额中，成为商业银行资本的一种补充形式。准备金的主要形式有以下几种。

（1）**呆账准备金**是指商业银行按规定以贷款余额的一定比例提取，用以补偿可能发生的贷款呆账损失的准备金。呆账准备金只限于核销贷款过程中不能收回的本金部分。

（2）**坏账准备金**是指商业银行按应收账款余额的一定比例提取的用以核销坏账损失的准备金。如在应收利息无法收回的情况下，为了便于及时处理这种坏账损失，正确计算损益，商业银行就必须按规定提取坏账准备金。

（3）**投资风险准备金**是指商业银行在从事投资业务过程中，为增强抵御风险的能力，按规定以投资余额的一定比例提取的准备金，专门用于补偿投资过程中可能发生的风险损失。

二、各种存款

存款是商业银行接受客户存入货币款项，且存款人可以随时或按约定的期限提取款项的信用业务，是商业银行最重要的负债业务，通常占到商业银行全部资金来源的70%~80%。商业银行的存款一般分为三大类：活期存款、定期存款和储蓄存款。

（一）活期存款

活期存款是商业银行的传统业务，它是指存款人可以随时到商业银行支取款项的存款。活期存款的存款人可以随时开出支票进行支付，而事前无须通知商业银行，因而活期存款账户又称支票存款账户。活期存款流动性大、存取频繁、手续复杂，商业银行还要向存款人提供各种服务（如存取服务、收付服务、转账服务等），而且商业银行提供这种服务需要付出一定的费用，因此，对于活期存款，商业银行一般只支付较少的利息或不支付利息，有时甚至还会收取费用。

（二）定期存款

定期存款是相对于活期存款而言的一种由存款人预先约定期限的存款。存款期限通常为3个月、6个月、1年、2年、3年、5年等。利率随着存款期限的不同而不同，一般存款期限越长，利率越高。

定期存款有金额较大、期限较长、利率较高、存取手续简便等特点，因而它是商业银行较为稳定的资金来源，对于商业银行进行长期贷款和投资具有重要的意义。定期存款的利率通常比活期存款利率高得多，因而定期存款的利息成本要高于活期存款的利息成本。但由于定期存款存取次数少，因此商业银行吸收定期存款比吸收相同金额的活期存款所花费的业务费用要少得多。这样一来，定期存款的平均成本就不会比活期存款的平均成本高出太多，所以商业银行一直把定期存款作为主要存款。

定期存款要凭商业银行签发的定期存单提取，一般要到期才能提取，商业银行根据到期存单计算应付本息。如果持有到期存单的客户要求续存，商业银行则会另外签发新的存单。对于到期未提取的存款，按照惯例商业银行不对其过期时间计付利息，但对表示愿意将存款继续转存的客户，商业银行也可按原到期日予以转期。对于未到期的存款，客户要求提前支取时，商业银行可不予提取。但多数商业银行为了争取客户，更多地吸收存款，一般会同意客户提前支取，但利息通常只按活期存款利率计付。

（三）储蓄存款

储蓄存款是指城乡居民将货币收入中用于即期消费后的余额，存入商业银行或其他金融机构而形成的存款，它是商业银行的重要负债。储蓄存款通常由居民以存折方式自由存取，商业银行要向其支付一定的利息。但储蓄存款不能签发支票，不能透支。根据中国人民银行的数据，截至2021年9月底，我国住户存款余额达101万亿元，也就是说中国居民存款总规模已经超过100万亿元。

三、借入资金

商业银行的借入资金是指商业银行的各种借入款项,主要包括向中央银行借款、银行同业拆借款、向国际金融机构借款、发行金融债券、证券回购等。借入资金的利率随行就市,商业银行可根据市场利率的状况决定是否借入,因此借入资金通常被认为是主动负债。

(一) 向中央银行借款

商业银行向中央银行借款有两种方式:再贴现和再贷款。

再贴现是指商业银行把贴现买进的尚未到期的商业票据出售给中央银行。在再贴现过程中,商业票据的债权转移到中央银行,商业银行则获得了资金的融通。中央银行并非对所有商业票据都给予办理再贴现,而是根据票据的质量、种类、期限,并结合中央银行的货币政策需要,来确定是否予以办理再贴现。

再贷款是指商业银行开出本票或借据,以信用方式,或者以政府债券、银行承兑汇票等作为抵押品的方式,直接从中央银行取得的贷款。中央银行对再贷款控制较严,商业银行只能将再贷款用于补充准备金不足和进行资产调整,而不能用于贷款或投资。

(二) 银行同业拆借款

银行同业拆借是指商业银行之间或商业银行与其他金融机构之间相互进行的资金融通。同业拆借款只能够用于弥补商业银行在中央银行账户上的准备金头寸不足。拆出资金主要是商业银行在中央银行账户上的超额准备。同业拆借款一般期限都很短,有的只有 1 天时间,即今日借明日还。同业拆借已经成为商业银行稳定的筹资方式之一。

(三) 向国际金融机构借款

欧洲货币市场

商业银行在资金周转不足时,除了可通过上述几种途径借款,还可通过向国外金融机构借款来应急。国外金融机构借款市场一般有三类:①短期市场,借款期限在 1 天至 1 年之间;②中期资金存放市场,期限通常在 1 年至 5 年之间;③长期债券市场,即 5 年以上政府公债或公司债券发行、交易的场所。一般来说,商业银行向国外金融机构拆借资金主要选择的是前两个市场。从全球来看,规模最大、影响力也最大的是欧洲货币市场,商业银行的国外借款主要是在这个市场上进行的。

(四) 发行金融债券

金融债券是商业银行等金融机构为筹措资金而发行的一种债务凭证。对于债券的购买者而言,它是一种债权凭证,债券持有人可以凭此从发行者那里取得利息收入,到期收回本金。对于商业银行来说,发行金融债券可以筹集资金,是一个重要的资金来源。金融债券可分为资本性金融债券和一般性金融债券。资本性金融债券是为弥补商业银行资本不足而发行的,是介于存款负债和股份资本之间的一种债务,《巴塞尔协议》称之为附属资本或次级长期债券。一般性金融债券是指商业银行为筹集用于长期贷款、投资等业务的资金而发行的债券。

（五）证券回购

证券回购是指商业银行在通过出售证券取得资金的同时，安排在将来某个日期按照事先约定的价格再买回这些证券。证券回购实际上是商业银行以证券作为担保，实现资金融通的一种方式。

第三节 商业银行的资产业务

商业银行的资产业务是指商业银行的资金运用业务。商业银行的收益主要由其资产业务形成，但由于要满足商业银行经营的安全性、流动性和收益性的基本原则要求，因此商业银行的资产业务必然包含部分无收益或低收益的资产。商业银行的资产业务，通常可以分为四大类：现金资产、贷款、租赁和投资。

一、现金资产

现金资产的流动性很强，主要作为商业银行的支付准备。现金资产一般为无收益资产或低收益资产。它包括库存现金、准备金存款、银行同业存款和托收未达款。

（一）库存现金

库存现金是指商业银行金库中的现钞和铸币。库存现金的存在主要是为了应付存款人提取现金和商业银行的日常开支。为保证支付能力，商业银行必须保留足够的库存现金。但是，库存现金是没有收益的资产，留存过多会影响商业银行的盈利，因此，商业银行在保证支付的前提下，应尽可能减少库存现金。

（二）准备金存款

准备金存款可分为两种：法定存款准备金和超额存款准备金。根据法律规定，商业银行每吸收一笔存款必须按规定的比例存放一部分在中央银行，商业银行不能将该部分款项用于贷款或支付。所规定的比率即为法定存款准备金率，相应的存款即为法定存款准备金。建立法定存款准备金的最初目的是保护存款人的利益，而现在法定存款准备金已成为中央银行的重要货币政策工具。超额存款准备金是指商业银行在中央银行的存款超过法定存款准备金的部分。超额存款准备金是商业银行资产中流动性最强的资产，当存款人需要从其账户中支付时，商业银行可以运用超额存款准备金履行支付义务。

（三）银行同业存款

银行同业存款是指商业银行存放于其他商业银行或其他金融机构的存款。其主要目的是方便银行自身的清算业务。在国外，许多小银行会将资金存放在大银行中，以换取包括支票收款、外汇交易及帮助购买债券等多种服务。

（四）托收未达款

托收未达款是指商业银行应收的清算款项。在商业银行办理的转账结算业务中，由其他银行转入本银行的款项，在尚未收到时，即为托收未达款。这些款项是本银行对其他银行的资金要求权，本银行在很短的时间内就可收到该款项。收到款项后，本银行的准备金存款或银行同业存款余额即可增加，商业银行通常把这部分款项称为"浮存"。

二、贷款

贷款也称放款，是商业银行最主要的资产业务。它是指商业银行将其所吸收的资金，按照一定的条件贷放给需要补充资金的企业，从而获得收益的业务。虽然各国商业银行所处的经济环境、所采用的经营策略不同，贷款在银行资产中所占的比重也存在着差异，但大多数商业银行的这一比重都在 50%～70%。商业银行的贷款可以按照不同的标准划分为不同的种类。

（一）活期贷款和定期贷款

商业银行贷款根据贷款期限长短可分为活期贷款和定期贷款两大类。其中定期贷款又可分为短期贷款、中期贷款与长期贷款。

1. 活期贷款

活期贷款就是商业银行不规定贷款期限的贷款，包括通知贷款和活存透支等。通知贷款是指商业银行在发放贷款时不规定贷款的偿还期限，商业银行若要收回贷款，则应提前一定的天数通知借款人，借款人接到通知后归还贷款。对于商业银行而言，这种贷款的特点是：在资金充裕时，可以充分运用资金，增加利息收入，而在银根不足时，则可以随时收回资金，因此资金的流动性很强。但对于借款人而言，此种贷款在用途上受到限制，只能用于购买随时能够变现的资产。活存透支是借款人通过支票账户、信用卡等的透支而形成的贷款。这种贷款是以该账户的款项收入自动偿还的。

2. 定期贷款

（1）短期贷款。短期贷款是指贷款期限在 1 年以内（含 1 年）的贷款。短期贷款用于支持借款人对流动资金的短期需要，如生产购销活动的季节性需要，商品与材料等提前或集中到货的需要，运输影响和自然灾害等引起的临时性资金需要等。这种贷款的特点是流动性强，风险相对较小，具有短期周转或临时垫付的性质。

（2）中期贷款。中期贷款是指贷款期限在 1 年以上（不含 1 年）5 年以下（含 5 年）的贷款。技术改造贷款就属于中期贷款，由于贷款期限不得超过 5 年，因此审批时要注意如下几个方面：借款人用于技术改造的自有资金是否达到了规定比例，并已存入贷款银行；改造老企业是否采用了新技术，是否旨在提高生产能力或产品质量等；是否花钱少、见效快、效益显著；是否有还款来源及相应保障；是否具备生产条件和建设条件；等等。

（3）长期贷款。长期贷款是指贷款期限在 5 年以上（不含 5 年）的贷款。基本建设等大型项目贷款属于长期贷款。长期贷款数额多、期限长、流动性弱、风险大。因此，商业银行必须根据借款人和借款项目两方面的调查情况来决策。

（二）信用贷款、担保贷款和票据贴现

商业银行贷款根据贷款方式不同，可以分为信用贷款、担保贷款和票据贴现。

1. 信用贷款

信用贷款是指仅凭借款人的信誉而发放的贷款。信用贷款的优点是手续简便，贷款限制条件少，适用面广，借款人不用提供抵押品也无须由第三者提供经济担保；缺点是商业银行仅以借款人的信誉及相关经济数据为凭据予以贷款，还款保障性差，贷款风险系数较高。信用贷款只能向资信良好、有市场、高效益的借款人发放。中国人民银行在《贷款通则》中明确指出要"严格控制信用贷款，积极推广担保贷款"。

2. 担保贷款

担保贷款是以借款人提供履行债务的担保为条件而发放的贷款。商业银行与借款人及第三人签订担保协议后，当借款人财务状况恶化、借款人违反借款合同或无法偿还贷款本息时，商业银行可以通过执行担保来收回本息。担保贷款可以分为保证贷款、抵押贷款和质押贷款。

（1）保证贷款是指按《中华人民共和国民法典》（以下简称民法典）规定的保证方式，以第三人承诺在借款人不能偿还贷款时，按约定承担一般保证责任或者连带责任为条件而发放的贷款。保证通常是由保证人以自己的财产为担保提供一种可选择的还款来源。而且只有保证人有能力和意愿代替借款人偿还贷款时，贷款的保证才是可靠的。因此，在这种贷款中，商业银行不但要审查借款人的经济状况和偿还能力，而且要审查保证人的经济实力及还款意愿。如果有必要，商业银行可以要求借款人提供多个保证人，即形成第一顺序保证人、第二顺序保证人、第三顺序保证人等，以求最大限度地保障贷款的债权。

（2）抵押贷款是指按民法典规定的抵押方式，以借款人或第三人的财产作为抵押物而发放的贷款。当借款人不履行债务时，商业银行有权依照相关规定折价出售抵押财产来收回贷款，或者以拍卖、变卖抵押财产的价款优先受偿。一般而言，如果商业银行认为借款人的信用状况不是很好，就会要求借款人提供抵押物。商业银行以抵押方式发放贷款主要是希望在第一还款来源之外，获得可靠的第二还款来源。因此，用作抵押物的财产应该是可以在市场上出售、流动性好、质量高的财产，商业银行还应该对抵押财产予以充分的监控。

（3）质押贷款是指按民法典规定的质押方式，以借款人或第三人的动产或权利作为质物而发放的贷款。质押贷款又分为动产质押贷款和权利质押贷款。在质押贷款中，借款人要将其动产或权利移交给商业银行，以该动产或权利作为债权的担保。当借款人不履行债务时，商业银行有权将该动产或权利折价出售以收回贷款，或者以拍卖、变卖该动产或权利的价款优先受偿。

3. 票据贴现

票据贴现是指贷款人以购买借款人未到期商业票据的方式而发放的贷款。它是在商业信用票据的基础上产生的一种融资行为，也称贴现贷款。这种贷款具有期限短、流动性强、安全性高和效益性好等优点。现阶段，商业汇票中的银行承兑汇票很受贴现银行的欢迎，因为银行承兑汇票的付款承诺人是商业银行，贷款回收有可靠的保证。

票据贴现对借款人而言，是出让票据，提前收回垫支于商业信用的资金的行为；对商业银行而言，则是贷款行为。但是这种贷款与一般贷款在资金投放对象、所体现的信用关系、融资期限等方面存在着显著的差别。

（1）性质不同。一般贷款是商业银行单方面的货币转移，或者用于企业的商品物资储备，或者用于特定的资金需要。而票据贴现对商业银行来说，实际上是向贴现人或收款人购进票据。票据贴现后贴现人不存在偿还问题，只有在贴现票据的债务人不能按期偿付票据的款项时，贴现人才对贴现银行负有责任。但这种责任也不同于一般贷款的偿还责任，是由贴现人和票据付款人共同承担责任的。

（2）当事人不同。在一般贷款关系中，除少数贷款需要保证人外，绝大多数贷款只有商业银行与借款人两个当事人。然而，在票据贴现中，除了贴现银行与贴现人是当事人，还涉及票据付款人、承兑人、背书人、保证人等多个当事人。若票据到期不能偿付，所有这些当事人都要承担债务责任。

（3）一般贷款只有到期时才能收回，而票据贴现则可以通过再贴现、转贴现等方式随时收回资金。

（4）利息收取方式不同。一般贷款是先贷款，然后按期或在贷款到期时收回利息。票据贴现则是在办理贴现时即从贴现金额中预先扣除贴现利息。

贴现银行从贴现票据金额中扣除自贴现日起至到期日止的贴现利息后，支付给贴现申请人的金额称为贴现付款额。贴现付款额等于贴现额减去贴现利息。贴现利息是贴现申请人在办理票据贴现时向贴现银行所支付的利息，它是根据票据票面金额、贴现利率和贴现期三个因素计算的，详细计算方法见本书第 9 章第二节。

（三）自营贷款、委托贷款和特定贷款

商业银行贷款根据贷款人承担的经济责任不同，可以划分为自营贷款、委托贷款和特定贷款。

1. 自营贷款

自营贷款是指商业银行以合法方法筹集资金并自主发放的贷款。商业银行作为独立的经济实体，不仅要依靠自己通过合法手段筹措资金经营贷款，而且要自担风险、自负盈亏，贷款本息也要自己收回。现阶段自营贷款是商业银行发放数量最多、范围最广的一种贷款。

2. 委托贷款

委托贷款是指由政府部门、企事业单位及个人等委托人提供资金，由受托人根据委托人确定的贷款对象、用途、金额、期限、利率等代为发放、监督使用并协助收回的贷款。受托人只收取手续费，不承担贷款风险。委托贷款由信托机构办理，其基本做法是：①委托人与受托人签订委托贷款协议书，明确委托人的要求和双方当事人的权利、义务；②委托人要在信托机构（受托人）开立委托存款账户，并存入委托存款，以备贷款；③发放委托贷款须进行审查，信托机构的经办人员对贷款审查确认后，报请有关负责人批准方能放贷；④委托贷款发放后还要进行贷后检查，了解贷款的运用并进行监管；⑤委托贷款到期时，信托机构根据委托人意见，将贷款划回委托存款账户并继续办理新的委托贷款，或将贷款划回其结算账户并结束委托贷款；⑥如果贷款需要展期，须先经委托人同意方可展期，经审查不能展期的按逾期贷款处理。

3. 特定贷款

在我国，特定贷款是指经国务院批准，并对贷款可能造成的损失采取相应补救措施后，责成国有独资商业银行发放的贷款。

（四）正常贷款、关注贷款、次级贷款、可疑贷款、损失贷款

根据贷款的风险程度，可将贷款分为正常贷款、关注贷款、次级贷款、可疑贷款和损失贷款。根据贷款风险进行分类，是信贷资产质量管理的需要。

1. 正常贷款

借款人能够履行合同，有充分把握按时足额偿还本息。在正常贷款中，借款人的财务状况无懈可击，没有任何理由怀疑贷款的本息偿还会发生问题。

2. 关注贷款

尽管借款人目前有能力偿还贷款本息，但是存在一些可能会对偿还产生不利影响的因素。如果这些因素继续存在，可能会影响贷款的偿还。因此，对这些不利因素，应该随时给予关注，或进行监控。

3. 次级贷款

借款人的还款能力出现了明显问题，依靠其正常的经营收入已无法保证足额偿还贷款的本金和利息，而不得不通过重新融资或出售、变卖资产来归还贷款。

4. 可疑贷款

借款人无法足额偿还本息，即使执行抵押或担保，也肯定要造成一部分的损失。可疑贷款具备了次级贷款的全部症状，而且程度更加严重。例如，有一笔抵押担保贷款，即使履行了抵押担保，贷款本息也注定要发生损失，但因为贷款正在重组，损失程度尚难以确定，所以这笔贷款就属于可疑贷款。

5. 损失贷款

在采取所有可能的措施或一切必要的法律程序之后，本息仍然无法收回，或只能收回极少的一部分。对于损失贷款，无论采取什么措施或履行什么程序，贷款人都注定要发生损失。

（五）工商业贷款、不动产贷款、消费贷款

按贷款用途，可将贷款分为工商业贷款、不动产贷款、消费贷款。

1. 工商业贷款

工商业贷款是指商业银行以工业和商业企业流动资产增加和固定资产更新、改造的需要为对象而发放的贷款。这种贷款大多具有贷款期限短和可周转使用的特点，它反映了商业银行的信贷投向。

2. 不动产贷款

不动产贷款是指商业银行向借款人发放的用于房屋建造、土地开发的贷款。这种贷款通常都以所建房屋或土地作为抵押担保，还款比较有保障，但是贷款期限比较长，流动性差，专业性很强。

3. 消费贷款

消费贷款是指商业银行向个人提供的用于购买消费品的贷款。消费贷款主要有置业、置产和信用卡透支三大类。工商业贷款是为生产服务的，而消费贷款是用于消费者个人购买消费品的，需要依靠借款人的经济收入来还款，因此贷款规模一般都比较小，贷款流动性差，多采取抵押的方式。

三、租赁

租赁业务是指商业银行利用手中集聚的资金购买大型的机器设备、电子计算机、飞机、船舶等，并将其出租给所需客户使用，商业银行按期收取租赁费。租赁业务有许多种分类方法，其中最主要的一种是以租赁的目的为依据，将其分为融资性租赁和经营性租赁。

融资性租赁又称金融性租赁，其目的是在融物的同时实现融资。其特点是：①期限长，多在3年以上，较长的可达10年以上；②租赁物件多为非通用设备；③租赁物件在期末处理上表现为很少续租，多为租购，即商业银行象征性地收取一些费用，将所有权转归承租人。

经营性租赁又称操作性租赁，其目的是解决企业对设备的短期或临时需要。其特点是：①期限短，1年以内，几天、几个星期、几个月都可以；②租赁物件多为通用设备；③租赁物件在期末处理上表现为续租或退租，也可重复租赁。

除了融资性租赁和经营性租赁，还有衡平租赁（又称杠杆租赁）、回租租赁、转租赁、卖主租赁、维修租赁和综合租赁等其他租赁。

四、投资

商业银行投资是指商业银行购买有价证券的活动。投资也是商业银行重要的资产业务之一。与贷款相比，投资主要具有如下特点。

（1）贷款一般先由借款人提出申请，再由商业银行决定是否发放。在确定贷款利率、期限和担保等条件时，决定权掌握在商业银行手中，而投资则是指商业银行通过公开市场买卖证券，在买卖中商业银行与证券商平等竞争，由此可见，商业银行在投资中所处的地位不如在发放贷款时有利。

（2）商业银行发放的贷款，一般到期后才能收回，流动性较差，但用于投资的资金则可以随时通过在公开市场上出售有价证券而收回，流动性较强。

（3）商业银行投资的有价证券大多为政府债券，安全性较好，但由于政府债券利率通常比贷款低，因此投资的收益一般比贷款差。

商业银行投资的有价证券包括两类。①政府债券。其中以公开销售的政府债券，特别是国库券为主，因其具有易于销售、流动性强、市场价格波动幅度小等特点而最受欢迎。商业银行投资的绝大部分有价证券为政府债券。②企业债券和股票。受企业经营状况、破产和倒闭等因素的制约，企业债券的风险很大、投机性强、期限较长、流动性差。另外，许多国家都禁止商业银行购买公司股票。

商业银行投资的目的主要有以下几个。①获取收益。贷款风险较大，会导致信贷资金闲置，投资就成为充分运用资金、增加收益的一个有效途径。②提高流动性。有价证券既有可观的收益，又能够在需要资金时随时在市场上转让出去，因此是商业银行补充流动性最主要的方式。③分散风险。商业银行通过投资可实现资产的分散化经营，从而达到降低风险、减少资金损失的目的。

第四节　商业银行的中间业务和表外业务

一、商业银行的中间业务

中间业务是指商业银行在不动用自己的资金，不涉及资产和负债的情况下，以中间人的身份，凭借商业银行的信誉、信息、人才和技术为客户办理收付和其他委托事项，从中收取手续费的经营活动。中间业务不反映在商业银行的资产负债表上，不影响商业银行的资产与负债，但可以增加商业银行的收入。商业银行的中间业务主要包括结算业务、代理业务、承兑业务、信托业务和信用卡业务等。

（一）结算业务

结算业务是指商业银行为客户承办的有关资金收付方面的业务，是由商业银行存款业务衍生出来的业务。商业银行的结算业务主要有支票结算业务、汇兑业务、信用证业务。

1. 支票结算业务

支票是出票人签发的，委托其支票账户的开户行从其账户中无条件支付确定的金额给收款人或持票人的票据。支票结算就是商业银行为客户结清通过支票进行的货币收付。支票结算是同城结算中使用最多、最受单位欢迎的一种结算方式。同城的企业单位只要在商业银行开设有基本账户，就可以签发支票，办理结算。收款单位收到支票后可以直接委托其开户行代为收账，若付款单位在同一银行处开户即可迅速收到款项；若付款单位不在同一银行处开户，也可很快通过票据交换或支行辖内往来收到款项。

2. 汇兑业务

汇兑是客户将资金交给商业银行，委托商业银行将款项汇给其他地方的收款人的业务。商业银行办理汇兑业务要使用银行凭证，如银行汇票和支付委托书等。按照汇出行通知汇入行付款命令的方式不同，可将汇兑分为信汇、电汇和票汇三种类型。在当今银行业务普遍使用电子技术的情况下，资金调拨已是瞬息间就可以完成的事情。因此，除小额款项仍有使用信汇、电汇和票汇的必要外，大额资金基本上都是通过电子资金调拨系统来处理的。

3. 信用证业务

信用证业务是客户委托商业银行根据该客户所指定的条件向异地的销货方支付货款的业务。客户在请求开立信用证时，必须同时开立专项存款用以专门支付信用证所规定的货款，并须在信用证上注明购买货物的品种、规格、数量及发货的凭证等。销货方要按照信用证规定的条件发货，销货方银行核对各项条件与信用证规定均符合后，就会立即支付货款，然后销货方银行与购货方银行结算货款。这种结算方式对购货方和销货方都有利，保护了双方的利益，在国际贸易中被广泛使用。此种信用证又称商品信用证。还有一种信用证叫货币信用证，货币信用证是指客户将一定的款项交给商业银行，商业银行发给客户一种凭证，证明客户有权在其他地区向该行的分支行或该行的代理行兑取所交存的现金。货币信用证主要是为旅行者设计的，因为免除了旅行者携带现金的麻烦，所以又称旅行信用证。

（二）代理业务

代理业务是指商业银行接受客户的委托，以委托人的名义代办经济事务的活动，主要有代理收付款业务和代理融通业务。代理收付款业务是指商业银行利用自身结算便利的优势，接受客户委托代为办理指定款项的收付事宜，如代理收付税款、代发工资和退休金、代理收付保险费等。商业银行代理收付款项时，只负责按规定办理具体的收付手续，而不负责收付双方的任何经济纠纷。代理手续费由委托人与商业银行按金额和笔数协商计收。

（三）承兑业务

承兑业务是指商业银行对客户签发的汇票或商业票据作出付款承诺。客户在票据到期前或到期时应将款项存入承兑银行，作为支付汇票或票据的款项。若客户到期时无力支付款项，则承兑银行要承担付款责任。商业银行办理承兑业务，不仅使商业票据的付款更有保障，还扩大了商业票据的流通范围。一般情况下，商业银行办理承兑不占用资金，但由于为客户提供了信用保证，因此要收取一定的费用。

（四）信托业务

信托业务是指商业银行接受他人的委托，代为管理、营运、处理有关经济事务，并为委托人或受益人谋利的活动。与信贷业务不同，商业银行对信托业务一般只收取相关的手续费，而营运中所获得的收入则归委托人或其指定的受益人所有。同时，信托也不同于简单的代理活动。在代理关系中，代理人只是以委托人的名义、在委托人指定的权限范围内办事，在法律上，委托人对委托财产的所有权并没有改变；而在信托关系中，信托财产的所有权则从委托人转移到了受托人（商业银行或信托公司）手中，受托人以自己的名义管理和处理信托财产。按服务对象的不同，信托业务可分为个人信托和法人信托两种。个人信托主要包括财产管理、代理证券投资等。法人信托包括代理发行股票和债券、代理管理基金、代理政府发行国库券和公债券及还本付息。

（五）信用卡业务

信用卡业务是指由商业银行或专门的信用卡公司发行一种现代支付工具，持卡人可以凭卡在特约商户购买商品或支付交通旅游费用，还可以凭卡到指定银行兑付现金。传统上，持卡人凭信用卡在特约商户购物后，特约商户凭持卡人签字的购物单据向发卡单位收款，发卡单位再定期汇总向持卡人收款，因此信用卡具有"先消费，后付款"的特点。但现在特约商户一般都通过销售点终端机与发卡单位实行联网，所以持卡人购物后，货款将自动从持卡人的信用卡账户转移到特约商户的账户上。信用卡通常有一定的透支额度，当持卡人信用卡账户上的存款余额小于其消费支出额时，差额将自动转成持卡人对发卡单位的负债，透支超过一定期限后持卡人要支付利息。发卡单位一般只向持卡人收取少量服务费，其主要收入来源于特约商户的回扣费。特约商户之所以愿意接受信用卡支付方式，并向发卡单位支付回扣费，是因为其可以借此扩大销售。近年来，信用卡业务在我国发展得十分迅速。

除了上述业务，商业银行还开展了保管箱业务和咨询业务等中间业务，商业银行与社会经济活动中的各个方面的关系日趋紧密，商业银行自身也逐渐发展成为综合性的"金融百货公司"。

二、商业银行的表外业务

表外业务是指对商业银行的资产负债表没有直接影响，但能够为商业银行带来额外收益，同时使商业银行承受额外风险的经营活动。广义的表外业务泛指所有能给商业银行带来收入而又不在资产负债表中反映的业务。根据这一定义，商业银行的所有中间业务均属于表外业务。狭义的表外业务就是我们这里所讨论的表外业务，仅指涉及承诺和或有债权的活动，即商业银行对客户作出某种承诺，或者使客户获得对商业银行的或有债权，当约定的或有事件发生时，商业银行承担提供贷款或支付款项的法律责任。它与中间业务既有区别又有联系。

表外业务和中间业务虽然都属于收取手续费的业务，并且都不直接在资产负债表中反映出来，但是商业银行所承担的风险是不同的。在中间业务中，商业银行一般仅处在中间人或服务者的位置，不承担任何资产负债方面的风险。而表外业务虽然不直接反映在资产、负债上，即不直接形成资产或负债，但是一种潜在的资产或负债，在一定条件下，表外业务可以转化为表内业务，因此商业银行要承担一定的风险。例如，当商业银行对商业汇票进行承兑后，即负有不可撤销的第一手到期付款责任，如果汇票的付款人无力付款，商业银行就必须向汇票的受益人付款，因此银行承兑汇票是商业银行的一种或有负债。中间业务和表外业务也有一小部分是重合的。例如，商业信用证业务虽属于中间业务，但是它又具有担保业务的性质，因此也属于表外业务。

表外业务形式多样，但大体可以分为三类。①贸易融通业务，包括银行承兑业务。②金融保证业务，包括商业信用证业务、备用信用证业务、银行保函业务、贷款承诺业务、贷款销售业务等。③衍生工具交易业务，包括远期交易、期货交易、期权交易及互换协议等。由于贸易融通业务和衍生工具交易业务在本书的其他章节进行了介绍，这里不再重复，仅就各种金融保证业务做一个简单的介绍。

（一）商业信用证

商业信用证是商业银行为客户提供信用，使其获得资金以购买货物的凭证。在国内贸易上，购货商进货后，卖方可在信用证规定金额内支取货款。在国际贸易中，商业信用证是商业银行应进口商的请求，向出口商签发的由商业银行承担付款责任的保证文件。商业信用证是不依附于贸易合同的独立文件，业务处理以单据为准而不以货物为准。商业信用证种类繁多，根据其用途、使用方法等，可分为跟单信用证与光票信用证；可撤销信用证与不可撤销信用证；保兑信用证与不保兑信用证；即期信用证和远期信用证；等等。

（二）备用信用证

备用信用证是商业银行为其客户开立的保证书。备用信用证业务涉及三方当事人，即开证行、客户和受益人。通常，客户与受益人之间已达成某种协议，根据该协议，客户对受益人负有偿付或其他义务。商业银行应客户的申请向受益人开立备用信用证，保证在客户未能按协议进行偿付或履行其他义务时，代替客户向受益人进行偿付，商业银行为此支付的款项变为商业银行对其客户的贷款。通过向商业银行申请开立备用信用证，客户可以有效地提高自己的信誉，当然同时也要向商业银行支付手续费。

备用信用证和商业信用证的区别是，在商业信用证业务中，商业银行承担的是第一手的付款责任，只要收款人提供的单据合格，商业银行就必须按合同履行支付义务；而在备用信用证业务中，商业银行承担的是连带责任，在正常情况下，商业银行与受益人并不发生支付关系，只有在客户未能履行其付款义务时，商业银行才代替客户履行付款义务。

（三）银行保函

银行保函又称银行保证书、银行信用保证书，简称保证书，是商业银行作为保证人向受益人开立的保证文件。当银行保函的被保证人未向受益人尽到义务时，由商业银行承担保函中所规定的付款责任。保函内容根据具体的交易来确定，在形式上没有统一的格式，对权利和义务的规定、处理手续等也未形成一定的惯例。

在国际贸易中，合同当事人为了维护自己的经济利益，往往需要对可能发生的风险采取相应的保障措施，银行保函和备用信用证，就是以银行信用的形式提供的保障措施。

（四）贷款承诺

贷款承诺是指商业银行向客户作出承诺，保证在未来一定时期内，根据一定的条件，随时应客户的要求提供贷款。商业银行在提供这种承诺时，一般要按一定的比例向客户收取承诺费，即使在规定的期限内客户并没有申请贷款，承诺费也要照交不误。贷款承诺的一种形式是商业银行向客户提供一个信贷额度，在这个额度内，商业银行将随时根据企业的贷款需要进行放款。这种信贷额度一般都是商业银行与其老客户之间的非正式协议，商业银行虽然在大多数情况下都会满足这些客户的贷款需要，但并不具有提供贷款的法定义务，商业银行通常也不向客户收取承诺费，而只要求客户在本银行保留一定比例的支持性存款。另一种更为正式的贷款承诺是循环贷款承诺，它是商业银行与客户之间签订的正式协议，根据该协议，商业银行有义务根据约定的条件（最高贷款额、利率、期限等）向客户提供贷款。这种协议的期限一般较长，在协议期间内，客户可以随借随还，还了再借。

（五）贷款销售

贷款销售是指商业银行通过直接出售或采用证券化的方式将贷款转让给第三方。通过贷款销售，商业银行不仅可以降低风险资产的比例，提高资产的流动性，还可以通过提供"售后服务"（如为贷款购买者收取本息，监督借款单位的财务状况等）取得一定的收入。贷款的购买者一般保留对出售银行的追索权，即当借款人违约时，可以向出售银行进行追索。但是，贷款销售也可以采取买断的形式，在这种形式下，当借款人违约时，贷款购买者无权向出售银行进行追索。

（六）票据发行便利

票据发行便利又称票据发行融资安排。借款人用自己的名义发行短期票据来筹措中期资金，由包销银行承诺购买借款人发行的任何票据或为借款人提供备用贷款。票据发行便利是一项具有法律约束力的中期融资承诺的创新工具。如果借款人是商业银行，那么发行的票据通常是短期的定期存单；如果借款人是工商企业，那么发行的票据通常是本票。商业银行承诺的发行便利融资期限通常为 5~7 年，在这个期限内，借款人可以循环发行票据，大部分票据的期限都是 3 个月或 6 个月，少数可达 1 年，也有几个星期或几天的。票据发行便利的优点在于筹资成本较低，灵活性较大，流动性较强，风险较小。票据多以美元计值，少量以新加坡元和欧洲货币单位计值，中心市场在伦敦和新加坡。

第五节　商业银行经营管理

商业银行是经营货币信用业务的企业，其业务经营通常要遵循三项原则：安全性、流动性和盈利性。安全性是指商业银行能够按时收回贷款或投资本息的能力。流动性是指商业银行在其资产不发生损失的前提下及时支付或变现的能力。盈利性是指商业银行以最少的资金投入或最小的资金耗费获得最大的收益或效用的能力。三项原则相互之间存在矛盾，流动性好的资产，其获利能力比较差，收益高的资产，风险往往比较大。因此，坚持三项原则主要是谋求三项原则之间的协调、均衡和最优组合。商业银行在长期的业务经营中，形成了不同的管理理论，探索出将三项原则贯穿于业务管理的方法。

一、商业银行资产负债管理理论的发展

资产负债管理理论是对商业银行长期经营实践的总结和发展，资产负债管理的目的是通过控制和管理资产和负债的结构来规避流动性风险和利率风险，提高资本充足率和盈利能力。商业银行资产负债管理理论先后经历了资产管理理论、负债管理理论和资产负债管理理论等理论阶段。

（一）资产管理理论

资产管理理论认为，商业银行应该将其经营管理的重点放在资产方面，通过对资产结构进行适当安排，保持资产的流动性，这样既能满足客户贷款和提现的需要，又能获得一定的盈利。资产管理理论中重点管理的资产包括贷款、现金和证券。对于贷款，主要是就贷款的种类、期限结构的搭配、贷款风险和盈利等进行全面的管理；对于现金，主要是控制现金的数量，加强现金的安全性管理；对于证券，主要是安排好证券的种类结构、期限结构和流动性。资产管理理论是商业银行最早的经营管理理论，这一理论是基于商业银行早期的经营环境所形成的。①当时商业银行的资金来源单一，主要是稳定性差的活期存款。②企业对商业银行的贷款需求单一，主要是短期周转性的贷款，而且数量有限。③没有发达的金融市场，商业银行无法通过借款的方式来满足流动性需要。这就从客观上要求商业银行保持资产的流动性，不必去扩充资金来源、增加盈利。商业银行资产管理理论的发展经历了三个阶段。

1. 商业贷款理论

商业贷款理论也称真实票据论。该理论认为商业银行的资金主要来源于活期存款，因此商业银行只应承做短期的与商品周转相联系或者与生产物资储备相适应的自偿性贷款，而不能贷放购买证券的贷款、不动产贷款、消费贷款、长期性的设备贷款和农业贷款。其道理是自偿性贷款最安全，因为这一类贷款能够在工商企业的商品周转或产销过程完成时，从销售收入中得到偿还。据以发放自偿性贷款的商业票据的背后都有商品做保证，商业银行发放了

贷款就掌握了商业票据，一旦企业不能偿还贷款，商业银行就可以处理其抵押商品，从而收回贷款。这样既符合流动性原则，又考虑了盈利性。

商业贷款理论的实际意义主要有两点。①该理论为商业银行保持资金的流动性和安全性提供了依据。在该理论指导下，商业银行可以避免或减少因盲目扩大贷款、任意确定贷款期限而造成的经营风险，强化了商业银行在经营中的自我约束机制。②该理论建立在银行贷款与真实商品交易相联系的基础上，为保持银行信贷与经济发展相适应、避免信用膨胀和通货膨胀提供了理论依据。当经济繁荣、生产规模扩大、商品交易增加时，商业银行的信贷规模也随之扩大；而当经济萎缩、生产规模缩小、商品交易减少时，商业银行的信贷规模也随之缩减。在该理论指导下的商业银行，在经营过程中一般不会出现信用过度膨胀或萎缩的情况，因此，该理论有利于市场和通货的稳定。

2. 可转换性理论

第一次世界大战以后，金融市场不断发展和完善，商业银行可持有的短期国库券和其他证券增加，人们对保持商业银行资产流动性有了新的认识，从而产生了可转换性理论。该理论认为商业银行能否保持资产流动性，关键在于它持有的资产能否在不发生损失的前提下随时转让出去并取得现款。只要商业银行手中持有的第二准备金（各种公债和证券）能在市场上随时变现，其资产就有较大的流动性。可转换性理论的出现意味着商业银行业务范围的扩大，商业银行不仅可以发放短期自偿性贷款，还可以投资于有价证券。有价证券的利息收入较高，既能保证资产的流动性，又能提高盈利能力。

可转换性理论的意义主要有以下几点。①该理论提供了保持商业银行资产流动性的新方法，扩大了商业银行的资产范围，使其业务经营更加灵活多样，提高了商业银行的竞争力。②该理论兼顾了流动性和盈利性的双重要求。在银行资产安排中，购入一部分信誉好且易于转让出售的证券，一方面使商业银行减轻了保持流动性的压力，从而腾出一部分资金作为长期贷款；另一方面可以减少非盈利的现金资产的占用，将部分现金资产转为证券作为二级储备，既保证了流动性，又增加了资产的收益。③该理论促进了证券二级市场的活跃和发展。

但需要注意的是，在可转换性理论指导下，商业银行的流动性过多地依赖于短期证券等流动性资产，当出现经济危机，人们竞相抛售证券时，商业银行很难将所持有的证券顺利转出而不受损失，因此也就难以达到其保持流动性的预期目的。

3. 预期收入理论

预期收入理论是在前两种理论的基础上，于第二次世界大战后发展起来的资产管理理论。该理论认为，无论是短期商业贷款，还是可转让资产，其贷款偿还或证券的变现都是以将来的收入作为基础的。如果一项投资的未来收入有保证，即使期限长，也可保持流动性；相反，如果未来收入没有保证，即使放款期限短，仍有不能收回或坏账的风险。因此，商业银行在发放短期贷款并以短期债券作为第二准备金的同时，还可对一些预期收入有保障的项目发放中长期贷款。

这一理论强调的是商业银行贷款偿还与未来收入的关系，而前两种理论强调的是贷款的偿还与担保品的关系。基于预期收入理论，商业银行在可能的条件下，可以发放中长期设备贷款、住宅抵押贷款、个人消费贷款等。

预期收入理论虽然促进了商业银行的业务向综合化、全能化的方向发展，但是，商业银行却将资产经营建立在对借款人未来收入的预测上，而这种预测不可能完全准确。尤其是在长期贷款与投资中，借款人的经营情况可能会发生变化，因而届时并不一定具备偿还能力，这就会损害商业银行的流动性。

（二）负债管理理论

20世纪60年代初，由于金融市场的迅速发展，存款的分流，通货膨胀的普遍存在，以及各国政府对商业银行存款利率的管制，商业银行吸引资金的能力受到限制。为了吸引资金、扩大负债规模，负债管理理论应运而生。**负债管理理论认为，商业银行在维持流动性方面，除应注意在资产方面加强管理外，还应注意负债方面的经营，应以主动的、积极的负债管理作为实现资产流动性与盈利性均衡的主要手段。** 负债管理使商业银行的经营管理重心从资产方转移到负债方，将商业银行的被动型负债变为主动型负债，为满足商业银行的流动性需求提供了新的思路。负债管理理论强调以下三方面的内容。

（1）**将负债作为保证商业银行流动性的经营重点。** 只要在借款市场能够方便地获得负债，商业银行就要尽可能少保留高流动性资产，而让现有资产去充分发挥盈利功能，以借款满足流动性需求。

（2）**大力发展主动负债**，即主动地向外借款，如发行大额可转让定期存单、发行金融债券、同业拆借等，以获得流动性，而不仅仅是依靠吸收存款这种被动的负债方式。

（3）**同时实现流动性和盈利性。** 负债管理理论从两方面强调借款的积极作用：一是以借款满足客户随时提取存款的流动性需求，商业银行无须调整资产结构，客户的提存也不影响资产的盈利；二是以借款来应付增加的合理的贷款需求，从而使负债和资产同时增加，并带来利差收益。

可见，**负债管理理论在解决流动性问题的同时，还注重利润的最大化，追求资产流动性与盈利性均衡的实现。** 负债管理理论在流动性管理上将单一的资产调整转变为资产和负债的共同调整，并且通过主动负债增加了商业银行的资金来源，提高了商业银行的竞争力，为扩大贷款规模、增加商业银行盈利创造了有利条件。但是，负债管理理论所依靠的最主要的管理手段——主动负债，其利率一般会高于商业银行存款利率，因而导致商业银行的资金成本提高。而资金成本的提高，又促使商业银行把资金投放到收益更高的贷款或投资上，从而加大了商业银行的经营风险，容易助长信用膨胀和诱发债务危机。

（三）资产负债管理理论

资产管理理论偏重安全性和流动性，往往以牺牲盈利性为代价，不利于鼓励商业银行的进取精神。负债管理理论虽能较好地解决流动性与盈利性之间的矛盾，但由于过多地依赖外部条件，因此带来很大的经营风险。20世纪70年代，在金融自由化的冲击下，商业银行经营风险越来越大，前述管理理论均不能适应新的发展要求，因而产生了资产负债管理理论。

资产负债管理理论认为，商业银行单纯依靠资产管理或单纯依靠负债管理，都难以保证安全性、流动性、盈利性三者的均衡。 只有根据经济情况的变化，对资产结构和负债结构进行共同调整，才能实现商业银行经营管理的目标。管理的基本内容是使资产和负债各科目在数量、期限和利率上相互匹配，实现利润的最大化和风险的最小化，也就是保持高水平利差的稳定。实现这一目标的手段主要有两个。①根据利率的变化积极调整商业银行的资产负债结构，即运用利率敏感性差额管理法。②运用金融市场上转移利率风险的工具，如金融期货、金融期权、利率互换等,作为差额管理法的补充。

资产负债管理理论遵循四大基本原理。

(1) 规模对称原理。这一原理是指资产规模与负债规模相对称、相平衡。由于商业银行资产与负债之间是一种相互联系、相互依赖、相互制约的辩证统一关系,因此,商业银行的资产负债规模必须相互适应,但两者规模的对称并非简单的对等,而是一种建立在合理经济增长基础上的动态平衡。

(2) 结构对称原理。结构对称原理与规模对称原理一样,是一种动态的资产结构与负债结构的相互对称和统一平衡。长期负债用于长期资产;短期负债一般用于短期资产,短期负债中的长期稳定部分亦可用于长期资产。同时,商业银行可根据经济条件和经营环境的变化来调整资产结构,以保证安全性、流动性和盈利性的最佳均衡。

(3) 速度对称原理又称偿还期对称原理。商业银行的资金分配应根据资金来源的流转速度决定,换言之,商业银行资产的流动性和负债的偿还期应保持一定程度的对称关系。例如,活期存款的流动速度较快,偿还期极短,这就要求与之对应的资产也应有较高的流动性,如现金和准备金资产。同样,定期存款流动速度较慢,商业银行可将其投放于贷款和长期证券等流动性较低、偿还期较长的资产。但必须注意,商业银行的资产和负债都面临一个偿还期转化的问题,因而商业银行在保持速度对称关系时必须对此加以考虑,以实现资产负债期限结构的最佳搭配,从而达到既保持流动性,又保证盈利性的目的。

(4) 目标互补原理。一般来说,商业银行经营目标可表现为安全性、流动性、盈利性三个方面。目标互补原理认为,这三者之间的均衡不是绝对的平衡,而是可以相互补充的。例如,流动性和安全性的降低,可通过盈利性的提高来补偿,但这种补偿是有条件的,要视不同历史条件下商业银行经营的不同要求来决定。

二、商业银行经营管理原则

(一) 安全性原则

商业银行经营的安全性原则是指商业银行避免经营风险、保证资金安全的原则。与一般工商企业经营不同,商业银行经营属于负债经营,其自有资本所占比重很小,主要依靠客户存款或吸收其他来源的资金进行信贷和投资业务。在资金营运过程中,存在着多种风险,如果出现了存款不能按期还本付息、贷款不能如期收回本息的情况,必然会影响商业银行的信誉甚至危及商业银行的安全。因此,商业银行必须坚持安全性原则,力求避免或减少各种风险造成的损害。

从商业银行经营管理角度来看,坚持安全性原则,能提高预期收益的可靠性;能在公众心中树立良好的形象,吸引更多的客户和资金;有利于维护社会、经济和金融的稳定。商业银行在经营中可能遇到的风险有信用风险、利率风险、汇率风险、管理风险、政治风险等。商业银行常用四个指标从不同角度反映商业银行经营的风险程度,即贷款与存款的比率、资本与资产的比率、负债与流动性资产的比率、有问题贷款与全部贷款的比率。

（二）流动性原则

商业银行经营的流动性原则是指商业银行必须保持随时满足客户提取存款和正常贷款所需资金的经营原则。在经营中，商业银行可能会遇到有规律的提取或兑付要求，对这种提款，商业银行能够做好预先的备付安排；但也会遇到由突发事件引起的"挤提"和集中兑付，对这种提款，商业银行很难准确预料，如不能妥善应对，商业银行将陷入困境甚至破产。因此，商业银行在运用信贷资金时，一方面要力求使资产具有较高的流动性和安全性，另一方面要力求负债业务结构合理并保持自己有较多的融资渠道和较强的融资能力。

商业银行适当掌握流动性原则，有利于保持经营过程中安全性和盈利性的平衡。流动性过高会导致商业银行盈利下降，甚至出现亏损；流动性过低则会使商业银行面临信用危机。只有适度的流动性，才能既保证商业银行取得一定的利润，又能避免发生信用危机，确保经营安全。坚持流动性原则，对于实现商业银行作为信用中介的功能具有非常重要的作用。在银行经营过程中通常用以下几个指标从不同角度反映流动性程度：贷款与存款的比率，流动性资产与全部负债或全部资产的比率，银行可随时动用的超额存款准备金，流动性资产与易变性负债的差额的变化（其差额越大，流动性越高）。

（三）盈利性原则

商业银行经营的盈利性原则是指商业银行追求盈利的经营原则。盈利是一切企业共同追求的目标，是企业经营的内在动力。商业银行将利润最大化作为其追求的最基本和最主要的目标，对其自身的经营管理和整个社会都具有重要意义。

1. 追求盈利是商业银行创立和经营的根本目标

现代商业银行基本上都是股份制企业，商业银行的发起人与股东投资组建商业银行的根本原因是商业银行的经营活动能够给他们带来收益。如果商业银行的经营不仅不能给发起人与股东带来利润，甚至还会使他们亏损，那么，股东就会把资金转移到其他利润或收益比较丰厚的银行或金融机构，甚至转而投资于工商企业。因此，商业银行如果不以盈利为根本目标，那么它本身就无法产生，即使产生了也无法维持生存。

2. 盈利性是商业银行进行业务选择的首要标准

商业银行是自主经营、自负盈亏、自求平衡、自担风险、自我约束、自我发展的金融企业。因此，商业银行对业务的开拓、业务的发展所持的态度是绝对审慎的，要通过严格的成本与效益的论证来决定业务的取舍。如果一项新业务不能给商业银行带来收益，那么该项业务就不可能被商业银行所接受，或者至少要被暂时搁置。就算是传统业务，只要它的开展不能使商业银行获得利润，商业银行也会放弃或暂时中止。不管怎样，盈利性始终是商业银行进行业务选择的首要标准。

3. 盈利性是商业银行操作具体业务的基本准则

业务是商业银行经营的基础。如果商业银行对每一项具体业务都不注重盈利、不以效益为中心，那么其整体的盈利目标就如空中楼阁，追求利润最大化的目标也就不可能实现。因此商业银行与其他银行、金融机构相比，更重视资产负债的综合管理，尤其是对风险的防范与管理更是小心谨慎，它们对每项资产业务都要进行严格的、规范的、多方面的审查，旨在真正实现资产的流动性、安全性和盈利性的协调统一。

4. 盈利能力是商业银行发展的基础

商业银行盈利能力的大小，不仅决定了其资本规模，还会对其发展产生多方面的非资金影响。首先，盈利能力代表着商业银行的经营管理水平，因而会对股东的信心及股票的市场价格产生影响。其次，盈利能力会直接影响商业银行的利润，关系到商业银行员工的薪酬和福利水平，薪酬和福利水平又是现代金融机构之间争夺人才的重要手段和有力武器。最后，盈利能力象征着商业银行的资金实力和声誉，因而会对其存款的吸收、贷款的发放和投资经营产生影响。

习 题

一、选择题（含单项选择题与多项选择题）

1. （   ）是唯一能够创造和消灭存款货币的金融机构。
   A. 中央银行　　B. 商业银行　　C. 政策性银行　　D. 投资性银行
2. 商业银行的最基本的职能是（   ）。
   A. 信用中介　　B. 支付中介　　C. 信用创造　　D. 融资中介
3. 商业银行的主要资金来源是（   ）。
   A. 自有资本　　B. 借入资金　　C. 客户存款　　D. 发行债券
4. 以下属于中期贷款的是（   ）。
   A. 通知贷款　　B. 技术改造贷款　　C. 生产季节性贷款　　D. 基本建设贷款
5. 以下对融资性租赁的特点描述正确的是（   ）。
   A. 租赁物件多为通用设备
   B. 租赁物件的期末处理表现为续租或退租，可重复租赁
   C. 目的是解决对设备的短期或临时需要
   D. 期限长，多在 3 年以上，长的可达 10 年以上
6. 以下对商业银行中间业务和表外业务的描述不正确的是（   ）。
   A. 中间业务不影响商业银行的资产与负债，却可以影响其盈利
   B. 狭义的表外业务仅指涉及承诺和或有债权的活动
   C. 备用信用证和商业信用证一样，银行承担的是第一手付款责任
   D. 贷款销售是指银行通过直接出售或采用证券化的方式将贷款转让给第三方
7. 商业银行经营业务的根本目标是（   ）。
   A. 满足客户存贷活动需要　　B. 保证资金存放安全
   C. 创造和消灭存款货币　　D. 追求盈利
8. 商业银行的组织形式有（   ）。
   A. 总分行制度　　B. 单一银行制度
   C. 集团银行制度　　D. 连锁银行制度
9. 商业银行向中央银行借款的形式有（   ）。
   A. 贷款　　B. 再贷款　　C. 贴现　　D. 再贴现

10. 以下关于商业银行的资产业务描述正确的有（　　）。
    A. 票据贴现在办理贴现时即从贴现金额中预先扣除贴现利息
    B. 准备金存款可分为法定存款准备金和超额存款准备金
    C. 贷款是商业银行最主要的资产业务
    D. 质押贷款不需要将动产或权利移交银行
11. 担保贷款可分为（　　）。
    A. 保证贷款　　　　　　　　B. 抵押贷款
    C. 质押贷款　　　　　　　　D. 信用贷款
12. 商业银行贷款根据贷款人承担的经济责任不同可以划分为（　　）。
    A. 自营贷款　　　　　　　　B. 委托贷款
    C. 专项贷款　　　　　　　　D. 特定贷款
13. 资产负债管理理论遵循的基本原理有（　　）。
    A. 规模对称原理　　　　　　B. 结构对称原理
    C. 速度对称原理　　　　　　D. 目标互补原理
14. 以下对商业银行经营管理原则描述正确的有（　　）。
    A. 坚持安全性原则有利于维护社会、经济和金融的稳定
    B. 流动性原则要求银行必须保持大量现金
    C. 盈利性是商业银行进行业务选择的首要标准，故应将盈利性放在首位
    D. 商业银行的经营管理原则包括安全性原则、流动性原则、盈利性原则

二、名词解释

票据贴现　抵押贷款　次级贷款　备用信用证　银行保函　票据发行便利　商业贷款理论

三、简答题

1. 商业银行的性质与职能分别是什么？
2. 商业银行的经营模式有哪些？
3. 商业银行的负债业务主要有哪些内容？
4. 简述信用贷款、担保贷款与票据贴现的区别。
5. 商业银行经营管理应该遵循哪些原则？

四、论述题

论述商业银行资产负债管理理论的发展脉络。

中央银行 7

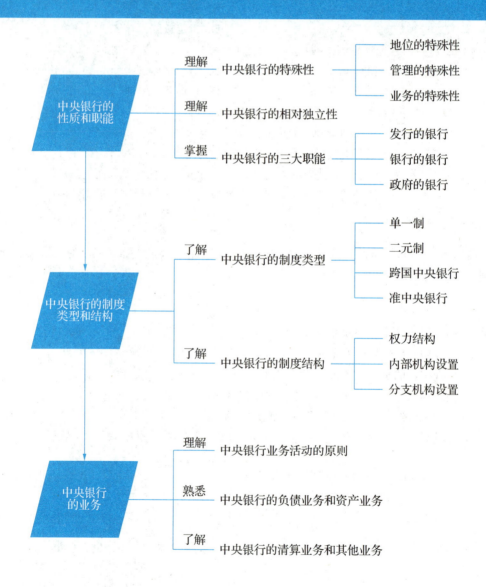

7 中央银行

在现代金融机构体系中，中央银行处于核心地位，负责制定和执行国家的货币政策，调节货币供给，对整个国民经济发挥着宏观调控作用。中央银行制度已经成为现代金融制度的重要组成部分，中央银行职能的发挥直接关系到一国国民经济的健康运行和发展。党的二十大报告提出"建设现代中央银行制度"，充分体现了党对我国中央银行制度建设的高度重视，为做好新时代中央银行工作指明了方向。

本章主要介绍中央银行的产生、性质、职能、制度类型、独立性及中央银行的业务等内容。

第一节　中央银行的产生和发展

银行作为经营货币商品的特殊组织，在一千多年前就已经存在了，然而，中央银行的历史却只有 300 多年。在中央银行产生的初期，人们对中央银行的认识是有限的，直到 20 世纪，人们才逐渐从实践中认识到中央银行在稳定一国货币及经济方面的重要作用。而中央银行真正成为政府调节宏观经济、控制金融市场的重要工具，则是在第二次世界大战以后。

一、中央银行的产生

早在中世纪就已从商业资本家中分化出了货币兑换商，这些货币兑换商为商人进行货币兑换、收付，货币保管，以及办理存放款业务，后来货币兑换商逐步转变为银行家。随着资本主义经济的发展，各国纷纷设立银行，而且许多私人银行都可以办理银行券的发行业务，因而在银行出现后的相当长的时期内，既没有专门发行银行券的银行，也没有中央银行。中央银行的产生源于货币信用业发展的需要，具体来说，中央银行建立的必要性主要体现在以下几个方面。

(1) 银行券统一发行的需要。在银行业发展初期，没有专门发行银行券的银行，许多银行不仅办理存款、贷款和汇兑等业务，还从事银行券的发行业务。随着资本主义经济的发展，这种情况已不再适应经济发展的要求。因为小银行的信用能力薄弱，如果爆发经济危机或商业银行经营不善，就会导致银行券不能兑现，小银行无法保证银行券的信誉及其流通的稳定性；同时，许多小银行的信用活动受限制，它们发行的银行券只能在有限的地区流通，这就给银行券的生产和流通造成了很多困难。所以，实力雄厚并在一国国内具有权威的大银行，就逐渐集中了银行券的发行业务，这就是中央银行产生的客观基础。

(2) 统一全国票据清算的需要。随着银行业的发展，银行的业务范围不断扩大，银行每天收受的票据也逐渐增多，各家银行之间的债权债务关系也更加复杂了，对各家银行来说，自行轧差并进行当日结算越来越困难。不仅异地结算问题很多，即便是同城结算也有问题。因此在客观上要求建立一个全国统一的、有权威的、公正的清算中心，而这只能由中央银行组织。

(3) 充当银行最后贷款人的需要。随着资本主义生产的发展和流通的扩大，贷款的需求量越来越大，贷款的期限也延长了，银行如果仅用自己吸收的存款来提供贷款，远不能满足社会经济发展的需要；而如果将吸收的存款过多地用于提供贷款，又会削弱银行的清偿能力，导致银行面临挤兑和破产的风险。因此有必要适当集中各家银行的一部分准备金，在银行发生支付困难时给予其必要的支持。这就在客观上要求有一个银行后台，能够在商业银行资金发生困难时，给予贷款支持，而这个后台只有中央银行才能担当。

（4）**实施金融监督管理的需要**。商品经济的发展使得金融业的竞争越来越激烈，大量银行在竞争中破产、倒闭，很容易发生连锁反应，对经济造成破坏。为了尽可能避免这种事情的发生，客观上需要一个代表政府意志的专门机构来从事金融业的监督、管理、协调工作。

正是由于上述原因，随着商品经济的发展和信用关系的深化，中央银行逐渐得到各国政府的重视。

我国中央银行的建立

二、中央银行的发展

第一次世界大战爆发后，主要资本主义国家先后放弃了金本位制度，这些国家普遍发生了恶性通货膨胀，金融领域也发生了剧烈波动，这些国家的中央银行纷纷宣布停止或限制兑现，并采取了提高贴现率、禁止黄金输出等措施，造成外汇行市下跌、各金融中心的交易所相继停市、货币市场极端混乱等状况。由此，各国政府当局和金融界人士深刻意识到必须加强中央银行的地位和对货币信用的管制，于是，1920年在比利时首都布鲁塞尔召开了国际金融会议。会上提出，凡未设立中央银行的国家应尽快建立中央银行；中央银行应摆脱各国政府政治上的控制，实行稳定的金融政策。随后中央银行制度在各国得到积极发展和普遍推行。可以说，**20 世纪 20 年代是中央银行制度积极发展的一个阶段**。

第二次世界大战以后，中央银行制度得到更为迅速的发展和完善，这主要表现在以下几个方面。①由于中央银行的业务活动是以社会利益和经济稳定为前提的，因此各国政府先后实行了中央银行国有化政策。②中央银行成为国家控制和干预国民经济的重要工具，中央银行逐渐摆脱商业银行的日常业务，其主要任务转向调节货币供应量、稳定货币、稳定金融市场等方面。③不论中央银行的资本是属于国家的还是私人的，中央银行都是执行国家货币政策的机构，受国家的直接控制和监督，中央银行的负责人由国家任命。私人持股者对中央银行的业务既无决策权，也无经营管理权，只能按照规定获取股息。

早期的中央银行是如何形成的

第二节　中央银行的性质与职能

一、中央银行的性质

中央银行是由国家赋予其制定和执行货币政策，对国民经济进行宏观调控和管理职能的**特殊的金融机构**。这是对中央银行性质的科学表述，也反映出中央银行的本质特征。中央银行是特殊的金融机构，它的"特殊性"表现在地位、管理和业务三个方面。

（一）地位的特殊性

中央银行是一个国家金融体系的中心环节，是管理全国货币金融活动的最高权力机构，也是全国信用制度的枢纽。这是因为中央银行是国家货币政策的体现者，是国家干预经济生活的重要工具，是政府在金融领域内的代表，也是处于国家控制下的职能机构。

（二）管理的特殊性

虽然中央银行也是"银行"，但它在行使管理职能时，是作为货币流通和信用的管理者身份出现的，它不仅凭借行政权力，还通过经济和法律手段，对商业银行和其他金融机构的业务进行引导和管理，以达到对整个国民经济进行宏观调节和控制的目的。

（三）业务的特殊性

中央银行的金融业务与一般商业银行的金融业务，在经营目标、经营对象、经营内容上均有不同。中央银行原则上不经营具体的货币信用业务，不以盈利为经营目标，因而不与一般商业银行和其他金融机构争利润，而是以实现货币政策目标为宗旨；中央银行业务经营的直接对象是商业银行、政府机构和其他金融机构，通过和这些部门的业务往来，贯彻执行国家的货币政策并履行管理职能；中央银行享有发行货币的特权，这是商业银行和一般行政管理部门所不能享有的权利。

我国中央银行的性质

二、中央银行的职能

中央银行的职能根据不同的标准有不同的划分方法。根据其性质可分为政策功能、银行功能、监督功能、开发功能和研究功能五大类；根据其作用可分为独占货币发行、为政府服务保存准备金、最后融通者、管制、集中保管黄金和外汇、主持全国各银行的清算和监督各金融机构的业务活动等职能。在这里，我们按传统的方法，将中央银行的职能分为发行的银行、银行的银行及政府的银行三种。

（一）发行的银行

所谓发行的银行，是指中央银行因垄断货币的发行权而成为全国唯一的货币发行机构。发行的银行是中央银行首要的和基本的职能。目前，几乎所有国家的现钞都是由该国中央银行发行的。对于一般的硬辅币的铸造、发行，有的国家是由中央银行经营；有的国家则是由财政部负责，发行收入归财政，再由中央银行投入流通。中央银行作为发行的银行的职能主要体现在以下几个方面。

（1）中央银行必须根据经济发展和商品流通的需要，保证货币的及时供应。 现代社会中央银行所发行的货币是法定通货。由中央银行垄断发行货币有利于货币流通的集中统一，有利于节约货币成本，符合商品货币经济的要求。

（2）中央银行必须根据经济运行状况，合理调节货币数量。 一方面，为经济发展创造良好的货币环境，促进经济和社会的稳定；另一方面，推动经济持续协调增长。

（3）**中央银行要加强货币流通管理，保证货币流通的正常秩序**。为此，中央银行要依法管理货币发行基金，严格控制货币投放，加强现金管理，做好货币印制、清点、保管、运输等方面的工作。

（二）银行的银行

所谓银行的银行，是指中央银行以商业银行和其他金融机构为对象，办理货币信用业务，而不与工商企业及个人发生业务往来，因而是银行的银行。中央银行的这一职能是由以下两方面因素决定的：①中央银行垄断了货币发行权，成为商业银行资金的最后供应者；②中央银行受国家委托，对商业银行和其他金融机构的活动进行监督和管理。中央银行的这一职能具体体现在以下几个方面。

（1）**中央银行集中了商业银行的存款准备**。按现行制度，中央银行负责保管商业银行的法定存款准备金和一部分超额存款准备金。这种存款准备制度的意义在于：一方面，保证商业银行的清偿能力，应付客户的提存需要，从而保护存款人利益和保障商业银行自身安全；另一方面，相对节约了整个社会的存款准备数量，同时为中央银行调节信用规模、控制货币供应量创造了条件。

（2）**中央银行充当最后贷款人**。在商品经济发展过程中，经济波动可能会引发金融危机，而金融危机不但会影响经济的健康发展，还会对经济造成破坏。为避免金融危机的发生，中央银行充当最后贷款人，通过再贷款、再贴现等手段，向资金周转困难的商业银行提供流动资金，以补充其流动性的不足。

（3）**中央银行是全国资金划拨与清算中心**。中央银行建立了全国范围的电子资金划拨系统，对商业银行的应收应付款项进行清算，同时对商业银行调拨资金提供划转服务。这不但有利于加快社会资金周转，节约资金成本，而且对于提高资金使用效率具有重要意义。

（三）政府的银行

所谓政府的银行，是指中央银行对一国政府提供金融服务，同时中央银行代表政府利益从事金融活动、实施金融监管。中央银行的这一职能具体体现在以下几个方面。

（1）**中央银行代理国库收支**。从世界范围来看，大多数国家的中央银行都负有代理国库收支的职责。各级财政部门在中央银行开立账户，国库资金的收缴、支出、拨付、转账结算等均委托中央银行无偿办理。此外，中央银行还代政府部门办理公债券、国库券的发行和还本付息事宜。

（2）**中央银行向政府提供融资**。中央银行不但代理国库存款、执行国库出纳和结算，而且向国家提供贷款。在国家财政状况稳定的情况下，中央银行以国库券贴现或国家债券抵押的形式向国家提供短期贷款。这种短期贷款通常用于解决财政年度内的收支不平衡。当国家财政状况出现经常性赤字时，中央银行贷款就会成为国家弥补财政赤字、平衡财政收支的手段。

在现代经济社会中，中央银行向政府提供信贷的主要形式是中央银行利用自己的资金购买国家公债，或以公债为抵押提供贷款，特殊情况下也直接向政府提供信用贷款和透支服务。

（3）**中央银行保管国家的黄金外汇储备**。一国黄金外汇储备数量的多少是一国国力强弱的标志，也是一国维护对外经济活动稳定的物质条件。中央银行负有持有和管理国家黄金外汇储备的责任。因而中央银行应随时研究国际收支及外汇市场动态，保持适当的黄金外汇储备，及时调整储备结构，以避免外汇风险。

（4）**中央银行制定并监督、执行金融监管法规**。金融业是否稳定将直接影响国民经济的发展。中央银行必须代表国家制定相关金融法规、政策和基本制度，并配合其他部门对商业银行及其他金融机构进行监督管理。

（5）**中央银行代表政府从事国际金融活动**。中央银行作为政府的银行，还代表政府参加国际金融组织，出席各种国际性会议，从事国际金融活动，以及代表政府签订国际金融协定，在国内外经济金融活动中，充当政府的顾问，为政府提供经济金融情报和决策建议。

第三节　中央银行的制度类型和结构

尽管各国中央银行的性质、职能和作用基本一致，但由于各国的历史传统、文化背景、经济发展水平及政体不同，各国中央银行的制度类型和结构也存在着较大的差异。

一、中央银行的制度类型

就各国的中央银行来看，大致可归纳为四种类型：单一制的中央银行制度、二元制的中央银行制度、跨国中央银行制度和准中央银行制度。

（一）单一制的中央银行制度

单一制的中央银行制度是指全国只有一家中央银行，根据需要下设若干分支机构的中央银行制度。其特点是权力集中、职能齐全，在全国设置较多的分支机构，实行总分行制度。目前，世界上多数国家都采用这种类型的中央银行制度，并通常将中央银行总行设在首都。比较典型的实行单一制的中央银行制度的国家有英国、法国、日本等。

（二）二元制的中央银行制度

二元制的中央银行制度是指在一个国家内，设置中央和地方两级中央银行机构，中央级机构是最高权力或管理机构，地方级机构也有其独立的权力，两级中央银行各自行使中央银行职能。这种制度的特点是：地方中央银行并不是隶属于总行的分支机构，它们有自己的权力机构，除执行统一的货币政策外，它们在业务经营管理上具有较大的独立性。实行二元制的中央银行制度的国家有美国、德国等。例如，美国的联邦储备体系就是将全国划分为12个联邦储备区，每个区设立一家联邦储备银行作为该地区的中央银行。它们在各自辖区内的一些重要城市设立分行。这些联邦储备银行均不受州政府和地方政府的管辖，它们有各自的理事会，有权发行联邦储备券和根据本地区实际情况执行中央银行的特殊信用业务。在各联邦储备银行之上设联邦储备委员会，对各联邦储备银行进行领导和管理，制定全国的货币信用政策。同时，在联邦储备体系内还设有联邦公开市场委员会和联邦顾问委员会等平行管理机构。联邦储备委员会是整个体系的最高决策机构，是美国实际上的中央银行总行，直接对美国国会负责。

（三）跨国中央银行制度

跨国中央银行制度是由参加某一货币联盟的所有成员国联合组成的中央银行制度。第二次世界大战以后，一些地域相邻的欠发达国家建立了货币联盟，并在联盟内成立了由参加货币联盟的所有国家共同拥有的统一的中央银行。这种跨国的中央银行发行统一的货币并为成员国制定金融政策，其成立的宗旨是推进各国经济的发展及避免通货膨胀，帮助成员国共同抑制和避免汇率风险。目前实行跨国中央银行制度的主要有西非经济货币联盟、中非货币联盟、东加勒比货币联盟及欧盟。其中欧盟最为典型。欧洲中央银行是欧盟货币一体化进程的产物，第二次世界大战以后，欧洲各国走向了相互联合、共求发展的道路，1998年6月1日，欧洲中央银行正式成立并投入运行。欧洲中央银行作为欧洲有史以来最强大的超国家金融机构，与各成员国的中央银行并存，它们之间是决策者和执行者的关系，欧洲中央银行为欧元区所有国家制定统一的货币政策，各成员国的中央银行组织具体实施，成员国的中央银行失去独立性从而成为事实上的欧洲中央银行的分行，而且所有欧元区的成员国都必须按其人口数量和国内生产总值的规模认购欧洲中央银行的股金。欧洲中央银行体系采用的这种双层结构要求它必须同时兼顾货币政策的独立性和全面性。一方面，欧洲中央银行享有至高无上的货币决策权，其高度的独立性是有法律做保障的；另一方面，欧洲中央银行所制定的货币政策必须覆盖所有成员国，要考虑欧元区的整体经济利益，而非某个国家的个别利益。

（四）准中央银行制度

准中央银行制度是指由政府设置类似于中央银行的机构或授权某些银行行使中央银行的职能，它们并非真正意义上的中央银行。实行这种制度的国家和地区有新加坡、马尔代夫、斐济等。新加坡有两家类似中央银行的机构：一个是1971年成立的金融管理局，它也是新加坡准中央银行体系的核心，负责制定货币政策，监督、管理商业银行和其他金融机构；另一个是1967年成立的货币发行局，主要负责货币发行、保管发行准备金等事项。准中央银行制度还有一种形式，即在一些国家虽然存在中央银行，但中央银行的职能残缺不全。例如，利比里亚早期没有中央银行，而是由美国花旗银行的分行——蒙罗维亚银行代行中央银行职能，美元为法偿货币。1974年7月，利比里亚政府将利比里亚国民银行改组为国家银行并将其作为中央银行，按规定发行利比里亚元，但利比里亚国家银行发行的货币多为辅币，美元仍为该国法偿货币。利比里亚虽然有中央银行，但中央银行的职能不完整，我们把这种形式也称为准中央银行制度。亚洲金融危机以后，一些发展中国家特别是拉美国家纷纷放弃本国货币，实行货币美元化，即以美元为交换手段和价值尺度。货币美元化带来的问题是它不仅剥夺了这些国家的货币发行自主权和铸币税收入，给这些国家财政造成损失，更重要的是实行货币美元化等于把本国命运交给了国外的中央银行，本国货币政策的作用十分有限，一旦出现美元危机，实行货币美元化的国家就将难逃厄运。

二、中央银行的制度结构

中央银行的制度结构主要包括中央银行的权力结构、内部机构设置及分支机构设置三方面的内容。

（一）中央银行的权力结构

中央银行的权力包括决策权、执行权和监督权，这三种权力可由一个机构单独行使或几个机构分别行使。由于各国的政治经济发展程度不同，中央银行在各国经济生活中所处的地位也不同，这决定了各国中央银行在行使权力的方式上也有所不同，但大体上有以下三种情况。

（1）决策权、执行权和监督权统一集中于一个机构，如美国、英国等。美国联邦储备体系的最高权力机构是联邦储备委员会，英格兰银行的最高权力机构是理事会。

（2）决策权、执行权和监督权分别由不同机构承担，如日本、法国等。日本银行的最高决策机构是日本银行政策委员会，最高执行机构是日本银行理事会，财政部银行局和国际金融局是其主要的监督机构，另外，日本银行内部也设有监事组织。法兰西银行的最高决策机构是国家信贷委员会，最高执行机构是法兰西银行理事会，监督机构是银行管理委员会。

（3）决策权、执行权和监督权由不同机构交叉承担，其中监督机构和执行机构又都具有一定的决策权，比较典型的是瑞士国家银行。瑞士国家银行除股东大会外，还有参事会、联邦银行委员会和理事会等决策、执行和监督机构。参事会是瑞士国家银行的监督机构，同时具有决策权。理事会是瑞士国家银行的最高执行机构，同时具有制定贴现率和贷款利率的权力。

决策权、执行权和监督权集中的模式的优点是决策层次少、权力集中，有利于政策间的衔接和一致，便于迅速决策和操作；缺点是相互之间缺乏制衡机制。决策权、执行权和监督权相对分离的模式，有利于专业化管理和权力的制衡，但是各机构之间需要相互协调，因而效率较低。但是不管在哪种模式下，中央银行的权力都比较大，它不仅对经济金融决策发挥重大作用，而且具有一定的独立性。

（二）中央银行的内部机构设置

中央银行是通过其内部机构履行职能的，因此，内部机构设置的合理性和各机构相互之间的配合程度，直接关系到中央银行的业务开展和其履行职能的效率。虽然各国中央银行的内部机构设置不尽相同，但一般来说都是以履行中央银行职能、为履行职能提供支援为原则进行设置的，中央银行内部通常包括以下三大部门。

（1）行使中央银行职能的部门。这是中央银行内部机构的核心部分，具体包括货币发行部门、办理与金融机构业务往来的部门、组织清算的部门和货币政策操作部门。如果金融监管没有从中央银行分离出去，就还要有监管部门。

（2）为中央银行有效行使职能提供支援和后勤保障的部门，包括行政管理部门、服务部门和后勤部门。

（3）为中央银行行使职能提供咨询、调研和分析的部门。中央银行的货币政策在宏观经济政策中的地位越来越重要，而货币政策正确与否又主要依赖于中央银行对经济和金融形势的分析和判断是否正确。因此，各国中央银行越来越重视调查统计和政策研究部门，这个部门在中央银行内部机构中所处的地位不断提高。

（三）中央银行的分支机构设置

中央银行为了高效和顺利地完成其任务，需要在地方建立分支机构以推行其业务和货币

我国中央银行的类型及分支机构设置

政策。各国中央银行分支机构的设置，总的来说可以分为两种类型。①按经济区的划分原则设置分支机构。这种方法的特点是：按地区经济发展的实际需要、金融发达程度及其在全国的位置设置分支机构，并决定机构的级别，突出了商品经济规律的要求。②按行政区的划分原则设置分支机构，根据政府机构的级别决定中央银行分支机构的级别。两者相比，前者更符合商品经济规律的要求，有利于中央银行排除政府的干扰，目前大多数国家的中央银行都是按照这种原则设置分支机构的；而后者则比较适用于高度集权的经济体制。

第四节 中央银行的相对独立性

一、中央银行相对独立性的含义

中央银行的独立性是指中央银行在法律授权的范围内制定和执行货币政策的自主程度。中央银行的相对独立性问题实质上就是中央银行与政府的关系问题。对中央银行来说，在制定和实施货币政策的过程中，如何合理地协调与政府的关系是一个重要的问题。一方面，中央银行应与政府密切配合，应受政府的监督和指导，而不是凌驾于政府之上或独立于政府之外；另一方面，中央银行在政府机构体系中不同于一般的行政部门，它在金融调节方面具有独立性。中央银行保持相对独立性，不仅关系到中央银行宏观调控职能的发挥，也关系到一国货币的稳定。

二、中央银行保持相对独立性的必要性

中央银行保持相对独立性的必要性主要表现在以下三个方面。

（一）中央银行地位与业务特殊性的需要

中央银行是一国管理金融的最高机关。中央银行的业务具有高度的技术性，而且其政策直接影响国民经济的各个部门。中央银行为了实现货币政策目标，会采取一系列的措施，如调整存款准备金率、再贴现率等，这些措施只有在不受政府干预的情况下才能起实效。因此，为了完成法律赋予的重任，中央银行不应受政府的完全控制。

（二）避免财政赤字货币化的需要

中央银行作为政府的银行，有义务帮助政府弥补财政赤字。但政府的财政赤字有时是政府推行功能财政政策的结果。政府的目标有时会远远地偏离中央银行的目标，而中央银行的货币政策目标是稳定货币，它对财政只能是一般支持，而不是无条件支持，更不能通过发行货币去弥补财政赤字，因为这样势必造成财政赤字货币化，从而引发严重的通货膨胀。因此，中央银行对财政及政府保持较高的独立性是很有必要的。

（三）稳定经济与金融的需要

西方国家经济发展带有较强的周期性，这种周期性的产生既有经济制度自身的原因，又有每隔几年进行一次大选的政治方面的原因。执政党政府为了争取选票，往往会采取一些经济措施使政治目标得以实现。历史资料表明，大选年的高工资和高就业通常会给执政党带来不少选票。而放松银根又是执政党用来支持高工资和高就业的主要武器。因而每逢大选年，政府就会实行宽松的财政政策和货币政策，刺激经济发展，以争取选票，中央银行此时会因受到政治压力而使货币政策偏离预定目标。高工资、高就业的代价往往是高通货膨胀率，当大选结束后，不论哪一方上台都会因面临通货膨胀的压力而不得不采取紧缩的财政政策和货币政策，以稳定金融和经济。由此可见，中央银行只有具有较强的独立性，不受政治的干扰，才能保证其货币政策的连贯性，避免政治性经济波动的发生。

三、中央银行相对独立性的内容

（一）垄断货币发行权

中央银行必须建立符合国家实际经济状况的货币发行制度，维持货币币值的稳定。第一，中央银行必须垄断货币发行权，不能搞多头发行。第二，发行货币的数量、发行货币的时间和方式应该由中央银行根据货币政策的目标及经济发展和货币信用规律自行决定，而不能受政府或其他利益团体的干扰。第三，中央银行应按经济原则发行货币，不能搞财政发行，不能在国债发行时直接购买长期国债，也不能代行应由财政行使的职能。

（二）独立制定货币政策目标

中央银行必须遵从经济发展的客观规律和货币信用规律，独立决定货币政策目标。在决定货币政策目标时，中央银行必须考虑政府的宏观经济目标，尽可能保持货币政策目标与宏观经济目标一致。如果发生分歧，中央银行与政府必须本着相互信任、相互尊重的态度进行充分的沟通，以防止双方目标不一致导致经济政策和货币政策失败。有些国家在立法中明确规定中央银行的目标是维持币值稳定，因此这些国家的中央银行在选择货币政策目标时就比较受限制，但也不是没有选择余地，它们的货币政策目标是在维持币值稳定的前提下，独立决定货币政策。

（三）独立选择货币政策手段

货币政策目标能否顺利实现，取决于货币政策的具体操作手段。货币政策目标决定以后，中央银行应独立选择实现货币政策目标的手段，也就是说，货币政策的操作权必须掌握在中央银行的手中。同时，各级政府和政府的其他部门必须配合中央银行运用好货币政策操作手段，而不能采取直接或间接的方法抵消货币政策的作用和效果。

我国中央银行的相对独立性

第五节　中央银行的业务

中央银行的各项职责主要是通过各种业务活动来履行的，由于中央银行的性质、地位及职能均不同于商业银行，因此，它在从事业务活动时，要遵循不同于商业银行的业务经营原则。中央银行应遵循的原则具体体现在以下四个方面。

（1）中央银行应处于超然地位。所谓中央银行的超然地位或自主性，是指中央银行执行其业务时，应不受行政和其他部门的干预。在货币经济条件下，货币供应量的变动及信用成本的高低，都会对经济活动产生重大影响。而中央银行又正处于货币供应和信用创造的控制地位，所以中央银行只有处于超然地位，才能使货币政策不受政府财政收支状况的干扰，才能避免周期性的通货膨胀，最大限度地促进经济的稳定发展。

（2）不以盈利为目标。商业银行和其他金融机构都是以追求利润最大化为经营目标的，但中央银行却负有特殊的使命，不能以盈利为目标。这是因为：一方面，中央银行对货币发行权的独家垄断，决定了任何商业银行在利润追逐中都无法与中央银行匹敌；另一方面，中央银行负有调节经济金融的特殊使命，其调节机能需要以雄厚的资金力量做后盾。如果中央银行以盈利为目的，就可能会因过分扩张其资产业务而削弱对金融市场的控制能力，从而不能有效地执行对经济金融的调节。

（3）业务经营对象是政府、银行及其他金融机构。中央银行的业务经营对象与一般金融机构有着明显的差别，它只面向政府和金融机构，而不直接对工商企业和居民个人提供服务。在面对政府时，其业务主要表现为充当政府经济顾问，为政府经济决策提供咨询，经理国库，向政府发放贷款等。在面对金融机构时，其业务主要包括再贷款、再贴现、商业银行间的资金清算等。总之，现代中央银行一般都不直接对工商企业和居民个人办理信贷清算和存款业务。

（4）中央银行的资产具有最大的清偿性。由于中央银行负有调节全国金融的职责，因此其资产必须有极强的变现能力，具有最大的清偿性。中央银行对金融的调节主要是通过货币政策工具来进行的，无论中央银行使用哪种货币政策工具（存款准备金率、贴现率或公开市场操作），最终结果都必然是通过中央银行资产的变动引起社会货币供应量的变动，从而达到所要求的政策效果。如果中央银行的资产变现能力差，资产的变动不能与操作要求相适应，那么政策工具就不能及时、顺利地发挥作用，或者作用效果达不到预期。所以，在中央银行的资产中，不能含有长期投资，中央银行除保持适量的现金外，还应保持一定数量的可靠的有价证券（如政府公债），以便随时变卖，应付金融需求。

中央银行的业务包括负债业务、资产业务、清算业务及其他业务。

一、中央银行的负债业务

中央银行的负债是指社会各集团和个人持有的对中央银行的债权，中央银行的负债业务主要包括存款业务、货币发行业务和其他负债业务等。

（一）中央银行的存款业务

中央银行作为金融机构，吸收存款是它的主要负债业务之一。但是，与商业银行吸收存款的目的是获取资金来源并通过资金运用创造利润不同，中央银行吸收存款的目的和意义主要是调控信贷规模和货币供应量、维护金融业的稳定及提供资金清算业务。中央银行的存款主要包括准备金存款、政府存款和外国存款等。

1. 准备金存款

准备金存款是指中央银行收存的一般金融机构的存款，是中央银行对一般金融机构的负债。中央银行集中准备金存款的目的是：①配合货币政策，形成存款准备金工具，调节信贷规模及货币供应量；②满足一般金融机构对流动性及清偿能力的要求。

中央银行集中的准备金存款由两部分组成：①法定存款准备金，它等于商业银行吸收存款余额乘以中央银行规定的法定存款准备金率；②商业银行的超额存款准备金，是指商业银行为保证资金清算或同业资金往来而存入中央银行的存款。

中央银行集中的这两部分存款具有不同的性质。①法定存款准备金是中央银行调控信用规模和货币供应量的政策手段；超额存款准备金是商业银行进行资产调整和信用创造的条件。②法定存款准备金的数量主要取决于中央银行法定存款准备金率的高低；超额存款准备金的数量主要取决于商业银行资产结构的选择及其持有超额存款准备金的机会成本。③商业银行无权动用法定存款准备金，使用法定存款准备金的主动权在中央银行手中；商业银行可以自由使用超额存款准备金。

法定存款准备金是中央银行资金来源的重要组成部分。在大多数国家，中央银行对这种负债是不付息的，这就为中央银行调控经济和金融，以及在资产业务中不以盈利为目标提供了客观基础和现实保障。

根据《中华人民共和国中国人民银行法》（以下简称中国人民银行法）的规定，金融机构必须按照规定的比例缴纳存款准备金。存款准备金是我国中央银行的重要资金来源之一，也是中央银行调节信贷规模和货币供应量的重要前提条件，还是保证我国商业银行流通性和清偿能力的基础。

2. 政府存款

中央银行在经理国库业务的过程中，会收存政府存款。各国中央银行政府存款的构成并不完全一致，有的国家仅包括中央政府存款，有的国家还包括各级地方政府、政府部门及依靠国家财政拨款的行政事业单位的存款。政府存款的增减，是中央银行代理国库收支，向财政部增减贷款等行为造成的结果。中国人民银行代理国库、吸收政府存款的行为，对于及时集中预算资金、保证财政部门的拨款以支持我国生产发展和扩大商品流通具有重要意义。

3. 外国存款

一些国家的政府或其中央银行将资金存放于他国中央银行，目的是满足国家之间贸易结算和往来支付的需要。这部分存款数额较小，对于他国中央银行而言具有较大的被动性。除此之外，有些国家的中央银行会将非银行金融机构存款单独列为一项业务，对此项业务无法定存款准备金要求。中央银行一般不接收私人部门的存款，即使允许收存也只限于极少数的特定对象。我国中央银行的存款业务中所包含的非金融机构存款有两部分：①邮政部门吸收的储蓄存款，因其本质上属代储性质，按现行制度规定这部分存款要缴存中央银行支配使用；

②机关团体、部队存款，这部分存款来自国家财政拨款，是由财政金库存款转化而来的，因此也只能存入中央银行。

（二）中央银行的货币发行业务

中央银行的货币发行业务是指中央银行向流通领域投放货币的活动。中央银行所发行的货币主要是银行券，即信用货币，此外还有一小部分现钞纸币和用作辅币的金属铸币。无论哪种货币都是一种债务凭证。所以，银行券的发行构成了中央银行的一项重要负债。在现代信用货币制度下，由于信用货币是各国的法定支付手段，且流通中总会有最低数量的货币需求，因此，货币发行成为发行者长期占有的一个稳定收益来源。为了使这一收益归国家所有，各国都通过法律规定由中央银行垄断货币发行权，独占发行利益。例如，中国人民银行法第十八条规定，人民币由中国人民银行统一印制、发行。中央银行实现货币发行的渠道主要有三个：①中央银行向商业银行或其他金融机构提供贷款；②中央银行对商业银行或其他金融机构进行商业票据再贴现；③中央银行购买金银和外汇。

由于货币发行是各国中央银行的重要资金来源，各国为保持本国货币流通的基本稳定，防止中央银行滥用发行权，造成货币流通量过多，分别采用了不同的方法对银行券发行数量加以限制，如十足准备发行制度、固定保证准备发行制度、最高发行制度、比例发行准备制度等。十足准备发行制度是指货币发行余额必须有十足的黄金、白银、外汇及其他可换取外汇的资产作为保证。固定保证准备发行制度是指在某限额以下的货币发行可以用公债券、国库券或优良商业票据作为保证，超过限额的发行必须有十足的黄金、白银、外汇等作为保证。最高发行制度是指法律规定最高纸币发行量，但不要求必须有发行准备。比例发行准备制度是指法律不规定纸币最高发行量，但要求必须按所发行纸币的一定比例拥有黄金、白银和外汇保证，其余部分以国库券、公债券等作为保证。我国对人民币发行并无发行保证规定，但坚持信用发行的原则，因而，我国的货币保证实际上是国家信用和中央银行信用。

（三）中央银行的其他负债业务

1. 发行中央银行债券

发行中央银行债券是中央银行的主动负债业务，中央银行发行债券的目的是调节流通中的货币。中央银行一般在以下两种情况下发行中央银行债券：①当金融机构的超额存款准备金过多，而中央银行又不便采用其他货币政策工具进行调节时，可以通过向金融机构发行中央银行债券回笼资金，减少流通中的货币；②在公开市场规模有限，难以大量吞吐货币的国家，发行中央银行债券可以作为公开市场操作的工具。当中央银行买进已发行的债券时，商业银行的超额准备增加，进而货币供应量增加；当中央银行卖出其债券时，商业银行的超额准备减少，货币供应量减少。

2. 对外负债

中央银行对外负债的目的主要有三个，即平衡国际收支、维持汇率稳定和应对危机。对外负债可以采取的形式主要有向外国银行借款、对外国中央银行负债、向国际金融机构借款、向外国发行中央银行债券。随着金融的国际化和一体化，各国中央银行之间的货币合作成为越来越重要的政策手段，东盟各国与中国、韩国和日本之间签订的货币互换协议就是货币合作的一个典型例子。

3. 资本业务

中央银行的资本业务是指中央银行筹集、维持和补充自有资本的业务。由于各国法律对中央银行的资本来源和构成都有规定，因此，中央银行在资本业务方面并没有多少发展空间，仅在需要补充自有资本时按照有关规定开展资本业务。例如，由国家持有全部股份的中央银行一般通过中央财政支出补充自有资本；由不同股份构成自有资本的中央银行则会由股东按原有股份比例追加资本，增资以后，股权结构和比例保持不变。

二、中央银行的资产业务

中央银行的资产是指中央银行在一定时点上所拥有的各种债权。中央银行的资产业务主要包括贷款、再贴现、买卖政府债券、买卖储备资产等。

（一）贷款

中央银行的贷款业务是中央银行运用其资金的重要途径之一。中央银行所具有的特殊性质与特殊地位，使得只有两种类型的借款对象能够取得中央银行贷款：一是商业银行和其他经过特殊批准的金融机构；二是国家政府。

1. 中央银行对商业银行的贷款

中央银行对商业银行的贷款，又称再贷款，是中央银行作为"银行的银行"的职能的具体体现，是指中央银行为了解决商业银行和其他金融机构在经营信贷业务中的周转性与临时性资金不足而发放的贷款。再贷款具有三方面的特性：①贷款对象是那些经营信贷业务的一般金融机构；②这种贷款具有形成基础货币的特点，即一般金融机构在取得这种贷款后，会产生乘数功能，引起信用总规模的倍数扩张；③这种贷款的利率水平、额度大小和条件限制是中央银行货币政策意愿的反映，是中央银行实施货币政策的一种手段。以上特性决定了即使是为了满足宏观金融控制与管理的需要，中央银行也不能无限制地提供这种贷款。商业银行以这种方式从中央银行取得的资金只能用于解决其短期资金周转不灵或用于补充其存款准备金不足的需要，而不能用于缴税，不能利用贷款利息差额获取利润，不能利用贷款从事有价证券、房地产和商品等的投机活动。

2. 中央银行对政府的贷款

中央银行对政府的贷款是政府弥补财政资金亏空的应急措施之一。中央银行对政府的贷款一般有两种方式：一是透支；二是按协议直接贷款。对政府的贷款需要严格限制，许多国家为了防止政府滥用借款权力，都会确定一个限制性的指标，或是规定一个年度最高借款额，或是由主管部门每年批准一次借款权。在我国，中国人民银行法规定，中国人民银行不得对财政透支，不得直接认购、包销国债和其他政府债券，不得向地方政府和各级政府部门提供贷款。

中国人民银行的贷款业务

3. 中央银行的其他贷款

中央银行的其他贷款占其贷款总业务的比重不大，具体包括中央银行对外国银行和国际性金融机构的贷款及对国内工商企业的少量直接贷款等。

（二）再贴现

再贴现是指商业银行和其他金融机构持有已贴现的尚未到期的合法商业承兑汇票或银行承兑汇票，向中央银行进行票据再转让的一种行为。再贴现主要用于解决一般金融机构由于办理贴现业务而引起的暂时性资金困难。再贴现实付金额，等于再贴现承兑汇票面额扣除再贴现利息的余额。再贴现的期限是从再贴现之日起至票据到期日止，一般为3个月，最长不超过6个月。在再贴现的承兑汇票到期日，由承办再贴现的中央银行向承兑商业银行或其他金融机构主动划付。从广义上说，再贴现业务也属于贷款业务的范畴。因为无论是再贴现还是贷款，中央银行都是贷出资金的一方，是债权人。但严格来说，二者是有区别的，其区别主要如下所述。

（1）再贴现是在借款人获得现金时先收取利息，而贷款却是在贷款使用一段时间之后或归还贷款时收取利息。再贴现的借款人只获得了一部分资金，贷款的借款人则获得了全部资金，这对需要资金充实准备金、扩大信贷规模的借款人来说是有区别的。

（2）如果贷款的具体形式是抵押贷款，那么它与再贴现的区别大体如上所述。但如果贷款是信用贷款，那么它对于中央银行的意义就与再贴现不一样了。因为对合格的商业票据进行再贴现而增加的资金投放，体现了商品流通对货币的需要，一般属于经济发行，票据到期后，中央银行完全能收回投放出去的货币；而通过信用贷款投放出去的货币则不一定出于商品交易的正常需要，可能属于没有"物资保证"的非经济发行，贷款到期时中央银行不一定能收回投放出去的货币。一旦这种情况大量发生，就可能出现金融不稳定的局面，进而导致通货膨胀。因此，当前各国中央银行的资产业务主要以再贴现、抵押贷款等有保证的贷款为主，信用贷款只占很小的比重。

（三）买卖政府债券

中央银行买卖政府债券是指中央银行通过公开市场买入或卖出政府债券的行为。政府债券包括国库券、政府或政府机构的中长期债券等，其中最主要的是国库券。中央银行买卖政府债券之所以是一种资产业务，是因为：一方面，中央银行卖出政府债券必须以先买入一定量的政府债券为前提，从总量上看，买入量大于卖出量，其结存量势必占用中央银行资金；另一方面，中央银行买卖政府债券，直接吞吐基础货币，也是中央银行调控货币供应量和信用规模的手段。与再贷款相比，买卖政府债券作为中央银行资产业务的主要特征有以下几个。

（1）资金流动性高。由于债券可以随时买卖，不存在到期问题，因此，买卖政府债券业务的资金流动性高于再贷款业务的资金流动性。

（2）买卖政府债券直接影响基础货币，间接影响货币乘数，而再贷款则直接影响货币乘数，间接影响基础货币。

（3）买卖政府债券对经济金融的影响伸缩性大、震荡性小，而再贷款对经济金融的影响伸缩性小、震荡性大。中央银行买卖政府债券一般有两种方式：一种是直接买卖或一次性买卖；另一种是附有回购协议的买卖。当中央银行认为需要增加或压缩商业银行的超额存款准备金时，就会一次性直接购买或出售政府某种债券；当需要临时调节商业银行的准备金或流动性时，就以附有回购协议的形式进行买卖。在中央银行购买时即定下协议，卖者必须在指定的日期按固定价格再购回所卖出的证券；而在中央银行出售时也定下协议，中央银行将在指定的日期，按协议价格购回那些已出售的证券。直接买卖政府债券是中央银行的一种带有进取性的资产业务，而附有回购协议的买卖则是防御性的资产业务。前者将直接改变原来的准备金数额和货币存量，后者则试图通过抵消市场的临时变化所带来的影响，保持商业银行准备金的相对稳定，中央银行应根据实际情况交替采用两种方式。

中央银行买卖政府债券时应注意如下事项。

（1）不能在一级市场上购买证券，而只能在二级市场上购买证券。这是由中央银行的性质所决定的，也是保持中央银行独立性的客观要求。

（2）不能购买市场性差（可销售性差）的证券，而只能购买市场性好，随时可以变现的证券。这是由中央银行资产必须保持高度流动性的特性所决定的。

（3）只能购买具有上市资格且在证券交易所正式挂牌销售的政府债券。

（四）买卖储备资产

集中管理国际储备资产是中央银行的一项重要职能，而这一职能必须通过买卖储备资产业务才能实现。储备资产主要包括黄金、外汇及特别提款权等。中央银行买卖储备资产的目的是维护国际收支的清偿能力、促进国际收支平衡、稳定汇价及国内货币流通。

中央银行买卖储备资产时应注意以下几点。

（1）合理的黄金和外汇储备数量。国际储备过多是对资源的浪费，过少则将面临丧失国际支付能力的可能。持有多少国际储备并没有统一的或固定不变的标准，需要根据本国的国际收支状况和国内经济政策确定。

（2）合理的黄金和外汇储备的比例。通常，各国都是从安全性、收益性、可兑现性这三个方面考虑二者之间的比例。在黄金与外汇储备比例一定的条件下，各国一般会从外汇资产多元化入手，争取分散风险，增加收益，获得最大的灵活性。

（3）调节国际收支。当国际收支发生逆差时，为保持收支平衡，中央银行可以动用黄金、外汇储备来补充进口所需的外汇缺口；当国际收支经常处于顺差，黄金、外汇储备充足且有富余时，中央银行则可以用其清偿外债。

三、中央银行的清算业务

中央银行的清算业务是指中央银行为商业银行和其他金融机构办理资金划拨清算和资金转移的业务。由于中央银行集中了商业银行的存款准备金，因此商业银行彼此之间因交换各种支付凭证而产生的应收应付款项，就可以通过中央银行的存款账户划拨来清算，中央银行由此成为全国清算中心。

中央银行通过组织全国银行系统的清算，一方面，为各家银行提供服务，提高了清算效率，加速了资金周转；另一方面，加强了对全国金融情况及商业银行等金融机构的资金情况的了解，有助于中央银行履行监督、管理职责。全国银行清算包括同城（或同地区）和异地两大类。同城的资金清算在有些国家是通过票据交换所进行的，而在有些国家则是由中央银行集中清算的。异地银行间的资金划拨都要由中央银行统一办理。由于各国使用的票据和银行组织的方式不同，异地资金划拨的具体清算做法也不一样，通常有两种做法：①先由各商业银行（或其他金融机构）通过内部联行系统划转，然后由它们的总行通过中央银行办理转账清算；②直接把异地票据统一送到中央银行总行办理轧差转账。中国人民银行法规定，中国人民银行有"维护支付、清算系统的正常运行"的职责。

四、中央银行的其他业务

除了负债业务、资产业务、清算业务，中央银行还有一些重要的其他业务，如代理国库、会计业务、调查统计业务等。

（一）代理国库

国库全称国家金库，是负责办理国家预算资金收入和支出的机关。作为政府的银行是中央银行的重要职能之一，在通常情况下，国家政府都不单独设立负责国家财政预算收支的保管和出纳工作的专门机构，而是赋予中央银行代理国库的职责，财政预算收入和支出都由中央银行代理，中央银行是国库资金收付的中心。

中央银行代理国库的意义在于它可以吸收大量的国家金库存款。这种存款通常是无息的，因此中央银行通过代理国库不仅可以积聚大量资金，还可以降低总筹资成本。对于国家政府而言，由中央银行代理国库，既可以减少收付税款的成本，又可以安全地保管资金，在资金短缺时还可借助中央银行做短期融通。根据中国人民银行法的规定，中国人民银行依照法律、行政法规的规定经理国库。

（二）会计业务

中央银行的会计业务是指针对中央银行的职能特点及业务范围，按照会计的基本原则制定核算形式和核算方法，监督、管理、核算财务的会计业务，是由中央银行的特殊地位和职能所决定的一种专业会计业务。

中央银行会计的对象是中央银行行使职能办理各项业务、进行金融宏观调控等活动所引起的资金变化与运动的过程和结果，包括中央银行和商业银行等金融机构的全部资金活动。中央银行的会计工作，是中央银行加强金融管理、行使职能的主要基础工作，是反映经济情况、监督经济活动、预测经济前景、参与经济决策的重要方面。中央银行通过定期编制会计报表，分析中央银行在不同时期的职能与业务活动所引起的资金变动和财务收支状况，发挥中央银行会计的反映、监督、管理和分析作用。目前，我国中央银行使用的会计报表主要有会计年终决算报表、日计表、月计表、资产负债表、业务状况表、临时性报表等。

（三）调查统计业务

中央银行的调查统计业务是中央银行获取经济金融信息的重要渠道，是国民经济统计核算体系的重要组成部分。它主要包括金融统计和经济调查统计，其中金融统计处于核心地位，是中央银行调查统计业务最主要的内容。

1. 金融统计

金融统计是指中央银行按照规定的统计制度，根据统计的一般原理，运用科学的统计方法，对金融活动现象的数量信息进行收集、整理和分析，从而为经济和金融决策提供依据和政策建议的过程。金融统计应遵循客观性、科学性、统一性、及时性和保密性的原则，以确保统计质量与统计数据的准确性。金融统计是对金融活动及相关现象的系统记录与整理，它包括各级金融机构按照统一规定定期进行的金融统计，各级金融机构就金融活动的某一领域进行的专项调查，各级金融机构逐级上报的金融运行中的突出事件及其动态反映。

2. 经济调查统计

中央银行为了获取和了解国民经济的相关信息和发展态势，还会进行一些经济方面的调查，主要包括：①工业景气调查统计，内容包括企业主要经济指标、资金状况和企业经济情况分析；②城乡居民储蓄问卷调查统计，旨在了解居民储蓄的心理预期变化和储蓄存款的稳定性及其动态趋势；③物价调查统计，旨在观察和监测物价的变化，及时掌握价格总水平及其变动趋势。

习 题

一、选择题（含单项选择题和多项选择题）

1. 从中央银行的制度类型来看，我国的中国人民银行属于（　　）。
   A. 单一制的中央银行制度　　　　B. 二元制的中央银行制度
   C. 跨国中央银行制度　　　　　　D. 准中央银行制度
2. 中央银行的独立性体现在中央银行与（　　）的关系上。
   A. 商业银行　　　　　　　　　　B. 工商企业及个人
   C. 政府　　　　　　　　　　　　D. 金融监管机构
3. 货币发行业务属于中央银行的（　　）。
   A. 资产业务　　B. 负债业务　　C. 中间业务　　D. 表外业务
4. （　　）体现出中央银行"银行的银行"的职能。
   A. 垄断货币发行权　　　　　　　B. 充当最后贷款人
   C. 代理国库收支　　　　　　　　D. 保管国家黄金、外汇储备
5. 下列不属于中央银行"政府的银行"的职能的是（　　）。
   A. 充当最后贷款人　　　　　　　B. 代理国库收支
   C. 向政府融资　　　　　　　　　D. 制定并监督、执行金融监管法规
6. 下列业务中属于中央银行资产业务的是（　　）。
   A. 准备金存款　　　　　　　　　B. 发行中央银行票据
   C. 再贴现　　　　　　　　　　　D. 买卖政府债券
7. 中央银行负债业务的增加，会造成（　　）。
   A. 外国存款减少　　　　　　　　B. 基础货币增加
   C. 基础货币减少　　　　　　　　D. 对政府的债权增加
8. 下列属于中央银行业务对象的有（　　）。
   A. 政府　　　　B. 商业银行　　C. 居民个人　　D. 工商企业

9. 以下属于中央银行基础职能的是（   ）。
   A. 发行的银行   B. 政府的银行   C. 银行的银行   D. 制定政策的银行
10. 下列业务中属于中央银行负债业务的有（   ）。
    A. 集中存款准备金   B. 资本业务
    C. 对金融机构贷款   D. 组织全国银行清算

二、名词解释

单一制的中央银行制度　准中央银行制度　准备金存款　法定存款准备金　再贴现　代理国库

三、简答题

1. 为什么会出现中央银行？
2. 中央银行制度有哪几种类型？
3. 简述中央银行的性质和职能。
4. 中央银行的相对独立性主要体现在哪些方面？
5. 中央银行的业务应遵循哪些原则？
6. 中央银行买卖政府债券时有哪些限制？

四、论述题

1. 中央银行有哪些主要业务？
2. 中央银行为什么要保持相对独立性？

金融监管 8

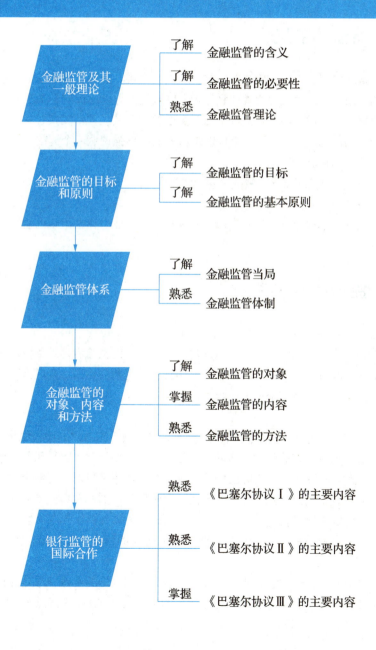

金融领域存在的垄断、外部性、产品的公共性、信息的不完整性及过度竞争所带来的不稳定性都会导致金融产品和金融服务价格信息的扭曲，这种情况称为金融市场失灵。金融监管是保证金融业稳健运行和经济、社会健康发展的关键。党的二十大报告强调，要加强和完善现代金融监管，依法将各类金融活动全部纳入监管，守住不发生系统性风险底线。

本章主要介绍了金融监管及其一般理论、金融监管的目标和原则、金融监管体系、金融监管的对象、内容和方法及银行监管的国际合作。

第一节 金融监管及其一般理论

一、金融监管的含义

金融监管是金融监督和金融管理的总称。从词义上讲，金融监督是指金融监管当局对金融机构实施的全面的、经常性的检查和督促，金融监管当局以此促进金融机构依法稳健地经营和发展。金融管理是指金融监管当局依法对金融机构及其经营活动实行的领导、组织、协调和控制等一系列活动。20世纪90年代以来，人们不再强调这两个词的细微差别，而是广泛地采用金融监管的说法。

金融监管有狭义和广义之分。狭义的金融监管是指中央银行或其他金融监管当局依据国家法律规定对整个金融业（包括金融机构和金融业务）实施的监督管理。广义的金融监管除包括上述监管外，还包括金融机构的内部控制和稽核、同业自律性组织的监管、社会中介组织的监管等内容。

二、金融监管的必要性

金融监管的必要性主要体现在以下三个方面。

（1）金融是现代经济的核心，金融体系是全社会货币的供给者，是货币运行及信用活动的中心，金融的状况对社会经济的运行和发展起着至关重要的作用，金融具有特殊的公共性和全局性。金融业在国民经济中所处的特殊地位，决定了金融监管是国家社会经济稳定发展的必然要求。

（2）金融业是一个存在诸多风险的特殊行业，关系到千家万户和国民经济的方方面面。金融业不仅存在一般行业共有的信用风险、经营风险、市场风险、管理风险，还存在金融行业特有的利率风险、汇率风险、国际游资冲击风险等，这些风险都会对整个经济与社会产生重大影响。一旦金融机构出现危机或破产倒闭，众多债权人的利益将受到直接损害，后果是十分严重的。金融监管可以将金融体系的风险控制在一定范围内，保证金融体系的安全和金融机构的稳定。而金融体系的安全运行，能够保证公众的信心，进而保证国民经济的健康发展。

（3）维护金融秩序，保护公平竞争，提高金融效率。良好的金融秩序是保证金融安全的重要前提，公平竞争是保持金融秩序和金融效率的重要条件。为了保证金融业的健康发展，金融机构都应该按照有关法律的规定规范地经营，不能搞无序竞争和不公平竞争。这些都需要金融监管机构通过金融监管来实现。

20世纪90年代以来，国际经济和金融市场发生了巨大变化，金融业的大动荡使得金融监管的必要性更加突出。

三、金融监管理论

（一）社会利益论

社会利益论是在20世纪30年代的世界经济危机出现后提出来的。这种理论认为，金融监管的基本出发点就是要维护社会公众的利益。社会公众的利益分散于千家万户、各行各业，维护这种利益的职权只能由国家法律授权的机构去行使。该理论建立的基础是市场存在缺陷，纯粹的自由市场会导致自然垄断和社会福利的损失，还会因外部效应和信息不对称带来不公平问题。根据经济学原理，当某一经济单位所从事的经济活动存在某种外在效益，尤其是存在某种外在不经济或外在成本时，其自我运行所达到的利益目标就不可能与社会利益保持一致，这时就需要代表社会公众利益的国家对其活动进行必要的干预，以引导或强制其活动尽量与社会公众的利益保持一致。历史经验表明，金融体系中就存在这样的外在不经济。假设不存在监管，一家银行可以通过提高其资产和负债比例或资产和资本比例增加利润，那么这家银行在追求利润的同时就会产生很大的风险。但由于一家银行并没有能力承担全部的风险成本，这些风险成本将由社会公众、整个金融体系乃至整个社会经济体系来承担。一旦发生这种情况，社会公众的利益就会受到极大的损害。因此，为了维护社会公众的利益，国家有必要对金融业进行监管。

（二）金融风险论

这一理论的主要观点是，金融业是一个特殊的高风险行业，这种特殊性决定了国家需要对该行业进行特别监管。金融业特殊的高风险一方面表现在经营对象的特殊性上，金融机构经营的不是普通商品，而是货币资金，包括债券、股票、保险单等虚拟商品。这些商品的经营都以信用为基础，而信用本身就包含了许多不确定性因素，这就决定了金融机构的经营具有内在的风险。一旦风险成为现实，就会动摇社会公众对金融机构的信任，引发金融危机。金融业特殊的高风险另一方面表现在风险的连带性上，信用具有连锁性，一个金融机构陷入危机，往往会导致社会公众对其他金融机构也丧失信任，从而极易在整个金融体系中产生风险的连锁反应。特别是在现代金融的国际化发展中，一个国家的金融风险还可能连累其他国家，甚至引发世界性的金融危机。为了控制金融机构的经营风险，避免金融风险的"多米诺骨牌效应"，国家需要对金融业实施严格的金融监管。

（三）保护债权论

这一理论认为，为了有效保护债权人的利益，需要进行金融监管。所谓债权人主要是指存款人、证券持有人、投保人等。在金融活动中存在信息不完全或信息不对称的情况。其中，信息不完全既有可能是信息供应不充分，也有可能是有人故意掩盖真实信息甚至提供虚假信息造成的；信息不对称是指交易双方有信息优劣的差异，如证券机构的内幕人员在信息上较外部人士有明显的优势,证券商相比一般投资者能掌握更多的市场动态信息。由于银行、证券公司、保险公司等金融机构比债权人拥有更充分的信息,因此它们可能利用这个有利条件,将金融风险或损失转嫁给债权人。为了防止债权人利益受损,国家需要通过金融监管约束金融机构的行为。

除了上述理论,对金融监管的理论解释还有很多。例如,社会选择论,即从公共选择的角度来解释政府对金融业的管制;安全原则论,即只有通过国家干预这只"看得见的手"来进行监管,才能保证金融业的安全性;自律效应论,即国家的金融监管可以起到促进金融机构增强自律意识及加强自我约束、自我管理的作用,有利于保证金融业的稳健运行;等等。需要提及的是,在对金融监管理论的讨论中,也有学者提出了反对监管的观点,认为监管会损害市场经济的自由度,目前持这种观点的人比较少。

第二节 金融监管的目标和原则

一、金融监管的目标

金融监管的目标是金融监管理论和实践的核心问题,对金融监管目标的认识直接决定或影响着金融监管理论的发展方向,也主导着具体监管制度的建立和政策的实施。当然,反过来,金融监管理论及金融监管实践中的经验教训也相应地促使金融监管目标发生改变。20世纪30年代以前,金融监管的目标主要是提供一个稳定和弹性的货币供给,并防止银行挤兑带来消极影响。20世纪30年代世界经济危机的经验教训促使各国的金融监管目标普遍转变为维持一个安全稳定的金融体系,以防止金融体系崩溃对宏观经济造成严重冲击。20世纪70年代末,过度严格的金融监管造成的金融机构效率下降和发展困难,使金融监管的目标开始注重效率问题。近年来,金融监管的目标进一步发展到有效控制风险、注重安全和效率的平衡方面。需要说明的是,现代金融监管目标并非以新的目标取代原有目标,而是对原有目标不断进行完善并补充新的目标,这就使得当今各国的金融监管目标均包含多重内容,如维护货币与金融体系的稳定,促进金融机构谨慎经营,保护存款人、消费者和投资者的利益,以及建立高效率、富有竞争性的金融体制等。

金融监管的目标是监管行为取得的最终效果或达到的最终目标,是实现金融有效监管的前提和监管者采取监管行动的依据。金融监管的目标可分为一般目标和具体目标。一般目标是监管者通过对金融业的监管所要达到的一个总体目标,通常包含四点:①确保金融稳定安全,防范金融风险;②保护金融消费者权益;③提高金融体系的效率;④规范金融机构的行为,促进公平竞争。由于各国历史、经济、文化背景和发展情况不同,因此各国的具体监管目标也不同,但基本内容都包括金融业竞争、安全和发展。

不同国家和地区的金融监管目标都有各自的侧重点,根据各国金融监管具体目标的不同,大致可将这些国家分为三类。①以美国为代表的国家。美国的金融监管有四个具体目标:维持公众对一个安全、完善和稳定的银行系统的信心;为建立一个有效的和有竞争的银行系统服务;保护消费者;允许银行体系为适应经济的变化而变化。保护消费者及允许银行体系为适应经济的变化而变化这两个具体目标是其他大多数国家和地区所没有的,它们是由美国银行业的制度变迁所决定的。②以德国、法国、韩国、新加坡为代表的国家。这类国家金融监管目标的重点在于维护银行体系的正常运转,从而促进国民经济的发展。③以新西兰为代表的国家。这类国家的监管目标更侧重于对存款人的保护和银行的有效经营。比较上述三类国家的金融监管目标可以发现,美国银行业的金融监管目标更具体,也更符合银行业的性质和一个经济发达国家对金融监管的要求。

我国的金融监管工作既要保障国家货币政策和宏观调控措施的有效实施,又要承担防范和化解金融风险、保护存款人利益、保障平等竞争和金融机构合法权益、维护整个金融体系安全稳定、促进金融业健康发展的任务。现阶段,我国的金融监管目标可概括为一般目标和具体目标。

1. 一般目标

我国金融监管的一般目标是防范和化解金融风险,维护金融体系的稳定与安全,保护公平竞争和金融效率的提高,保证金融业的稳健运行和货币政策的有效实施。

2. 具体目标

我国金融监管的具体目标是经营的安全性、竞争的公平性和政策的一致性。

经营的安全性包括两个方面:①保护存款人和其他债权人的合法权益;②规范金融机构的行为,提高信贷资产的质量。

竞争的公平性是指通过中央银行的监管,创造一个平等合作、有序竞争的金融环境,鼓励金融机构在公平竞争的基础上,增强经营活力,提高经营效率和生存发展能力。

政策的一致性是指通过金融监管,使金融机构的经营行为与中央银行的货币政策目标保持一致。通过金融监管,促进和保证整个金融业和社会主义市场经济健康发展。

二、金融监管的基本原则

金融监管的基本原则是监管当局在监管过程中的行为准则,大体包括以下几个方面。

(一)依法监管原则

虽然各国金融管理体制和金融监管的做法有所不同,但在依法监管上都是相同的。金融业的特殊地位决定了金融机构必须受国家金融监管当局的监管,金融监管必须依据现行的金融法规,保持监管的严肃性、权威性、强制性和一贯性。由此可见,金融法规的完善是依法监管的先决条件。

(二)不干涉金融机构内部管理的原则

不干涉金融机构内部管理是指监管当局要按金融监管的规律进行监管,不能对金融机构的内部管理以正规的或非正规的方式进行干预。实践证明,干预金融机构内部管理的行为对监管双方都会产生消极影响。

(三)综合性与系统性监督原则

这一原则包括:各种金融监管手段(经济手段、行政手段、法律手段等)要综合运用;

金融监管方式、方法或工具要综合运用，监管工具要现代化、系统化；日常监管与重点监管、事前督导与事后监察要同时运用；金融监管机制和方案要科学化、系统化、最优化，以确保金融监管的优质高效。

（四）公平、公正、公开原则

监管对象，不论其性质、规模、背景如何，都必须在统一标准下展开合理竞争。金融监管当局要按照公平、公正、公开的监管标准和监管方式对它们实施监管，这样才能从根本上规范金融机构的市场行为，保证金融市场良好有序地运行。

（五）有机统一原则

金融监管的有机统一原则要求金融监管工作实现以下几方面的统一。①各级金融监管机构要统一监管标准和口径，不能各自为政、重复监管或留下缺口。②宏观金融监管与微观金融监管要统一，微观金融政策、措施、监管方法等不能与宏观金融政策和金融制度相矛盾。③国内金融监管与国际金融监管要统一，尤其是在各国国内经济与世界经济逐步接轨的情况下。

（六）"内控"与"外控"相结合的原则

世界各国由于传统不同，金融监管也分别采用了自律模式、法治化模式和政策干预等不同模式。但是，要保证监管及时和有效，客观上需要"外控"与"内控"有机结合。因为外部强制管理不论多缜密、多严格，也只能是相对的。假如监管对象不配合、不协作，甚至设法逃避和应付，则外部监管难以收到预期的效果；反之，将全部希望放在"内控"上，则可能导致一些金融机构开展违规经营行为，从而产生金融风险。

（七）监管适度与合理竞争原则

监管的根本宗旨就是通过适度的金融监管，实现合理的金融竞争，形成和保持金融业适度竞争的环境和格局。而检验监管效果的根本标准是：监管能否促进金融业和社会经济的顺利发展。监管过严，不允许竞争和创新，可能会限制金融业的发展，削弱一个国家金融业的市场竞争力。反之，监管不到位，可能会导致金融市场出现恶性竞争，造成金融经济秩序混乱，加剧金融风险。

（八）安全稳健与风险预防原则

世界各国共同坚持的监管政策之一是确保金融机构安全稳健地经营业务。安全稳健与风险预防、风险管理是密切相连的，金融监管当局必须进行风险监测和管理。因此，各国的监管技术、手段都着眼于金融业的安全稳健及风险预防管理。安全稳健并非金融业存在和发展的最终目的，金融业存在和发展的最终目的是满足社会经济的需要，促进社会经济稳健协调发展。

（九）监管成本与效率原则

监管并非不讲成本，不计定价。以最低的监管成本获得最佳的监管效率是金融监管当局的重要原则之一。在很多国家，金融监管的费用都是由被监管者承担的，这迫使监管者尽可能地节约一切监管资源，以减少监管成本，提高监管效率，否则将受到被监管者的质疑和投诉。

第三节 金融监管体系

一、金融监管当局

（一）金融监管当局的定义

金融监管当局是依法对金融业实施监督与管理的政府机构，是金融业监督和管理的主体。金融监管是政府行为，其目的是维护公众对金融体系的信心，控制金融体系风险，提升金融系统运作效率，为国民经济和社会发展创造一个稳定的金融环境。

（二）金融监管当局的特性

金融监管当局是政府组织机构体系的构成部分之一，具有权威性、独立性和公共性特征。

金融监管当局的权威性是指金融监管当局作为一国（或地区）的最高金融监管权力机构，履行法律赋予其的职责和权力，其监管决策对金融业相应经济活动或行为主体具有强制力，被监管的对象必须认真执行。

金融监管当局的独立性是指金融监管当局依法对其监管地域范围内的所有金融活动实施监督和管理，直接对中央政府或国家立法机构负责，其他任何组织、单位和个人都无权对金融监管当局的监管工作进行干预。

金融监管当局的公共性是指其履行的监管权力属于公共权力的范畴，金融监管当局是政府公共管理部门的一部分，它代表了社会公众的利益，以维护金融稳定、促进经济发展和社会稳定为己任，服务于国家的整体利益，维护国家金融与经济的安全。

（三）金融监管当局的组成机构

不同的金融监管体制对应不同的监管机构。所谓金融监管体制，实际上就是金融监管权力在配置模式上的制度安排。公共权力的配置主要有集权和分权两种模式。金融监管的集权模式是指将金融监管的权力在政府某一部门内垂直分配，形成单一的金融监管体系，充当这一监管体系主角的通常是一国的中央银行，也可能是专门设立的金融监管委员会或金融监管局。金融监管的分权模式是指将金融监管的权力在不同的政府部门或相关机构之间进行横向分配。在世界范围内，曾经与中央银行同时充当过金融监管当局的政府机构有财政部、货币政策委员会、人寿保险委员会、证券交易委员会等，甚至有时政府也会履行一部分监管职能。分权监管体制中的监管主体之间是平等关系，而非隶属关系，分权的基本原则是按照金融业务的性质来确定监管对象，一般按照银行业、证券期货业和保险业来划分并设置对应的监管机构。

（四）金融监管当局与中央银行

1. 中央银行是最早的金融监管当局

中央银行是最早的金融监管当局，而金融监管本身是推动中央银行制度建立的重要原因。中央银行制度的形成与完善经历了较长的历史时期，迄今为止已有300多年。从中央银行的发展历史来看，中央银行职能形成的大致模式是：私人银行国有化后获得货币发行权，组织资金清算，充当最后贷款人。货币发行是中央银行的第一职能，取得货币发行权并对银行业实施监管是早期中央银行的主要工作内容；组织资金清算是为了维护正常的经济秩序，保证资金周转的通畅，提高社会信用体系的效率，防止金融违约行为的发生；充当最后贷款人确保了金融体系的稳定运行，防止金融危机的发生，对金融机构起到监督作用。中央银行职能的完善是与金融监管目标息息相关的，因而中央银行自然成为金融监管的主角。随着金融业的发展及其在国民经济发展中重要性的提高，金融监管的主要方向转变为通过对金融体系中金融主体和金融市场及市场行为的监管，维护债权人利益，约束债务人行为，规范金融秩序，保证公平竞争，推动国民经济和社会发展。

2. 现代中央银行仍在履行金融监管职能

1914年，美国联邦储备体系的建立标志着现代中央银行制度的形成。现代中央银行的一项主要功能是制定和执行货币政策，通过宏观调控来维持金融和经济的稳定。从中央银行产生、发展和完善的历程来看，金融监管也是其一项重要功能。直至今天，世界上仍然有许多国家的中央银行承担着金融监管或银行监管的职能。中央银行是一国金融体系的核心，居于主导地位，其实施金融监管具有明显的信息优势。

中央银行制定和推行货币政策的过程实际上就是金融调控决策和实施的过程。金融调控与金融监管之间关系紧密，金融监管是货币政策有效性的重要保障。第一，中央银行实施金融监管能够确保金融统计数据和其他信息的真实性、准确性和及时性，为货币政策的制定提供依据。第二，中央银行进行金融监管能够保证金融机构和金融市场的稳健运行，从而形成高效的货币政策传导机制。第三，中央银行进行金融监管能够为货币政策工具的有效实施提供保障。因为金融监管使中央银行与金融机构之间的联系更紧密，中央银行的道义劝告和窗口指导等间接信用工具更容易被金融机构所理解和执行。

3. 中央银行金融监管职能呈现分离的趋势

世界各国中央银行金融监管职能分离趋势

自现代中央银行制度形成以来，中央银行的金融监管职能逐渐出现分离的趋势。由于在金融监管过程中更多的是微观管理活动，而中央银行是国家的宏观经济管理部门，宏观调控才是其职责的重心，因此为了提高货币政策效率和金融监管力度，将金融监管的职能从中央银行分离出来并由专门的监管机构行使便成为一种趋势。

二、金融监管体制

金融监管体制是由一系列监管法律法规和监管组织机构组成的。金融监管体制的类型决定了金融监管组织机构的设置。

（一）按监管机构确定被监管对象的标准划分

按监管机构确定被监管对象的标准，金融监管体制一般可划分为两种模式：功能监管和机构监管。

1. 功能监管

功能监管是按照经营业务的性质来划分监管对象的，如将金融业务划分为银行业务、证券业务和保险业务，监管机构针对业务进行监管，而不管从事这些业务经营的机构性质如何。

功能监管的优势在于：监管的协调性强，监管中发现的问题能够得到及时处理和解决；金融机构资产组合的总体风险容易判断；可以避免重复和交叉监管现象的出现，为金融机构创造公平竞争的市场环境。

2. 机构监管

机构监管则是按照机构性质来划分监管对象的，如银行机构、证券机构、保险机构、信托机构等。

机构监管的优势在于：当金融机构从事多项业务时，易于评价金融机构不同产品系列的风险，尤其在越来越多的风险因素（如市场风险、利率风险、法律风险等）被发现时，机构监管的方法非常有效；避免不必要的重复监管，一定程度上提升了监管效能，降低了监管成本。

（二）按金融经营模式划分

金融监管体制往往与金融业经营体制有一定的联系。金融业经营模式不外乎两种：分业经营和混业经营。相应地，金融监管体制也包括分业监管体制和集中监管体制，以及介于完全分业监管和完全集中监管之间的过渡模式，即不完全集中监管体制。

1. 分业监管体制、集中监管体制和不完全集中监管体制

（1）分业监管体制，也称分头监管体制，是指在银行、证券和保险领域内分别设置独立的监管机构，专门负责本领域的监管，包括审慎监管和业务监管。实行分业监管体制的代表性国家有德国、波兰等。

（2）集中监管体制，也称统一监管体制或混业监管体制，是指只设立统一的金融监管机构，对金融机构、金融市场和金融业务进行全面的监管，监管机构可能是中央银行，也可能是其他专设监管机构。实行集中监管体制的代表性国家有英国、日本、韩国和新加坡等。

（3）不完全集中监管体制，也称不完全统一监管体制。这种监管体制又可细分为"牵头式"监管体制、"双峰式"监管体制等。"牵头式"监管体制是指在分业监管机构之上设置一个牵头监管机构，由其负责不同监管机构之间的协调工作，从而在分业监管主体之间建立了一种合作、磋商与协调机制。实行这种体制的典型国家是巴西。"双峰式"监管体制是指依据金融监管目标设置两类监管机构，一类机构专门对金融机构和金融市场进行审慎监管，以控制金融业的系统风险；另一类机构专门对金融机构的金融业务进行监管，以规范金融机构的经营行为，保证金融体系稳健运行，维护正常的金融与经济秩序。实行这种体制的典型国家是澳大利亚。

2. 三种监管体制的优势和不足

在世界各国的实践中，金融业经营体制和金融监管体制并不是完全对应的。有些实行金

融分业经营的国家采用的是集中监管体制，有些已经是混业经营的国家却继续坚持采用分业监管体制。每种监管体制各有优势和不足，不存在绝对有效和绝对无效之分。各国在选择监管体制时，必须将其与本国的政治、经济、文化和传统紧密结合起来进行综合评判。

（1）集中监管体制的优势和不足。在集中监管体制下，无论审慎监管还是业务监管，都是由单个机构负责的，典型代表是进行了金融监管体制改革后的英国，其金融监管由英国金融监管局全面负责。目前，采取集中监管体制的国家越来越多。这种监管体制有以下优势。①成本优势。集中监管不仅可以节约人力和技术投入，而且可以大大降低信息成本，改善信息质量，获得规模经济效益。②改善监管环境。避免因监管者的监管水平和监管强度不同而使不同的金融机构或业务面临不同的监管制度约束；避免监管重复、分歧和信息要求方面的不一致，降低成本；使消费者在其利益受到损害时，能便利地进行投诉，降低相关信息的搜寻成本。③适应性强。随着技术的进步和人们对金融工具多样化要求的不断提高，集中监管能迅速适应新的金融业务发展要求，既可以避免监管真空，降低金融创新所形成的新的系统性风险，又可以避免多重监管，降低不适宜的制度安排对创新形成的阻碍。④责任明确。由于所有的监管对象都被置于一个监管者的监管之下，因此监管者的责任认定非常明确。这种监管体制的不足之处也很明显，即缺乏监管竞争，容易导致官僚主义。

（2）分业监管体制的优势和不足。在分业监管体制下，银行、证券、保险三个领域分别由专业的监管机构负责全面监管，包括审慎监管和业务监管。这种监管体制具有以下优势。①有监管专业化优势。每个监管机构只负责相关监管事务，有利于细分每项监管工作，突出监管重点，提高监管力度。②有监管竞争优势。对于每个监管机构来说，尽管监管对象不同，但相互之间也存在竞争，而在竞争中可以提高监管效力。分业监管体制的不足是：各监管机构之间协调性差，容易出现监管真空和重复监管；不可避免会产生摩擦；从整体上看，机构庞大，监管成本较高。

（3）不完全集中监管体制的优势和不足。其一，"牵头式"监管体制。由于在实行分业监管时，可能存在监管真空或相互交叉。因此，几个主要监管机构为建立起及时磋商协调机制，相互交换信息，防止监管机构之间相互推诿，特指定一个监管机构为牵头监管机构，负责不同监管主体之间的协调工作，其典型代表是法国。这种体制的优势有以下两点。①目标明确。金融监管目标往往是多重的，分业监管可以对多重目标进行合理的、科学的细分。不同的监管机构在对其所属业务领域实施监管时有特定的目标，有利于突出监管的重点。同时，在人员素质和技术水平有限的情况下，专业化的监管能使监管目标得以更好地实现。②通过合作提高监管效率。多个监管机构的存在虽然有可能导致对有利监管对象的争夺、对交叉责任的推诿等行为，但是也会促进金融机构之间的竞争，提高监管效率。监管机构通过定期磋商协调、交换信息等方面的密切配合，有可能将不利影响降到最低。这种体制最大的问题是无法明确整个金融体系的风险由谁来控制，因为牵头监管机构并不能有效控制整个金融体系的风险。

其二，"双峰式"监管体制。这种体制一般设置两类监管机构，一类负责对所有金融机构进行审慎监管，另一类负责对不同金融业务进行监管，从而达到双重"保险"的目的。澳大利亚和奥地利是这种体制的代表。这种体制的优势有以下几点。①与分业监管相比，它降低了监管机构之间相互协调的成本和难度，同时，在审慎监管和业务监管两个层面内部避免了监管真空或交叉、重复。②与集中监管体制相比,它在一定程度上保留了监管机构之间的竞争与制约关系。两类监管机构均在各自的领域保证了监管规则的一致性。

其三,"伞式监管+功能监管"体制。这是美国在改进原有分业监管体制的基础上形成的监管体制。这种体制与"双峰式"监管体制的区别在于:美国的"伞式监管+功能监管"体制是由其联邦储备委员会负责审慎监管的,而澳大利亚则单独成立了审慎监管局负责审慎监管。根据美国《金融服务现代化法案》的规定,对同时从事银行、证券、互助基金、保险等业务的金融持股公司实行"伞式监管+功能监管",即从整体上指定美国联邦储备委员会为金融持股公司的伞形监管人,负责该公司的综合监管,同时金融持股公司又按其所经营业务的种类接受不同行业主要功能监管机构的监督。

我国金融监管体制

第四节　金融监管的对象、内容和方法

一、金融监管的对象

金融监管的对象也称被监管者,是专门从事金融业经营和投资经济活动的企业、组织、单位和个人,包括金融中介机构、工商企业、基金组织、投资者和金融活动的关系人等。

(一)银行业监管对象

银行业监管对象是指从事商业银行业务的金融机构,不管称谓如何,只要是吸收存款、发放贷款、办理资金清算、信托投资、财务管理、参与货币市场融资交易活动等的机构都属于银行业监管对象。这些机构包括商业银行、政策性银行、信用合作机构、专业储蓄机构、专业信贷机构、信托投资公司、财务公司、金融租赁公司、典当行等。如果其他非银行性金融机构,如保险公司、证券公司等,参与了货币市场融资和交易活动,那么它们就属于银行业特定的监管对象。

(二)证券业和期货业监管对象

证券业监管对象是指从事证券融资和交易活动的企业、机构和个人。期货业监管对象是指从事期货投资交易活动的企业、机构和个人。另外,提供证券和期货交易场所的组织机构也是重要的监管对象。证券业监管对象主要包括证券经纪公司、上市公司、投资基金投资者和证券交易所等;期货业监管对象主要包括期货经纪公司、期货投资者、期货交易所及其附属储备库等。

(三)保险业监管对象

保险业监管对象是指从事保险经营和投资保险的企业、机构和个人。主要包括保险公司、人寿保险基金等。

二、金融监管的内容

金融监管的目的是保护投资人（存款人）的利益和维护金融体系的稳定。由于不同监管对象的业务性质不同，因此对不同监管对象的监管内容也有所差异。

（一）银行监管

1. 市场准入监管

所有国家对银行类金融机构的监管都是从市场准入开始的。对市场准入进行控制，是保证金融业安全稳定发展的有效措施。把好市场准入关，就可以将那些有可能对存款人利益或金融体系健康运转造成危害的金融机构拒之门外。各国的金融监管当局一般都会参与金融机构的审批过程。金融机构的申请设立必须符合法律规定，一般包括对管理人员素质和最低限度认缴资本金等方面的要求。我国要求设立全国性商业银行的注册资本的最低限额为 10 亿元人民币，设立城市商业银行的注册资本的最低限额为 1 亿元人民币。

2. 资本充足性与流动性监管

加强对资本充足率的监管是各国金融监管当局的共识。1988 年，巴塞尔银行管理和监督委员会通过了《巴塞尔协议Ⅰ》，制定了国际通用的资本标准，即将银行业资本分为核心资本和附属资本，其中核心资本不得少于总资本的 50%。2004 年的《巴塞尔协议Ⅱ》和 2010 年的《巴塞尔协议Ⅲ》将商业银行风险由信用风险拓展到包括市场风险和操作风险，更全面地计量了风险加权资产总额；并且，为了加强对银行高杠杆经营的控制及加强流动性监管，明确了商业银行的杠杆率（核心资本/资产总额）不得低于 3%，流动性覆盖率和净稳定资金比率两个指标均须高于 100%。

3. 业务运营过程监管

金融机构经批准开业后，金融监管当局还要对金融机构的业务运作过程进行有效监管，以便更好地实现监管目标。实践表明，金融风险大多发生在金融机构的经营过程中。业务运营过程监管主要包括对经营业务的监管和对经营行为的监管。对经营业务的监管主要是指对银行经营存、放、汇等业务，办理国债、金融债券的代理发行、承销和兑付，代理收付款项，经营保险销售和其他政府部门委托代理的业务的监管；对经营行为的监管主要是指对各个金融机构日常经营活动的合规性和风险性进行的监管。合规性监管主要通过稽核检查手段，对金融机构执行金融法规、制度和管理规章、金融纪律等情况进行监管；风险性监管的核心内容是通过资产负债比例管理和风险管理，来制约金融机构的资产规模、资产结构和风险制度，以达到资产的安全性、流动性、盈利性的统一。

4. 危机银行救助与关闭

当银行监管机构发现某家银行问题突出，即将陷入危机时，为防止其风险外溢并产生严重的负外部效应，必须采取救助措施或将其关闭。主要的救助措施有：①中央银行提供低利率或无息贷款维持其流动性；②督请存款保险机构提供紧急资金；③安排一个或多个大银行提供支援，通常由大银行接管危机银行。而对于那些风险过大，问题严重或永远无力清偿债务、救助成本太高的银行，银行监管机构可安排将其关闭，并对其退出市场的过程进行监管。监管重点是对清理、清算、清偿过程和顺序进行合规性监管，切实保护公众利益，保证市场退出的合理、顺利和平稳。

5. 存款保险制度

存款保险制度是为存款者利益提供保护和稳定金融体系而进行的制度安排。存款保险制度是指银行类金融机构根据其存款的数额，按规定的保险费率向存款保险机构缴纳保险费，在其面临支付危机或濒临破产时，存款保险机构对受保护的存款账户的本金和利息给予全部或部分支付保障的制度。

（二）证券监管

1. 证券发行与上市监管

证券发行与上市监管是指证券监管机构对证券发行与上市的审查、核准和监督。证券发行与上市的审核方式有两种：注册制与核准制。

注册制是指证券监管机构不对发行人能否发行股票进行价值判断，只要求发行人提供的申请资料中不包含任何不真实的陈述，由投资者自行对发行人及其所发行的证券作出判断。注册制对信息公开性和投资者素质要求较高。

核准制是指证券发行人不仅必须满足信息公开的条件，还必须符合法律规定的实质条件，只有通过证券监管机构的实质审查并得到核准后方能发行证券。证券监管机构有权否定不合格的证券发行申请。在核准制下，证券监管机构权力较大，承担的社会责任也较重大。证券市场发展时间短、投资者素质不高的国家和地区通常实行核准制。

2. 证券交易监管

证券交易环节可能存在内幕交易、操纵市场、虚假陈述等损害投资者利益的行为，这些行为是证券交易监管的重点。

内幕交易是对投资者平等知情权的侵害，内幕交易的相关人员必须根据其内幕交易行为的违法程度承担民事损害赔偿责任、行政责任或刑事责任。

操纵市场是指利益主体背离市场供求关系，通过对冲、连续交易、联合操作、散布谣言等手段，抬高、压低或平抑证券价格，影响或诱惑其他交易者，从而加大其他交易者的风险。操纵市场的行为人必须承担民事损害赔偿责任、行政责任或刑事责任。

虚假陈述是对信息披露这一基本制度和公开理念的背离。持续性信息披露能够解决证券市场信息不对称问题，维护投资者的权益，是证券监管的核心内容。虚假陈述的行为人必须承担相应责任。

3. 证券经营机构监管

证券经营机构是证券发行、交易市场的重要主体，主要包括证券公司、投资银行和信托投资公司等经营证券业务的机构。对证券经营机构的监管主要包括证券经营机构设立、变更与终止监管，以及证券经营机构的运作监管。

关于证券经营机构的设立条件，各国有不同的规定，但主要都包括注册资本、专业人才、盈利能力等方面的要求。各国证券经营机构的设立制度分为注册制和许可制。在注册制下，证券经营机构的变更、终止程序比较简便；在许可制下，证券经营机构的变更、终止需要经过监管机构的审批。

对证券经营机构的运作监管，集中体现在对证券经营机构的财务责任和经营行为的监管方面。财务责任监管包括最低资本、负债比率等流动性要求，以及买卖损害准备金、收益准备金、证券交易责任准备金等各种准备金提取要求。经营行为监管包括对证券经营机构兼业禁止、从业人员竞业禁止等禁止行为的监管，以及对证券经营机构从业人员资格、定期报告制度、信息披露的监管等。

（三）保险监管

1. 市场准入与退出的监管

保险机构市场准入与退出监管包括保险公司设立、整顿、接管、终止等方面的监管。保险是为社会提供保障的互助共济制度，保险公司的设立较一般工商企业具有更为严格的条件。保险公司的整顿是保险监管机构对经营不善或存在其他问题的保险公司，通过整顿措施促其改善经营状况，预防其破产的行为。接管是比整顿更为严格、彻底的监管措施，其目的是对被接管的保险公司采取必要措施，以保护被保险人的利益，恢复保险公司的正常经营。保险机构的终止分为保险机构的解散、撤销和破产三种形式。

2. 保险经营的监管

保险监管机构根据本国是否允许兼业兼营规定保险公司的经营业务种类和范围。大多数国家都不允许保险公司兼业，即不允许保险公司在经营保险业务的同时经营其他业务；也不允许保险公司兼营，即不允许保险公司同时经营财产保险和人寿保险业务。相应地，在监管上也确立了财产保险与人寿保险分业监管制度。保险经营的监管还包括禁止保险人的恶意竞争行为。

3. 偿付能力监管

偿付能力监管是保险监管的核心内容。偿付能力是指保险公司以其资产清偿其债务的能力。偿付能力监管主要包括偿付能力充足率监管和流动性风险监管。偿付能力充足率是指保险公司的实际资本与最低资本的比率。其中，实际资本是指认可资产与认可负债的差额；最低资本是指根据监管机构的要求，保险公司为吸收资产风险、承保风险等有关风险对偿付能力的不利影响而应当具有的资本数额。流动性风险监管的主要指标有流动比率和流动性覆盖率。

4. 保险中介人监管

保险中介人监管是指对保险代理人、保险经纪人和保险公估人的监管。保险监管机构依法审核保险代理人、保险经纪人和保险公估人的设立申请，并对其进行相关的执业管理。

三、金融监管的方法

金融监管当局的监管主要是依据法律法规来进行的。在具体监管过程中，一般运用金融稽核手段。

（一）金融监管与法治建设

金融监管当局实施金融监管的依据是国家的法律和法规，金融监管当局依法对金融机构及其经营活动实行外部监督、稽核、检查和对违法者进行处罚。各国金融监管体制和风格虽各有不同，但在依法管理这点上是一样的，这是由金融业的特殊地位和其对经济的重大影响所决定的。金融机构必须接受国家金融监管当局的监管，金融监管必须依法进行，这是金融监管的基本点。只有保证了监管的严肃性、权威性、强制性和一贯性，才能保证它的有效性。

而要做到这一点，金融法规的完善和依法监管是绝对不可缺少的。

随着社会主义市场经济体制的逐步完善，我国加快了金融监管法律法规体系的建设，先后颁布了《中华人民共和国银行业监督管理法》《中华人民共和国中国人民银行法》《中华人民共和国商业银行法》《中华人民共和国票据法》《中华人民共和国保险法》《中华人民共和国证券法》《中华人民共和国证券投资基金法》《中华人民共和国信托法》《中华人民共和国反洗钱法》等，为加强金融监管、消除金融隐患、防范和化解金融风险提供了法律保障。

（二）金融监管的一般方法

1. 事先检查筛选法

事先检查筛选法主要是指在金融机构建立之前对其进行的严格审查，审查内容包括拟建机构的地址、规模、股东人数、资本金、经营管理水平、竞争力和未来收益等，这样做的目的是从总体上减少金融风险，消除金融业经营管理中的潜在风险。

2. 定期报告和信息披露制度

金融监管当局可以根据这些报告和有关信息，通过趋势分析和比较分析两种方法，查找出银行经营管理工作中存在的问题。

3. 现场检查法

现场检查法是指派出检查小组，到监管对象经营场所进行实地检查。主要检查资本充足状况、资产质量、内部管理、收入和盈利状况、清偿能力等，并以此为基础作出全面评价。在检查过程中，检查小组要检查经营活动是否安全合法；检查经营活动的决策、做法和程序；检查内部管理的情况；评价贷款、投资及其他资产的质量；检查存款与负债的构成，判断银行资本是否充足；评估管理机构的能力和胜任程度；等等。

4. 自我监督管理法

自我监督管理法是指金融机构根据法律自我约束、自我管理，在自觉的基础上实现自我监管。这种方法是对外部监管的补充。两种方法相互配合，可以减少金融监管当局直接管理的工作量，并提高外部监管的效果。当然，自我监督管理法不能单独使用，否则会使金融监管流于形式。

5. 内、外部稽核结合法

稽核是指对经营活动开展的审查与核对，是一种系统的监督检查方法。内部稽核是企业或银行自己进行的审查与核对。目前，各国一般采取外部稽核和内部稽核相结合，以及金融监管当局强制性稽核和社会非强制性稽核相结合的办法。

6. 行政管理方法

行政管理方法是指以金融监管当局制定的政策、方针为依据，对金融业出现的违规行为、经营不良现象等给予必要的行政措施约束和处理。一般是通过规章制度、指令性政策来限制金融活动，运用限期调整、撤销职务、停止营业、吊销营业执照等行政手段实施管理。金融监管当局及时纠正金融机构存在的问题，不仅能树立金融监管当局的权威，还能保证金融监管的效果。

7. 紧急援助

紧急援助也称抢救行为。当金融机构出现安全问题时，金融监管当局通常会采取一些紧急措施，实施紧急援助。这些措施包括：直接贷款；组织大银行援助小银行；存款保险机构出面提供资金，帮助有问题的银行渡过难关；政府出面援助；等等。

第五节 银行监管的国际合作
——《巴塞尔协议》

20世纪70年代，随着布雷顿森林体系的崩溃，以及浮动汇率制度的建立，金融风险在国际上的扩散威胁着各国的金融稳定，而20世纪80年代以来的金融国际化趋势又使得跨国银行和国际资本的规模及活动范围日益扩大，单单依靠各国金融监管当局的监管难以对国际金融活动加以规范，因此客观上要求各国进行国际金融监管合作，《巴塞尔协议》随之产生。

一、《巴塞尔协议Ⅰ》的主要内容

1988年7月，巴塞尔银行管理和监督委员会通过《关于统一国际银行的资本计算和资本标准的协议》，又称《巴塞尔协议Ⅰ》，其主要内容包括以下几个方面。

（1）制定了国际通用的资本标准，即核心资本和附属资本，**其中核心资本不得少于总资本的50%**。核心资本包括股本和公开储备。股本是指已经发行并全额缴付的普通股和永久性非累积的优先股；公开储备是指资本溢价、未分配利润、附属机构中的少数权益减去库存股票和商誉（获取某种资产时，超过其净值的部分）。附属资本包括未公开的准备金、资产重估准备金、普通准备金、混合资本工具及次级债券等。

（2）制定出针对资产负债表上各种资产和各种表外项目风险的度量标准，并将资本与风险加权资产相联系，以评估银行资本所应具有的适当规模。采用5个风险权数来判断表内资产项目的信用风险，即0、10%、20%、50%和100%。对表外资产项目则规定了0、20%、50%、100%的四级信用转换系数，将表外资产转化为表内同等资产风险程度的资产量。

（3）《巴塞尔协议Ⅰ》规定，银行资本充足率＝总资本/风险加权资产，银行各类资产额与其对应的资产风险权数乘积加总后即为风险加权资产。**总资本与风险加权资产的比率，即资本充足率不得低于8%，核心资本占风险加权资产的比重不得低于4%**。

（4）1990—1992年为过渡期，其间各国银行可将部分附属资本算作核心资本。但从1992年年末起，各国银行都要严格执行《巴塞尔协议Ⅰ》的规定。

二、《巴塞尔协议Ⅱ》的主要内容

《巴塞尔协议Ⅰ》主要考虑的是信用风险，对市场风险和操作风险考虑不足，导致在以衍生金融产品交易为主的市场中风险频频发生，并诱发了国际银行业的多起重大银行倒闭和巨额亏损事件，这些事件使《巴塞尔协议Ⅰ》的风险权重确定方法遇到了挑战，加之1997年亚洲金融危机所引发的金融动荡，更加促使各国金融监管当局和国际银行业意识到重新修订国际金融监管标准已刻不容缓，因此2004年6月通过了《巴塞尔协议Ⅱ》，其主要内容包括以下几个方面。

1. 第一大支柱——最低资本充足率

最低资本充足率要求仍然是新协议的重点。这部分涉及与信用风险、市场风险和操作风险有关的最低资本要求的计算问题。最低资本要求由三个基本要素构成：受规章限制的资本的定义、风险加权资产，以及总资本对风险加权资产的最低资本比率。其中有关资本的定义和 8% 的最低资本比率没有发生变化。但风险范畴有所扩展，不仅包括了信用风险，还包括了市场风险和操作风险。在计算风险加权资产总额时，通过将市场风险和操作风险的资本乘以 12.5（最低资本比率 8% 的倒数）将其转化为信用风险加权资产。

$$银行资本充足率 = \frac{总资本}{信用风险加权资产 + (市场风险资本 + 操作风险资本) \times 12.5}$$

2. 第二大支柱——金融监管当局的监管

金融监管当局的监管是为了确保各银行能建立起合理有效的内部评估程序（该程序可用于判断银行面临的风险），并以此为基础对银行资本是否充足做出评估。在该协议中，巴塞尔银行管理和监督委员会制定了针对银行风险监督检查的主要原则、风险管理指引及监督透明度和问责制度，以及如何处理银行账户中的利率风险、操作风险和信用风险等有关方面的指引。

3. 第三大支柱——市场约束

市场约束的核心是信息披露。该协议认为市场约束的有效性，直接取决于信息披露制度的健全程度。市场中只有建立了健全的银行信息披露制度，各市场参与者才有可能估计银行的风险管理状况和清偿能力。为了提高市场纪律的有效性，巴塞尔银行管理和监督委员会在应用范围、资本构成、风险披露的评估和管理过程及资本充足率四个方面提出了统一的定性和定量的信息披露要求。

三、《巴塞尔协议Ⅲ》的主要内容

2008 年国际金融危机的爆发，暴露出国际银行业监管准则中存在核心资本充足率偏低、银行高杠杆经营缺乏控制、流动性监管缺失等问题。于是，2010 年巴塞尔银行管理和监督委员会正式发布了《巴塞尔协议Ⅲ》，标志着国际金融监管进入了一个新阶段。

《巴塞尔协议Ⅲ》提出了以下几个要求。①由普通股构成的核心一级资本占风险加权资产的比重由原来的 2% 提高到 4.5%。②一级资本占风险加权资产的比重由原来的 4% 提高到 6%，并限定一级资本只包括普通股和永久优先股。③为了确保有充足的资金用于弥补金融危机及经济危机时期的损失，要求银行建立 2.5% 的资本留存缓冲。④为了防止银行信贷增长过快而导致系统性风险累积，要求银行在经济上行期按贷款额 0~2.5% 的比例提取缓冲资本，但可以在经济下行期释放，以减缓信贷紧缩对实体经济的冲击。⑤为了降低银行"太大而不能倒闭"带来的道德风险，对系统中的重要性银行提出了 1% 的附加资本要求。⑥为了防止银行以较少资本支撑较大资产的高杠杆化行为，要求银行的杠杆率（核心资本/资产总额）不低于 3%。⑦为了保证必要的流动性，对银行提出了流动性覆盖率和净稳定资金比率的考核要求，两个指标均要求高于 100%，其目的是约束银行资金来源与资金运用的过度期限错配，增加长期稳定性资金来源，提高银行抵御流动性风险的能力。

《巴塞尔协议Ⅲ》对银行业监管提出的要求

习 题

一、选择题（含单项选择题与多项选择题）

1. 我国目前采用的金融监管体制是（   ）。

   A. 分业监管　　　B. 集中监管　　　C. 混合监管　　　D. 交叉监管

2. 我国金融监管的核心机构是（   ）。

   A. 中国人民银行　　B. 银保监会　　　C. 证监会　　　　D. 保监会

3. 我国现阶段金融监管的具体目标是（   ）。

   A. 经营的安全性　　　　　　　　　B. 政策的一致性

   C. 竞争的公平性　　　　　　　　　D. 包括 ABC 三个选项

4. 金融业存在和发展的终极目标是（   ）。

   A. 安全稳健　　　　　　　　　　　B. 风险预防

   C. 风险监测和管理　　　　　　　　D. 满足社会经济发展需要

5. 1988 年，巴塞尔银行管理和监督委员会正式颁布了最重要、影响力最大的文件《巴塞尔协议》，该协议的核心内容是（   ）。

   A. 资产风险　　　B. 资本分类　　　C. 市场纪律　　　D. 监督检查

6. 商业银行的资本充足率是指（   ）。

   A. 资本和期限加权资产的比率　　　B. 资本和风险加权资产的比率

   C. 资本和期限加权负债的比率　　　D. 资本和风险加权负债的比率

7. 《巴塞尔协议Ⅱ》要求银行在计算资本充足率时，计算公式的分母为（   ）。

   A. 信用风险的所有风险加权资产

   B. 信用风险的所有风险加权资产＋12.5 倍的利率风险和操作风险的资本

   C. 信用风险的所有风险加权资产＋12.5 倍的市场风险和操作风险

   D. 信用风险的所有风险加权资产＋12.5 倍的市场风险和操作风险的资本

8. 按金融经营模式可把金融监管体制分为（   ）。

   A. 单一监管体制　　B. 多元监管体制　　C. 集中监管体制

   D. 分业监管体制　　E. 不完全集中监管体制

9. 按监管机构确定被监管对象的标准可将金融监管体制划分为（   ）。

   A. 功能监管　　　B. 市场监管　　　C. 机构监管　　　D. 风险监管

10. 《巴塞尔协议Ⅱ》的第二大支柱特别适合处理哪些领域的风险？（   ）

    A. 第一大支柱涉及但没有完全覆盖的风险

    B. 第一大支柱中未加以考虑的因素（如银行账户的利率风险、业务和战略风险）

    C. 银行的外部因素（如经济周期效应）

    D. 银行的内部因素

二、名词解释

金融监管　金融监管当局　分业监管体制　集中监管体制　存款保险制度　资本充足率　核心资本

三、简答题

1. 金融监管的必要性是什么?
2. 简述金融监管的一般理论。
3. 简述金融监管的目标和应该遵循的基本原则。
4. 金融监管体制有哪些类型？各有什么优势和不足？
5. 简述金融监管的主要方法。

四、论述题

1. 金融监管的主要内容有哪些?
2. 论述《巴塞尔协议Ⅲ》推出的原因及该协议的主要内容。

金融市场 9

金融市场 9

金融市场是资金融通的场所。随着我国改革开放的日益深入和市场经济体系的逐步完善，金融市场在整个经济体系中的地位越来越重要。金融市场的发达程度反映着一国金融与经济发展水平的高低。党的二十大报告指出，要加强反垄断和反不正当竞争，破除地方保护和行政性垄断，依法规范和引导资本健康发展。

本章通过介绍金融市场的基本概念、主要类型和功能，金融工具的主要种类、交易方式和定价原理，帮助读者了解和掌握金融市场的基本理论知识。

第一节 金融市场概述

一、金融市场的概念

金融市场的概念有广义和狭义之分，广义的金融市场是指以金融资产为交易对象而形成的供求关系与运作机制的总和，它涵盖了货币借贷、保险、信托、贵金属买卖、外汇买卖、金融同业拆借、各类票据和有价证券的买卖等市场范畴。要理解这个概念，须先明确什么是市场。所谓市场，一般是指买卖双方集中进行交易的场所，但随着世界经济的发展和科学技术的日新月异，交易手段也日益现代化，许多交易活动可以在无形市场中借助科技手段来完成，因此金融市场不一定是一个有形的场所。还要了解什么是金融商品。金融商品是金融市场中的交易对象，又称金融工具，是指一切代表对未来收益或资产合法要求权的凭证。金融商品的内容十分广泛，黄金、外汇、货币头寸、票据、债券、股票、金融期货、金融期权等都属于金融商品。尤其是 20 世纪 60 年代后在西方市场经济国家兴起的金融创新浪潮，使得新的金融商品层出不穷，较大地丰富了金融市场的交易对象。狭义的金融市场是指办理各种票据、有价证券、外汇和金融衍生品买卖，以及金融同业之间进行货币借贷的场所。它把资金借贷、保险及信托等间接融资活动排除在外。之所以会存在这种区分，主要是由于狭义的金融市场活动具有更为强烈的市场化特征。一方面，同业拆借、外汇、有价证券的交易主体是直接通过市场来进行投资、筹资活动的，一般以竞价方式来确定交易价格，交易价格能够反映出资金的供求状况；另一方面，同业拆借、外汇和有价证券的交易客体主要是各种票据及有价证券，具有较为规范的内容和格式，便于在市场中流通、转让。因此，对金融市场的研究一般采用狭义的概念。

作为现代市场经济体系的组成部分，金融市场与要素市场、产品市场一样，都在进行着商品的交易，但金融市场有其独特之处，主要表现在以下几个方面。①在金融市场上，参与者之间的关系不是单纯的买卖关系，而是建立在信用基础上的借贷关系或委托代理关系。②金融市场的交易对象是以货币资金来衡量价值的特殊商品，即各种金融工具，金融工具的使用价值在于当其转化为资本而被使用时能够带来价值的增殖。③在金融市场上，"利率"就是资金的价格，其高低取决于市场上的资金供求状况，并由交易双方通过市场竞价机制来决定。

金融市场经历了从简单到复杂、从无序到有序、从一国国内到全球范围的不同发展阶段。尤其是 20 世纪 70 年代以后，金融市场呈现出全球化、自由化的发展趋势，在这样的大环境下，金融业发展所带来的影响已不仅局限于其行业内部、国家内部，而是涉及社会、政治、经济、生活的各个方面，世界各国都越来越关注金融市场的发展及其带来的巨大影响。

二、金融市场的构成要素

金融市场一般由金融市场主体、金融市场客体、金融市场媒体三大要素构成。

（一）金融市场主体

金融市场主体是指因参与金融市场活动而成为买方卖方的各种经济单位，一般包括个人投资者、企业、政府机构、商业银行、中央银行、非银行金融机构。它们在金融市场中或是资金的供应者，或是资金的需求者，或者以双重身份出现，这一时期的资金需求者，在另一时期可能成为资金供给者。

个人投资者是金融活动的基础，他们主要以资金供给者的身份参与金融市场交易，将消费的剩余用来储蓄和投资。企业为了扩大再生产，增加固定资产规模，或者弥补流动资金缺口，需要及时补充资金，它们通过发行债券、股票等多种方式来筹集资金，从而成为金融市场上最主要的资金需求者。另外，企业在再生产过程中，有时会游离出一部分闲置资金，为使之得到充分利用，企业也会以资金供给者的身份出现在金融市场上。政府通常是为了弥补财政赤字，进行宏观经济调控，履行公共服务职能，而通过发行各种国债、举借外债等方式来募集资金，从而为发展本国经济服务。有时政府部门也会成为金融市场暂时的资金供给者，如当税款集中收进却尚未形成支出时，政府可以将闲置的资金用来投资。银行及非银行金融机构在金融市场上具有资金需求者和资金供给者的双重身份，它们通过发放贷款、吸收存款、拆借、贴现、买卖有价证券等方式融通资金，并为金融市场创造支票、汇票、存单等信用交易工具。中央银行既是金融市场的交易者，又是金融市场的监管者，它利用再贴现和公开市场业务等货币政策工具来调节货币供应量，从而实现宏观调控目标。

对于金融市场而言，交易主体的多寡决定着金融市场规模的大小。发达的金融市场一般拥有数量和类型众多的买者和卖者，大量交易者的参与能够使市场保持繁荣与稳定。

（二）金融市场客体

金融市场客体是指金融市场中的交易对象，即通常所说的金融工具，如票据、国库券、回购协议、债券、股票，以及金融期货、期权等各种金融衍生产品。从投资者的角度来说，金融工具又称金融资产。金融工具种类繁多、各具特色，能满足资金供求双方的不同需求，因而基于不同种类的金融工具形成了金融市场的各类子市场。

从总体上看，金融工具一般有以下特征。

（1）**收益性**。收益性是指金融工具能够通过股息、红利的支付和买卖价差给投资者带来价值的增殖。收益的大小是通过收益率来反映的，收益率是净收益与本金的比率。

（2）**偿还性**。偿还性是指各种具有债权债务性质的金融工具一般都载明了到期偿还的时间和条件，债权人或投资人可按信用凭证上记载的内容，到期收回投资本金。股票虽然在公司存续期不承担偿还责任，但当公司清算时，股东有权按照持股比例分配剩余资产。

（3）**流动性**。流动性是指金融工具在市场上转让、买卖的能力。凡是买卖方便、交易成本低的金融工具，其流动性就强；而不易变现或在交易中要耗费较高的交易成本的金融工具，其流动性就较弱。

（4）风险性。风险性是指因投资于金融工具而造成的获取收益的不确定性。对任何金融工具的投资都存在不同程度的风险，主要有违约风险、市场风险、购买力风险及流动性风险等，风险的存在意味着损失发生的可能，即预期收益可能无法实现。

金融工具在上述四个特征中的表现是不一致的。一般说来，流动性越高的金融工具，收益性就越低；而风险越高的金融工具，其投资回报可能也越高。因此，投资者应根据自己的投资偏好及风险承受能力选择购买什么样的金融工具。

（三）金融市场媒体

金融市场媒体是指在金融市场上充当交易媒介，从事交易或使交易顺利完成的组织、机构及个人。可以将其分为两类：①金融市场商人，如货币经纪人、证券经纪人、证券承销人、外汇经纪人等；②金融机构或组织，如证券公司、商业银行、其他非银行金融机构等。金融市场媒体为众多分散的资金供给者和需求者提供咨询服务、买卖场所，撮合买卖，极大地提高了金融市场的运转效率。

金融市场媒体与金融市场主体一样，是金融市场的参与者。二者在金融交易中所起的作用有相同之处，但是也有重要的区别，主要表现在：金融市场媒体参与金融活动的目的不只是参与投资或筹资，还包括为买卖双方提供交易中介、投资咨询、资产重组、投资信托等金融服务，以赚取佣金收入及劳务报酬。金融市场媒体对推动金融市场的发展起到积极的作用。

金融市场的三大要素紧密联系，相互促进、相互影响。其中，金融市场主体与金融市场客体是最基本的要素，是形成金融市场的基础；金融市场媒体是金融市场发展的必然产物，它提高了金融市场的效率，促进了金融市场的进一步完善和发展。然而，这三大要素仅构成了金融市场的基本框架，金融市场交易活动要想正常运作，还必须具备健全的内在机制、丰富的交易方式和有效的监管制度。因此，随着金融市场规模的扩大和影响力的提高，金融市场监管也成为必不可少的要素。

三、金融市场的类型

金融市场是由许多子市场组成的庞大的金融市场体系。通过从不同的角度，按不同的划分标准对金融市场进行分类，我们可以更充分地了解复杂的金融市场。

（一）按融资期限不同可分为货币市场和资本市场

货币市场是指专门融通期限在一年及一年以内的短期资金的短期金融市场。短期资金在流通领域中主要起货币作用，满足市场主体短期性、临时性的资金需求。货币市场使用的金融工具主要有货币头寸、存单、票据和短期公债，它们因偿还期限短、风险小及流动性强等特点而常常被作为货币的代用品。按金融工具的不同，货币市场又可分为同业拆借市场、回购协议市场、票据市场、大额可转让定期存单市场和短期债券市场。

资本市场是指专门融通期限在一年以上的中长期资金的长期金融市场。长期资金大多会参加社会再生产过程，起着"资本"的作用，主要满足政府、企业及金融机构对长期资本的需求。资本市场的交易对象主要是各种有价证券（证明持有人或该证券指定的特定主体对特定财产拥有所有权或债权的凭证），如股票、债券、证券投资基金等。相比货币市场的金融产品，这些有价证券具有偿还期较长、流动性稍弱、投资风险较大的特点。资本市场主要包括股票市场、债券市场、证券投资基金市场。

（二）按交割方式不同可分为现货市场、期货市场和期权市场

现货市场是指市场上买卖双方成交后须在若干个交易日内办理交割手续的市场。现货交易是金融市场上最普通的一种交易方式。

期货市场是指交易双方在期货交易所内买卖标准化的期货合约，并根据合约规定的条款，约定在未来某一特定时间和地点，以某一特定价格交割合约标的资产（主要为大宗商品和特定金融工具）所形成的市场。期货交易的最终目的并不是合约标的资产所有权的转移，而是通过买卖期货合约，规避合约标的资产价格变动的风险或投机获利。因为期货市场上成交与交割是分离的，在合约到期前，可利用对冲的方式进行了结，这使得买卖双方可以依据自己对市场行情的判断从事交易活动，在交割日到来之前，通过数量相同、方向相反的交易，将持有合约的履约责任抵消，从而无须再履行现货的交收义务。

期权市场是期货市场的发展和延伸。期权是一种选择权，当期权买方向卖方支付了一定数额的权利金或期权费后，就拥有了在一定时间内以约定的价格出售或购买一定数量标的物（实物商品、金融工具）的选择权。在期权有效期内，若买方行使权利，则卖方必须按期权合约规定的内容履行交易义务；在合约到期时，若买方放弃行使权利，则卖方的盈利为全部期权费收益。

（三）按市场功能不同可分为一级市场和二级市场

一级市场又称初级市场，是指资金需求者将金融工具首次出售给投资者所形成的市场。

二级市场又称次级市场，是各种金融工具在不同投资者之间买卖流通所形成的市场。它又可细分为场内交易市场（证券交易所市场）和场外交易市场两种类型，其中场内交易市场是流通市场的核心。

一级市场与二级市场既相互依存又相互制约，构成了一个不可分割的整体。一级市场是二级市场的前提和基础，有一级市场供应的金融工具，才有二级市场的交易，而且金融工具发行的种类、数量和发行方式决定着二级市场的规模和运行情况。二级市场是一级市场活跃与发展的必要条件，有二级市场为金融工具转让提供保证，才使得一级市场充满活力。此外，二级市场的交易价格影响着金融工具的发行价格。

（四）按金融工具不同可分为货币市场、资本市场、外汇市场和黄金市场

如前文所述，货币市场是短期资金融通市场，由于该市场交易的金融工具期限短、流动性强，在二级市场容易变现，功能近似于货币，因此被称为货币市场。

资本市场融通期限在一年以上的资金（以证券化方式流动），所以一般将以股票、债券、投资基金作为主要交易对象的证券市场视为资本市场。

外汇市场是外汇交易的场所。外汇市场有广义和狭义之分。狭义的外汇市场是指银行间的外汇交易所形成的市场，包括各外汇银行之间的交易、中央银行与外汇银行之间的交易及各国中央银行之间的外汇交易，它一向采用交易中心方式，由参加交易各方于每个营业日的规定时间，汇集在交易所内进行交易。广义的外汇市场是指银行之间、银行与客户之间外汇

买卖市场的总和,它是由各国中央银行和外汇银行、外汇经纪人、客户共同组成的外汇经营活动及由它们所形成的外汇供求关系的总和。

黄金市场是专门进行黄金买卖的交易中心或场所。在当前的信用货币时代,虽然黄金"去货币化"的趋势已不可逆转,但黄金仍然是国际上重要的储备工具,在国际结算中占据重要的地位,因此,黄金市场仍被看作金融市场的组成部分。

(五)按成交与定价方式不同可分为公开市场和议价市场

公开市场是指通过众多买者和卖者以公开竞价的方式确定金融资产成交价格,并按照价格优先、时间优先的原则进行交易的市场。金融工具在到期之前可以自由地在市场上交易、流通。公开市场的交易活动一般在有组织的交易场所内进行。在议价市场上,金融工具的定价与交易是通过买卖双方协商或面对面讨价还价的方式进行的。在市场经济发达的国家,绝大部分的债券和大量的中小企业所发行的股票都是通过这种方式进行交易的。

(六)按有无固定交易场所及时间可分为有形市场和无形市场

有形市场一般是指证券交易所市场。投资者要通过证券交易所从事交易活动,需先开设交易账户,然后委托具有交易所会员资格的中介机构进行证券买卖,中介机构可从中获取手续费收入。无形市场是在证券交易所外进行的金融工具交易的总称。它是一个无形的交易网络,各金融机构、证券商、机构投资者通过现代化的通信工具直接从事交易活动。

(七)按地域不同可分为国内金融市场和国际金融市场

国内金融市场是指金融交易的作用范围仅限于一国之内的市场。其交易主体都是本国的自然人和法人,交易工具也多由本国国内机构发行。国际金融市场则是指金融工具跨国界进行交易所形成的市场。在该市场中,金融工具的发行人和投资人分别属于两个不同的国家,甚至发行人、投资人及交易所使用的货币可能分别属于三个不同的国家,在此基础上逐渐形成了离岸金融市场。

国内金融市场是国际金融市场形成的基础,而国际金融市场是国内金融市场开放发展到一定阶段的产物。

四、金融市场的功能

(一)资金融通功能

金融市场的资金融通功能主要指金融市场调剂资金余缺,提高资金流动性和灵活性的功能。在货币于国民经济各部门之间循环运动的过程中,经济主体的货币收入与支出不可能在任何时期都完全相等。政府和企业部门经常作为资金的需求方,通过筹集资金来满足其经济及行政活动的需要;居民通常作为资金的供给方寻找投资渠道,以充分利用闲置资金获取收益。这就需要在资金需求方与供给方之间融通资金,以维持和推动社会经济的正常运行。金融市场可以引导众多分散的小额资金汇集成可以投入社会再生产的大额资本,可以为资金供求双方融通资金提供各种金融工具和良好的交易机制及场所,既解决了资金供求矛盾,又实现了资金余缺的调剂。

（二）资源配置功能

金融市场的资源配置功能是指金融市场通过金融工具的价格机制，引导资金流动，实现资源合理配置的功能。在金融市场中，金融工具价格的变动，实际上是其背后所隐含的相关信息的反映。投资者可以通过交易中所公布的信息及金融工具价格与成交量变化所反映出的信息，判断整体经济运行情况及相关企业、行业的发展前景，从而决定其资金的投向。一般来说，资金总是流向最具发展潜力，能够为投资者带来最大利益的部门和企业。因此，通过金融市场的作用，资源会从效率低的部门转移到效率高的部门，从而使有限的资源得到最充分合理的运用。

（三）信息反映功能

金融市场历来被称为国民经济的"晴雨表"和"气象台"，是公认的国民经济信号系统。这实际上就是金融市场信息反映功能的写照。

金融市场信息反映功能主要体现在以下几个方面。①由于金融工具买卖大部分都在证券交易所进行，人们可以随时通过这个有形的市场了解各种上市证券的交易行情，并据以判断投资机会。在一个有效的金融市场中，股票价格的变化反映了该公司经营管理和经济效益的状况及投资者的预期。此外，一个有组织的市场，一般要求上市公司定期或不定期地公布其经营信息和财务报表，这也有助于人们了解和推断上市公司及相关企业、行业的发展前景。②金融市场交易直接或间接地反映了国家货币供应量的变动。货币政策的实施情况、银根的松紧、通货膨胀的程度及货币供应量的变化，均会反映在金融市场之中。因此，金融市场所反馈的宏观经济运行信息，有助于政府部门及时制定和调整宏观经济政策。③金融市场有大量专业人员，他们每日与各类工商企业直接接触，长期从事商情调研和分析，促使投资决策所需要的信息能够被充分地解读和传递。④金融市场所具有的安全、高效的信息传播网络，可将全球金融市场联成一体，让世界各地的人们及时掌握金融市场的最新动态。

（四）风险转移和分散功能

金融市场同时也是风险再分配的场所。在现代经济活动中，风险无时不在、无处不在，而不同的主体对风险的厌恶程度是不同的。风险厌恶程度较高的人可以利用各种金融工具把风险转嫁给风险厌恶程度较低的人，从而实现风险的再分配。这个功能的发挥程度取决于市场的效率。在一个效率很低的市场上，由于市场不能很好地发挥分散和转移风险的功能，因此风险可能会不断积聚并集中暴发，从而导致金融危机。需要强调的是，虽然通过金融工具的交易，风险会因被分散、转移到别处而在某个局部范围内消失，但是总体风险并不一定消除。

（五）宏观调控功能

金融市场的宏观调控功能是指金融市场为货币政策的实施提供了传导机制。货币政策工具主要包括存款准备金率、再贴现率及公开市场操作，货币政策的实施要以金融市场的存在、金融部门及企业成为金融市场的主体为前提。金融市场既提供了货币政策操作的场所，又提供了实施货币政策决策的信息。因为金融市场价格的波动是对有关宏观、微观经济信息的反映，所以中央银行在实施货币政策时，可以通过金融市场来影响利率、调节货币供应量、传递政策意图，从而影响到各经济主体，达到调节整个宏观经济的目的。

此外，金融市场还可以完善利率形成机制，具有提高经济、金融体系竞争力及效率的功能。

五、金融资产的收益和风险

早在 20 世纪 50 年代以前，人们就已经有了分散金融投资风险的意识，但对收益和风险的理解还众说纷纭。1952 年，马科维茨提出用"均值-方差"模型来衡量金融投资的收益与风险。这标志着现代投资组合理论的确立，为资本资产定价模型、套利定价理论、有效市场假说的发展奠定了基础。

（一）期望收益

期望收益是指投资组合的预期收益，也称均值，是假定没有意外事件发生时，根据已知的各种情形出现的概率预测得到的收益。通常，金融资产未来的收益是不确定的，它因受多种不同情形影响而产生不同的收益值，这些收益值与其相对应情形发生的概率的加权平均，即数学期望值，就是资产的预期收益。在金融市场中，预期收益不仅对投资者重要，对金融工具的发行主体（企业、政府等）来说也同样重要，因为金融资产的预期收益是影响发行主体资本成本的主要因素，关系到发行人将来选择什么样的投资项目。

假设单个金融资产的期望收益率为 $E(r_i)$，则投资组合的期望收益率 $E(r_p)$ 为：

$$E(r_p) = \sum [W_i \times E(r_i)] \tag{9-1}$$

式（9-1）中，W_i 为金融资产 i 在投资组合中所占的比重。

（二）方差和协方差

在金融投资中，风险指的是未来收益的不确定性，采用偏离"期望收益估计值"的平方和来计算，即方差 σ^2。收益率的标准差 σ 是方差 σ^2 的平方根。由于方差是与期望收益偏差的平方的期望值，因此偏差越大，这些方差的均值就越大，说明金融资产的价格波动性越强。也就是说，方差和标准差提供了一种测量金融资产收益不确定性的方法。

假设 $p(s)$ 是各种情形的概率，$r(s)$ 为各种情形下的金融资产的持有期收益率，方差的计算公式为：

$$\sigma^2 = \sum p(s)\left[r(s) - E(r)\right]^2 \tag{9-2}$$

由 A 和 B 两种金融资产构成的投资组合的方差是：

$$\text{Var}(组合) = X_A^2 \sigma_A^2 + X_B^2 \sigma_B^2 + 2X_A X_B \text{Cov}(r_A, r_B) \tag{9-3}$$

式（9-3）表明，投资组合的方差取决于组合中各种金融资产的方差和两金融资产之间的协方差。协方差度量两种金融资产收益之间的相互关系。在金融资产方差给定的情况下，如果两种金融资产的收益呈现正相关或协方差为正，就会增加整个组合的方差；而如果两种金融资产收益呈现负相关或协方差为负，就会降低整个组合的方差。

期望值分别为 $E(r_A)$ 与 $E(r_B)$ 的两种金融资产 A 与 B 之间的协方差为：

$$\text{Cov}(r_A, r_B) = E\left\{[r_A - E(r_A)][r_B - E(r_B)]\right\} \tag{9-4}$$

如果在投资者所持有的两种金融资产中，一种资产收益上升，同时另一种资产收益下降，那么这两种资产构成的投资组合的整体风险就较低；如果投资者所持有的两种资产的收益同时上升或者同时下降，那么就无法实现风险对冲，投资组合的整体风险就会比较高。

（三）相关系数

相关系数是用两种资产的协方差除以两种资产各自收益率的标准差的乘积，一般用 ρ 来表示。计算公式为：

$$\rho = \frac{\operatorname{Cov}(r_A, r_B)}{\sigma_A \sigma_B} \tag{9-5}$$

相关系数的值介于-1与1之间，即$-1 \leqslant \rho \leqslant 1$。当$\rho > 0$时，表示两个变量正相关；当$\rho < 0$时，表示两个变量负相关。当$|\rho|=1$时，两个变量为完全线性相关关系，即为函数关系。当$\rho=0$时，两个变量之间不存在任何关系。$0<|\rho|<1$，表示两个变量之间存在一定程度的线性相关关系。且$|\rho|$的值越接近1，两个变量之间的关系越密切；$|\rho|$越接近于0，两个变量之间的相关性越弱。

【例题9-1】某投资组合包含A、B两种股票，股票A的预期收益率为8%，标准差为10%；股票B的预期收益率为18%，标准差为30%，两只股票的相关系数为0.5，投资组合中股票A的权重为60%，股票B的权重为40%，该投资组合的预期收益率与标准差分别为多少？

$$预期收益率 = 8\% \times 0.6 + 18\% \times 0.4 = 12\%$$

$$标准差 = \sqrt{0.1^2 \times 0.6^2 + 0.3^2 \times 0.4^2 + 2 \times 0.6 \times 0.4 \times 0.1 \times 0.3 \times 0.5}$$
$$\approx 0.1587$$

第二节 货币市场

一、货币市场的特点

货币市场的主要功能是调剂短期资金的余缺，它具有以下特点。

（1）**交易的金融工具期限短**。期限最短的只有1天，最长的不超过1年，通常为3～6个月，可随时变现，具有较强的货币性，往往被作为货币的替代品，因而有"准货币"之称。

（2）**货币市场的交易目的主要是满足短期资金周转的需要**。货币市场的资金来源于暂时闲置资金，用于弥补流动资金的临时性不足。货币市场的交易还为资金暂时闲置者提供了投资获利的机会。

（3）**风险程度较低**。由于货币市场的金融工具期限短，因此流动性高，价格不会发生剧烈的变动，风险较小。

二、货币市场的子市场

货币市场的参与者非常广泛，包括中央银行、商业银行、各种非银行金融机构、工商企业、个人等。按货币市场上金融工具品种的不同，可将其划分为同业拆借市场、票据市场、国库券市场、大额可转让定期存单市场、回购协议市场等若干个子市场。

（一）同业拆借市场

同业拆借市场又称同业拆放市场，是指金融机构之间为进行准备金头寸调剂和短期资金融通所形成的市场。

同业拆借市场出现的原因是中央银行推行存款准备金制度。该制度要求商业银行不能将全部存款都用于放款、投资及其他营利性业务，而必须按规定的比率向中央银行缴存存款准备金。法定存款准备金只能以缴存中央银行的存款和商业银行的库存现金的形式存在。在很多国家，存款准备金都不能给商业银行带来利息收入，然而如果存款准备金没有达到法定的数额，中央银行就会对其进行处罚。在日常经营过程中，由于商业银行的资产负债结构及存款余额总要发生变动，因此存款准备金在不同的银行、同一银行的不同时期经常会出现超额或不足的情况。这就使得出现资金头寸暂时盈余的商业银行需要临时拆出资金，取得利息收入，增加资产的盈利；而资金头寸暂时不足、出现缺口的商业银行，则需要拆入资金弥补资金头寸的缺口，以避免受到处罚。同业拆借市场由此产生。

同业拆借市场有如下特点。

（1）对融资主体资格有限制。能进入拆借市场进行资金融通的双方必须是获得中央银行准入资格的金融机构。

（2）融资期限较短。同业拆借市场最初只是为了解决头寸暂时性余缺而进行的一日或几日的资金临时调剂，现在已经发展成金融机构之间进行短期资金融通的市场。

（3）交易额较大。由于同业拆借是为了满足金融机构间的融资需求，因此交易数额通常较大，而且一般不需要担保或抵押，完全是一种信用借贷行为。

（4）利率由供求双方议定。同业拆借市场上的利率是由供求双方相互博弈而形成的，是市场化程度较高的利率，能够迅速、灵敏地反映市场资金供求状况的变化。

同业拆借市场的参与者包括资金拆入者、资金拆出者和中介机构三类。从大多数国家的情况来看，资金的拆入者多为大的商业银行。因为有的商业银行业务量大，所需缴存的存款准备金较多，同时为了提高资金的利用率及盈利能力，它们往往会尽可能地减少库存现金及在中央银行的超额存款准备金等非营利性资金。当出现存款准备金不足时，它们就得依赖同业拆借市场来拆入资金。另外，由于大银行的实力强、信誉高，其他金融机构也愿意向其拆出资金。同业拆借市场上的资金拆出者主要是中小型商业银行及非银行金融机构。同业拆借市场的中介机构是指通过连接资金拆入者和资金拆出者并促成二者之间交易而赚取手续费的经纪商。一般分为专门从事拆借市场及其他货币市场子市场中介业务的专业经纪商和非专门从事拆借市场中介业务的兼营机构两类。

（二）票据市场

票据是指出票人依法签发的，约定自己或委托付款人在见票或指定的日期向收款人或持票人无条件支付一定金额，并可以转让的有价证券。票据是一种重要的有价证券，它以一定的货币金额表现价值，体现债权债务关系，能在市场上流通、交易，具有较强的流动性。票据作为金融市场上通行的支付结算和信用工具，是货币市场的重要组成部分。

我国的票据法将票据分为汇票、本票和支票三种。汇票是出票人签发的，委托付款人在见票时或者在指定日期无条件支付一定金额给收款人或持票人的票据。汇票按照签发人的不同可分为银行汇票和商业汇票。银行汇票是指汇款人将款项交存当地银行，由银行签发，由汇款人持往异地办理转账结算或支取现金的票据。商业汇票是指由银行以外的其他工商企业、事业单位、机关团体签发的汇票。商业汇票按承兑人的不同分为银行承兑汇票和商业承兑汇票。本票是出票人签发的，承诺自己在见票时无条件支付确定的金额给收款人或者持票人的票据。支票是出票人签发的，委托办理支票存款业务的银行或其他金融机构在见票时无条件支付确定金额给收款人或持票人的票据。支票的主要职能是代替现金作为支付工具。票据行为包括出票、背书、承兑、保证、付款和追索。在我国，汇票可发生上述全部票据行为，而支票和本票以出票人或其委托付款的金融机构为付款人，所以无须承兑。

票据市场主要是指票据发行与流通所形成的市场，由初级市场和二级市场构成。初级市场是票据发行市场，主要涉及出票和承兑；二级市场是票据流通市场，主要涉及票据的贴现与再贴现。

1. 票据发行市场

出票是指出票人按法定形式签出票据并将其交付收款人的票据行为。出票是一切票据行为的基础，票据的权利义务关系由此产生。票据承兑是指付款人或银行承诺到期付款的行为。票据上所载明的付款人、金额、期限等内容，必须由债务人承诺并签章后，才具有法律效力，才能成为合格的金融工具并在市场上流通转让。由于承兑人或商业银行是以自己的信用来提高商业票据的信用，保证票据到期付款的，因此票据承兑要收取一定的手续费。

2. 票据流通市场

贴现是指用没有到期的各种票据向银行或贴现公司换取现金。办理贴现时银行或贴现公司要按一定的贴现利率扣除从贴现日到票据到期日的利息。通过贴现，持票人可以提前取得票款，而银行或贴现公司则等于向持票人提供了一笔金额为票据票面金额扣除贴现利息的贷款。贴现涉及贴现利息和实付贴现金额的计算，具体计算方法是：

$$贴现利息=票据票面金额×贴现天数×日贴现率$$

$$实付贴现金额=票据票面金额-贴现利息$$

其中，日贴现率=年贴现率÷360。

【例题 9-2】A 企业持有面额为 100 万元的 1 年期商业承兑汇票，在距离到期日剩下 180 天时，将该汇票提交给 B 银行贴现，此时贴现率为 5%。请问 A 企业获得的实付贴现金额是多少？

$$实付贴现金额=100×\left(1-\frac{180}{360}×5\%\right)=97.5（万元）$$

贴现后的票据还可以按照转让对象的不同，分为转贴现和再贴现。转贴现是商业银行将其贴现收进的未到期票据，以支付一定利息为条件，向其他商业银行或金融机构进行贴现的融资行为。再贴现是指商业银行等金融机构将其贴现收进的未到期票据，以贴付一定利息为条件转让给中央银行的融资行为。

（三）国库券市场

国库券一般是指政府发行的短期国债。国库券是政府部门为弥补财政收入短期性或临时性不足而发行的，期限在 1 年以内的债权债务凭证。国库券的期限有 3 个月、6 个月、9 个月及 1 年期等多种类型。国库券具有风险低、期限较短、流动性高、税收优惠等特点，它不仅是货币市场上重要的融资工具，还是各国中央银行开展公开市场业务，实施货币政策的有效手段。国库券市场的交易活动可分为发行与流通转让两大部分。

国库券的发行目的一般有两个：①满足政府部门短期资金周转的需要，弥补财政短期收支缺口；②为中央银行的公开市场业务提供可操作的工具。因此，国库券的发行，主要考虑的是政府财政预算资金的需求量和配合中央银行执行货币政策的需要。在美国，国库券普遍采用拍卖的方式，由财政部门公布发行量，由投资者或承销商以投标方式提出认购的数量和价格，发行人根据投标的情况，按一定的规则进行配售，认购人主要是中央银行、商业银行、证券承销商、大企业等。投资者按低于面额的认购价格确定投标价，到期取得本金收入，因此购买国库券的利息为中标价格与债券面额之差，也就是说，国库券是以贴现方式折价拍卖发行的。

（1）国库券贴现发行价格的计算。国库券在贴现发行时，如果公布了面额和贴现率，要想知道其收益率首先要计算发行价格：

$$V = F\left(1 - d \cdot \frac{n}{360}\right) \tag{9-6}$$

式中，V 为发行价格；F 为债券面额；d 为年贴现率（按 360 天计）；n 为债券的有效期限（天数）。

（2）国库券收益率的计算。由于国库券属于货币市场交易工具，其年收益率可按照单利的方式计算，即不必考虑所获利息在一年内进行再投资的回报。国库券收益率的计算公式为：

$$\frac{P_1 - P_0}{P_0} \div \frac{T}{365} \times 100\% \tag{9-7}$$

式中，P_1 为国库券的期中转让价格或到期时的本金收入（国库券面额 F）；P_0 为国库券的期中购买价格或发行价格（V）；T 为投资者的持有天数，若从发行日持有到期满日，则等于 n。

国库券有非常发达的流通转让市场，国债经纪人及证券交易商在场外交易市场频繁地进行数额巨大的委托交易及自营买卖，中小投资者则可以通过银行、证券交易商买卖短期国库券。

【例题 9-3】 投资者购买某国库券，其面额为 1000 元，贴现率为 4%，距离到期日还有 91 天。该国库券的发行价格是多少？投资者的单利年收益率是多少？

$$国库券的发行价格 = 1000 \times \left(1 - \frac{91}{360} \times 4\%\right) \approx 989.89（元）$$

$$投资者的单利年收益率 = \frac{1000 - 989.89}{989.89} \div \frac{91}{365} \approx 4.097\%$$

（四）大额可转让定期存单市场

大额可转让定期存单是商业银行为吸收资金而向存款人发行的，金额固定、按一定期限和约定利率计息，于到期前可以流通转让的证券化存款凭证。大额可转让定期存单是美国花旗银行于 1960 年最先发行的。20 世纪 50 年代后期，美国货币市场利率上升，然而美国的商业银行却因受制于"活期存款不得公开支付利息"及"储蓄存款和定期存款的利率设定最高上限",不能以较高的利率来吸收存款。投资者为了增加闲置资金的利息收益,纷纷把资金转移到金融市场,并投资于收益较高的债券、商业票据、货币市场共同基金等金融工具,导致商业银行的存款数量急剧下降,对其资金来源安全构成极大威胁。为了扭转资金外流的局面,商业银行开始进行存款性金融产品的创新,设计出了大额可转让定期存单,以比银行存款更高的利率来吸引短期资金。大额可转让定期存单一经推出即受到短期投资者的欢迎,成为货币市场上重要的交易工具。大额可转让定期存单的主要特点如下所述。

(1) **发行人一般是比较大的商业银行**。因为这些机构的信誉高,有利于存单在二级市场流通,且发行量大,可以降低筹资成本。

(2) **面额较大且固定**。在美国,大额可转让定期存单的面额至少为10万美元,二级市场的交易单位为100万美元。

(3) **不记名,可以流通转让**。大额可转让定期存单不能提前支取,但可以在二级市场流通转让,有别于商业银行的定期存款。

(4) **可获得接近金融市场利率的利息收益**。有些国家规定商业银行对活期存款不支付利息,并规定了定期存款的最高利率,而大额可转让定期存单则不受相关条款限制,其利率既有固定的,也有浮动的,且一般比同期定期存款的利率高。

(5) **期限较短**。大额可转让定期存单的期限最短为14天,最长不超过1年,以3~6个月期较为普遍。

大额可转让定期存单的发行人主要是大型商业银行。在美国,大型商业银行发行的大额可转让定期存单占发行总量的90%以上。中小型商业银行也可以发行大额可转让定期存单,但发行量和竞争力都不能与大型商业银行相比。大额可转让定期存单的购买者主要是企业、政府机构、金融机构和个人。大额可转让定期存单的发行使得商业银行在解决流动性不足时有了更多的选择,除了减少放款和卖出证券,还可以通过发行大额可转让定期存单吸收存款。大额可转让定期存单的出现为商业银行主动调节流动性提供了重要的手段,同时也为资金临时闲置的供给者提供了更多可投资的金融工具。

(五)回购协议市场

回购协议是交易双方在进行证券买卖的同时,对未来某一时刻将要进行的一笔方向相反的交易达成的协议,即交易双方约定在未来某一时刻,证券的出售者以协议约定的价格将证券从交易对手处买回的一种交易方式。回购协议买卖的金融工具主要有国库券、政府债券、大额可转让定期存单、商业票据等。回购协议的交易期限从隔夜到数月不等,一般期限越长,利率就会越高。

回购协议实际上是由两笔方向完全相反的交易组成的。在交易开始日,证券从卖方转移到买方手中,资金从买方转移到卖方手中;到交易结束时,证券和资金将发生方向相反的转移。回购协议从证券出售者(资金借入者)的角度被称为"正回购协议",这是一个卖出证券后按协议约定再重新买进证券的过程。而对于证券购买者(资金贷出者)来说,这是一个先支付资金买入证券后再按协议约定卖出证券收回资金和利息的过程,此时回购协议为"逆回购协议"或"反向回购协议"。这种集证券交易和抵押贷款的优点于一身的货币市场交易方式,不仅为投资者提供了相对安全的投资渠道,为借款人开辟了一条非常方便的融资途径,也为各国中央银行提供了进行公开市场业务操作的重要工具。正因为如此，回购协议市场吸引了包括中央银行在内的广大市场参与者。

第三节 资本市场

一、资本市场的特点

资本市场是融资期限在1年以上的中长期金融资产的供求关系及运行机制的总和。从整体上来看，资本市场由银行中长期信贷市场和证券市场两部分构成，但是，由于股票及长期债券是资本市场中最重要的金融工具，在交易和价格形成上更具备市场化特征，因此，本节所讲述的是狭义的资本市场范畴，即证券市场。

资本市场的功能主要是实现并优化中长期资金配置，其特点如下所述。

（1）**融资期限长**。资本市场上交易的金融工具期限较长，至少为1年，最长的可达数十年，有些甚至是无期限的，如股票、永续债券。

（2）**融资的目的是满足长期投资性资金需求及资本增殖需要**。企业在资本市场上融通资金主要是用于企业的创建、固定资产的投资、扩大再生产等；政府在资本市场上筹集资金，主要是用于长期公共基础性建设项目的投资及平衡财政收支。

（3）**融资工具流动性低、风险高、收益高**。资本市场的金融工具偿还期限长，流动性较低，价格变动幅度较大，风险较高，收益较高。

二、资本市场的主要融资工具

资本市场的融资工具主要有股票、债券和证券投资基金三种类型。

（一）股票

股票是由股份公司签发给股东，证明其股东权益的凭证。它是一种证权证券，证明股东对股份公司的所有权，股东凭借股票可以获得公司的股息红利收入，通过股东大会行使股东权利，影响公司的经营决策，同时也承担着公司经营状况恶化、破产的风险。若公司进入清算阶段，则股东将排在债权人之后分配公司剩余财产。

股票具有以下基本特征。

（1）**收益性**。投资于股票可以给股东带来一定的收益。收益主要来源于两个方面：一是从股份公司盈利中分得的股息红利收入；二是股票在交易市场上买卖的资本利得收益。

（2）**永久性**。股票是一种无偿还期限的证券，投资者购买股票后不能向股份公司要求退股，只能在流通市场上通过转让实现变现。股票的转让只意味着股东的变更，不影响公司的股本额。

（3）**参与性**。股东作为股份公司所有者，有权出席股东大会，选举公司董事，参与公司的重大决策。股东参与公司决策的权力大小取决于其持有的股票份额多少，一般实行的是一股一票制。

（4）**流动性**。股票是流动性很强的证券。投资者可以按照自己的需要和意愿，根据股票的市场行情，在市场上买卖股票。

（5）**风险性**。股票是一种风险较大的投资工具，其风险主要来源于两个方面。①影响股票价格变动的因素多且复杂，因此价格波动的不确定性较大，有可能会使投资者遭受损失。②预期收益的不确定性大。股东能否取得股息红利收入完全取决于公司的盈利状况和分红方案，且公司的亏损、破产都会给股票投资的收益及本金安全带来影响。

股票的品种很多，可按不同的标准对其进行分类，其中最基本的分类方式是按股东权益的不同将股票分为普通股和优先股；按是否记载股东姓名将股票分为记名股票和不记名股票；按是否有票面金额将股票分为有面额股票和无面额股票；等等。

1. 普通股

普通股是在优先股要求权得到满足之后股东才参与公司利润和剩余财产分配的股权证明。普通股股东获得的红利收入受公司经营状况的影响，且须由股东大会决定，他们有权出席股东大会并行使表决权、选举权和被选举权等，可通过投票（通常是一股一票制和简单多数原则）来行使剩余控制权。

普通股股东还具有优先认股权，即当公司增发新的普通股时，现有普通股股东有权按其原来的持股比例认购新股，以保持其对公司所有权的持有比例。新股的购买价格一般低于已发行股票在市场上的交易价格，这导致优先认股权具有一定的价值。现有普通股股东可以根据两者的价格差异和对股价变动的预期，决定是否行使优先认股权，也可以在市场上转让这种权利。

中信证券普通股配股方案

普通股的价格受公司经营状况、经济政治环境、投资者心理因素、供求关系等诸多因素的影响，其波动没有范围限制，暴涨暴跌现象屡见不鲜。因此，普通股的投资风险较大。根据其风险特征的不同，普通股又可分成以下几类。①蓝筹股。蓝筹股是指由大公司发行，具备稳定盈利记录，能定期分派股利，公认的具有较高投资价值的普通股。②成长股。成长股是指发行公司的销售额和利润增长速度快于整个国家及其所在行业公司的股票。这类公司在高速成长阶段一般只对股东支付较低的红利，而将大量收益用于再投资。随着公司的成长，股票价格也会上涨，投资者便可从中得到资本利得的收益。③收入股。收入股是指那些由于公司发展处于成熟期，没有做太多对外投资或新建项目，可以将大部分利润作为红利支付的普通股。④周期股。周期股是指那些经营状况随着经济周期波动而波动的公司所发行的普通股。⑤防守股。防守股是指在面临不确定因素和经济衰退的时期，公司经营状况仍相对稳定，收益高于社会平均水平的公司所发行的普通股。公共事业公司发行的普通股是典型的防守股。⑥概念股。概念股是指产品或经营模式迎合某一时代潮流或热门话题的公司所发行的股票。⑦投机股。投机股是指公司经营活动面临较大的不确定性且生产的产品市场前景不明朗，股票价格具有较大波动性的股票。

2. 优先股

优先股是指在利润分配和剩余财产索取权方面较普通股优先的股票。这种优先权主要表现为：在普通股之前分得固定股息。但在剩余控制权方面优先股劣于普通股。优先股股东通常可以参加股东大会，但没有投票表决权，除非表决事项与优先股股东权益相关，如公司发生财务困难而无法在规定时间内支付优先股股息。

由于优先股股息是固定的,因此优先股的价格与公司经营状况之间的关系不如普通股密切,而主要取决于市场利率,其风险小于普通股,预期收益率也低于普通股。

如果考虑跨时期、复合性等因素,按照优先股剩余索取权的不同特点,可将优先股分为不同的类型。①按剩余索取权是否可以跨时期累积分为累积优先股与非累积优先股。累积优先股是指当公司在某个时期内所获盈利不足以支付优先股股息时,可以累积到次年或以后某一年盈利时,在普通股红利发放之前,连同本年优先股的股息一起发放。而非累积优先股是指当公司盈利不足以支付优先股的全部股息时,非累积优先股股东不能要求公司在以后年度补发其所欠部分。②按剩余索取权是否为股息和红利的组合分为参加优先股和非参加优先股。参加优先股又称参与分红优先股,是指除了按规定的股息率优先获得股息外,还可以与普通股分享公司的剩余收益。非参加优先股是指只能获取固定股息,不能参加公司额外分红的优先股。目前大多数公司发行的优先股都属于非参加优先股。

优先股因其所具有的特点,还包含以下类型。①可转换优先股,指在规定的时间内,优先股股东可以按一定的转换比率把优先股换成普通股。这实际上是给予优先股股东选择不同的剩余索取权和剩余控制权的权利。例如,当公司盈利状况不佳时,优先股股东就可以继续持有优先股,以保证较为固定的股息收入;而当公司大量盈利,普通股价格猛涨时,优先股股东就可以行使其转换权以便拥有更大的剩余索取权。②可赎回优先股,是指允许公司按发行价格加上一定比例的补偿收益予以赎回的优先股。当公司为了减少资本或者认为可以用较低股息率发行新的优先股时,就可能采用上述办法购回已发行的优先股。显然,可赎回优先股在剩余索取和剩余控制方面对股东不利。

(二)债券

债券是发行人依照法定程序发行的,约定在一定期限内还本付息,反映债权债务关系的凭证。债券的发行人一般包括政府、金融机构、工商企业,它们是债券的债务人。债券持有人为债权人,其有权按约定的条件向债务人收取本金和利息,但不能参与发行人的经营管理活动。

债券作为一种重要的融资手段和金融工具,主要具有下列特征。

(1) 偿还性。债券一般有规定的偿还期限,债务人必须按期向债权人支付利息和偿还本金。

(2) 流动性。债券一般可以在市场上自由买卖、转让。

(3) 安全性。债券持有人的利息收入相对固定,不随发行人经营状况的好坏而变动,可以按期收回本金,投资风险比股票小。

(4) 收益性。债券可以为投资者带来利息收入和流通市场上买卖债券的价差收益。

根据债券的定义与特点,我们可以总结出其与股票之间的不同之处。①两者性质不同。债券是代表债权债务关系的凭证;股票是股东对公司所有权的证明。②两者偿还期限不同。债券通常有规定的偿还期;股票则是一种不规定到期日的长期证券。③所筹资金的性质不同。发行债券所筹集的资金属于发行人的负债;发行股票筹集到的资金构成公司的股本。④两者收益不同。债券一般有固定的票面利率,投资者可获得利息收入;股票的股息红利不固定,收益的多少取决于公司的经营状况及公司的分配方案。⑤投资风险不同,股票的投资风险大于债券。因为债券投资有固定的利息收入,在利息支付及对发行公司剩余资产清偿方面,债券持有人都会在股票投资人之前获得分配。

债券的种类繁多，按不同的划分标准有不同的分类。根据发行主体的不同，可分为政府债券、公司债券和金融债券；按计息方式不同，可分为零息债券、一次性还本付息债券、息票债券、单利债券、复利债券和累进利率债券等；按债券形态不同，可分为实物债券、凭证式债券和记账式债券；按募集资金的区域不同，可分为国内债券和国际债券。

1. 零息债券、一次性还本付息债券和息票债券

零息债券又称无息债券，是指没有票面利率，发行时按低于票面金额的价格发行，到期时按票面金额偿付的债券。 零息债券的发行价格与票面金额之间的差额相当于预先支付给投资人的利息。与货币市场上贴现发行的债券稍有不同的是，零息债券的期限一般大于1年。

【例题9-4】某票面金额为1000元的2年期零息债券，按照900元发行，2年后按照票面金额1000元偿付，其中票面金额与发行价格之间的价差100元就是持有该债券2年的收入，其年化收益率为：

$$\sqrt[2]{\frac{1000}{900}} - 1 \approx 5.409\%$$

一次性还本付息债券是指持有期内不支付利息，在债券到期时一次性支付利息和偿还本金的债券。 这类债券一般为2~5年的中短期债券，利息可以按照单利或复利方式计算，持有人在债券到期时才能一次性获得利息和本金。虽然债券在存续期间没有利息支付，但如果投资人在到期前转让，可以按照包含应计利息的价格出售。

息票债券又称分期付息债券或附息债券，是指在债券券面上附有息票，持有人可从债券上剪下息票，并据此领取利息的债券；或是按照债券票面载明的年利率及支付方式分次支付利息（一年一次或一年多次）的债券。 息票债券上标有票面金额、票面利率、每年支付利息的次数、发行时间与到期时间等内容。息票债券的特点是期限较长，一般在5年以上，债券发行人每年或每半年按票面利率向债权人支付利息，到期时归还本金。

2. 政府债券、公司债券和金融债券

（1）政府债券。政府债券包括中央政府、政府机构和地方政府发行的债券。它们以政府的信誉做保证，因而通常无须抵押品，其风险在各种金融工具中是最小的。

① **中央政府债券。中央政府债券是中央政府财政部门发行的以国家财政收入为保证的债券，也称国家公债（简称国债）。** 其特点为：一般不存在违约风险，故又称"金边债券"；可享受税收优惠，利息收入可豁免所得税。在美国，国债按期限可分为1年以内的短期国库券、1~10年的中期国债和10~30年的长期国债。第一个属于货币市场工具，是一种贴现证券；后两个属于资本市场工具，是一种息票证券，通常是每6个月付一次息，到期偿还本金。此外，按是否与物价挂钩，国债可分为固定利率国债和保值国债。前者在发行时就确定了名义利率，投资者得到的真实利率取决于投资期的通货膨胀率，而后者的本金则跟随通货膨胀指数而相应调整，利息是根据调整后的本金支付的，因而不受通货膨胀影响，可以保护债券的价值。

② **政府机构债券。** 在美国、日本等国家，除了财政部门外，一些政府机构也可以发行债券。这些债券的收支均不列入政府预算，而是由发行单位自行负责。有权发行债券的政府机构有两种：一种是政府部门及其直属企事业单位，如美国住房及城市发展部下属的政府国民抵押贷款协会；另一种是虽然由政府主办却属于私营的机构，如美国的联邦全国抵押贷款

协会和联邦住房贷款抵押公司。这些机构或企业具有某些社会功能，它们通过发行债券为经济部门增加信贷资金及降低融资成本，其债券最终由中央政府做后盾，因而信誉也很高。

③ 地方政府债券。在大多数国家，地方政府都可以发行债券，这些债券也是由政府担保的，因此其信用风险仅高于国债及政府机构债券，同时也具有税收豁免特征。按偿付资金的来源不同可分为普通债券和收益债券两大类。普通债券以发行人的无限征税能力为保证筹集资金，并将其用于提供基本的政府服务，如教育、治安、防火、抗灾等，其偿付列入地方政府的财政预算。收益债券则是为了给某一特定的营利建设项目（如公用电力事业、自来水设施、收费公路等）筹资而发行的，其偿付依靠这些项目建成后的营运收入。

（2）公司债券。公司债券是公司为筹措营运资本而发行的债券。这类债券要求不管公司业绩如何，公司都应优先偿还债券的固定收益，否则将在相应破产法的裁决下解决偿债问题，因而其风险比股票低，但比政府债券高。公司债券的种类很多，按不同的标准可划分成不同的类型。

① 按抵押担保状况不同可分为信用债券、抵押债券、担保信托债券和设备信托证。

信用债券是指完全凭公司信誉，不提供任何抵押品而发行的债券。发行这种债券的公司必须有较好的声誉，因而一般只有大公司才能发行。信用债券期限较短，利率较高。

抵押债券是以土地、房屋等不动产为抵押品而发行的一种公司债券，也称固定抵押公司债。如果公司不能按期还本付息，债权人有权处理抵押品以资抵债。

担保信托债券是以公司特有的各种动产或有价证券（如股票）作为抵押品而发行的公司债券，也称流动抵押公司债。用作抵押品的证券必须交由受托人保管，但公司仍保留股票表决及接受股息的权利。

设备信托证是指公司为了筹资购买设备而发行的公司债券。发行公司购买设备后，即将设备所有权转交给受托人，再由受托人以出租人的身份将设备租赁给发行公司，发行公司则以承租人的身份分期支付租金，由受托人代为保管及还本付息，到债券本息全部还清后，该设备的所有权才转交给发行公司。这种债券常用于铁路、航空或其他运输部门。

② 按票面利率是否固定可分为固定利率债券、浮动利率债券和指数债券。

固定利率债券是指事先确定利率，每半年或一年付息一次或一次还本付息的公司债券。这种公司债券最为常见。

浮动利率债券的利率通常根据某一基础利率（如相同期限的政府债券收益率）加上一定的利差来确定，以防止未来市场利率变动可能造成的价值损失。对某些中小型公司或经营状况不太稳定的大公司来说，当固定利率债券发行困难或成本过高时，可考虑发行浮动利率债券。

指数债券是指通过将利率与通货膨胀率挂钩来保证债权人不至于因物价上涨而遭受损失的公司债券，挂钩办法通常为：债券利率=固定利率＋通货膨胀率＋固定利率×通货膨胀率。有时，用来计算利息的指数并不与通货膨胀率相联系，而是与某一特定的商品价格（如油价、金价等）挂钩，这种债券又称商品相关债券。

③ 按内含的选择权不同可分为可赎回债券、偿还基金债券、可转换债券、带认股权证的债券和金融债券。

可赎回债券是指公司债券附加提前回购和以新偿旧条款，允许发行公司选择于到期日之前购回全部或部分的债券。

偿还基金债券要求发行公司每年从盈利中提取一定比例存入信托基金，定期偿还本金，即从债券持有人手中购回一定量的债券。这种债券与可赎回债券相反，其选择权在债券持有人一方。

可转换债券是指附加了可转换条款的公司债券，它赋予债券持有人按预先确定的比例（转换比率）将债券转换为该公司普通股的选择权。公司发行可转换债券，一方面，可通过转股选择权吸引投资者，降低融资成本；另一方面，当股价较高时，可将可转换债券提前赎回，保护原股东的利益。

带认股权证的债券是指把认股权证作为合同的一部分附带发行的公司债券。认股权证允许债券持有人购买发行人的普通股，但与可转换债券不同的是，认股权证行权后，债券的债权债务关系依然存在。

(3) 金融债券。金融债券是银行等金融机构为筹集信贷资金而发行的债券。在西方国家，由于金融机构大多属于股份制公司，因此金融债券也可纳入公司债券的范畴。金融机构发行金融债券，表面来看同吸收存款一样也是银行的负债，但由于债券有明确的期限规定，不能提前兑现，所以筹集的资金比存款稳定得多。更重要的是，金融机构可以根据经营管理的需要，主动选择适当时机发行必要数量的债券以吸纳低成本的资金，因此金融债券的发行通常被看作银行进行资产负债管理的重要手段。

（三）证券投资基金

证券投资基金是指通过发售基金份额募集资金并形成独立的基金资产，由基金管理人管理、基金托管人托管，根据投资组合理论进行运作，基金份额持有人按其所持份额享有收益和承担风险的投资工具。按基金的组织方式不同，可分为契约型基金和公司型基金；按基金份额是否可以赎回，可分为封闭式基金和开放式基金；按投资目标不同，可分为成长型基金、收入型基金和平衡型基金。

证券投资基金主要有以下特点。

(1) 由专家运作、管理，并专门投资于证券市场。基金资产由具备丰富投资经验和先进研究手段的专家组成的基金管理公司负责管理，根据法律和基金契约的规定，投资于证券市场中的各类金融产品。

(2) 是一种间接的证券投资方式。投资者通过购买基金而间接投资于证券市场。他们只需选择适合自己的基金品种，不用分析具体投资对象的价值高低。

(3) 具有投资金额小、费用低的优点。基金对投资资金的最低限额要求不高，如我国每份基金单位的面值为1元，投资者可根据自己的财力来决定购买数量。另外，基金的交易成本一般也比较低，许多国家还对基金投资给予税收上的优惠。

(4) 具有组合投资、分散风险的优点。基金将众多中小投资者的小额资金汇集成巨额资金，并在法定的投资范围内对金融产品进行科学组合，使巨额资金分散投资于多种证券，有效地规避了非系统性风险。

(5) 流动性强、交易方便。封闭式基金一般在证券交易所挂牌交易，买卖程序与上市公司股票相同。开放式基金的投资者可以直接向基金管理公司或取得代理交易资格的金融机构申购或赎回基金。

三、证券的价格和投资收益

（一）证券价格

证券价格是证券投资的核心。在证券交易过程中，证券价格直接影响着投资者能否获得预期收益，以及究竟能获得多少收益。

1. 股票价格与指数

股票价格也称股票行市，是指股票在流通市场上的买卖价格。在股票交易过程中，股票价格会因受各种因素的影响而频繁地波动。根据股利贴现模型，股票价格高低取决于预期股利收益和市场利率两个因素。当假定股份公司在无限经营期内所支付的股利每年均为一个固定金额时，可用下面的公式来表示股票理论价格。

$$股票理论价格 = \frac{预期股利收益}{市场利率}$$

从计算公式可以看出，凡是可能影响预期股利收益和市场利率的因素都会影响股票的价格。在现实生活中，人们对股票的未来收益会有不同的预期，政治、经济和企业内部的各种因素变动都会给股票供求状况带来影响，从而导致股票价格不断变动。影响股票价格变动的因素很多，归纳起来主要有以下几类。

（1）经济因素。经济因素是影响股价的最基本因素，它包括宏观经济因素、中观经济因素和微观经济因素。宏观经济发展水平和状况是影响股票市场发展的重要因素。具体影响股票价格的宏观经济因素主要有经济增长、经济周期循环、货币政策、财政政策、市场利率、物价水平、汇率变动、国际收支状况等。中观经济因素是指某一行业的经济状况对股票价格的影响，主要包括行业生命周期及行业景气循环等因素。微观经济因素是指股份公司的经营状况及发展前景，它们会直接影响公司的股票价格。公司经营状况的好坏和发展前景主要体现在公司资产净值变动、盈利水平、公司派息政策、股份分割与发行、主要经营管理人员变动、公司投资计划成败、产品销路、公司改组或合并等方面。

（2）政治因素。政治因素是指影响股票价格变动的政治事件及政府制定的政策措施。例如，战争的发生、政权的转移、领导人的更替、政治事件的暴发、政府重大政治经济政策的出台等，都可能引起股票价格的剧烈波动。

（3）自然因素。自然灾害的发生会破坏人类正常的生产、生活，导致经济与生产活动停顿，因此也会给股票价格带来影响。

（4）投资者的心理因素。当大多数投资者对股票价格趋势持乐观态度时，他们会夸大利好消息对股票价格的影响，忽视一些潜在的利空因素，从而导致股票价格上涨；相反，当大多数投资者对股票价格未来走势持悲观态度时，股票价格会下跌。

（5）投机因素。一些不正当的投机及操纵股价的行为，如内幕交易、散布谣言、发布虚假信息、欺诈客户等，会扰乱股市的正常秩序，造成股票价格在短时间内剧烈波动。

在证券市场上，单个股票价格的涨跌容易判断，但要比较准确地判断整个股市或某一行业股票价格的水平和股票市场的整体发展趋势，就需要借助于股票价格指数。股票价格指数是表示股票市场价格整体变动水平的相对数，它将报告期与基期样本股票的总市值进行对比，并将该比值与基期设定的特定点数（如 10 点、100 点或 1000 点）相乘。其基本计算方法为：

$$报告期股票价格指数 = \frac{报告期指数样本股总市值}{基期指数样本股总市值} \times 基期指数的点数$$

目前，世界上著名的股票价格指数主要有标准普尔指数、道琼斯指数、英国富时 100 指数、日经 225 指数、香港恒生指数等。随着股票市场的发展，股票价格指数不仅成为反映股市变动情况的重要指标，而且还是股票投资者从事投资活动的重要参考。股票价格指数还是反映一国，甚至世界经济运行状况的"晴雨表"，成为很多国家制定宏观经济政策的参考。

2. 债券价格

债券价格也称债券行市，是指债券在流通市场上转让所形成的价格。从理论上来讲，**债券价格主要取决于债券的内在价值，即债券未来收益的现值，它受到债券的本金和利息收入、债券的待偿期**（从交易到债券偿还日的时间间隔）、**必要收益率的影响**，其中必要收益率是投资者对债券合理回报的预期，它主要由市场的无风险收益率和债券的投资风险决定。在这些变量中，债券的本金和利息收入、待偿期是已知的，因此只要知道必要收益率，就可以计算出债券的理论价格。

例如，单利计息的一次还本付息债券的价格可用以下公式计算，

$$P = \frac{F \times (1 + r \times n)}{(1+i)^m} \tag{9-8}$$

式中，P 为债券的价格；F 为债券的面值；r 为债券的票面利率（年利率，按单利计息）；i 为必要收益率；m 为债券的待偿期（年）；n 为债券的期限，即从发行日至到期日的时间（年）。

债券的理论价格不一定是流通市场上的实际成交价格。债券的市场价格还受市场利率和供求关系的影响，因此一切影响这两个变量的因素都会引起债券价格的变化。具体来说，影响债券价格的因素有社会经济发展状况、物价水平、财政收支状况、货币政策、国际利率差异和汇率变动、新债券的发行、投机操纵等。

（二）证券投资收益

人们投资证券是为了获取收益，而未来收益的不确定性就是投资风险。投资收益与投资风险是并存的，二者成正比，收益越高的投资品种，其投资风险就越大。投资者只能在两者之间进行权衡，选择收益相对较高、风险相对较小的证券品种进行投资。

1. 股票投资收益

股票投资收益是指投资者从购买到出售股票这段持有期的收入，它由股息红利收益和资本利得（即股票价差变动）两部分组成。衡量股票投资收益水平高低的指标主要有股利收益率和持有期间收益率。

（1）股利收益率。**股利收益率指股份公司以现金形式派发的股息红利与股票买入价格的比率，该收益率既可用于计算投资者已取得的股利收益率，也可用于预测未来可能获得的股利收益率**。计算公式为：

$$股利收益率 = \frac{D}{P_0} \times 100\% \tag{9-9}$$

式中，D 为现金股息红利（年）；P_0 为股票的买入价格。

（2）持有期间收益率。持有期间收益率是指投资者在持有股票期间的股息红利收入和买卖差价之和与股票买入价格的比率。为了在时间上具有可比性，通常将其转换为年收益率计算。

$$持有期间收益率 = \frac{D + (P_1 - P_0) \div T}{P_0} \times 100\% \qquad (9\text{-}10)$$

式中，D 为现金股息红利（年）；P_1 为股票的卖出价格；P_0 为股票的买入价格；T 为投资者的持有时间（年）。

2. 债券投资收益

债券投资收益是指投资者持有债券期间所取得的收入，主要包括利息收入、买卖差价（资本损益）和投资期间取得利息的再投资收益。衡量债券投资收益高低的指标是投资收益率。投资收益率有单利和复利之分，本部分内容在计算债券投资收益率时，没有考虑投资者将债券投资期间取得的利息进行再投资所获取的收益，因此该收益率属于单利收益率。对于不同付息方式的债券，其单利收益率的计算方法也有所区别。

（1）到期一次性还本付息债券的单利收益率。这种债券在到期时，由债务人按约定条件一次性支付本金和全部利息。若投资者持有该债券到期满偿还日，则到期收益率的计算公式为：

$$\frac{[(F \times n \times i + F) - P_0] \div T}{P_0} \times 100\% \qquad (9\text{-}11)$$

若投资者在债券到期前就将债券在二级市场上转让出去，则其持有期间收益率的计算公式为：

$$\frac{(P_1 - P_0) \div T}{P_0} \times 100\% \qquad (9\text{-}12)$$

式（9-11）和式（9-12）中，F 为债券的面值；i 为债券的票面利率（年利率，按单利计息）；n 为债券从发行日到期满偿还日的年限；P_0 为债券的购买价格；P_1 为债券到期前的卖出价格；T 为投资者的持有时间（年）。

（2）息票债券的单利收益率。息票债券一般由债务人在到期前按约定分次支付利息，到期再偿还债券本金。投资者可将利息收入进行再投资。对于每年付息一次的息票债券，其持有期间收益率的计算公式为：

$$\frac{C + (P_1 - P_0) \div T}{P_0} \times 100\% \qquad (9\text{-}13)$$

式中，C 为年利息收入；P_0 为债券的购买价格；P_1 为债券到期前的卖出价格或投资者持有到期满时的本金收入；T 为投资者的持有时间（年）。

【例题 9-5】 A 公司发行的息票债券面额是 1000 元，期限为 8 年，票面利率为 5%，每年付息 1 次。投资者 B 在距离到期日还有 6 年时以 990 元的价格购入，在距离该债券到期日剩下 3 年时，以 1005 元的价格售出。请计算投资者 B 的单利持有期间收益率。

$$投资者 B 持有息票债券的单利收益率 = \frac{1000 \times 5\% + (1005 - 990) \div 3}{990} \approx 5.56\%$$

四、一级市场

一级市场也称发行市场，是指公司直接或通过中介机构间接向投资者出售新发行的股票、债券等有价证券所形成的市场。以股票为例，发行过程一般包括以下几个关键环节。

（一）选择发行方式

发行方式一般可分成公募和私募两类。公募是指面向市场上大量的非特定的投资者公开发行股票。公募的优点是：可以扩大股票的发行量，筹资潜力大；无须提供特殊优厚的条件，发行人具有较大的经营管理独立性；股票可在二级市场上流通，能够提高发行人的知名度和股票的流动性。公募的缺点是：发行的工作量和难度较大，通常需要承销商的协助；发行人必须向证券管理机构申请办理注册手续；必须在招股说明书中如实公布公司运营状况，以供投资者作出正确决策。

私募是指仅向少数与发行公司有关联的特定个人和机构投资者发行股票。私募的优点是：可以节省发行费；通常不必向证券管理机构申请办理注册手续；有确定的投资者，因而不必担心发行失败。私募的缺点是：需向投资者提供高于市场平均水平的特殊优惠条件；发行人的经营管理易受到干预；股票难以转让；等等。

对于再发行的股票还可以采取优先认股权方式，这种方式给予现有股东以低于当前市场价格优先购买一部分新发行股票的权利（配股），其优点是发行费用低，并可维持现有股东在公司的权益比例。在认股权发行期间，公司会设置一个除权日，在除权日之前，股票是带权交易的，即购得股票者同时也取得认股权；而在除权日之后，股票不再附有认股权。

（二）选定作为承销商的投资银行

公开发行股票一般是通过投资银行（也称证券公司）进行的，投资银行在这一过程中的角色被称为承销商。许多公司都与一些特定承销商建立了牢固的关系，承销商为这些公司发行股票并提供其他必要的金融服务。承销商除了销售股票，还为股票的信誉作担保。

当发行数量很大时，常由多家投资银行组成承销辛迪加，即承销团，来处理整个发行工作，其中一家投资银行作为主承销商牵头并起主导作用。

在私募的情况下，发行条件通常是由发行公司和投资者直接商定的，因而绕过了承销环节。此时，投资银行的职能通常是寻找可能的投资者，帮助发行公司准备各项文件、进行尽职调查及制订发行日程表等。

（三）准备招股说明书

招股说明书是公司公开发行股票的书面计划说明和投资者决定是否购买股票的依据。招股说明书必须包括公司的财务信息和关于公司经营历史的陈述，高级管理人员的状况，筹资目的和使用计划，公司内部悬而未决的问题等。

在招股说明书的准备阶段，一般要先将由专家工作团起草完成的预备招股说明书与上市登记表一同送交证券管理机构审查，证券管理机构在认定没有虚假陈述和遗漏后，才会批准注册，此时的招股说明书应在标明发行价格后送达潜在的投资者。值得注意的是，在注册制下，证券管理机构只对申报文件的真实性、准确性、完整性和及时性做"形式审查"，而发行公司的质量和股票的价值则由投资者自行判断。

在私募的情况下，注册豁免并不意味着发行公司不必向潜在的投资者披露信息。发行公司通常会雇用投资银行代理起草类似于招股说明书的文件，即招股备忘录。它与招股说明书的区别在于，招股备忘录不包括那些证券管理机构认为是"实质"的信息，而且也不需要送交证券管理机构审查。

（四）发行定价

发行定价是一级市场的关键环节。定价过高会使股票无人问津，进而使发行公司筹不到所需资金，股票承销商也会遭受损失。如果定价过低，虽然股票承销很容易就能完成，但发行公司的筹资规模可能达不到预期。对于再发行的股票，价格过低还会使老股东受损。发行价格主要有平价、溢价和折价三种类型。

首次公开发行的股票通常要进行三次定价。第一次定价是在发行公司选定（牵头）投资银行的时候，发行公司会要求几家竞争承销业务的投资银行给出其各自的发行价格估计数，在其他条件相同的情况下，发行公司倾向于选择估价较高的投资银行作为它的（主）承销商。第二次定价是在编制预备招股说明书的时候，（牵头）投资银行完成了绝大部分的尽职调查工作并对发行公司的业务和经营状况有了一个全面的了解后，再与发行公司谈判，协商确定合适的价格区域。第三次定价是在证券管理机构批准注册之后，（牵头）投资银行就开始与发行公司商讨确定发行价格，对招股说明书做最后的修正。与前两次定价相比，第三次定价尤为重要，因为它一旦确立就具备法律约束力，承销商需按此价格发售新股，因而（牵头）投资银行不得不慎重行事，通常会与发行公司进行激烈谈判并直至公开发行前才确定最后的发行价格。

（五）认购与销售

发行公司完成准备工作之后，承销商（承销团）按照预定的方案发售股票，具体方式通常有以下几种。

1. 全额包销

全额包销是指承销商以低于发行定价的价格把公司发行的股票全部买进，再转卖给投资者。如果到截止日期股票的销售任务还未完成，承销商就必须按合同规定如数付清价款，也就是说，承销商承担了销售过程中股票价格下跌的全部风险。承销商所得到的买卖差价是对承销商提供咨询服务及承担包销风险的报偿。

2. 余额包销

余额包销要求承销商按照规定的发行额和发行条件，在约定期限内向投资者发售股票，在销售截止时未售出的股票由承销商负责购买，并按约定时间向发行人支付全部款项。余额包销的承销商要承担部分发行风险。

3. 代销

代销是指承销商许诺尽可能多地销售股票，但不保证能够完成预定销售额，承销期满后未售出的股票可退回发行公司。在这种发行方式下，承销商不承担风险。

与承销相比，私募条件下的认购和销售则较为简单，通常是根据认购协议直接出售给投资者，投资银行则会因促成交易和提供咨询而得到报酬。

五、二级市场

二级市场也称交易市场，是投资者之间买卖已发行股票、债券等有价证券的场所。这一市场为股票、债券创造了流动性，使它们能够迅速转手变现，同时，通过二级市场的交易价格还可以发现公司的价值。

二级市场通常可分为有组织的证券交易所和场外交易市场。

（一）证券交易所

证券交易所简称证交所，是由证券管理部门批准的，为证券的集中交易提供固定场所和有关设施，并制定各项规则以形成公正合理的价格和交易秩序的正式组织。

1. 证券交易所的组织形式

世界各国证券交易所的组织形式大致可分为以下两类。

（1）**公司制证券交易所**。公司制证券交易所是由银行、证券公司、投资信托机构，以及各类公营、民营公司等共同投资入股建立起来的公司法人。

（2）**会员制证券交易所**。会员制证券交易所是以协会形式成立的不以营利为目的的组织，主要由证券商组成。只有协会会员及享有特许权的经纪人才有资格在交易所中进行证券交易，会员对证券交易所的责任仅以其缴纳的会费为限。

由于公司制证券交易所作为企业法人，在获得融资和扩张上具有较为明显的优势，因此越来越多的证券交易所实行公司制。

阅读材料 9-1

中国证券交易所的组织形式及会员数量

上海证券交易所（简称上交所）成立于 1990 年 11 月 26 日，同年 12 月 19 日开业，受中国证监会监督和管理，是为证券集中交易提供场所和设施，组织和监督证券交易，实行自律管理的会员制法人。截至 2021 年，上交所共有会员 123 家。

深圳证券交易所（简称深交所）于 1990 年 12 月 1 日开始营业，是经国务院批准设立的全国性证券交易场所，受中国证监会监督管理。深交所履行市场组织、市场监管和市场服务等职责。深交所是实行自律管理的会员制法人，截至 2021 年已有 121 家会员和 3 家特别会员。

北京证券交易所（简称北交所）于 2021 年 9 月 3 日注册成立，注册资本 10 亿元，是经国务院批准设立的中国第一家公司制证券交易所，受中国证监会监督管理。目前只有一个单一股东——全国中小企业股份转让系统有限责任公司。北交所经营范围为依法为证券集中交易提供场所和设施、组织和监督证券交易及提供证券市场管理服务等。截至 2021 年北交所共有会员 112 家。

（资料来源：各交易所网站）

2. 证券交易所的会员制度

为了保证证券交易有序、顺利地进行，各国都对进入证券交易所交易的主体实施会员制。机构或个人需具备一定条件、经申请并获得证券交易所批准承认，成为会员后，才能参加证券交易活动。虽然各国确定会员资格的标准各不相同，但基本都会包括会员申请者的背景、能力、财力、是否有从事证券业务的学识及经验、信誉状况等。此外，有些国家和地区的证券交易所只吸收公司或合伙组织的会员，而大多数国家的证券交易所则同时允许公司、合伙组织和个人成为证券交易所会员。按会员所经营的业务的性质和作用不同，各国证券交易所的会员又可分成不同的种类。例如，纽约证券交易所的会员可分为佣金经纪人、交易所经纪人、交易所自营商、零股交易商和特种会员；伦敦证券交易所的会员可分为经纪商和自营商；东京证券交易所的会员可分为正式会员和经纪会员。

3. 证券交易所的上市制度

股票上市是指赋予某种股票在某个证券交易所进行交易的资格。对公司来说，上市可增加其股票的流动性并提高公司的声望和知名度。当然，股票上市后，公司经营者的责任也加重了。股票发行后并不一定就能上市，而是要满足特定条件和程序后方可上市。各国的法律虽然很少直接对股票的上市条件做出明确规定，但各证券交易所为了提高在本证券交易所交易的股票的质量，都会要求各种股票在本证券交易所交易之前先办理申请上市手续，经审查合格后，由股票的发行公司与交易所签订上市协议，并缴纳上市费后，才能在本证券交易所进行交易。各证券交易所的上市标准大同小异，主要包括以下内容：第一，有足够的规模；第二，满足股票权分散的要求；第三，发行公司的经营状况良好或具备发展潜力；等等。

（二）场外交易市场

场外交易是相对于证券交易所交易而言的，凡是在证券交易所之外的股票交易活动都可称为场外交易。由于这种交易最初主要是在各证券商的柜台上进行的，因而也称柜台交易（Over-the-Counter，OTC）。

与证券交易所相比，场外交易市场没有固定、集中的场所，而是分散在各地，规模有大有小，由自营商来组织交易。自营商也称"做市商"，他们投入资金买入证券，然后随时随地将所持有的证券卖给客户，维持了市场的流动性和连续性，买卖差价可以看作自营商提供以上服务的收入。但由于自营商不像证券交易所的特种会员一样有维持市场稳定的义务，因此在价格大幅波动的情况下，这些自营商会停止交易以避免遭受更大的损失。

场外交易市场的证券交易价格是通过商议达成的，一般是由自营商先挂出各种证券的买入价和卖出价。如果某种证券的交易不活跃，那么就只需一两个自营商作为市场组织者，而当交易活动增加时，就会有更多的市场组织者加入竞争，从而使买卖差价降低。

我国的场外交易市场

证券在场外交易市场交易，比在证券交易所上市受到的管制要少，也更方便灵活，因而受到中小型公司和具有发展潜力的新公司的青睐。但是，场外交易市场也存在缺乏统一的组织、信息传递不充分等缺点。

第四节 外汇市场

一、外汇市场概述

外汇市场是指外汇买卖的场所、交易方式、渠道和机制的总和,是国际金融市场的基本组成部分。 外汇市场上的参与主体有各国政府、国际金融机构、商业银行、非银行金融机构、工商企业、个人、外汇经纪商、外汇投机者等。

从一个国家的角度来看,市场上外汇的来源主要有:商品和劳务的出口外汇收入;对外投资的外汇收入(利润、利息和股息);国外单方面转移的外汇收入(外国人、外国政府、外国民间机构、国际组织对本国的捐赠款及本国侨民的汇入汇款等);国际资本流入的外汇收入(外来投资和对外借款等);中央银行出售黄金及其他海外资产的外汇收入;等等。市场上外汇的用途主要有:商品和劳务进口的外汇支出;外来投资报酬返回的外汇支出;本国对外单方面转移的外汇支出;国际资本流出的外汇支出;中央银行购进黄金及其他海外资产的外汇支出;等等。

随着通信技术的飞速发展,国际外汇市场已演变成 24 小时开放的、迅捷的、有形与无形相结合的全球交易网络。

二、外汇的概念与种类

(一)外汇的概念

从动态的角度来看,外汇是指通过银行进行的、把一个国家的货币兑换成另一个国家的货币的兑换活动。从静态的角度来看,外汇有广义与狭义之分。

狭义的外汇,可以使用《中华人民共和国外汇管理条例》中的解释,**即外汇是指以外币表示的可以用作国际清偿的支付手段和资产。** 其具体形态包括:外国现钞(纸币、铸币);外币支付凭证(票据、银行存款凭证、邮政储蓄凭证等);外币有价证券(债券、股票等);特别提款权;其他外汇资产(黄金、白银等储备资产)。**一种物品能否被认定为狭义的外汇,通常要看它是否同时具备外币性、兑换性和偿付性三个条件。** 外币性是指必须以外币而不能以本币来表示;兑换性是指在国际上具有通用性,可以自由地兑换成其他外币资产或支付手段;偿付性是指在国外必须能够得到清偿的货币债权。

广义的外汇可以使用国际货币基金组织的解释,即外汇是货币行政当局(中央银行、货币管理机构、外汇平准基金组织及财政部)以银行存款、长短期政府债券等形式持有的在国际收支逆差时可以使用的债权。其中包括基于中央银行及政府间协议而发行的在市场上不流通的债券,而不论它是以债务国还是以债权国的货币来表示的。

狭义的外汇与广义的外汇之间最主要的区别在于本币资产能否充当外汇,对于广义的外汇而言,本币或本币表示的资产在一定条件下可以被列入外汇的范畴。但如果没有特别的说明,外汇这一概念通常是指静态的、狭义的外汇。

外汇产生和存在是基于国际各种交往所引起的货币流动及国际债权债务关系的清算了结，基于货币主权独立所构成的国别币制的差异。因此，外汇的实质就是一种用于国际清偿和国际购买力转换的支付手段或资产。

（二）外汇的种类

除了上述从外汇管理角度对外汇进行的划分，还可以从其他的角度把外汇分为不同的种类，如贸易外汇和非贸易外汇；即期外汇和远期外汇；自由外汇和记账外汇；现汇外汇和现钞外汇；等等。

三、外汇汇率及其作用

（一）汇率与外汇汇率

汇率泛指两个不同国家货币之间的兑换比率，是用一国货币来表示的另一国货币的价格，它包括本币与外币之间的兑换比率和外币与外币之间的兑换比率。

外汇汇率是汇率的一种特殊存在形态，专指外币与本币之间的兑换比率，它通常用本币来表示外币的价格（直接标价法），也可以用外币来表示本币的价格（间接标价法）。而外币与外币之间的兑换比率是汇率而不是外汇汇率。

（二）外汇汇率的表示方法

外汇汇率有直接标价法和间接标价法两种基本表示方法，任何一种外汇汇率要么以直接标价法表示，要么以间接标价法表示。

1. 直接标价法

直接标价法是指以某一固定数量的外币为计算标准（基准货币），以本币为计算单位（折算货币），通过本币金额的变动来反映外汇汇率变动的表示方法。在直接标价法下，本币金额变大，表示外币升值、本币贬值；反之，则相反。

2. 间接标价法

间接标价法是指以某一固定数量的本币为计算标准（基准货币），以外币为计算单位（折算货币），通过外币金额的变动来反映外汇汇率变动的表示方法。在间接标价法下，外币金额变大，表示外币贬值、本币升值。

在上述基本表示方法的基础上，还存在着另外两种较为常见的表示法。一种是专门用于表示远期汇率的"基本点数表示法"（也称差额表示法，这里的差额是指远期汇率与即期汇率之间的差额，该差额用远期汇率升贴水的基本点数表示）。另一种是在国际商业银行之间的外汇市场上买卖外汇报价时使用的"美元标价法"。

（三）外汇汇率的种类

外汇汇率的分类方式有很多，较为常见的分类有：银行买入价汇率、银行卖出价汇率、银行买卖中间价汇率和银行现钞买入价汇率；即期汇率和远期汇率；基础汇率和套算汇率；官方汇率和市场汇率；固定汇率和浮动汇率；单一汇率和复汇率；贸易汇率和金融汇率；等等。

(四)外汇汇率的作用

外汇汇率具有以下几个方面的作用:充当本币与外币之间相互兑换的折算标准;充当表现本币与外币之间相对价值大小的尺度;充当比较国内外商品市场价格的转换器;充当国际收支活动的调节杠杆;充当反映一国经济运行是否均衡与稳定的综合指标。

四、影响外汇汇率变动的因素

影响外汇汇率变动的因素是多种多样的,有的是直接的,有的是间接的,有的是经济因素,有的是非经济因素,外汇汇率的变动往往是诸多因素共同作用的结果。在通常情况下,影响外汇汇率变动的重要因素有以下几个。

(一)外汇市场上的供求状况

这是影响外汇汇率变动最直接的因素。当外汇市场出现供大于求的状况时,外汇汇率通常会向下波动;反之,外汇汇率则会向上波动。

(二)国际收支状况

这是影响外汇汇率变动的宏观因素。国际收支状况通常是通过影响外汇供求关系来影响外汇汇率的。国际收支若出现顺差,并且不断加剧,外汇市场就会出现供大于求的局面,从而促使外汇汇率向下波动;反之,则会促使外汇汇率向上波动。

(三)国民收入的变动

国民收入的变动对外汇汇率的影响是间接的。当国民收入增加时,人们的消费需求也会随之增加,增加的消费需求有可能导致进口增加和出口减少,从而促使国际收支往逆差方向变动,最终使外汇汇率向上波动;反之,则会促使外汇汇率向下波动。国民收入变动的背后,是经济增长率的变动,也就是说,经济增长率变动会通过影响国民收入变动而影响外汇汇率。

(四)物价水平的变动

本国物价水平与外国物价水平之间的相对变动,会改变进、出口商品的价格竞争优势,从而对进、出口贸易产生影响,并最终通过影响国际收支、外汇供求关系来影响外汇汇率。在其他条件不变的情况下,本国物价水平上升,会促使进口增加、出口减少,并最终使外汇汇率向上波动;反之,则会促使外汇汇率向下波动。一般来说,能够引起本国物价水平上升的因素(如本币发行量过多、本国生产成本上升等),都会对外汇汇率产生影响,使外汇汇率向上波动;反之,能够引起本国物价水平下降的因素,则会促使外汇汇率向下波动。

(五)利率水平的变动

利率水平的变动对外汇汇率的影响机理较为复杂,在资本项目可自由兑换的条件下,一国存款利率水平的变动,会引起套利资本的国际流动,从而影响外汇市场上的供求关系,进而影响外汇汇率。在其他因素不变的情况下,利率较高的国家一般会吸引国际资本流入,导致短期内外汇汇率向下波动,本币升值。

（六）财政收支状况

财政收支状况也是间接影响外汇汇率的因素，一方面，财政收支状况通过影响总需求而作用于进出口，从而影响外汇汇率；另一方面，财政收支状况通过影响货币供应量，导致物价水平发生变化，进而影响外汇汇率。一般情况下，扩张性财政政策会造成财政赤字，从而导致本币贬值，外汇汇率上升。

（七）预期行为

如果社会公众对外汇汇率的变动趋势形成了某种较为一致的预期，并依据这种预期采取相应的自我保护行动，那么，公众的这种共同行动的结果，就会促使外汇汇率朝人们所预期的方向变动。例如，公众普遍形成了本币将会贬值的预期，于是纷纷抛售本币抢购外币，就会促使外汇出现供不应求的局面。最终，外汇汇率上升，本币汇率下降，公众的预期变成了现实。

（八）汇率制度

汇率制度因素是从汇率的形成机制、汇率的调节方式、汇率波动的范围和界限等方面对外汇汇率发生作用的。例如，在固定汇率制度下，外汇汇率的波动幅度相对较小，而在浮动汇率制度下则相对较大。

（九）货币制度

货币制度因素对外汇汇率的影响机理，类似于汇率制度因素对外汇汇率的影响机理。例如，在金本位制度下，由于各国规定了各自货币的含金量，因此两国货币含金量的对比（铸币平价）便成为决定两种货币汇率的基础，外汇汇率仅在黄金输送点之间小幅度波动；在信用货币制度下，各国纸币具有的购买力之比成为决定外汇汇率长期变动趋势的基础性因素。现代纸币制度条件下的外汇汇率波动幅度，要远远大于兑现的信用货币制度条件下外汇汇率的波动幅度。

（十）货币行政当局的政策取向

在现代社会经济生活中，政府的作用日益增强，一国政府会根据本国政治、经济形势的变化，选择实施不同的财政政策、货币政策、外汇管制政策、外交政策等，这些政策都会从不同的方面对外汇汇率产生某种程度的影响。

五、外汇交易方式

外汇交易方式有很多，较为常见的有外汇即期交易、外汇远期交易、外汇期货交易、外汇期权交易、外汇互换交易、外汇掉期交易和各种应用组合交易等。

（一）外汇即期交易

外汇即期交易是指在成交日或其后的两个银行营业日内完成交割的外汇交易。 这也是最基本的外汇交易方式。外汇即期交易可以进一步细分为当日交割、翌日交割和隔日交割的即期交易。在国际金融市场上,如果未加特别说明,则外汇即期交易一般指的是隔日交割的即期交易。

(二)外汇远期交易

外汇远期交易是相对于外汇即期交易而言的,它是指从成交日后的第三个银行营业日起算的未来的某一银行营业日(通常不超过一年)进行交割的外汇交易。远期交易可以分为预先固定交割日期的定期交易和不预先固定交割日期的择期交易。如果是交易双方均为银行的择期交易,则具体交割日期通常由买入方银行最终确定;如果是外汇银行与一般客户之间的择期交易,则具体交割日期由客户最终确定。在未加特别说明时,外汇远期交易是指定期交易。

(三)外汇期货交易

外汇期货交易引入了商品期货交易的机理,它是在交易所进行的以标准化外币期货合约为交易标的物的交易方式,属于一种外汇衍生交易方式。外汇远期交易与外汇期货交易虽然都是现在成交、未来交割的交易类型,但二者之间仍有较大差异(表9-1)。

表9-1 外汇远期交易与外汇期货交易的差异

比较项目	外汇远期交易	外汇期货交易
交易规模的大小	取决于各个具体的交易合同	取决于标准化合约及其成交份数
交割日期	取决于各个具体的交易合同	取决于标准化合约的规定
交易价格	按银行公布的汇率执行	由买卖双方公开竞价决定
交割清算方式	参与交易的双方清算	买方、卖方和清算所三方清算
参加者	主要是银行和公司	注册的交易所会员及一般客户
保证金	无,但银行对交易对手方通常保留一定的信用额度	按规定缴纳初始保证金,并依据汇率变化和规则追加保证金
交易标的	外币实物	标准化外币期货合约
交割数量	取决于交易合同的约定	取决于合约买卖价差及合约份数
交易地点	外汇交易银行的柜台	由交易所指定

(四)外汇期权交易

外汇期权交易是指外汇现货或期货合约的买方在支付了一定的合约费(又称权利金或期权费)之后,便可在合约规定的期限内,拥有买或不买、卖或不卖的选择权,即买方有要求期权交易的卖方履行合约或自行放弃履行合约的选择权,而不承担必须履行合约的义务。这意味着,在合约到期时,如果按合约事先约定的汇率进行交割(买入或卖出标的货币)对买方有利,买方就会要求对方履行合约(卖出或买入标的货币),并与之进行交割清算;如果按合约所约定的汇率进行交割对买方不利,买方就会放弃履行合约。买方遭受的最大损失为支付给卖方的期权费,而期权卖方的盈亏状况则恰好与买方相反。

(五)外汇互换交易

外汇互换交易是指两个或两个以上的当事人,按照市场行情签订合约,在约定的期限内相互交换付款义务，即用各自不同的货币进行一系列支付的金融交易。具体内容将在本章第五节介绍。

（六）外汇掉期交易

外汇掉期交易是指交易者在买入（或卖出）某种货币的同时，又卖出（或买入）数量相等、交割期限不同的该种货币。掉期交易可以是两笔即期交易的组合（即期对即期的掉期），也可以是一笔即期交易与一笔远期交易的组合（即期对远期的掉期），还可以是两笔远期交易的组合（远期对远期的掉期）。掉期交易主要应用于外汇银行轧平外汇买卖头寸的业务，目的在于覆盖敞露的交易头寸，防范汇率风险。

第五节 金融衍生工具市场

20世纪70年代以来，由于金融自由化浪潮不断高涨，金融管制逐渐松动，利率、汇率波动加剧，金融市场上影响资产价格的不确定因素不断增加，投资者、筹资者和金融中介面临的风险日益加大。为了规避金融资产价格变动的风险，人们在金融市场上创造出许多新的金融衍生工具。金融衍生工具是由基础性金融工具派生出来的各种金融合约及交易组合形式的总称，其价格受到基础性金融工具的价格及价格变动的影响。按照金融衍生工具自身交易的方法及特点，可将其分为金融远期合约、金融期货合约、金融期权合约、金融互换合约四种基本类型。

一、金融远期合约

（一）金融远期合约的概念

金融远期合约是指交易双方约定在未来的某一确定时间，按当前确定的价格（汇率、利率、股价）买卖一定数量的某种金融资产的合约。其中，未来买入标的物的一方为多方，未来卖出标的物的一方为空方，合约中规定的未来买卖标的物的价格为交割价格。例如，美国某进口商从澳大利亚进口羊毛，3个月后需付货款100万澳元，此时即期汇率为0.8800美元/澳元。为了避免澳元对美元升值导致其购货成本上升，该进口商在签订购货合同的同时与银行签订3个月后以0.9000美元/澳元的汇率向银行购买澳元的远期合约，从而锁定了澳元的购买成本。

金融远期合约是为了规避现货交易风险而产生的。远期合约是一种非标准化合约，灵活性较大，无须支付保证金，既可以在金融机构之间或金融机构与客户之间进行交易，也可以在场外交易市场进行交易。但它的非标准化也使得金融远期市场存在交易效率低、难以形成反映市场供求关系的价格、合约流动性差、信用风险较高等不足。

（二）金融远期合约的种类

金融远期合约包括远期利率协议、远期外汇合约和证券资产远期合约等。

1. 远期利率协议

远期利率协议（Forward Rate Agreement，FRA）是买卖双方同意从未来某一商定的时间点开始在某一特定时期内按协议利率借贷一笔数额确定、以具体货币表示的名义本金的协议。远期利率协议的买方是名义借款人，其订立远期利率协议的目的主要是规避利率上升的风险；远期利率协议的卖方则是名义贷款人，其订立远期利率协议的目的主要是规避利率下降的风险。借贷双方不必交换本金，只是在结算日根据协议利率和参照利率之间的差额及名义本金额计算出结算金，并由交易一方付给另一方。

（1）重要术语和交易流程。为了规范远期利率协议，英国银行家协会于 1985 年颁布了远期利率协议标准化文件（FRABBA），对相关术语进行了界定（表 9-2），将其作为市场实务的指导原则。目前世界上大多数远期利率协议都是根据 FRABBA 签订的。该标准化文件使得每笔 FRA 交易仅需一个电传确认即可成交，大大提高了交易的速度和质量。

表 9-2 FRABBA 对远期利率协议主要术语的界定

中文	英文	含义
合同金额	Contract Amount	借贷的名义本金额
合同货币	Contract Currency	合同金额的货币币种
交易日	Dealing Date	远期利率协议成交的日期
起算日	Spot Date	开始计算协议时间的日期
确定日	Fixing Date	又称基准日，是确定参照利率的日期
结算日	Settlement Date	名义借贷开始的日期，交易双方交付结算金
到期日	Maturity Date	名义借贷合同到期的日期
递延期限	Deferred Period	从起算日到参考利率确定日之间的期限
合同期	Contract Period	结算日至名义借贷合同到期日之间的天数
合同利率	Contract Rate	在协议中双方商定的借贷利率
参照利率	Reference Rate	在协议中指定的某种市场利率

远期利率协议交易流程如图 9.1 所示，交易日至起算日、确定日至结算日一般间隔均为 2 个工作日。

图 9.1 远期利率协议交易流程

（2）远期利率协议的功能。远期利率协议最重要的功能在于通过固定将来实际交付的利率从而避免了利率变动的风险。签订远期利率协议后，不管市场利率如何波动，协议双方将来收付资金的成本或收益都是根据合同利率水平确定的。

另外，由于远期利率协议交易的本金不用交付和清算，利息又是按协议利率与参照利率的差额结算的，因此资金流动量较小，这就给银行提供了一种既可以管理利率风险又无须改变其资产负债结构的有效工具。

2. 远期外汇合约

远期外汇合约是指双方约定在将来某一时间按约定的远期汇率买卖一定金额的某种外汇的合约。交易双方在签订合同时，就已确定好将来进行交割的远期汇率，到时不论汇率如何变化，都应按合同规定的汇率进行交割。在交割时，无须交割名义本金，只需交割合同中规定的远期汇率与当时的即期汇率之间的差额。

远期汇率是指两种货币在未来某一日期交割的买卖价格。远期汇率的报价方法通常有两种：一种是报出直接远期汇率；另一种是报出远期差价（又称掉期点数）。远期差价是远期汇率与即期汇率的差额。在直接标价法下，若远期汇率大于即期汇率，那么这一差额就表示外币升水，反之则为外币贴水；若远期汇率与即期汇率相等，那么就称平价。

目前外汇市场上大多采用远期差价报价法。通过即期汇率加减升贴水，就可算出远期汇率。

【例题9-6】远期汇率的计算。在中国外汇交易市场上，假设美元兑人民币的即期汇率为 USD1=CNY6.3520/25，1个月远期差价为 50/55；英镑兑人民币的即期汇率为 GBP1=CNY8.5265/75，1个月远期差价为 40/25。请分别计算美元兑人民币、英镑兑人民币的1个月远期汇率。

将即期汇率按照一定规则加减升贴水即可获得远期汇率。加减的规则是"前小后大往上加，前大后小往下减"。"前小后大"和"前大后小"是指差价的排列方式。由于上述美元兑人民币的差价排列方式为"前小后大"，因此往上加，得到美元兑人民币的1个月远期汇率为 USD1=CNY6.3570/80；英镑兑人民币的差价排列方式为"前大后小"，因此往下减，得到英镑兑人民币的1个月远期汇率为 USD1=CNY8.5225/50。

3. 证券资产远期合约

证券资产远期合约是指交易双方约定在将来某一特定日期，按当前所确定的价格交付一定数量某种或一篮子股票或债券的协议，主要包括远期股票合约和远期债券合约。

二、金融期货合约

（一）金融期货合约的概念

金融期货合约是指交易者在特定的交易场所，通过公开竞价方式买卖的由交易所统一制定的某种金融商品的标准化合约。金融期货具有期货的一般特征，它与商品期货的差异主要是其合约标的物不是实物商品，而是外汇、债券、股票指数等金融商品。

金融期货根据交易的金融商品的类型不同，主要分为利率期货、股票价格指数期货、外汇（货币）期货三种。

（二）金融期货交易的基本特征

（1）金融期货交易是标准化合约的交易。作为交易对象的金融资产，其交易标的、报价方式、交易及交割时间、每日价格波动幅度、最低保证金等都已由交易所做出规定，唯一不确定的是标的资产的成交价格。

（2）金融期货交易采取公开竞价的方式来决定标的资产的买卖价格。

（3）金融期货交易实行会员制度。非会员要参与金融期货的交易必须由会员代理，交易所严格地实行保证金制度，交易的信用风险较小，安全保障程度较高。

（4）买卖双方在最后交割日到来之前，可采取对冲平仓的方式结清期货头寸，而无须等到到期时进行实物交割。

（三）金融期货市场的主要功能

金融期货市场的主要功能有价格发现、套期保值和投机获利。

1. 价格发现

由于金融期货交易是在有组织、规范化的交易所内对多种金融期货合约进行的集中买卖，有大量的买方和卖方参与，通过这种公开、公平、公正的竞争所形成的价格基本上反映了真实的供求关系和价格变化趋势。此外，金融期货市场上所形成的价格不仅对该市场的各类投资者产生直接的指引作用，也为金融期货市场以外的其他相关市场提供了有用的参考信息，从而形成了市场对金融资产价格的合理预期，对金融资产的未来定价也产生了一定的影响。

2. 套期保值

投资者通过买卖相关的金融期货合约，在金融期货市场上建立与其现货市场相反的头寸，并根据市场的不同情况采取在期货合约到期前对冲平仓或到期履约交割的方式，实现其规避风险的目的。

【例题9-7】 某年4月美国一公司将货物出售给一家日本公司，得到10000000日元，货款于6月支付。当时市场汇率为1美元=110.52日元，即1日元=0.009048美元。美国出口商担心日元贬值，于是利用期货市场进行套期保值，交易过程及盈亏情况如表9-3所示。

表9-3　美国出口商利用外汇期货进行套期保值的过程及盈亏情况

交易时间	现　货	期　货
4月	即期汇率：0.009048美元/日元	卖出1份6月的日元期货合约，价格为0.009045（每份合约交易数量为12500000日元）
6月	即期汇率：0.008333美元/日元	以0.0083333美元/日元的价格买进期货合约进行对冲
	损失：（0.009048-0.008333）×10000000=7150（日元）	盈利：（0.009045-0.008333）×12500000×1=8900（日元）

套期保值的结果是，美国出口商在期货市场上盈利8900日元，不但完全弥补了现货市场上日元贬值的损失，而且还稍有盈利。

3. 投机获利

期货市场除了为套期保值者提供了规避价格变动风险的交易机制外，客观上也为投机者提供了投机获利的渠道。投机者没有对现货交易的避险需求，他们根据对金融资产市场价格的预测，低买高卖，通过不断地买卖，赚取价差收益。例如，某投机者预测，香港股市将要下跌，他决定卖出恒生指数期货进行投机。恒生指数期货合约价值为恒生指数（以整数计算）乘以50港币。假设卖出时指数的点位是20000点，买进对冲的点位是19900点，不考虑交易费用等成本，该投机者可获利（20000-19900）×50港币=5000港币。如果恒生指数没有如投机者所愿出现下跌,而是上涨,在投机者对冲平仓时,恒生指数的点位上升到20100点,则这项交易以投机者损失5000港币告终。

三、金融期权合约

(一)期权的种类

期权是一种选择权交易,是买方以支付期权费为代价所获得的在一定期限内交易与否的选择权。按期权买方执行期权的时限不同,可将期权分为欧式期权和美式期权。欧式期权的买方只能在期权到期日才能决定是否执行期权。美式期权则允许买方在期权到期前的任何时间选择是否执行期权。按期权买方行权方向的不同,可将期权分为看涨期权和看跌期权。看涨期权是指期权买方有权在规定期限内决定是否按协议价格买进某种标的物,故又称买进期权。看跌期权是指期权的买方有权在规定期限内按协议价格决定是否卖出某种标的物,故又称卖出期权。

按期权合约的标的资产不同,可将期权分为交易普通商品的期权和交易金融资产的期权(金融期权)。金融期权根据金融资产种类的不同,又可细分为利率期权、外汇期权(或货币期权)、股价指数期权、股票期权等现货期权及金融期货期权。

(二)金融期权交易与金融期货交易的区别

(1)金融期货合约买卖双方的权利是对等的,金融期权合约只赋予买方权利,卖方只能被动接受买方的选择及履行交易义务。

(2)金融期货合约是标准化合约,而金融期权合约有场外交易和交易所交易之分,场外交易的现货期权合约是非标准化的,交易所交易的现货期权合约和所有的期货期权合约则是标准化的期权合约。

(3)金融期货交易中买卖双方所承担的盈亏风险相对应,一方的盈利来源于另一方的亏损。金融期权交易双方的盈亏风险是不对等的,金融期权交易卖方的亏损风险会随着市场价格与约定价格的差额的扩大而增加,盈利则以期权费为限;金融期权交易买方的亏损以期权费为限,盈利则随着市场价格与约定价格的差额的扩大而增加。

(4)金融期货交易的买卖双方都须缴纳保证金,而金融期权交易的买方则无须缴纳保证金,因为金融期权交易的买方的亏损不会超过其已支付的期权费。场外交易的金融期权卖方是否需要缴纳保证金取决于当事人的意愿,而在交易所交易的金融期权卖方则要缴纳保证金。

四、金融互换合约

(一)金融互换合约的概念

金融互换合约是指交易双方为避免或降低利率与汇率风险,降低长期筹资成本,在一定时间内,交换一系列现金流的合约。具体来说,金融互换合约是指两个或两个以上的当事人按照商定的条件,在约定的时间内,交换不同金融工具的一系列支付款项或收入款项的合约。

（二）金融互换的作用

（1）**降低筹资成本或提高资产收益**。筹资者通过互换交易，可充分利用双方的比较优势，大幅度降低筹资成本。同样地，投资者也可通过资产互换来提高资产收益。

（2）**优化资产负债结构，转移和防范利率风险和汇率风险**。互换交易使企业和银行能够根据需要筹措到任何期限、币种、利率的资金，并根据市场行情的变化，灵活地调整其资产负债的品种结构和期限结构，以实现资产负债的最佳搭配，从而减少中长期利率和汇率变化的风险。

（3）**逃避各类管制**。互换交易属表外业务，不计入资产负债表，因此一定程度上可以帮助企业逃避外汇管制、利率管制及税收管制。

（三）金融互换的主要类型

1. 利率互换

利率互换是指双方同意在未来的一定期限内以同种货币、同样的名义本金交换现金流，其中一方的现金流根据浮动利率计算，而另一方的现金流根据固定利率计算。互换的期限通常在2年以上，有时甚至在15年以上。

双方进行利率互换的主要原因是双方分别在固定利率市场上和浮动利率市场上具有比较优势。由于本金相同，因此双方不必交换本金，而只交换利息的现金流。互换利益是双方合作的结果，由双方分享。具体分享比例由双方谈判决定。

【例题9-8】假定A、B公司都想借款，A想使用浮动利率计息，B想使用固定利率计息，但两家公司信用等级不同，故金融市场向它们提供的融资利率也不同，具体融资成本如表9-4所示。

表9-4 A、B公司的融资成本

市场类型	A公司的融资成本	B公司的融资成本
固定利率市场	11.5%	13%
浮动利率市场	6个月LIBOR+0.25%	6个月LIBOR+0.75%

注：LIBOR为伦敦同业拆借利率。

从表9-4可以看出，在两个不同的市场，A的借款利率均比B低，但A在固定利率市场上优势较大，而B在浮动利率市场上劣势较少。双方进行互换，A按11.5%的固定利率借款，再将资金按照12.5%的利率转贷给B；B按6个月LIBOR+0.75%的浮动利率借款，然后直接转贷给A。互换的结果是，A的浮动利率借款按LIBOR-0.25%计息，B的固定利率借款按12.5%计息，从而达到双方共同降低筹资成本的目的。

2. 货币互换

货币互换是将一种货币的本金和固定利息与另一货币的等价本金和固定利息进行交换。货币互换的主要原因是双方在不同的金融市场上具有比较优势，通过互换可以降低特定货币的融资成本，同时还可以规避汇率波动的风险。

【例题9-9】假定英镑和美元的汇率为1英镑=1.5000美元。A想借入5年期的1000万英镑借款，B想借入5年期的1500万美元借款。但由于A的信用等级高于B，国际金融市场对A、B两个公司提供的融资利率不同。具体融资成本如表9-5所示。

表9-5　A、B公司的融资成本

货币类型	A公司的融资成本	B公司的融资成本
美元	8%	10%
英镑	11%	12%

从表9-5可知，无论在美元市场还是英镑市场，A的借款利率均比B低，但在美元市场上A的优势更大。双方进行互换，A按照8%的利率借入1500万美元，然后以9.5%的利率将美元转贷给B；B按照12%的利率借入1000万英镑后转贷给A。互换的结果是，A使用英镑的成本为10.5%，B使用美元的成本为9.5%，A、B双方均得到了自己想要的货币，并降低了融资成本，避免了汇率波动的风险。

3. 交叉货币利率互换

交叉货币利率互换是货币互换和利率互换的结合，它可进一步分为固息和浮息的交叉互换、浮息和浮息的交叉互换。

五、金融衍生工具定价基础

（一）连续复利率

为了更方便、精确地衡量金融衍生工具的理论价格，我们需要引入连续复利率的概念。假设金额 A 以利率 R 投资了 n 年。如果利息按每一年计一次复利计算，则投资的终值为：

$$A(1+R)^n \tag{9-14}$$

如果每年计 m 次复利，则终值为：

$$A\left(1+\frac{R}{m}\right)^{mn} \tag{9-15}$$

当 m 趋于无穷大时，此时 A 的终值为：

$$\lim_{m \to +\infty} A\left(1+\frac{R}{m}\right)^{mn} = Ae^{Rn} \tag{9-16}$$

式中，Ae^{Rn} 中的 R 被称为连续复利率。

对于一项本金为100元，年利率为10%的投资，提高复利频率（即一年内的计息次数）所带来的效果如表9-6所示。

表9-6　复利频率与复利终值的关系

复利频率	100元本金到1年末的复利终值/元
每年1次（$m=1$）	110.00
每半年1次（$m=2$）	110.25
每季度1次（$m=4$）	110.38
每月1次（$m=12$）	110.47
每周1次（$m=52$）	110.51
每天1次（$m=365$）	110.52
连续复利（$m \to +\infty$）	110.52

从表9-6中可以看出，连续复利（精确到小数点后两位）与每天计复利得到的效果接近。因此，通常可以认为连续复利与每天计复利等价。

假设 R_e 是连续复利的利率，R_m 是与之等价的每年计 m 次复利的利率，从式（9-15）和式（9-16）可以推导出：

$$e^{R_e n} = \left(1 + \frac{R_m}{m}\right)^{mn} \quad \text{或} \quad e^{R_e} = \left(1 + \frac{R_m}{m}\right)^m$$

这意味着：

$$R_e = m \ln\left(1 + \frac{R_m}{m}\right) \tag{9-17}$$

$$R_m = m(e^{R_e/m} - 1) \tag{9-18}$$

【例题9-10】某债券票面利率为10%，每年支付利息4次，与之等价的连续复利率是多少？

由 $R_e = m \ln\left(1 + \frac{R_m}{m}\right)$ 可得：

$$4 \ln\left(1 + \frac{10\%}{4}\right) \approx 0.09877$$

与每年付息4次的票面利率为10%等价的连续复利率为9.877%。

（二）期货合约的定价

对期货合约进行定价是指在期货合约成交时，确定其到期进行交割的理论价格。**假定期货合约中所交易的标的资产在期货合约到期前不支付任何利息或红利等收益，则期货合约的理论价格为：**

$$F = Se^{R(T-t)} \tag{9-19}$$

式中，T 为期货合约的到期时间，单位为年；t 为现在的时间，单位为年；$T-t$ 为期货合约中以年为单位表示的剩余时间；S 为标的资产在 t 时刻的价格；F 为 t 时刻期货合约标的资产的理论价格，简称期货价格；R 为 t 时刻按连续复利计算的无风险利率（年利率）。

期货合约实际上是经过标准化的远期合约，由于理论上期货合约与远期合约的价格差异非常小，因此式（9-19）也适用于远期合约定价。这个公式表明，对于无收益资产而言，期货价格等于其标的资产现货价格的终值，即不存在无风险套利机会；但如果 $F = Se^{R(T-t)}$ 不成立，则存在无风险套利机会。

【例题9-11】香港HKB公司股票当前价格为100.00港元，设该公司6个月内不支付股息、红利，市场无风险连续复利的年利率为6%，该股票6个月期货合约多头的理论价格是多少？

根据式（9-19），可以计算出一份HKB公司股票6个月期货合约多头的理论价格为每股103.05港元，即 $100e^{0.5 \times 0.06} \approx 103.05$（港元）。

（三）B-S期权定价模型

比较有代表性的期权定价理论是20世纪70年代布莱克和舒尔斯提出的欧式期权定价的一般模型（又称 B-S 期权定价模型）。该模型在一定的假设条件下，经过复杂的数学推导，得到无收益资产欧式看涨期权的定价公式为：

$$c = SN(d_1) - Xe^{-r(T-t)}N(d_2) \tag{9-20}$$

$$d_1 = \frac{\ln(S/X) + (r + \sigma^2/2)(T-t)}{\sigma\sqrt{T-t}}$$

$$d_2 = d_1 - \sigma\sqrt{T-t}$$

式中，c 为一单位标的资产欧式看涨期权的价值；$N(d)$ 为标准正态分布变量的累计概率分布函数；σ 为标的资产价格的波动率；X 为合约标的资产的履约价格；S 为标的资产在当前时刻 t 的市场价格；t 为当前时刻；T 为期权到期时刻；r 为从 t 时刻到 T 时刻按连续复利计算的无风险利率（年利率）。

【例题 9-12】 假设某种不支付红利的股票，当前市场价格为 50 元，无风险利率（连续复利）为 12%，该股票的年波动率为 10%，求该股票协议价格为 50 元、期限为 1 年的欧式看涨期权理论价格。

已知：$S = 50$，$X = 50$，$r = 12\%$，$\sigma = 10\%$，期权期限为 1 年。

根据公式得出，$d_1 = 1.25$，$d_2 = 1.15$。

查标准正态分布表，得 $N(d_1) = 0.8944$，$N(d_2) = 0.8749$。

代入式（9-20），得到该欧式看涨期权的理论价格为：

$$c = 50 \times 0.8944 - 50 e^{-0.12 \times 1} \times 0.8749 \approx 5.92 \text{（元）}$$

习　　题

一、选择题（含单项选择题和多项选择题）

1. 金融市场被称为国民经济的"晴雨表"，这实际上指的就是金融市场的（　　）。
   A. 分配功能　　　B. 财富功能　　　C. 流动性功能　　　D. 信息反映功能
2. 金融市场的功能不包括（　　）。
   A. 分配功能　　　B. 财富功能　　　C. 调节功能　　　D. 信息反映功能
3. 金融市场的资源配置功能不表现在（　　）方面。
   A. 资源的配置　　B. 财富的再分配　C. 信息的再分配　　D. 风险的再分配
4. 下列哪项收益形式与其他几项不同？（　　）
   A 利息　　　　　B. 股息　　　　　C. 红利　　　　　D. 资本利得
5. 一般来说，（　　）不影响金融工具的安全性。
   A. 发行人的信用状况　　　　　　　B. 金融工具的收益大小
   C. 发行人的经营状况　　　　　　　D. 金融工具本身的设计
6. 按（　　）不同，可将金融市场划分为货币市场、资本市场、外汇市场、黄金市场。
   A. 交易范围　　　B. 交易方式　　　C. 定价方式　　　D. 金融工具
7. （　　）是货币市场区别于其他市场的重要特征之一。
   A. 市场交易频繁　B. 市场交易量大　C. 市场交易灵活　D. 市场交易对象固定

8. 下列属于货币市场交易工具的是（　　）。
   A. 货币头寸　　B. 票据　　C. 政府债券
   D. 股票　　E. 公司债券
9. 债券按发行主体的方法不同可分为（　　）。
   A. 政府债券　　B. 公司债券　　C. 金融债券
   D. 公募债券　　E. 私募债券
10. 同其他货币市场信用工具相比，政府短期债券的市场特征表现为（　　）。
    A. 违约风险小　　B. 流动性弱　　C. 面额较大
    D. 收入免税　　E. 流动性强
11. （　　）属于债券投资者面临的投资风险。
    A. 利率风险　　B. 购买力风险　　C. 信用风险
    D. 税收风险　　E. 政策风险
12. 下列属于资本市场交易工具的是（　　）。
    A. 货币头寸　　B. 票据　　C. 政府债券
    D. 股票　　E. 公司债券

二、名词解释

货币市场　资本市场　期货市场　期权市场　外汇市场　同业拆借市场　票据市场　大额可转让定期存单　回购协议　股票　债券　息票债券　零息债券　证券投资基金　可转换债券　优先认股权　证券交易所　直接标价法　间接标价法　外汇掉期交易　远期利率协议

三、问答题

1. 金融市场有哪些分类？
2. 同业拆借市场形成的原因和特点分别是什么？
3. 大额可转让定期存单的特点是什么？
4. 股票有哪些基本特征？
5. 债券与股票相比有哪些不同之处？
6. 证券投资基金的主要特点是什么？
7. 简述资本市场的基本结构。
8. 场外交易市场的特点是什么？
9. 什么是外汇汇率？如何表示？
10. 金融期权与金融期货有何不同？
11. 金融互换的作用是什么？

四、计算题

1. 某种按单利计息的一次性还本付息债券面额为 1000 元，票面利率为 6%，距离到期日还有 3 年，当必要收益率为 7% 时，其理论价格是多少？
2. 某投资人以 95 元的价格购买面额为 100 元、距离到期日还有 20 天的零息债券，求其到期收益率是多少？

3. 某一次性还本付息债券面额为 1000 元，期限为 3 年，票面利率为 5%，投资人在距离到期日还有 1 年时以 1105 元的价格购买，计算其到期收益率是多少？

4. 某种息票债券面额是 1000 元，期限为 10 年，票面利率为 8%，每年付息 1 次，某投资者在距离到期日还有 3 年时以 1030 元的价格购买，计算其到期收益率是多少？

5. 某种无红利支付的股票目前的市价为 30 元，无风险连续复利年利率为 10%，求该股票 3 个月期远期合约的理论价格是多少？

6. 某种不支付红利的股票的当前市价为 20 元，按连续复利计算的无风险年利率为 8%，该股票的年波动率为 10%，用 B-S 期权定价模型求该股票协议价格为 18 元、期限为 6 个月的欧式看涨期权的价格是多少？

五、论述题

1. 金融市场具有哪些功能？
2. 影响外汇汇率变动的因素主要有哪些？

货币需求

10

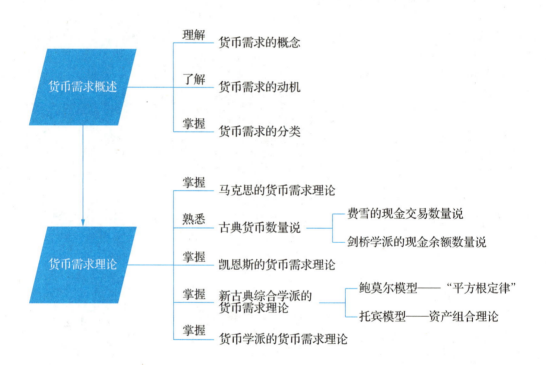

10 货币需求

货币理论是金融理论的重要组成部分,主要研究货币供求规律及货币供求对经济的影响和作用。在内容上,货币理论主要由货币需求理论、货币供给理论、货币市场均衡理论等构成。学习和研究货币需求理论除了需要正确理解货币需求的概念和分类,还需要了解关于货币需求的代表性研究成果。这些代表性研究成果不仅反映了货币需求理论的发展进程,而且是货币需求理论的重要组成部分。

研究货币需求可以从不同的角度进行,通常的研究角度主要有宏观角度和微观角度。宏观角度是从社会的角度出发,将货币视为交易的媒介,探讨经济整体需要多少货币才能完成一定的交易量;微观角度则是从个人的角度出发,将货币视为一种类似于股票、债券及各种实物资产的资产形式,探讨个人在拥有一定财富总额的约束条件下愿意以货币形式持有财富的比例。学习货币需求的基本知识与基本理论,能使我们更好地了解货币的运行,进而更好地理解经济的运行。

第一节 货币需求概述

一、货币需求的概念

在经济学中,需求(即通常所说的商品需求)被定义为有支付能力的需要。这一定义包括两层含义:①需求建立在需要的基础上,是需要的一种形式,必须先有需要才能形成需求;②需求是一种有条件限制的需要,这一限制条件就是支付能力。由于人的需要(或欲望)在理论上是无穷无尽的,因此不考虑支付能力的需要是没有现实意义的,需要必须依赖支付能力才能转变成现实的需求。需求只能是有支付能力的那一部分需要,没有支付能力的另一部分需要就只能是一种美好的愿望。在需求概念的基础上,可以将货币需求定义为:经济主体(包括政府、企业、家庭或个人)为了满足生产、生活和职能行使等方面的需要而形成的对货币的需求。货币需求的这一定义,包括以下几方面的内涵。

(1)政府、企业、家庭或个人等经济主体是货币需求的主体,这些经济主体之所以需要货币,是因为要满足自己的某种需要。例如,政府为了维持日常的运转(购置办公用品、支付雇员工资等)需要货币,企业为了维持生产、经营需要货币,家庭或个人为了每天的生活也需要货币。

(2)货币需求的对象是货币。经济主体之所以需要货币,是因为货币是价值的代表,可以用于购买各种商品和服务,也可以作为财富持有。

(3)货币需求是一种有获得能力的货币需要。经济主体都愿意拥有尽可能多的货币,但在现实中,经济主体能够获得的货币是有限的,只有这部分有获得能力的货币需要才是货币需求。

二、货币需求的动机

通常来说,人们之所以需要各种商品(或服务),是因为这些商品(或服务)可以满足人们在衣、食、住、行、玩等方面的某种程度的需要。那么，人们为什么需要货币？在信用货币流通的条件下，作为货币的纸币本身虽然没有多少价值，但却是价值的代表，具有较高的使用价值。

在商品社会，虽然人们依旧可以选择进行物物交换，但是实施起来很不方便，而以货币作为交换媒介和支付手段，交易就会进行得更加便利、更加迅速，经济运行的效率也更高。因此，货币的使用价值体现在：人们可以用它便利地购买生产、生活所需的各种商品和服务，也可以将其作为一种资产持有。人们对货币的需要，主要体现为对货币所具有的使用价值的需要。通常，人们通过劳动获得货币收入，并将获得的货币收入用于满足生产（或经营）生活的需要，而对剩余的货币会选择以现金、存款或其他形式加以管理。

从目前的现实情况来看，人们的货币需求主要有两类：①将货币作为交易媒介和支付手段的需求，如用货币购买商品和支付服务；②将货币作为贮藏手段的需求，货币成为资产的一种形式，如持有现金或存款。需要说明的是，上述两类货币需求虽然在理论上有明确的划分标准，但是在现实中，它们之间并没有非常明显的界限。例如，对于手持现金来说，它看起来属于贮藏手段的需求，但也随时有可能被作为流通手段用于购买商品或作为支付手段用于享受服务，从而成为交易媒介和支付手段。也就是说，两类货币需求是容易相互转化并且经常相互转化的。

三、货币需求的分类

按照不同的标准，货币需求有不同的分类。

（一）微观货币需求与宏观货币需求

按照探讨货币需求是从微观角度（或个体角度）还是从宏观角度（或总体角度），可以将货币需求分为微观货币需求（或个体货币需求）与宏观货币需求（或总体货币需求）。

研究货币需求的动机，通常是从经济主体个体的角度来进行的。在这一角度下，每一单个经济主体的货币需求是个体货币需求。从一个国家的角度来看，正是经济主体的各种活动构成了社会的运转，而经济主体的各种活动（包括经济活动和社会、文化等其他活动）形成了对货币的需求。很显然，每一个经济主体的货币需求是微观层次上的货币需求，因此也可以称为微观货币需求。

单个经济主体的货币需求聚合起来，就成为经济总体的货币需求，或称总体货币需求。我们日常谈论的货币需求，通常指的就是一个国家或地区的总体货币需求。可以将总体货币需求视为个体货币需求的总和，它是宏观层次上的货币需求，即宏观货币需求。毫无疑问，个体货币需求是货币需求的一个方面，是总体货币需求的基础；总体货币需求是货币需求的另一个方面，是个体货币需求的总和。两种货币需求之间存在着紧密的内在联系。

（二）名义货币需求与实际货币需求

1. 名义货币需求

名义货币需求是指各经济主体在某一时点所获得的货币的数量，通常以 M_d 表示。我们通常所说的货币需求，一般都是指名义货币需求。名义货币需求往往会在某种程度上偏离经济整体对货币的真实需求。

2. 实际货币需求

实际货币需求是指名义货币需求量在剔除了物价变动的影响后的余额，它等于名义货币需求除以物价水平，即 M_d/P。显然，实际货币需求是经济运行的内在需要所对应的货币需求，它反映了经济整体对货币的真实需求状况。

案例 10-1

假设 T_0 期的货币需求为 10000 亿元，T_1 期的产出和实际财富水平与 T_0 期相比未发生改变而物价却上涨了 1 倍，如果货币流通速度保持不变，那么要满足社会生产和流通的需要，货币存量必须增加 1 倍，即名义货币需求量须由 T_0 期的 10000 亿元增加到 T_1 期的 20000 亿元。很显然，货币需求量的这种增加只是为了适应物价上涨幅度而在名义上的增加，经济发展过程中的实际货币需求并没有变化，仍然还是 10000 亿元。在这种情况下，对于货币需求者而言，虽然其获得的货币数量多了 1 倍，但是货币的购买力却下降了一半。

因此，在物价变动的条件下，将货币需求区分为名义货币需求和实际货币需求具有重要的意义。由于名义货币需求往往会偏离经济整体对货币的真实需求，并且物价变动幅度越大，偏离程度就越大，因此，名义货币需求通常不能准确地反映经济对货币的真实需求状况，并且物价变动越剧烈，反映的准确度越差。对宏观经济形势的判断及货币政策的制定和实施必须依据经济整体对货币的真实需求状况来进行，如果依据名义货币需求状况进行宏观经济形势判断和货币政策的制定与实施，那么判断就会不准确甚至失误，政策也会出现偏差或错误。

当然，如果价格是稳定不变的（在一定时期内，这种情形可能存在，但出现的概率比较低），就没有必要区分名义货币需求和实际货币需求。

第二节 货币需求理论

从历史的角度来看，对货币需求的研究经历了一个从早期货币数量说到近代货币数量说再到现代货币数量说的发展过程，并且目前依然处在发展的过程中。在众多的研究成果中，如果按照时间先后排列，那么，比较有代表性的是马克思的货币需求理论、费雪的现金交易数量说、剑桥学派的现金余额数量说、凯恩斯的货币需求理论、鲍莫尔的"平方根定律"、托宾的资产组合理论、弗里德曼的货币需求理论等。

一、马克思的货币需求理论

马克思的货币需求理论集中反映在其货币必要量公式中。马克思的货币必要量公式是在总结前人对流通中货币数量的广泛研究的基础上，对货币需求理论的简要概括。

（一）金币流通条件下的货币必要量公式

在金币流通的条件下，马克思做出了如下论证。①商品价格取决于商品的价值和黄金的价值，而商品的价值取决于生产过程，所以商品是带着价格进入流通环节的。②商品的价格、数量决定了为实现它的流通所需的金币的数量。③商品与货币交换后，商品退出流通，货币却留在流通领域作为媒介与其他商品进行交换，也就是说，一定数量的货币流通几次，就可以作为媒介实现几倍于它的商品的交换。

货币必要量公式为：

$$\text{执行流通手段职能的货币量} = \text{商品价格总额} / \text{货币流通速度}$$

式中，商品价格总额等于商品价格与待售商品数量的乘积。因此，一定时期内，货币量的变动取决于商品价格、流通中的商品数量（待售商品数量）和货币流通速度这三个因素的变动。货币量与商品价格、流通中的商品数量成正比，而与货币流通速度成反比。

马克思的货币必要量公式具有重要的理论意义，它揭示了在金币流通条件下，商品流通决定货币流通这一基本原理。在金币流通条件下，由于金币具有贮藏价值，流通中货币数量会自动调整以适应商品流通。如果流通中的金币数量多了，则部分金币会退出流通领域而被贮藏；如果流通中的金币数量少了，则部分贮藏的金币又会进入流通领域。因此，商品流通决定货币流通，而货币流通只是适应商品流通，对商品流通的影响很小。

但是，由于马克思的货币必要量公式是以金币流通为条件和基础的，因此还有一些问题需要注意。①马克思的货币必要量公式强调商品价格由其价值决定，商品价格总额决定货币必要量，而货币数量对商品价格无决定性影响。这个论断适用于金币流通，而不适用于纸币流通。②直接运用这个公式测算实际生活中的货币需求，存在许多操作上的困难。也就是说，货币必要量只是理论分析中的一个定性的量，而不是实践中可以准确测量的值。③马克思的货币必要量公式反映的是货币交易性需求，即执行流通手段职能的货币需要量，不包含执行支付手段、贮藏手段职能的货币需求。

（二）纸币流通条件下货币量与价格之间的关系

纸币流通规律与金币流通规律不同，在金币流通条件下，流通中需要的货币数量是由商品价格总额决定的；而在纸币作为唯一流通手段的条件下，商品价格水平会随纸币数量的增减而涨跌，流通中的货币数量会在较大程度上影响商品价格。

纸币是由金属货币演化而来的，纸币之所以能流通，是因为有国家的强力支持。同时，纸币本身没有价值，因此纸币一旦进入流通领域，就不可能退出流通领域。如果说流通中需要的金币量是由客观决定的，那么流通中无论有多少纸币，也只能代表客观所要求的金币量。

案例 10-2

假定流通中需要 100 万克黄金，如果投入 100 万张纸币，则一张纸币就代表 1 克黄金。如果投入 200 万张纸币，则每张纸币只能代表 0.5 克黄金，因而价格为 1 克黄金的商品，用纸币表示时就需要用 2 张纸币，即物价上涨了 1 倍。

显然，在纸币流通条件下，由于货币发行不存在自然限制，发行数量的多少取决于央行的控制，这就造成了纸币流通不像金币流通那样有一个自我调节的机制，因此，流通中纸币数量的变动，会直接导致物价水平上涨（纸币数量增加时）或下跌（纸币数量减少时）。在这种情形下，虽然商品流通决定货币流通的基础依旧存在，但是货币流通也会影响商品流通，货币数量会对商品价格形成直接、显著的影响。

二、古典货币数量说

货币数量说是一种以货币的数量来解释货币的价值或一般物价水平的理论。早期的货币数量说并未把货币需求作为直接研究对象，而是研究名义国民收入及物价是如何决定的。但是，由于它探讨的是名义国民收入条件下的货币量，因而被看成一种货币需求理论。随着货币数量说的发展，其作为货币需求理论的特征也越来越明显。

（一）费雪的现金交易数量说

美国经济学家费雪在其出版的《货币的购买力》一书中，对传统货币数量说进行了较好的概括。在该书中，他提出了著名的交易方程式，也称费雪方程式。

$$MV = PT \tag{10-1}$$

式中，M 为一定时期内流通中的货币数量；V 为货币流通速度；P 为一般物价水平；T 为商品与劳务的交易量。需要说明的是，由于商品和劳务的交易量 T 很难得到，因此一定时期内的商品和劳务的交易额（PT）也用名义国民收入表示。

费雪的观点如下。①货币流通速度 V，是由制度因素决定的，它在短期内是一个常量。具体来说，货币流通速度取决于人们的支付习惯、信用的发达程度、运输与通信条件及其他与流通中货币量无关的社会因素。由于这些因素随着时间的推移变化得非常缓慢，因此，由这些因素决定的货币流通速度在短期内可以视为一个常数。将货币流通速度视为常数具有重要的理论意义。货币流通速度固定就意味着名义国民收入完全取决于货币供应量，由此可以得出传统货币数量说的一个重要观点：如果货币数量增加一倍，则名义收入也将增加一倍。②短期内，在经济保持在充分就业水平上的时候，一定时期的内商品和劳务的交易量 T 将保持不变，一般物价水平 P 则是可以灵活变动的。这是因为，T 或实际国民收入的水平取决于社会的生产能力，在充分就业的条件下生产能力在短期内通常难以提高，也就是说，短期内 T 将保持不变，物价则会受到需求等因素的影响，而需求又是经常变化的。由于 V 和 T 保持不变，因此 M 的变化就完全体现在了 P 上，如果 M 增加 20%，P 也就增加 20%。这样，我们就得出了传统货币数量说的另一个重要观点：M 的变化将引起 P 的同比例变化。即 $M = P(T/V)$，显然（T/V）是常数，M、P 会同方向、同比例变化。

用 M_d（货币需求量）代替 M，在交易方程式两边同时除以 V，就得出货币需求的表达式：

$$M_d = (1/V)PT \tag{10-2}$$

名义货币需求取决于货币流通速度和名义国民收入（PT）。由于货币流通速度相对固定，因此，货币需求取决于名义国民收入。

同理，如果仅从交易媒介的功能来考察，那么在一定时期及一定价格水平下，全社会的总交易量与所需要的名义货币量之间也具有一定的比例关系,这个比例就是$1/V$。这就是由传统货币数量说导出的货币需求函数。

这一函数具有一定的理论和现实意义,在货币流通速度比较平稳的时期,常用它来预测货币需求。例如,20世纪60年代我国在计划经济条件下,曾长期执行1∶8的经验公式,即8元钱的商品交易需要1元钱的现金发行。但是,这样做要冒较大的风险,因为即使对货币流通速度的预测误差很小(如只差1%),但用它除以商品和劳务总额的观测值之后所得到的货币需求预测值的误差也会相当惊人。

费雪的现金交易数量说的缺陷在于:仅从货币的交易媒介职能进行考察、研究,忽视了货币所具有的其他职能。事实上,货币除了作为交易媒介,还是一种财富的持有形式。因此,持有货币的愿望还会受到其他多种因素的影响。例如,利率变化将影响持有货币的意愿,即使名义收入不变,持有货币的数量仍有可能发生变化。因此,货币需求与名义收入之间不可能保持一个固定比例,货币流通速度也不可能是一个常数。

(二)剑桥学派的现金余额数量说

费雪的现金交易数量说是从经济总体的角度(宏观角度)、基于货币的交易媒介职能来研究货币需求问题的,既没有考虑微观主体行为对货币需求的影响,也没有将货币其他方面的职能纳入研究范围。以英国剑桥大学的马歇尔和庇古为代表的剑桥学派,则在考虑货币交易媒介职能的基础上,进一步把货币视为一种资产形式,从微观主体个人资产持有决策的角度对货币需求进行研究,并得出了与费雪不同的研究结论。

剑桥学派认为,处于经济体系中的个人对货币的需求,取决于人们以怎样的方式支配自己的财产和收入。通常,人们会把财产和收入的一部分以货币的形式持有(这部分财产和收入被称为现金余额),而另一部分以非货币的形式持有(被称为实物余额,表现为实物形态或直接消费形式)。决定人们持有货币多少的因素主要有以下几个。①个人财富的总额。货币需求首先受到个人所拥有的财富总额的限制,个人拥有的财富总额越多,货币需求的量就越大。②人们持有货币的机会成本。持有货币的机会成本就是因为持有货币而丧失的持有其他非货币资产所能获得的好处,人们往往要将持有货币资产的好处与持有其他金融资产和实物资产的好处进行权衡,以决定是持有货币还是持有非货币资产。③对未来收入、支出和物价变动的预期。

在其他条件不变的情况下,对于每个人来说,名义货币需求与名义收入之间都保持着一个较稳定的比例关系,这一比例为现金余额比例。对整个经济体系来说,情形也是如此。

现金余额数量说是由马歇尔提出来的,庇古则在马歇尔的研究基础上,进一步提出了剑桥方程式:

$$M = kPY \qquad (10\text{-}3)$$

式中,Y为总收入(或总财富);P为物价水平;k为以货币形式保有的财富占总收入的比例,即现金余额比例,又称"马歇尔K值";M为货币需求量。

显然,在Y和M不变的条件下,物价水平取决于现金余额比例k;在Y不变的条件下,货币需求与物价水平同方向变动。

有人会认为,若把k换成$1/V$,Y换成T,费雪方程式与剑桥方程式就大体相同了。但其实,这两个方程式的内涵大不相同。

费雪方程式与剑桥方程式的不同主要体现在以下几个方面。

（1）对货币需求分析的侧重点不同。 费雪方程式强调的是货币充当交易媒介的职能；而剑桥方程式不但考虑了货币的交易媒介职能，而且重视货币的贮藏手段职能，它是从货币作为人们的一种资产的角度进行研究的。

（2）强调的货币需求决定因素不同。 ①费雪方程式是从宏观角度用货币数量的变动来解释物价，在交易商品量给定和物价水平给定时，能在既定的货币流通速度下得出确定的货币需求量。②剑桥方程式则是从微观角度进行分析的。人们在决定持有多少货币量时会考虑机会成本等方面的因素，还会在比较、权衡不同资产的好处的基础上决定货币需求。而且，剑桥方程式中决定货币需求的因素多于费雪方程式。

（3）费雪方程式把货币需求与支出流量相联系，重视货币支出的数量和速度；而剑桥方程式则是从用货币形式保有资产存量的角度考虑货币需求，重视存量占收入的比例。 所以费雪方程式被称为现金交易数量说，而剑桥方程式被称为现金余额数量说。

总之，现金余额数量说较现金交易数量说有了一定程度的进步，但是它也存在一定的局限性。例如，它认为 k 是一个常数，而实际上人们以货币形式持有的财富占总收入的比例 k 是受多种因素（如利率、物价变动率等）决定的一个变量。

剑桥学派也认为使用货币贮藏财富的意愿取决于其他财富贮藏形式的收益率和预期收益率，如果其他财富贮藏形式的收益率和预期收益率发生变化，那么 k 也可能发生变化。这实际上承认了利率可能对货币需求产生影响。但遗憾的是，剑桥学派的研究没有进一步深入。

三、凯恩斯的货币需求理论

凯恩斯继承了现金余额数量说的分析方法，他从资产选择的角度研究货币需求。在详尽地分析了人们持有货币的各种动机后，他认为：实际货币需求不仅受实际收入影响，还受利率影响。**人们之所以持有货币，是因为人们普遍具有流动性偏好的心理倾向。所谓流动性偏好是指人们在心理上偏好货币的流动性，愿意持有货币而不愿意持有其他缺乏流动性的资产的心理状态或倾向。** 因此，凯恩斯的货币需求理论又称流动性偏好论。

凯恩斯货币需求理论最显著的特点是注重对货币需求的各种动机的分析，他将人们持有货币的动机分为交易动机、预防动机和投机动机三类。

（1）交易动机的货币需求，是指个人或企业为了应付日常交易需要而产生的持有货币的需要。 凯恩斯将交易动机形成的货币需求看作收入的稳定函数。收入越多，此项货币需求就越大；收入越少，此项货币需求就越小。

（2）预防动机的货币需求又称谨慎动机的货币需求，是指人们为了应对紧急情况而形成的对持有一定数量的货币的需求。 它的产生主要来自对未来收入和支出的不确定。**这类货币需求的大小也主要取决于收入的多少。**

由于交易动机和预防动机的货币需求都主要取决于收入水平，而对利率变化不敏感，因此可以把这两种货币需求函数合起来表示为：$M_1 = L_1(Y)$。其中，M_1 代表为满足交易动机和预防动机而持有的货币量，Y 代表收入水平，L_1 代表 M_1 与 Y 之间的函数关系。

**（3）投机动机的货币需求，是指人们为了在未来的某一适当时机进行投机活动而保持一定数量的货币的需要。投机动机的货币需求的大小取决于三个因素：当前利率水平、投机者心目中的正常利率水平和投机者对利率变化趋势的预期。若当前利率高于正常利率，投机者就会预期利率下降；若当前利率低于正常利率，投机者就会预期利率上升。虽然投机者心目中的正常利率水平因人而异，但是从整体经济的发展情况来看，如果当前利率较高，就会有较多的人预期利率下降；而如果当前利率较低，就会有较多的人预期利率上升。

一般情况下，利率与债券价格反向变动，人们预期利率上升，则意味着预期债券价格下降；而预期利率下降，则意味着预期债券价格上升，这种预期会影响人们持有资产的决策，进而影响投机动机的货币需求。具体而言，当目前利率较低时，人们预期利率会上升，所以将抛出债券而持有货币；当目前利率较高时，人们预期利率会下跌，所以将抛出货币而持有债券。因此，投机动机的货币需求是当前利率水平的递减函数。用公式表示为：$M_2 = L_2(r)$。其中，M_2 代表为满足投机动机而持有的货币量，r 代表利率，L_2 代表 M_2 与 r 之间的函数关系。

基于前述对货币需求动机的分析，可以得到货币需求函数：

$$M = M_1 + M_2 = L_1(Y) + L_2(r) \tag{10-4}$$

即货币需求由两部分构成，是由收入和利率两个因素共同决定的。

此外，凯恩斯还分析了货币需求的一种较为极端的情形，即货币需求的流动性陷阱问题。

凯恩斯认为，在一般情况下，货币需求在数量上主要受收入和利率的影响。其中的交易动机和预防动机的货币需求是有限的收入的递增函数，投机动机的货币需求是利率的递减函数，所以货币需求是有限的。但是，当利率降低到一定水平之后，利率太低，致使每个人都不愿持有债券（预期将来利率上升、债券价格下降）而选择卖出债券、持有货币，从而使得货币需求变得无限大，且不再是利率的递减函数。如图 10.1 所示，当利率 r 降至 r_1 的低点时，货币需求曲线 L 就会变成与横轴平行的直线，这一直线部分被称作流动性陷阱。这时，不论中央银行增加多少货币供应量，都将被人们无限大的货币需求所吸收，利率不会再下降，中央银行试图通过增加货币供应量来降低利率的意图将会落空。

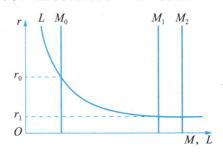

图 10.1 凯恩斯的货币需求曲线

凯恩斯的流动性偏好论在货币需求理论的发展中占有非常重要的地位。他将货币作为一种资产来研究，明确提出了货币在现实中作为资产的功能。他首次提出了货币需求的利率弹性问题，强调了货币需求与利率的关系，这是对货币需求理论的一大贡献。

但是，就理论基础而言，流动性偏好论以人们愿意以货币形式保存其财富的心理动机为出发点，把心理因素作为影响货币需求的主要因素，用心理分析来代替经济分析，其科学性显然是值得怀疑的。流动性偏好论作为货币需求理论，其中的货币仅指现金；抹杀了各种存款货币在经济中所起的作用。因而，在心理抽象分析基础上产生的流动性偏好论，其理论的可行性与适用性都是有限的。

四、新古典综合学派的货币需求理论

所谓新古典综合学派的货币需求理论，就是把以马歇尔为代表的新古典学派所倡导的以价格分析为中心的微观经济理论与凯恩斯的以总量分析为核心的宏观经济理论综合在一起。其主要代表人物有萨缪尔森、索洛、托宾等。

新古典综合学派的货币需求理论是在凯恩斯的货币需求理论的基础上发展起来的，是对凯恩斯的货币需求理论的进一步拓展，鲍莫尔模型和托宾模型是该学派最有代表性的研究成果。

（一）鲍莫尔模型——"平方根定律"

在凯恩斯的货币需求理论中，交易动机的货币需求（简称交易性货币需求）仅取决于收入水平。对此，凯恩斯之后的许多经济学家都提出过异议。例如，美国经济学家汉森在1949年就指出，当利率上升到一定高度时，货币的交易余额也具有利率弹性。

1952年，美国经济学家鲍莫尔发表了一篇题为《现金的交易需求：一种存货的理论分析》的论文，他运用管理科学中的最适度存货控制技术对交易性货币需求和利率的关系进行了深入的分析。

鲍莫尔认为，任何企业或个人（微观经济主体）的经济行为都以收益最大化为目标，因此，在收入从取得到支出的这段时间内，没有必要让全部准备用于交易的货币都以现金的形式存在，因为持有现金是有机会成本的（持有现金的机会成本等于持有其他生息资产可以获得的收益）。所以，他们应该先把一部分预定用于交易的货币拿来购买债券以取得利息收入，等到手中用于交易的货币用完时再把债券卖出，以卖出债券获得的货币满足交易的需求。当然，这样的决策依赖于如下条件：获得的利息收入足以弥补生息资产与现金之间的转换成本，即只要利息收入超过变现的手续费就有利可图。通常，利率越高，收益越大，生息资产的吸引力也就越强，人们愿意持有的现金就会越少。因此，货币的交易需求不仅与利率有关，而且关系极大。显然凯恩斯认为交易性货币需求与利率无关的观点是不符合实际的。

根据这样的思路，鲍莫尔进行了如下推导。

设：T 为交易支出总额，K 为每次转换的现金额，b 为每次转换的手续费，r 为市场利率（生息资产的收益）。

则 $b(T/K)$ 为变现的手续费总额；在均匀支取的假设条件下，平均的手持现金额为 $K/2$，手持现金的机会成本为 $r(K/2)$。以 C 代表成本总额，则有：

$$C = \frac{rK}{2} + \frac{bT}{K}$$

欲求能使保持现金余额的总成本最小的 K，先要求出 C 对 K 的一阶导数和二阶导数：

$$\frac{\partial C}{\partial K} = \frac{r}{2} - \frac{bT}{K^2}$$

$$\frac{\partial^2 C}{\partial K^2} = \frac{2bT}{K^3} \geq 0$$

二阶导数大于零,证明总成本函数有极小值。因此,令一阶导数为零,解方程得:

$$K = \sqrt{\frac{2bT}{r}}$$

即当每次变换的现金额为 $\sqrt{\frac{2bT}{r}}$ 时,持有现金的机会成本最小。

由于人们的平均手持现金余额为 $K/2$,那么最适量的现金持有额为:

$$M = K/2 = \frac{1}{2}\sqrt{\frac{2bT}{r}}$$

这就是"平方根定律"。这个公式表示:交易性货币需求是收入 T 的函数,随着收入的增加,交易性货币需求也随之增加,但是 T 的指数为 $1/2$ 又说明了其增加的幅度较小;交易性货币需求也是利率 r 的函数,它与利率呈反方向变动,但是变动幅度比利率的变动幅度要小。

鲍莫尔模型的贡献有以下几点。①论证了交易性货币需求也受利率变化的影响,从而为把利率作为货币政策工具提供了理论支撑。②如果利率和物价不变,那么收入增加的比例必须大于货币供给增加的比例才能使公众吸纳新增的货币,因此,在萧条时期货币政策的作用可能比预期的要大。③鲍莫尔模型虽然研究的是国内货币需求,但其基本结论可适用于国际金融领域。④模型的思想和方法是现代现金管理理论的基础。

(二)托宾模型——资产组合理论

在凯恩斯对投机动机的货币需求(简称投机性货币需求)的分析中,人们对未来利率变化的预期是确定的,人们依据自己对利率变化的预期而选择持有货币或债券,且对货币或债券这两种资产的选择是相斥的(或者选择持有货币,或者选择持有债券)。而现实中的情况与凯恩斯的假定并不完全吻合,通常的情况是投资者对自己做出的对未来利率的变化的估计并不完全自信,因而在资产选择上一般会采取既持有货币也持有债券的组合形式。基于对这种情况的考虑,1958 年,美国经济学家托宾发表了《流动性偏好——对付风险的行为》一文,以人们对未来的预期的不确定性为前提,利用马科维茨的均值-方差分析法研究人们如何选择及持有资产的问题,用投资者避免风险的行为动机重新解释流动性偏好论,提出了著名的资产选择理论,开创了资产选择理论在货币理论中应用的先河。这一理论对凯恩斯的货币需求理论做了重要的修正和拓展,说明了在不确定状态下人们同时持有货币和债券的原因。

托宾的观点如下。①人们保有资产的形式有货币和债券两种。其中货币是安全性资产,持有货币虽然没有收益,但是也没有风险;债券是风险性资产,持有债券可以获得收益,但也要承担因债券价格下降而遭受损失的风险。②人们对待风险的态度是不一样的,可以分为风险厌恶者、风险爱好者、风险中立者三种类型,具有不同风险偏好的人会有不同的资产组合选择。③收益具有正效用,但是收益的正效用随收益的增加而递减;风险具有负效用,负效用随风险的增加而增加。通常,人们会按照总效用最大化的原则进行决策,根据资产组合的效用、风险状况调整自己的资产组合。如果感到资产组合的风险太大,就会选择出售一部分债券并增加货币;如果感到资产组合的收益太低,就会选择减少货币并买进债券。

托宾假定,人们可以选择以货币和债券的不同资产组合来持有其财富。在选择不同的资产组合时,不仅要考虑各种资产组合的预期收益率,还要考虑风险。对风险厌恶者来说,他们总是希望在既定的预期收益率下实现风险最小化,或者在既定风险下实现收益率最大化。任何风险的增加都伴随着预期收益率的增加。风险与收益的这种关系可以用图10.2所示的无差异曲线来表示。

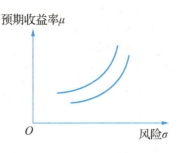

图 10.2　无差异曲线

假定投资者的财富总额为 W/P,可以选择以货币或债券,或者两者资产组合的形式来持有。若全部以货币形式持有,则预期收益率和风险均为 0;若全部以债券形式持有,则预期收益率为 μ,风险为 σ;若选择以 α 的比例持有债券,则持有货币的比例为 $1-\alpha$,资产组合的预期收益率等于 $\alpha\mu$,风险等于 $\alpha\sigma$。资产组合的线性方程式为:

$$\mu = \frac{\mu}{\sigma} \times \sigma \tag{10-5}$$

将这一线性方程式用图 10.3 表示,得到一条从原点出发的资产组合线 OC,其斜率为 μ/σ。在原点 O,投资者完全以货币形式持有财富;在 C 点,投资者完全以债券形式持有财富;在 O 点和 C 点之间的点,是投资者持有货币和债券的不同组合所面临的预期收益率和风险。

将无差异曲线与资产组合线叠加后,得到最优资产组合 P_1,如图 10.4 所示。在该组合点上,投资者持有 $1-\alpha_1$ 比例的货币,持有 α_1 比例的债券。这就克服了凯恩斯的货币需求理论中持有货币或者持有债券必须二者选其一的缺陷。同时,如果利率上升,对应于既定风险水平的预期收益率上升,资产组合线的斜率增大,OC 变为 OC',均衡点移至 P_2,投资者的货币持有比例下降至 $1-\alpha_2$,债券比例上升至 α_2。

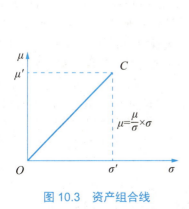

图 10.3　资产组合线

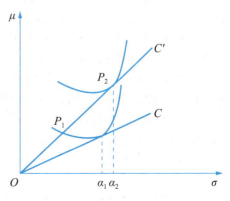

图 10.4　最优资产组合

毫无疑问，托宾模型在凯恩斯的货币需求理论的基础上有所发展，其对投机性货币需求的研究更接近实际，是现代投资理论的基础和重要组成部分。但是，正如其他学者指出的那样，托宾模型也存在以下不足。①模型忽视了物价因素变动的影响。在通货膨胀发生的情况下，现金（托宾所说的货币）并不是无风险资产（或安全性资产），其价值（即货币的实际购买力）会贬损。②模型只包括货币与债券两种资产，未包括其他金融资产，这显然与现代金融的实际情形不符。随着 20 世纪 60 年代以来金融的创新和发展，产生了股票、大额可转让定期存单、货币市场基金等许多重要的金融资产形式，这些金融资产与现金、债券之间具有很强的替代性，如果把这些资产纳入考虑范围，模型的完善程度将有所提高。③模型中货币的范围过于狭窄，与现代金融的实际情形不符。托宾模型中的货币指的是现金，而现在的货币不仅包括现金，还包括各种活期存款。

五、货币学派的货币需求理论

1956 年，弗里德曼发表的《货币数量说：一种重新表述》，以货币需求理论的形式，提出新货币数量说。由于弗里德曼的货币需求理论得出的货币数量影响物价水平的结论与古典货币数量说的结论是一样的，因此，这一货币主义的货币需求理论被称为现代货币数量说。

弗里德曼的货币需求理论，一方面继承了传统的货币数量说的观点，认为货币数量与物价水平之间存在紧密的联系；另一方面也继承了凯恩斯的货币需求理论的一些观点，把货币需求与财富所有者的资产选择行为联系在一起。

弗里德曼的货币需求理论，主要包括影响货币需求的因素和货币需求函数两方面的内容。

（一）影响货币需求的因素

弗里德曼认为，人们对货币的需求主要受三个因素的影响，即收入或财富的变化，持有货币的机会成本，持有货币给人们带来的效用。

1. 收入或财富的变化对货币需求的影响

弗里德曼认为，收入或财富是影响货币需求的一个重要因素。一般情况下，财富可以用收入来表示，但是不能用统计测算出来的即期收入代表财富，因为即期收入受不规则的年度波动的影响，带有较大的片面性，应该用一个长期收入或恒久性收入（弗里德曼在分析货币需求时提出来的）来表示，恒久性收入可以理解为预期的长期平均收入，恒久性收入是指一个人拥有的各种财富在长期内获得的收入流量，相当于可观察到的长期平均收入。恒久性收入等于过去收入加上现在和未来已知的收入之和，若以年度为权数加权平均，则相当于年度平均值。弗里德曼把财富分为人力财富和非人力财富。人力财富是指个人获得收入的能力，包括一切先天和后天的才能与技术，它的大小与接受教育的程度紧密相关。人力财富带来的收入是不稳定的，取决于就业状况。非人力财富是总财富中扣除人力财富的部分，主要指物质财富（如房屋、机器、设备等），同样具有获得收入的能力，并且获得的收入具有相对稳定性。

2. 持有货币的机会成本对货币需求的影响

持有货币的机会成本主要是指因持币而丧失的潜在收益或遭受的损失。具体来说，持有货币的机会成本是指其他资产与货币的预期收益率之差。货币的名义收益率一般情况下可以视为零,而其他资产的名义收益率一般不为零,通常包括以下两部分。①目前的名义收益率,主要指:预期的固定收益率,如债券的收益率;预期的非固定收益率,如股票的收益率。②预期的商品价格的变动率。当发生通货膨胀时,各种商品价格会随之波动,物质财富会给所有者带来收益或损失。物价上涨越快,持有货币的机会成本就越高,对货币的需求就越小。

3. 持有货币给人们带来的效用对货币需求的影响

物品的效用,就是物品在满足人们某种需要方面的作用。对于个人或企业来说,持有货币既可以用于日常交易的支付,又可以应对不时之需,还可以抓住获利的机会,这就是货币所发挥的效用。这种效用虽然无法直接测量出来,只是一个主观评价,但是人们的感觉和现实证明它是确实存在的。货币的效用及影响货币效用的因素(如人们的嗜好、兴趣等)都是影响货币需求的因素。

(二)货币需求函数

在分析货币需求影响因素的基础上,弗里德曼给出了个人财富持有者的货币需求函数。

$$M/P = f(Y, W; r_m, r_b, r_e, (1/p)(dp/dt); U)$$ (10-6)

式中:M 为个人财富持有者保有的货币量,即名义货币需求量;P 为一般价格水平;M/P 为个人财富持有者保有的货币所能支配的实物量,即实际货币需求量;Y 为按不变价格计算的实际收入,即恒久性收入,其与货币需求呈正相关关系;W 为非人力财富(物质财富)占总财富的比重;非人力财富占个人总财富的比重与货币需求呈负相关关系;r_m 为预期的名义货币收益率,r_b 为固定收益的债券收益率,r_e 为非固定收益的证券(股票)收益率,$(1/p)(dp/dt)$ 为预期物价变动率,r_m、r_b、r_e、$(1/p)(dp/dt)$ 均为机会成本变量,这些变量与货币需求呈负相关关系;U 为收入以外的可以影响货币效用的其他因素,代表各种因素的综合变数,因此可能从不同方向对货币需求产生影响。

弗里德曼认为,货币需求解释变量中的四种资产——货币、债券、股票和非人力财富的总和即是人们持有的财富总额,其数值大致上可以用恒久性收入 Y 作为代表性指标。

在前述分析的基础上,弗里德曼对货币需求函数进行了分析,认为货币需求函数可以简化为 $M/P = f(Y, i)$,即货币需求主要由人们的收入和市场利率水平决定。在对美国1892—1960年的统计资料进行大量研究的基础上,弗里德曼证明了货币需求的利率弹性极小。因此,弗里德曼认为,货币需求对利率变动不敏感,主要由收入决定,而人们的收入尽管在短期内是波动的,但恒久性收入是稳定的。由此弗里德曼得出了他的研究结论:货币需求是稳定的,货币需求函数也是稳定的,价格和产出的变动主要是由货币供应的变动导致的。

基于上述结论,弗里德曼提出了他的观点:通货膨胀是一种货币现象,是货币供应量超过货币需求量的结果,即"过多的货币追逐过少的商品",因此,控制通货膨胀应该从控制货币供应入手。其相应的政策主张是:政府应该实行货币供应的单一规则,即根据经济的自然增长率预先公布货币供应增长率,并在较长时期内保持这一货币供应增长率不变。

弗里德曼的货币需求理论把货币因素放到了极其重要的地位,认为货币供应过多是导致通货膨胀的唯一重要原因,这显然过分夸大了货币因素的重要性,这一点也正是其他学者对其理论进行批评的重点所在。但是,他的控制货币供应从而控制通货膨胀的主张具有重要的政策指导意义和实际应用价值。

习 题

一、选择题（含单项选择题和多项选择题）

1. 在马克思的货币必要量公式中（   ）。
   A. 商品的价格决定流通中的货币必要量　　B. 流通中的货币必要量决定商品价格
   C. 商品价格是在流通中形成的　　　　　　D. 商品价格由货币流通速度决定

2. 费雪在交易方程式中假定（   ）。
   A. M 和 V 短期内稳定　　　　　　　　B. T 和 P 短期内稳定
   C. P 和 V 短期内稳定　　　　　　　　D. T 和 V 短期内稳定

3. 剑桥方程式中的 M 研究的是（   ）。
   A. 执行价值尺度职能的货币　　　　　　　B. 执行流通手段职能的货币
   C. 执行贮藏手段职能的货币　　　　　　　D. 执行支付手段职能的货币

4. 凯恩斯认为，人们之所以需要货币是因为货币（   ）。
   A. 是最好的价值贮藏手段　　　　　　　　B. 具有最强的流动性
   C. 可以满足人们的投资需求　　　　　　　D. 是最好的金融资产

5. 在凯恩斯的货币需求理论中，受利率影响的货币需求是（   ）。
   A. 交易性货币需求　　　　　　　　　　　B. 预防性货币需求
   C. 投机性货币需求　　　　　　　　　　　D. 以上都不是

6. 流动性陷阱是指（   ）。
   A. 人们普遍预期利率将上升时，愿意持有货币而不愿持有债券
   B. 人们普遍预期利率将上升时，愿意持有债券而不愿持有货币
   C. 人们普遍预期利率将下降时，愿意持有货币而不愿持有债券
   D. 人们普遍预期利率将下降时，愿意持有债券而不愿持有货币

7. 鲍莫尔的货币需求理论认为人们之所以需要持有交易性货币是因为（   ）。
   A. 机会成本的存在　　　　　　　　　　　B. 交易成本的存在
   C. 时间因素的影响　　　　　　　　　　　D. 非流动性成本的存在

8. 托宾的资产组合理论是对凯恩斯（   ）的货币需求的重大发现。
   A. 交易动机　　　B. 预防动机　　　C. 投机动机　　　D. 谨慎动机

9. 弗里德曼之所以认为货币需求是稳定的，是因为他从实证研究中得出（   ）。
   A. 利率的变动是稳定的
   B. 利率经常波动，但货币需求的利率弹性很低
   C. 货币需求的收入弹性很高，但恒久性收入本身稳定
   D. 货币需求不受利率和收入的影响

10. 货币需求是指一定时间和条件下，整个社会需要用于执行（   ）职能的货币数量。
    A. 交易媒介　　　B. 支付手段　　　C. 价值贮藏　　　D. 价值尺度

11. 马歇尔认为，在一般情况下，人们会将其财产和收入（　　）。
    A. 以货币形式持有获得利益　　　　B. 进行投资获得收益
    C. 用于消费获得享受　　　　　　　D. 以实物形式持有
12. 凯恩斯认为，人们持有货币的动机有（　　）。
    A. 交易动机　　B. 贮藏动机　　C. 预防动机　　D. 投机动机
13. 弗里德曼认为影响货币需求量的因素包括（　　）。
    A. 各种金融资产　　　　　　　　　B. 恒久性收入和财富结构
    C. 各种资产预期收益率和机会成本　D. 财富持有者的偏好
14. 弗里德曼货币需求函数中的机会成本变量有（　　）。
    A. 恒久性收入　　　　　　　　　　B. 实物资产的预期名义收益率
    C. 债券的预期名义收益率　　　　　D. 股票的预期名义收益率

二、名词解释

货币需求　宏观货币需求　微观货币需求　名义货币需求　实际货币需求　费雪方程式　剑桥方程式　交易动机的货币需求　预防动机的货币需求　投机动机的货币需求　流动性陷阱　"平方根定律"　托宾模型　恒久性收入

三、简答题

1. 货币需求的内涵是什么？
2. 在马克思的货币需求理论中，商品流通与货币流通的关系是什么样的？
3. 简述费雪方程式。
4. 现金交易数量说和现金余额数量说的基本观点有哪些不同？
5. 阐述新古典综合学派货币需求理论中的"平方根定律"的主要观点。
6. 阐述新古典综合学派货币需求理论中的托宾模型的主要观点。

四、计算题

1. 根据现金余额数量说，若一国某年 GDP 总量为 2 万亿美元，物价水平为 1.1，人们愿意将自己总财富中的 1/5 以货币形式持有，那么该国当年的货币需求量为多少？
2. 据某项调查，A 青年平均每个月的生活费为 4000 元，从理财投资账户平均支取，假定从理财账户每取一次现金的手续费为 2 元，理财收益率为 5%，A 青年最优的持币数量是多少？

五、论述题

1. 论述凯恩斯的流动性偏好论。
2. 论述弗里德曼的货币需求理论。

货币供给 11

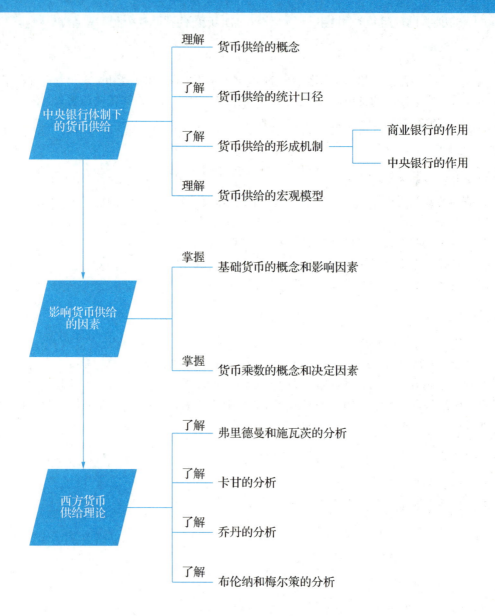

11 货币供给

完整的货币供给理论应该包括货币供给的决定理论、货币供给影响经济的理论及控制货币供给的理论。但在一般情况下，我们所说的货币供给理论，主要指货币供给的决定理论。本章主要介绍货币供给的决定过程，以及西方较有代表性的几种货币供给理论。

第一节 中央银行体制下的货币供给

一、货币供给概述

（一）货币供给的概念

货币供给的概念可以从动态和静态两个层面来理解。动态的货币供给，是指银行体系通过其业务活动向生产过程和流通过程提供货币的整个过程。静态的货币供给，则是指银行体系在货币供给过程中通过货币乘数的增加或减少而形成的货币量，即一定时点的货币存量。

在研究货币供给问题时，首先要明确内生变量和外生变量的概念。内生变量又称非政策性变量，是指经济机制内部由纯粹的经济因素所决定的变量；外生变量又称政策性变量，是指在经济运行过程中易受外部因素影响，由非经济因素所决定的变量。

货币供给具有内生性和外生性双重性质。货币供给之所以具有外生性，是因为货币供应量的大小受中央银行货币政策的影响。中央银行按照保证货币稳定并支持经济发展的政策意图，运用政策工具扩张或紧缩货币供应量，使其受制于货币政策。货币供给之所以具有内生性，是因为货币供应量的变动并不完全受制于中央银行的货币政策，还受制于客观经济过程，由经济机制内部各经济主体共同决定，如商业银行、企业、个人等的行为都会影响货币供应量。

因此，在对货币供给理论进行研究时，必须同时关注货币供给的内生性与外生性，既要强调中央银行对货币供给的控制和调节作用，也要重视政府、企业、个人等不同经济主体的行为对货币供给的影响。只有这样，才能全面地认识货币供给机理，有效地保持货币均衡，促进经济社会协调、稳定地发展。

外汇储备增加带动货币供给增长

（二）货币供给的统计口径

正确制定货币供给的统计口径，是中央银行进行宏观经济监测和货币政策操作的关键。20世纪70年代中期，当一些国家开始以货币供应量代替利率作为货币政策的中间目标后，对货币供给统计口径的确定就有了十分明确的政策操作意义。

1. 现金发行与货币供给

现金不等于货币供给的全部，这是一个简单的事实。在现代经济生活中，除了现金，还有一些其他的信用形态发挥着货币作用。比如，企事业单位和军政部门可以根据活期存款签发支票和各种结算凭证，无须动用钞票就可购入各种办公用品、机器设备和原材料，付清各种水电邮运等费用。显然，活期存款在发挥货币的流通手段和支付手段职能的时候，与现金并无本质区别。随着市场经济的发展，越来越多的交易和支付不再使用现金。因此，在实践中,如果人们仅将当年现金增量的多少作为衡量货币流通是否正常的尺度,就很容易对宏观经济运行形势产生错误的判断。因为从年度来看,现金、狭义的货币供应量 M_1、广义的货币供应量 M_2 的增长率之间存在很大的差距(表 11-1)。其中现金的波动幅度最大,很难根据它来衡量货币供给的松紧程度。

表 11-1　2013—2021 年现金、M_1、M_2 的增长率(%)

年份	现金增长率	M_1 增长率	M_2 增长率
2013	7.16	9.27	13.59
2014	2.88	3.19	11.01
2015	4.91	15.20	13.34
2016	8.05	21.35	11.33
2017	3.43	11.76	9.04
2018	3.63	14.52	8.08
2019	5.44	4.41	8.75
2020	9.23	8.61	10.08
2021	7.72	3.50	8.97

资料来源:根据中国人民银行网站 2012—2021 年统计数据计算得出。

2. 货币供给的多重统计口径

不仅包括现金发行的货币供给,按其流动性的大小,可采用以下统计口径:"货币"和"准货币"。"货币"等于银行以外的通货与私人部门的活期存款之和,相当于各国通常采用的 M_1。对于其中的通货,各国的解释是一致的,都是指不兑现的银行券和辅币,我国习惯称之为现金。"准货币"相当于定期存款、储蓄存款与外币存款之和。"准货币"加上"货币",相当于各国通常采用的 M_2。

各国采用的货币供给口径各不相同,但一般都会考虑三点:流动性的强弱、与经济的相关性、不同时期的不同具体情况,以便于中央银行进行宏观经济运行监测和制定货币政策。

3. 名义货币供给与实际货币供给

名义货币供给是指在一定时点不考虑物价影响的货币存量;实际货币供给则是指剔除了物价影响之后的一定时点上的货币存量。若将名义货币供给记作 M_s,物价平均水平记作 P,则实际货币供给为 $\dfrac{M_s}{P}$。

人们日常使用的货币供给概念,一般是名义货币供给。例如,在说某年度、某季度货币量增长多少,增长率为多高等时,指的都是该时期货币名义增加量与基期存量的比较。货币当局在做出决策之前,首先要做出货币是多了还是少了的基本判断,一般采用货币供给增长率与商品、劳务供给增长率相对比的方法。当物价水平变动不大时,以货币金额表示的商品、劳务供给增长率,既是名义增长率,也大体可以反映它们的实际增长情况,这时的货币供给无须考虑是名义的还是实际的,只要相应地增减,就可以保证商品、货币的顺畅流通。

但是,假如某一经济时期物价水平剧烈波动,那么只分析名义货币供给的变动,就可能导致错误的经济形势判断和失误的政策选择。例如,本期商品、劳务的供给与货币供给是协调的,如果下期实物要素供给增长速度不变,货币供给增长速度也不变,只要物价稳定,一一般而言，商品、劳务供给与货币供给的关系仍将是协调的。但是，假如出现了由某种外生因素导致的物价上涨或下跌，要是不区分名义货币供给与实际货币供给，那么相对于商品、劳务的流通，就会出现明显的货币供给不足或供给过多。

案例 11-1

假设一个国家流通中的现有名义货币供给是 100 亿元，在考察期间内商品、劳务增长率与货币增长率均为 0，但商品价格水平上升了 100%，显然，原有的 100 亿元货币就只能实现流通中商品、劳务的 50%。当把市场出清看成最佳状态时，那么这个国家这一期间的货币存量显然严重不足（整整减少了一半）。主要原因是，面对实际不变的商品、劳务供给，实际的货币供给却由 100 亿元下降到 $\frac{100}{(1+100\%)} = 50$（亿元）。

二、货币供给的形成机制

在现代不兑现的信用货币制度下，流通中的货币，无论是现金还是存款，都是通过银行信用活动实现供给的，因此，银行是货币供给的主体。由于性质不同，银行主要分为两大类：商业银行和中央银行，它们在货币供给的过程中发挥着不同的作用。

（一）商业银行的作用

要研究信用货币进入社会流通的机制，就要先从存款货币的创造谈起。

1. 存款货币创造的基本过程

商业银行的典型业务是存款、贷款和各种收取服务费用的中间业务。存款货币的创造就是在各项业务活动之中实现的。所谓存款货币，是指存在商业银行，使用支票可以随时提取的活期存款。商业银行是如何创造存款货币的呢？它是在吸收活期存款的基础上，通过发放贷款、转账结算等业务创造存款货币的。在现代信用结算制度下，通常企业取得商业银行的贷款后，并不立即提取现金，而是存入自己的活期存款账户，之后再通过转账的方式加以运用。这样一来，商业银行发放贷款就会相应地形成新的存款，这种由商业银行贷款而形成的存款，我们通常称之为派生存款。

商业银行需要应付客户提取存款和其他的支付，不可能把吸收的存款全部用于贷款，必须保留一定数量的现金资产，包括库存现金和在中央银行的存款。

假定中央银行所规定的法定存款准备金率为 10%，甲企业委托 A 银行代为收取一张由 X 银行付款的支票，金额为 10000 元。则 A 银行代为收取款项后，甲企业在 A 银行的存款增加了 10000 元，相应地 A 银行在中央银行的存款准备金增加了 10000 元。由于商业银行只需保留 10%的法定存款准备金，因此 A 银行可以贷款 9000 元。A 银行向需要借款进行支付的乙企业贷款，假设贷款金额是其可能贷放的最大金额，即 9000 元，由此乙企业可以签发支票对丙企业支付 9000 元。假设丙企业的开户银行是 B 银行，则丙企业收到支票后也会委托

B 银行代为收取款项。

A 银行扩大贷款 9000 元，在中央银行的存款准备金减少 9000 元，余下 1000 元。中央银行的存款准备金 1000 元与存款总额 10000 元的比例，仍然符合法定存款准备金率的要求。B 银行吸收的存款则增加 9000 元，在中央银行的存款准备金增加 9000 元。就这样，新的存款货币——相对于原来的 10000 元的存款货币而言的新的存款货币——9000 元创造出来了。

同样道理，B 银行吸收到 9000 元存款，只需留下 10%的存款准备金，即 900 元，剩余的 8100 元仍可贷放出去。这样另一家银行"C 银行"又会吸收到 8100 元的存款，而这对于整个社会而言，同样是新创造出来的存款货币。C 银行吸收到 8100 元的存款后，在中央银行的存款准备金也增加 8100 元，那么该银行又有可能扩大贷款 8100×（1-10%）=7290 元。于是又会有 7290 元的新的存款货币被创造出来。依次类推，还会有 D、E、F……银行吸收存款并相应地增加在中央银行的存款准备金，这些银行可以按照法定存款准备金率不低于 10%的约束条件，扩大贷款并相应地创造出新的存款货币。若把最初始的存款及通过贷款而新增的存款依次排列，则可得如下递减级数。

A 银行　　　　10000（元）
B 银行　　　　10000×（1-10%）=9000（元）
C 银行　　　　9000 ×（1-10%）=8100（元）
D 银行　　　　8100 ×（1-10%）=7290（元）
E 银行　　　　7290 ×（1-10%）=6561（元）
　⋮　　　　　　⋮

存款总额为：$\dfrac{10000}{10\%} = 100000$（元）

若用 D_0 代表最初的一笔存款，D 代表存款总额，r 代表法定存款准备金率，则：

$$D = \dfrac{D_0}{r} \tag{11-1}$$

商业银行存款货币创造机制所决定的存款货币的最大扩张倍数为存款派生倍数，又称存款乘数。从式（11-1）可知，存款派生倍数为法定存款准备金率的倒数。若以 K 表示存款总额对初始存款的变动倍数，则：

$$K = \dfrac{1}{r} \tag{11-2}$$

因此，法定存款准备金率越高，存款扩张的倍数越小；法定存款准备金率越低，存款扩张的倍数越大。商业银行如果出现超额存款准备金，就可以将其用于发放贷款，即可创造派生存款。但是如果商业银行法定存款准备金不足，则会紧缩贷款和投资，使存款的变动出现负数，从而收缩存款。其收缩过程和扩张过程相似，只是方向相反。

2. 商业银行创造存款货币的制约因素

前面我们在介绍商业银行创造存款货币的基本过程时，只考虑了法定存款准备金率的因素，但在实际工作中，还有许多其他因素会制约商业银行创造存款货币的能力，主要有现金漏损率、超额准备金比率和定期存款比率。

（1）现金漏损率。在现实经济生活中，企业在进行支付时并非全部采用支票转账，也会提取现金。如果客户以现金方式提取部分存款，那么这部分存款商业银行就无法使用了，存款货币创造的过程就会中止。假定甲企业委托 A 银行代为收取款项 D_0，中央银行规定的法

定存款准备金率为 r，再假定存款之中被提取的现金比率为 u。

A 银行为甲企业收取款项 D_0 后，将会产生如下过程：

① 从存款中提取的现金为 $D_0 \times u$；
② 提现后存款余额为 $D_0(1-u)$；
③ 必须保留的存款准备金为 $D_0(1-u)r$；
④ 可发放贷款的金额为 $D_0(1-u)(1-r)$。

A 银行把金额为 $D_0(1-u)(1-r)$ 的款项贷放出去后，就有另一家企业委托其开户银行 B 银行代为收取金额为 $D_0(1-u)(1-r)$ 的款项，则会产生如下过程：

① 从存款中提取的现金为 $D_0(1-u)(1-r)u$；
② 提现后存款余额为 $D_0(1-u)^2(1-r)$；
③ 必须保留的存款准备金为 $D_0(1-u)^2(1-r)r$；
④ 可发放贷款的金额为 $D_0(1-u)^2(1-r)^2$。

B 银行把金额为 $D_0(1-u)^2(1-r)^2$ 的款项贷放出去后，同样有一家企业委托其开户银行 C 银行代为收取金额为 $D_0(1-u)^2(1-r)^2$ 的款项，又会产生如下过程：

① 从存款中提取的现金为 $D_0(1-u)^2(1-r)^2 u$；
② 提现后存款余额为 $D_0(1-u)^3(1-r)^2$；
③ 必须保留的存款准备金为 $D_0(1-u)^3(1-r)^2 r$；
④ 可发放贷款的金额为 $D_0(1-u)^3(1-r)^3$。

这一过程还将继续下去，最后存款总额应为：

$$D = \frac{D_0(1-u)}{1-(1-u)(1-r)}$$

将上式的分子、分母分别除以 $(1-u)$，可得：

$$D = D_0 \frac{1}{r + \frac{u}{1-u}}$$

其中 u 是初始设定的从存款中平均提取的现金占存款原有金额的比率。很显然，$u/(1-u)$ 是存款户从其存款中平均提取的现金数额与提取现金后所余存款金额的比率。从总额上来看，它是在设定初始条件时，就已经存在于流通中的通货总额与当时存款总额的比率，换言之，这个比率也是 u 设定的依据，这个比率习惯上被称为现金漏损率，如以 c 表示，则这个式子可简化为：

$$D = D_0 \frac{1}{r+c} \tag{11-3}$$

在存款货币的创造过程中，如果不考虑提现，则存款总额 D 等于初始存款 D_0 除以存款准备金率 r，如果考虑提现，则存款总额 D 的值等于初始存款 D_0 除以法定存款准备金率与现金漏损率之和，即 $r+c$。

（2）超额准备金比率。超额准备金比率是指商业银行在法定存款准备金要求之外保留的准备金占全部存款的比率。在经营过程中，为了安全或应付意外之需，商业银行实际持有的准备金总是多于法定存款准备金，因而形成了超额存款准备金。商业银行的超额存款准备金与可贷资金之间存在着此增彼减的关系，超额存款准备金越多，可用于贷放的资金就越少，存款货币的创造能力也越小，所以，只要商业银行保留超额存款准备金，就会削减其存款货币的创造能力，二者之间存在着反方向变动关系。由此可见，由各商业银行自主决定的超额准备金比率对货币供应量具有重要影响。超额准备金比率与法定存款准备金率对商业银行创造存款货币的制约的区别在于：法定存款准备金率是由中央银行规定的，而超额准备金比率则是由各家商业银行自主决定的。因此，如果我们用 e 代表超额准备金比率，则考虑超额准备金比率后，存款总额 D 为：

$$D = D_0 \frac{1}{r+e+c} \tag{11-4}$$

（3）定期存款比率。在存款货币创造过程中，定期存款比率也会影响存款货币的创造。有些国家对活期存款和定期存款分别规定不同的法定存款准备金率，通常定期存款法定准备金率低于活期存款法定准备金率。因此，存款总额 D 应为：

$$D = D_0 \frac{1}{r_c + e + c + t \times r_t} \tag{11-5}$$

式中，t 表示定期存款对活期存款的比例；r_t 表示定期存款法定准备金率；r_c 表示活期存款法定准备金率。

（二）中央银行的作用

在现代中央银行体制下，中央银行是唯一的货币发行银行。流通中的现金，包括纸币和铸币，都是由中央银行发行的。中央银行通过对商业银行及其他金融机构再贷款或再贴现的方式将货币投入流通领域，最终表现为流通中现金的增加和商业银行在中央银行存款的增加。流通中的现金与商业银行在中央银行的存款准备金构成基础货币。其中，流通中的现金包括社会公众和商业银行持有的现金；商业银行在中央银行的存款准备金包括法定存款准备金和超额存款准备金。

中央银行提供的基础货币与商业银行创造存款货币的关系，实际上是一种"源"与"流"的关系。中央银行虽然不对一般企事业单位贷款，从而不能由此派生存款，但却掌握着商业银行创造存款货币的源头——基础货币；商业银行作为直接货币供给者，其创造存款货币的存贷活动均建立在基础货币这个基础之上。当经济中已有的基础货币已最大限度地为商业银行所利用并创造出多倍存款货币，却仍然不能满足经济发展的需要时，唯一的办法就是靠中央银行创造、补足基础货币。实际上，随着社会再生产的扩大，新的基础货币不断被中央银行创造出来，又经由商业银行体系不断创造，最终形成满足经济需要的货币供应量。

基础货币是商业银行创造派生存款的基础，它的总量及构成的变化都会直接影响货币供应量。基础货币对货币供应量的影响是通过货币乘数的变化起作用的。商业银行通过贷款（或投资）创造的派生存款的扩张或收缩的倍数称为货币乘数。货币乘数反映了货币供应量与基础货币之间的倍数关系，用公式表示如下：

$$M_s = m \times B \tag{11-6}$$

式中，M_s 代表货币供应量；m 为货币乘数；B 为基础货币。由式（11-6）可知，货币乘数与基础货币是决定货币供应量的两个因素。中央银行作为货币供给的主体，主要是通过控制基础货币的供应量来调整、控制商业银行创造存款货币的能力的。中央银行调节和控制基础货币的主要方式有调整法定存款准备金率、调节再贴现率或再贷款利率、在公开市场上买卖有价证券等。

三、货币供给的宏观模型

无论货币供给过程有多复杂，货币也只包含三个部分：
① 通货；
② 存款货币；
③ 准备金。
①+②是货币供给，即社会上现存的货币量。
①+③是创造整个货币供给的基础，通常称基础货币，也称高能货币。
如果用 M 代表①+②，用 B 代表①+③，用 m 代表（①+②）与（①+③）的比率，则形成的货币供给的基本模型为：

$$M = m \times B$$

将通货（C）、存款货币（D）、准备金（R）代入，则

$$M = \frac{(C+D)}{(C+R)} \times B$$

m，即 $\dfrac{C+D}{C+R}$，被称为乘数，表示货币供给对基础货币的倍数。

图 11.1 简单形象地说明了货币供给因素的相互关系。

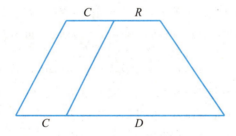

图 11.1　货币供给因素的相互关系

对乘数 $\dfrac{C+D}{C+R}$ 进行整理，可得出两种形式：

$$\frac{\dfrac{C}{D}+1}{\dfrac{C}{D}+\dfrac{R}{D}} \quad \text{或} \quad \frac{\dfrac{D}{R} \times \left(1+\dfrac{D}{C}\right)}{\dfrac{D}{R}+\dfrac{D}{C}}$$

但不论是哪一种形式，均只含有两个比例关系：C/D（或 D/C），R/D（或 D/R）。

联系货币供给的模型可以看出，决定货币供给的是三个因素：C/D、R/D 与 B。其中，C/D 是货币供给中通货与存款货币的比率，R/D 是准备金这种在商业银行之间流通的货币与存款货币的比率，B 是基础货币。

第二节 影响货币供给的因素

由货币供给的宏观模型可知，货币供应量取决于基础货币与货币乘数这两个因素，它等于这两个因素的乘积。本节将要分析的就是这两个因素及它们对货币供应量的影响。

一、基础货币

（一）基础货币的概念

在现代货币供给理论中，基础货币是一个十分重要的概念，对于这一概念，我们可以从基础货币的来源和运用两个方面来理解。从基础货币的来源来看，它是指货币当局的资产，即由货币当局投放并能被货币当局直接控制的那部分货币。从基础货币的运用来看，它由两部分构成：一是商业银行的存款准备（包括商业银行的库存通货及商业银行在中央银行的存款准备金），二是流通于银行体系之外为社会大众所持有的通货。

（二）影响基础货币的因素

中央银行创造基础货币。在基础货币结构不变的条件下，基础货币总量的任何变动，都是由中央银行资金运用总量的变动引起的。如果中央银行资金运用总量没有增减，则基础货币只会发生内部结构调整，而不会发生总量变动。基础货币总量对货币供应量的影响，最直接地体现为基础货币扩张或收缩货币供应量的功能。同时，基础货币总量的变动只能是中央银行资金运用总量变动的结果，这就表明了中央银行具有调控货币供应量的能力。

以我国为例，在基础货币总量既定的条件下，中央银行基础货币结构的变动对货币供应量的影响有四种情况。①现金与存款准备金相互转化。当流通中现金转化为存款准备金时，货币供应量以一定倍数扩张；当存款准备金转化为流通中现金时，货币供应量以一定倍数收缩。这是因为作为基础货币的现金本身，并不具有货币扩张作用，只有当它转化为商业银行的原始存款后，才会创造派生存款。②中央银行掌握的财政存款、机关团体存款和邮政储蓄存款与存款准备金相互转化。这些存款变动对货币供应量的影响，与流通中的现金相同，也与货币供应量存在反方向变动关系。③超额存款准备金与法定存款准备金相互转化。作为金融机构存款的超额存款准备金，属于待扩张的基础货币。超额存款准备金与法定存款准备金的相互转化，与前两种情况一样，具有扩张或收缩货币供应量的作用。④流通中现金、中央银行各项存款和金融机构存款相互转化。这三部分基础货币，都属于待扩张的基础货币，它们之间的相互转化，不会产生货币供应量的扩张或收缩效应，即既不影响基础货币总量，也不影响货币供应量。

另外两项影响基础货币的因素是政府赤字和在途资金。一般来说，如果政府为弥补财政赤字向中央银行借款，则必然引起基础货币量增加，从而使货币供应量增加。政府向中央银行借款，或向中央银行出售债券，或财政透支都会表现为中央银行对政府贷款的增加及政府财政金库存款的增加，政府因使用其增加的财政存款或透支额而使货币供应量增加。如果政府采用向商业银行出售政府债券的形式来弥补赤字，那么其对基础货币的影响就需要进行具体分析。当政府向商业银行出售债券时，商业银行的资金向政府部门转移。此时，中央银行的资产负债表表现为政府存款增加与商业银行存款准备金减少。如果这时商业银行没有因为超额存款准备金减少而向中央银行借款，货币供应量就不会增加。但如果商业银行因借款给财政而向中央银行借款以增加超额存款准备金，就会引起货币供应量的增加。中央银行的在途资金是中央银行为结算过程而向存款机构提供的信贷，在途资金等于应收资金减去应付资金。在途资金是向存款机构发放的一种没有利息的短期信贷。因而，在途资金金额越大，基础货币量也就越多。

二、货币乘数

（一）货币乘数的概念

货币乘数也称货币扩张系数，是用以说明货币供应量与基础货币之间的倍数关系的一个系数。例如，在某一时点上，基础货币为1亿个单位，而货币供应量为3亿个单位，或者在某一时期，基础货币增加1个单位能导致货币供应量增加3个单位，那我们就可以说，货币乘数为3。

在基础货币一定的条件下，货币乘数决定了货币供应量。货币乘数越大，则货币供应量越多；货币乘数越小，则货币供应量就越少。但是，与基础货币不同，货币乘数并不是一个外生变量，因为决定货币乘数的大部分因素都不受中央银行行为的影响，而是取决于商业银行及公众的行为。可以说，货币供给的内生性主要表现在中央银行不能对货币乘数实施直接的、完全的控制。

（二）货币乘数的决定因素

如果货币乘数为常数，那么中央银行通过调节基础货币就可以准确地控制货币供应量。但是货币乘数通常不是常数，下列因素都可以改变货币乘数。

第一，中央银行控制的法定存款准备金率。在其他情况不变的条件下，中央银行可通过提高或降低法定存款准备金率直接改变货币乘数，从而达到控制货币供应量的目的。法定存款准备金率的变动必然会引起货币乘数的反方向变动。

第二，公众行为决定的通货与商业银行活期存款的比率，以及定期存款与活期存款的比率，这两项取决于活期存款与定期存款之间的利差及通货膨胀预期。例如，1988年上半年，中国的通货膨胀率较高，实际利率为负数，人们的通货膨胀预期也很高，结果，消费者去银行提取存款，抢购、囤积商品。仅1988年8月，银行存款就减少了26亿元。为此，中国政府立即提高了名义利率并推出"保值定期存款"，将存款报酬与通货膨胀率挂钩。结果，家庭存款尤其是定期存款在1989年迅速上升，1989年年底，存款总额达到5146.9亿元。流通中现金存入银行，可以引起存款总额的倍数扩张，从而扩大货币供应量。相反，现金被存款户从银行取出，则会引起存款总额的倍数收缩。因此，非银行部门持有现金量的大小，将直接影响到货币供应量。

第三，商业银行决定的超额准备金比率，是指商业银行保有的超额存款准备金（准备金总额减法定存款准备金）与全部存款的比率。商业银行的经营目标是在一系列管制下，追求考虑资金的流动性和安全性后所能获得的利润最大化，下列因素影响商业银行持有准备金的机会成本：①超额存款准备金的报酬率，由中央银行决定；②从中央银行获得贷款的利率和获得贷款的难易程度；③商业银行向客户贷款的利率。

第三节　西方货币供给理论

货币供给理论与货币需求理论一样，都是当代西方主要的货币理论，但是，货币供给理论的产生和形成却比货币需求理论晚得多。直到20世纪60年代末，才出现了现代意义上的货币供给理论。其中，比较有影响力的货币供给理论主要有弗里德曼和施瓦茨的分析、卡甘的分析、乔丹的分析、布伦纳和梅尔策的分析，现将分别介绍如下。

一、弗里德曼和施瓦茨的分析

弗里德曼和施瓦茨关于货币供给的决定因素的分析可见于他们合著的《美国货币史（1867—1960）》一书。

弗里德曼和施瓦茨将现代社会的货币划分为两类：一是货币当局的负债，即通货；二是商业银行的负债，即银行存款。假设 M 为货币存量，C 为公众所持有的通货，D 为商业银行的存款，则：

$$M = C + D \tag{11-7}$$

而根据高能货币的定义，又有：

$$H = C + R \tag{11-8}$$

其中 H 和 R 分别表示高能货币和商业银行的存款准备金。因此可得下式：

$$\frac{M}{H} = \frac{C+D}{C+R} = \frac{\frac{D}{R}\left(1+\frac{D}{C}\right)}{\frac{D}{R}+\frac{D}{C}} \tag{11-9}$$

或

$$M = H \frac{\frac{D}{R}\left(1+\frac{D}{C}\right)}{\frac{D}{R}+\frac{D}{C}} \tag{11-10}$$

我们知道，货币存量为高能货币与某一乘数之积，即 $M = m \times H$，其中货币乘数 m 为 $\dfrac{\frac{D}{R}\left(1+\frac{D}{C}\right)}{\frac{D}{R}+\frac{D}{C}}$。式(11-10)是弗里德曼和施瓦茨在分析货币供给决定因素时所用的基本方程式，即弗里德曼-施瓦茨模型。从这一方程式中，我们可以看出决定货币存量的三个因素：高能货币 H、商业银行的存款与其准备金的比率（D/R）以及商业银行的存款与非银行的公众所持有的通货的比率（D/C）。弗里德曼和施瓦茨称这三个因素为"货币存量的大致因素"。而 D/R 与 D/C 则为货币乘数的决定因素。高能货币是非银行的公众所持有的通货与商业银行的准备金之和。它们之所以被称为高能货币，是因为一定量的这样的货币被银行作为准备金而持有后可引致数倍的存款货币。而"如果其他条件不变（D/R 与 D/C 不变），高能货币总量的任何增长都将导致货币存量的同比例增长"。弗里德曼和施瓦茨认为，高能货币的一个典型特征就是能随时转化为（或被用作）银行的准备金，不具备这个特征就不是高能货币。

D/R 和 D/C 的变化会引起货币存量的同方向的变化。这是因为，D/R 的值越大，一定量的准备金所能支持的存款也就越多，同样，D/C 的值越大，高能货币中充当商业银行准备金的部分就越大，从而货币乘数就越大，货币存量也就越多。

由上述分析可知，决定货币供给的经济主体有三个：①货币当局，它决定高能货币 H；②商业银行，它决定存款与准备金的比率（D/R）；③公众，它决定存款与通货的比率（D/C）。当然，决定货币存量的三个因素并非完全独立地决定于不同的经济主体，而是同时受各个经济主体的行为的影响。

弗里德曼和施瓦茨利用上述分析框架，检验了 1867—1960 年的美国货币史，并得出三个基本结论：①高能货币的变化是广义的货币存量的长期性变化和周期性变化的主要因素；② D/R 和 D/C 的变化对金融危机条件下的货币运动具有决定性影响；③ D/C 的变化对货币存量的温和的周期性变化起着重要的作用。

二、卡甘的分析

美国经济学家卡甘也系统地研究了美国货币存量的主要决定因素。

（一）决定货币存量的三个因素

卡甘采用了与弗里德曼和施瓦茨相同的分析框架，提出了如下货币供给模型。

$$M = \frac{H}{\frac{C}{M} + \frac{R}{D} - \frac{C}{M} \times \frac{R}{D}} \tag{11-11}$$

式中，M 表示广义货币存量（M_2）；H 表示高能货币；$\frac{C}{M}$ 表示通货比率；$\frac{R}{D}$ 表示准备金比率。

卡甘模型与弗里德曼-施瓦茨模型有着较多的相似之处。首先，卡甘模型也是对美国货币史的实证分析结果；其次，卡甘模型中的货币的定义与弗里德曼-施瓦茨模型相同，也将货币定义为三部分：公众手持通货、商业银行的活期存款和定期存款；最后，卡甘模型中决定货币存量的因素与弗里德曼-施瓦茨模型中的因素相比，只有形式上的区别，没有实质上的不同，因为 R/D 只是 D/R 的倒数，而 C/M 也同 C/D 一样反映着 C 和 D 之间的相对变动对货币乘数的影响。

同弗里德曼和施瓦茨一样，卡甘也认为，政府控制高能货币，而公众和商业银行则共同决定高能货币为公众持有和为银行持有的比例。公众通过通货与银行存款的相互转化改变其高能货币持有额。而商业银行则通过贷款和投资的放出和收回来改变其高能货币的持有额。公众的上述行为改变通货比率，而商业银行的行为则改变准备金比率。当公众减少通货持有额而相对增加银行存款时，银行准备金增加。如果当时准备金比率保持不变，则货币存量将增加。同样，当银行增加贷款时，如果存款不变，准备金减少，则货币存量将增加。

与弗里德曼-施瓦茨模型相比，卡甘模型似乎更加明显地反映了两项决定因素的变化对货币乘数的影响。从式（11-11）可以看出，$\frac{C}{M}$ 与 $\frac{R}{D}$ 这两个比率的值均小于1，此两项之积，即 $\left(\frac{C}{M} \times \frac{R}{D}\right)$ 的值也必小于其中任一项的值。所以，$\frac{C}{M}$ 和 $\frac{R}{D}$ 这两项比率中的任一项上升，而另一项比率和高能货币不变，就会使货币乘数缩小进而引起货币存量减少；其中任一项比率下降则又必然会使货币乘数增大进而引起货币存量的增加。由此可见，货币存量与通货比率和准备金比率存在负相关关系。

（二）各决定因素对货币存量变化率的作用

卡甘不仅分析了决定货币供给的各个因素，而且还深入地检验了各决定因素对货币存量变化率的作用。这是卡甘的分析区别于弗里德曼和施瓦茨的分析及其他各种货币存量决定因素分析的显著标志之一。

根据式（11-11），卡甘导出以下检验公式：

$$\frac{d(\lg M)}{d_t} = \frac{d(\lg H)}{d_t} + \frac{M}{H}\left(1-\frac{R}{D}\right)\frac{d\left(-\frac{C}{M}\right)}{d_t} + \frac{M}{H}\left(1-\frac{C}{M}\right)\frac{d\left(-\frac{R}{D}\right)}{d_t} \tag{11-12}$$

式（11-12）左边代表货币存量的变化率，右边分别代表高能货币的变化率、通货比率的变化率及准备金比率的变化率对货币存量变化率的作用。利用该等式，卡甘运用统计手段从理论上检验和分析了美国 1876—1955 年各决定因素在货币存量的长期性增长和货币存量增长率的周期性变化中所发挥的作用。

根据卡甘对货币的定义，1876—1955 年美国货币供应量平均每年增长 5.7%。从表 11-2 可以看出，高能货币的变化是货币存量在长期中增长的主要原因。他指出，高能货币的增长是十分之九的货币存量增长的原因，而只有十分之一的长期性货币存量增长是由通货比率和准备金比率的下降所引起的，因为在大部分时期，这两个比率的变化对货币存量的影响差不多都互相抵消了。

表 11-2　1876 年 8 月—1955 年 12 月货币存量变化率的渊源（%）

时期	各因素的变化引起货币存量变化的年平均百分率				各因素的相对影响			
	货币存量的增长	高能货币的影响	通货比率的影响	准备金的影响	货币存量的增长	高能货币的影响	通货比率的影响	准备金比率的影响
所有年份	5.7	5.2	0.5	0.1	100	91	9	2
第一次世界大战和第二次世界大战期间	16.0	16.3	-5.5	6.0	100	102	-34	37
非战争期间	4.9	4.3	1.0	-0.3	100	88	20	-6
1917 年以前	6.3	4.3	1.6	0.6	100	68	25	10
1918 年以后	3.2	4.4	0.2	-1.4	100	138	6	-44

资料来源：卡甘，《1875—1960 年美国货币存量变化的决定及其影响》第 19、28、134 页。

此外，卡甘还研究了各因素在货币存量增长率的周期性变化中的作用。他发现，在货币存量变化率的周期性变化中，通货比率的周期性变动是最重要的，它是货币存量变化率的周期性变动的差不多一半的来源，而高能货币和准备金比率则分别是四分之一的来源。而且，通货比率的周期性变动对货币存量的影响很有规律，高能货币的影响却缺乏这种规律，它的变动周期与货币存量的变动周期并不一致。

（三）各决定因素自身变动的原因

卡甘还深入地研究了各决定因素自身变动的原因，这是卡甘关于货币存量决定因素分析的又一特点。

1. 高能货币变动的原因

卡甘认为，美国高能货币实际上有三大来源：黄金存量、联邦储备体系和财政部，尽管美国高能货币的发生从来没有完全集中过，但是高能货币最终仍受政府的控制，因为政府能改变高能货币的发行条件和发行量。由此可见，政府在绝大多数国家（尤其是美国）的货币史上扮演了重要的角色。当然，政府对高能货币的控制也受制于货币制度。在金本位制下，高能货币的发行受到黄金储备的制约。因此，从长期来看，高能货币变化的基本源泉是黄金存量的增长。美国自1914年以来，高能货币同时受到黄金储备和联邦储备体系操作的影响。此外，高能货币在长期变化中还受经济条件的影响。这些经济条件主要是指物价水平、利率水平及一般经济状况。

2. 通货比率变动的原因

在美国，通货比率从长期看有下降的趋势。卡甘把这一趋势归因于收入和财富的增长及城市化率的提高。人均实际收入和人均财富的增长会提高人均消费额，从而降低通过支票账户结算每一单位支出的成本。卡甘认为，这可能会增加对存款的需求，而减少对通货的需求。城市化有助于通货比率下降的原因在于它促进了银行业的扩张从而减少了通货的使用，城市的银行存款往往比乡村多，银行账户的使用在城市中也总是比在乡村中广泛。

3. 准备金比率变动的原因

卡甘指出，法定存款准备金率的变化是准备金比率变动的主要原因，它对准备金比率的影响取决于所谓的可用准备金对法定存款准备金率变化的反应。如果法定准备金率的变化被可用准备金完全吸收，即银行通过将可用准备金转化为法定存款准备金或法定存款准备金转化为可用准备金，来满足法定存款准备金率上升或下降的要求，那么，总的准备金将保持不变，准备金比率也就不会受到影响。

综上所述，卡甘在深入分析了美国货币存量变动的主要决定因素后，得出了以下结论：长期的和周期性的货币存量的变动取决于高能货币、通货比率和准备金比率这三个因素，高能货币的增长是货币存量在长期中增长的主要原因，而货币存量的周期性波动则主要取决于通货比率的变动。高能货币的增长主要取决于黄金储备的增长，而在当时的美国则同时取决于金本位制下黄金储备的增长和联邦储备体系的操作。通货比率在长期中的下降趋势主要归因于收入和财富的增长及城市化率的提高。至于准备金比率的变动，则主要是由法定存款准备金率的变动引起的。

三、乔丹的分析

20世纪60年代末,美国经济学家乔丹发展了弗里德曼、施瓦茨和卡甘的理论,导出了较为复杂的货币乘数的模型。在乔丹模型中,货币只包括公众手持通货和私人活期存款,即狭义的货币定义 M_1。乔丹模型还区分了美国联邦储备体系成员银行和非成员银行,区分了受制于不同法定存款准备金率的不同类型的存款,乔丹称这些区分是"货币分析家能准确地估计银行体系追加1美元准备金将创造多少货币"的关键。其方程式为:

$$M_1 = B \frac{1+k}{r_d + r_t \times t + e + k} \tag{11-13}$$

式中:B 为基础货币(商业银行的准备金+公众持有的现金);k 为通货比率,即公众持有的通货与活期存款的比率,$k = C/D$;r_d 为活期存款的法定存款准备金率,r_t 为定期存款的法定存款准备金率;t 为定期存款比率,即定期存款与活期存款的比率,如以 T 表示定期存款,则 $t = T/D$;e 为商业银行的超额准备金比率,即超额存款准备金与活期存款的比率,如以 E 表示超额存款准备金,则 $e = E/D$。

根据上述定义,我们可知:

$$M_1 = D + C \tag{11-14}$$

$$B = R + C \tag{11-15}$$

式(11-15)中,R 为商业银行的准备金,它既包括法定存款准备金,也包括超额存款准备金;既包括商业银行的库存现金,也包括商业银行存在中央银行的准备存款。由于

$$k = \frac{C}{D} \tag{11-16}$$

$$t = \frac{T}{D} \tag{11-17}$$

$$e = \frac{E}{D} \tag{11-18}$$

因此,

$$C = k \times D \tag{11-19}$$

$$T = t \times D \tag{11-20}$$

$$E = e \times D \tag{11-21}$$

将式(11-19)、式(11-20)、式(11-21)代入式(11-14)和式(11-15)中,可得

$$M_1 = D + k \times D = D(1+k) \tag{11-22}$$

$$\begin{aligned} B &= R + C \\ &= r_d \times D + r_t \times T + E + C \\ &= r_d \times D + r_t \times t \times D + e \times D + k \times D \\ &= D(r_d + r_t \times t + e + k) \end{aligned} \tag{11-23}$$

设 m_1 为货币乘数,则

$$m_1 = \frac{M_1}{B}$$

$$= \frac{D(1+k)}{D(r_d + r_t \times t + e + k)}$$

$$= \frac{1+k}{r_d + r_t \times t + e + k} \tag{11-24}$$

$$M_1 = B \times m_1$$

$$= B \times \frac{1+k}{r_d + r_t \times t + e + k} \tag{11-25}$$

现在，我们将货币定义扩大为 M_2（$M_2 = D + C + T$），并以 m_2 表示相应的货币乘数，则

$$m_2 = \frac{D+C+T}{R+C} = \frac{1+k+t}{r_d + r_t \times t + e + k} \tag{11-26}$$

$$M_2 = B \times m_2 = B \times \frac{1+k+t}{r_d + r_t \times t + e + k} \tag{11-27}$$

从乔丹的货币乘数模型来看，货币乘数 M 是行为参数 r（平均准备金率）、t、e 的递减函数，这意味着，商业银行各种存款的平均准备金率、定期存款比率和超额准备金比率的变化对货币乘数产生负向的影响。通货比率 k 对货币乘数的影响不能直接从模型中得出，但一般来说，货币乘数 M 是通货比率 k 的递减函数。目前，乔丹模型被认为是货币供给决定机制的一般模型，被大多数经济学家所接受。

四、布伦纳与梅尔策的分析

美国经济学家布伦纳与梅尔策关于货币存量决定因素的分析，比 20 世纪 60 年代出现的其他任何一种分析都更具有数学特征，也更复杂，他们在关于货币供给过程的理论模型的基础上，发展出了一个货币供给函数。这个函数概括了决定货币存量及其变化的各种要素，并且反映了政府、银行和公众的货币行为。

布伦纳与梅尔策的线性货币供给函数中的主要变量是货币基数（B）、自由准备金（L）、公众所持通货（C）、商业银行的定期存款（T）和银行超额存款准备金（ER）。

所谓自由准备金，是指因法定存款准备金率的变化而引起的法定存款准备金变动的累积额及由于存款转移而导致的准备金变动额。这里的存款转移是指在受制于不同法定存款准备金率的银行之间或在定期、活期之间的存款转移。布伦纳与梅尔策将货币基数与自由准备金（$B+L$）合称为"扩大了的货币基数"。

公众对通货与定期存款的需求取决于很多因素，其中之一是货币财富的多少。所谓货币财富，是指公众持有的通货、活期存款及定期存款。随着货币财富的增加，公众对通货和定期存款的需求也会增加。布伦纳与梅尔策将这一现象称为外溢效应。此外，利率、保有活期存款和定期存款账户的成本及非货币财富等变量的变化也会引起通货和定期存款的变动，在函数中分别用 C_0 和 T_0 来表示超额存款准备金的变化。

在上述分析基础上，布伦纳与梅尔策分别根据狭义和广义的货币定义建立了货币供给函数，但将分析重点放在了狭义货币供给上。美国经济学家安德森将布伦纳与梅尔策的狭义货

币供给函数简化成如下方程式，

$$M = m_0 + m_1(B+L) + m_2 \times C_0 + m_3 \times T_0 + m_4 \times ER_0 \tag{11-28}$$

式中，左边代表狭义货币供应量；右边第一项 m_0 为常数，第二项 $m_1(B+L)$ 表示"扩大了的货币基数"的变化对货币存量的影响，其中 m_1 为货币乘数，其大小主要取决于各种存款的平均法定存款准备金率和通货、定期存款、超额存款准备金的外溢效应。

外溢效应对货币供给的影响体现在 m_1 中，而式（11-28）右边的后三项则分别代表了其他要素的影响，即公众所持通货的影响（$m_2 \times C_0$）、商业银行定期存款的影响（$m_3 \times T_0$）及美国联邦储备体系成员银行超额存款准备金的影响（$m_4 \times ER_0$）。乘数 m_2、m_3、m_4 不仅不同于 m_1，而且相互间也各不相同，由于 C_0、T_0 和 ER_0 的变化对货币供应量会产生负向影响，所以这三个乘数都是负值。

从上述分析可以看出，布伦纳与梅尔策的线性货币供给函数中没有私人活期存款这一变量。这是因为：当活期存款发生变化时，它不是转变为定期存款，就是转变为公众所持通货。即使活期存款持有者将其转变为其他资产，原以活期存款形式存在的资金也终将以活期存款、定期存款或通货形式存在。因此，在布伦纳与梅尔策的货币供给函数中，也就没有必要另列一项来表示活期存款的影响。

布伦纳与梅尔策关于货币存量决定因素的分析有两个主要结论：①"扩大了的货币基数"及公众对通货的需求的变化是引起货币存量变化的主要原因；②由于联邦储备体系的公开市场操作决定货币基数的变化，因此它是决定货币存量变化的主要因素。 与大多数经济学家不同，布伦纳与梅尔策没有采用传统的货币存量等于基础货币与货币乘数之积的分析方法，而是区分了决定货币存量的各要素的各个乘数，更精确地反映了各要素的变化对货币存量的影响。在这四个乘数中，m_1 是最重要的乘数，因为它不仅决定了"扩大了的货币基数"对货币存量的影响程度，而且体现了各要素的外溢效应。

上面我们评述了几种在西方较有影响力的货币供给决定理论。值得注意的是，20 世纪 80 年代以来，随着人们越来越深刻地认识到货币存量变动对经济的巨大影响，对货币供给问题的研究也越来越注重满足货币政策操作的实际需要，即中央银行控制货币供给的需要。中央银行控制货币供给的能力的大小，取决于它能否准确地预测货币乘数及其决定因素的变化；而中央银行能否准确地做出预测，又取决于这些变化是否稳定。所以，当前西方对货币供给问题的研究，已不再局限于研究货币供给的决定因素，还注重研究货币乘数及其决定因素的稳定性、预测性，以增强中央银行对货币供给的控制能力和管理能力。

习　　题

一、选择题（含单项选择题和多项选择题）

1. 主张"货币供给具有外生性"的论点，其依据是（　　）。
   A. 货币供给取决于整个金融体系的运作

B. 货币供给取决于中央银行的政策
C. 货币供给取决于客观经济过程
D. 货币供给取决于财政政策的实施
2. 基础货币是由（　　）提供的。
   A. 投资基金　　　B. 商业银行　　　C. 中央银行　　　D. 财政部
3. 中央银行提高法定存款准备金率，将导致商业银行信用创造能力的（　　）。
   A. 上升　　　　B. 下降　　　　C. 不变　　　　D. 不确定
4. 派生存款是由（　　）创造的。
   A. 商业银行　　　B. 中央银行　　　C. 证券公司　　　D. 投资公司
5. 下列金融变量中，直接受制于商业银行行为的是（　　）。
   A. 超额准备金比率　　　　　　　B. 现金漏损率
   C. 定期存款比率　　　　　　　　D. 财政性存款比率
6. 银行不能创造存款货币的条件是（　　）。
   A. 部分准备金　　B. 全额准备金　　C. 现金放款
   D. 法定准备率　　E. 现金漏损率
7. 我国 M_1 由（　　）构成。
   A. M_0　　　　　　　　　　　B. 企业定期存款
   C. 城乡储蓄存款　　　　　　　　D. 企业活期存款
   E. 机关团体的存款
8. 我国 M_2 由（　　）构成。
   A. M_1　　　　　　　　B. 企业定期存款
   C. 基建存款　　D. 储蓄存款　　E. 其他存款
9. 商业银行创造存款货币要受（　　）限制。
   A. 法定存款准备金率　　　　　　B. 超额准备金比率
   C. 现金漏损率　　　　　　　　　D. 定期存款准备金率
   E. 存款准备金率
10. 基础货币包括（　　）。
    A. 流通中的现金　　B. 存款货币　　C. 存款准备金
    D. 原始存款　　　　E. 派生存款

二、名词解释

货币供给　名义货币供给　实际货币供给　存款货币创造　基础货币　货币乘数　现金漏损率

三、简答题

1. 简述货币供给的概念及其双重性质。
2. 简述名义货币供给与实际货币供给的关系。
3. 简述商业银行在货币供给的形成过程中所起的作用。
4. 简述中央银行在货币供给的形成过程中所起的作用。

5. 现阶段我国的货币供给采用什么统计口径？
6. 简述乔丹关于货币供给的分析的基本内容。

四、计算题

1. 假定某国的法定存款准备金率为 10%，现金漏损率为 9%，超额准备金比率为 8%，该国货币乘数是多少？

2. 假定某国的法定存款准备金率为 12%，现金漏损率为 8%，超额准备金比率为 11%，该国的流通中现金为 3000 亿元。那么，该国的货币供应量是多少？货币乘数是多少？

五、论述题

1. 试论述影响货币供给的各种因素。
2. 论述现代货币供给的形成机制。
3. 试分析弗里德曼和施瓦茨的货币供给模型与卡甘的货币供给模型之间的联系与区别。

货币均衡 12

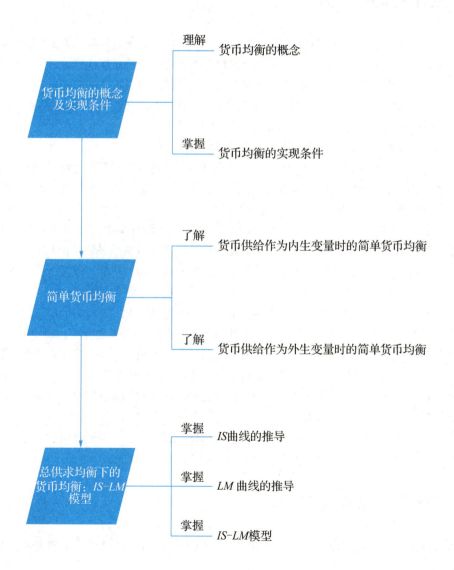

现代市场经济是高度货币化的经济，一切经济活动都必须借助于货币的运动，社会的需求也都表现为有货币支付能力的需求，即需求必须通过货币来实现，所以社会总供求的均衡必须通过货币均衡来实现。货币均衡在社会总供求均衡中处于核心地位，研究货币均衡问题具有十分重要的理论意义和现实意义。货币均衡有两个层次的含义：一是简单货币均衡，即货币市场中货币供给与货币需求的对等；二是总供求均衡下的货币均衡，即社会总供给与总需求大致相当条件下的货币均衡。

第一节 货币均衡的概念及实现条件

一、货币均衡的概念

"均衡"一词源于力学，指相反的力量处于均势状态。经济学引入"均衡"的概念，一般用其描述和分析市场供求的对比状态，以发现市场运行的态势和规律，进而研究调控的方法和措施。这里提出货币均衡的概念则是为了说明货币供给与需求之间的关系。所谓货币均衡，是指货币供应量与货币需求量基本相等的货币流通状态，即 $M_s = M_d$。实际上，M_s 和 M_d 的绝对相等是不可能的，基本相等是指二者大体相等。

理解货币均衡的概念时应注意以下几点。

（1）货币均衡不是简单的 $M_s = M_d$，而是货币供给和经济对货币需求之间的均衡。经济态势通常表现为：生产正常增长，市场情况良好，物价基本稳定。社会再生产过程中的物质替换和价值补偿都能正常顺利地进行，经济稳定地增长。

（2）货币均衡不能机械地理解为 M_s 与 M_d 绝对相等。因为货币供应量对货币需求量具有一定的弹性或适应性，理论界称之为货币容纳量弹性。货币容纳量弹性是指利用货币资产、金融资产、实物资产的相互替代效应和货币流通速度的自动调节功能，使货币供应量可以在一定幅度内偏离货币需求量，而不至于引起货币贬值、物价上涨的性质。

（3）货币均衡对应的概念是货币失衡（或货币非均衡）。货币失衡是指在货币流通过程中，货币供给偏离货币需求，导致二者之间出现不相适应的货币流通状态，即 $M_s \neq M_d$。具体有两种表现形式，分别为 $M_s > M_d$ 和 $M_s < M_d$。一般而言，在现代纸币制度下，货币失衡可能导致经济萎缩或通货膨胀，因此，负有宏观经济管理之责的中央银行就有了干预货币供需的客观必要性，而这种干预过程是通过货币政策进行的，对此我们将在第 14 章货币政策中进行具体分析。

值得注意的是，尽管货币供应量和货币需求量都是存量概念，但是货币均衡是一个动态的概念，是一个由均衡到失衡，再由失衡到均衡的不断运动的过程。

二、货币均衡的实现条件

无论凯恩斯学派或货币学派在对货币需求理论的理解上有多少不同，二者最终都提出了一个经双方认可的货币需求公式：

$$\frac{M_d}{P} = f\left(\frac{Y}{P}, r\right) \tag{12-1}$$

式（12-1）表明，对货币余额的实际需求 $\frac{M_d}{P}$ 是实际收入 $\frac{Y}{P}$ 和利率 r 的函数。而货币均衡要求 $M_s = M_d$，那么，我们可以用 M_s 代替 M_d，得到

$$\frac{M_s}{P} = f\left(\frac{Y}{P}, r\right) \tag{12-2}$$

式（12-2）中，如果我们假定 M_s 和 P 是已知的，那么货币能否均衡就取决于国民收入 Y 和利率 r 这两个重要条件。

（一）国民收入 Y 等于国民支出，没有超额分配现象

我们知道，社会总产品的价格 W 由生产过程中消耗掉的生产资料价值 c、劳动者自己创造的价值 v 和剩余价值 m 三部分组成，即 $W = c + v + m$。其中 $v + m$ 是一定时期内的国民收入。国民收入经过企业初次分配之后，还要经过财政和银行的再分配，最终形成积累基金和消费基金两部分。只要一定时期内的积累基金和消费基金不超过同期的国民收入，货币供求就会处于均衡状态。而如果财政搞超额分配——财政赤字（并用发行货币弥补），银行搞超额分配——信用膨胀，就会破坏货币均衡，导致通货膨胀。

（二）要有一个均衡的利率水平

所谓均衡的利率水平，是指在货币供给水平既定的条件下，货币需求正好等于货币供给时的利率。均衡利率是货币供求双方均能接受的利率水平，因而它是货币均衡的重要条件。

在均衡利率水平的约束下，货币需求有比较显著的利率弹性。因此，利率变动可以调节或改变货币的需求量。另外，货币供给的变动，也可以在一定程度上影响利率水平。

均衡利率水平的形成是由货币供求的条件决定的。货币供不应求，利率上升；货币供过于求，利率下降。因此，适当调节利率水平，就可以有效调节货币供求，使货币供求处于均衡状态。例如，当货币需求大于货币供给时，适当提高利率水平，可以减少货币需求；当货币需求小于货币供给时，适当降低利率水平，可以刺激投资并增加国民收入，而收入水平的提高，将增加货币需求，从而使货币供求达到均衡状态。

第二节 简单货币均衡

我们首先研究简单货币均衡问题。简单货币均衡是指在市场经济条件下，通过利率的变化进行调节的货币供求均等的实现过程。其基本思想是：在发达的货币市场中，货币供求不均衡引起利率变化，利率变化进一步影响货币供求，如此相互作用，相互推动，最终实现货币供给与货币需求的均衡。如第 11 章所述，货币供给既是内生变量又是外生变量，它的双重性质决定了我们在研究简单货币均衡问题时必须将其分开研究。

一、货币供给作为内生变量时的简单货币均衡

当货币供给作为内生变量时，货币供给的变动是由客观的经济过程决定的，其中起决定作用的是经济体系中的实际变量和微观主体的经济行为，而非货币当局。在这个前提下，货币供求关系决定均衡利率水平 r_0，利率 r 成为使货币由非均衡趋向均衡的自动调节杠杆。

如图 12.1 所示，货币需求 M_d 与利率 r 呈负相关，货币供给 M_s 与利率 r 呈正相关。从数学的角度来看，在 E 点上 $M_s=M_d$，货币供求达到均衡，此时的利率水平 r_0 为均衡利率水平，M_0 为均衡条件下的货币供应量。从现实经济生活来看，由于存在货币容纳量弹性，因此 E 点代表的不是一个点而是一个区域或值域。这个区域或值域的大小取决于各个时期经济发展状况及中央银行对货币供给的调控能力，制定货币政策的真正难度就在于如何恰当地把握这个区域的限度。

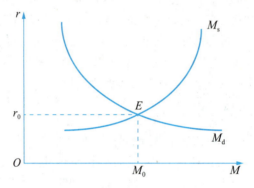

图 12.1　货币供给作为内生变量时的简单货币均衡

二、货币供给作为外生变量时的简单货币均衡

当货币供给作为外生变量时，货币供给的变动，并不由收入、储蓄、投资和消费等实际经济变量决定，而是由货币当局的货币政策所决定。由于中央银行不会根据 M_d 的变化调节 M_s，因此 M_s 就成了一条垂直于横轴的直线，如图 12.2 所示。

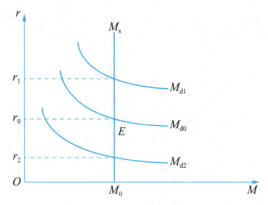

图 12.2　货币供给作为外生变量时的简单货币均衡

如图 12.2 所示，M_d 上升，r_0 上升到 r_1；M_d 下降，r_0 下降到 r_2。货币需求只对利率有影响，但不能通过利率机制影响货币供给。不过，在这里利率的变动仍然能作为一个货币均衡或非均衡的指示器。

第三节　总供求均衡下的货币均衡：*IS-LM* 模型

社会总供给决定货币总需求，货币总需求又决定货币总供给，而货币总供给则决定有支付能力的货币总需求。货币均衡与社会总供求的均衡具有内在的统一性和一致性。货币需求是一个由社会总供给决定的内生变量，货币供给则既是内生变量又是外生变量，具有相对的独立性，因此二者往往不一致。货币供求的失衡必然导致社会总供求的失衡。货币均衡是实现社会总供求均衡的条件，即货币均衡是经济均衡的前提条件。因此，只有研究在总供求均衡条件下的货币均衡才有实际经济意义。

IS-LM 模型是一个被广泛应用于一般均衡分析的经济预测模型，它是由希克斯在对凯恩斯《就业、利息和货币通论》一书分析的基础上发展起来的。在市场经济条件下，总供求均衡下的货币均衡实质上反映的是产品市场与货币市场的共同均衡状态，如前所述，这种均衡的实现过程是以利率和收入变动为契机的。

一、*IS* 曲线的推导

IS 曲线是产品市场的均衡曲线，它代表产品市场均衡条件下利率和收入水平的组合。用 Y_d 表示总需求，Y 表示总产出，C 表示消费支出，I 表示投资支出，G 表示政府支出，$NX = X - M$ 表示净出口（X 为出口总额，M 为进口总额），则：

$$Y_d = C + I + G + NX \tag{12-3}$$

根据宏观经济学基本原理，我们知道利率的上升会导致投资和净出口下降，从而导致总需求 $Y_d = C + I + G + NX$ 下降，总需求曲线向下移动，其结果是均衡总产出水平下降，如图 12.3 所示。当利率从 i_1 上升到 i_2，再继续上升到 i_3 时，均衡总产出水平的变化情况为：投资支出从 I_1 下降到 I_2，再下降到 I_3，如图 12.3（a）所示；净出口从 NX_1 下降到 NX_2，再下降到 NX_3，如图 12.3（b）所示；总需求曲线从 Y_{d1} 下降到 Y_{d2}，再下降到 Y_{d3}，如图 12.3（c）所示；总产出从 Y_1 下降到 Y_2，再下降到 Y_3；均衡总产出随利率变化而变化，所形成的利率与总产出的组合点（i，Y）的运动轨迹称为 *IS* 曲线，如图 12.3（d）所示。

IS 曲线反映了产品市场均衡随利率变化而变化的规律，确定了均衡总产出 Y 与利率 i 之间的关系：均衡总产出与利率之间存在反向变动关系。当经济中的利率与总产出组合点落在 *IS* 曲线上时，产品市场处于均衡状态。当经济中的利率与总产出组合点落在 *IS* 曲线的左侧时，表明对应于这个利率和总产出水平的总需求大于总产出，因而存在超额需求。此时为了使产品市场达到均衡，必须提高总产出水平，使其上升到 *IS* 曲线上。当经济中的利率与总

产出组合点落在 IS 曲线的右侧时，表明对应于这个利率和总产出水平的总需求小于总产出，因而存在超额供给。此时为了使产品市场达到均衡，必须降低总产出水平，使其下降到 IS 曲线上。

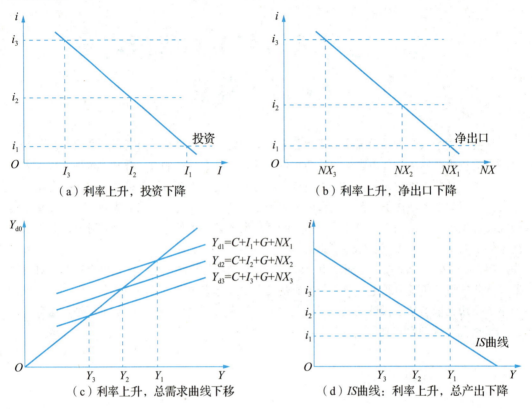

图 12.3 IS 曲线的推导

二、LM 曲线的推导

与根据产品市场均衡条件推导出 IS 曲线类似，根据货币市场均衡条件可以推导出 LM 曲线，即在既定的收入水平下，从凯恩斯的流动性偏好论和货币市场均衡条件出发，可以确定出一个对应于这个收入水平 Y 的均衡利率 i。凯恩斯的流动性偏好论认为，公众对货币的实际需求取决于收入 Y 和利率 i，并且货币需求与收入之间存在正向变动关系，与利率之间存在反向变动关系。如前所述，假定物价水平 P 不变，由于总收入等于总产出，因此，货币需求与总产出之间存在正向变动关系。

对于既定的总产出水平 Y，用 $M_d(Y)$ 表示这个总产出水平上的货币需求函数，这个函数只是利率 i 的函数，其需求曲线向右下方倾斜。

如图 12.4（a）所示，当总产出水平从 Y_1 上升到 Y_2，再上升到 Y_3 时，货币需求曲线从 M_{d1} 上升到 M_{d2}，再上升到 M_{d3}，相应地，均衡利率从 i_1 上升到 i_2，再上升到 i_3。于是均衡利率水平与总产出的组合点（i, Y）发生移动，形成一条轨迹，这条轨迹就是 LM 曲线，如图 12.4（b）所示。

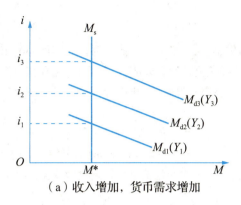
（a）收入增加，货币需求增加

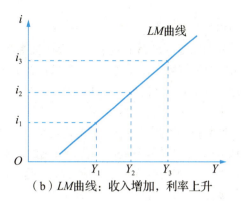
（b）LM曲线：收入增加，利率上升

图 12.4　LM 曲线的推导

从 LM 曲线的确定过程可以看出，当总产出增加时，货币需求曲线向上移动，导致均衡利率相应地上升。因此，*LM 曲线是一条向右上方倾斜的曲线，即均衡利率与总产出之间存在正向变动关系*。

当经济中的利率与总产出组合点落在 LM 曲线上时，货币市场处于均衡状态。当经济中的利率与总产出组合点落在 LM 曲线的左侧时，利率高于这个总产出水平上的均衡利率，表明货币供给过多，存在超额货币供给。当经济中的利率与总产出组合点落在 LM 曲线的右侧时，利率低于这个总产出水平上的均衡利率，表明货币需求过多，存在超额货币需求。

三、IS-LM 模型

将上面推导出来的两条曲线放在同一坐标系上描绘出来（图 12.5），我们就可以得到 *IS-LM 模型：利率与总产出组合点同时落在 IS、LM 曲线上。所以，IS 曲线和 LM 曲线的交点 E 决定了均衡利率水平 i^* 和均衡总产出水平 Y^**，它表示产品市场和货币市场同时达到均衡状态。若出现偏离 E 点的经济状态，则产品市场和货币市场至少有一个没有达到均衡状态，此时市场的力量将会促使产品市场和货币市场朝着共同均衡点 E 运动。

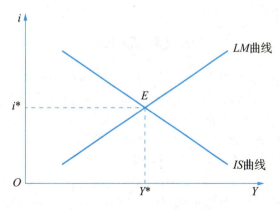

图 12.5　产品市场和货币市场的一般均衡

产品市场与货币市场的共同均衡包括静态均衡和动态均衡。动态均衡是指当相关变量发生变化时，两个市场由均衡到不均衡再到均衡的动态调整过程。下面是扩张性货币政策实施后的均衡调整过程。

我们知道，在 IS 曲线右侧，存在过剩产品供给；在 IS 曲线左侧，存在过剩产品需求。在 LM 曲线右侧，存在过剩货币需求；在 LM 曲线左侧，存在过剩货币供给。当存在对产品的过剩需求时，产出就会增加；当存在对产品的过剩供给时，产出就会减少。当存在对货币的过剩供给时，利率就会下降。

产品市场和货币市场的调节速度是不一样的。货币市场的均衡可以很快达到，产品市场的调节则相对较慢。这是因为货币市场的均衡可以通过买卖股票、债券和不动产等活动进行，所以调节速度较快；而产品市场的均衡是公司在得到不均衡的信息后，通过改变生产计划来进行调节的，这就需要一定的时间。

当政府采取扩张性货币政策时，利率降低，货币供给增加，货币市场先实现均衡，到达均衡点 E，然后产品市场的投资和收入增加，到达均衡点 E'，最终实现产品市场与货币市场的共同均衡，如图 12.6 所示。

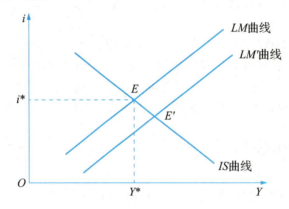

图 12.6　扩张性货币政策下产品市场和货币市场动态均衡的实现

  阅读材料 12-1

IS-LM-BP 模型

由于 IS-LM 模型没有涉及对外贸易和外资，因此，它基本上是对封闭式经济体系的阐述。如果加入国际收支曲线（BP 曲线）的内容，则 IS-LM 模型就发展成了 IS-LM-BP 模型。这也是分析开放经济条件下国内外经济均衡的一个重要的经济模型。

由于贸易余额是收入的函数，资本项目是国内利率的函数，因此国民收入上升，会引起消费增加，接着进口也会增加。这时如果出口保持不变，就会产生贸易赤字。为了消除赤字，保持国际收支平衡，必须减少资本输出，增加资本输入，而资本的输入又必须以高利率来吸引。为了保持国际收支平衡，利率必须与国民收入同升同降，于是在 IS-LM 曲线上增加了一条正斜率的国际收支曲线 BP。该曲线表明：收入上升，利率也会上升，从而使资本流入，由此弥补贸易赤字，如图 12.7 所示。

货币均衡 12

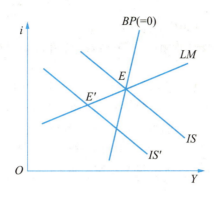

图 12.7 IS-LM-BP 模型

图 12.7 中的 IS 曲线、LM 曲线和 BP 曲线相交于 E 点，表明在 E 点，国内产品市场、货币市场和国际收支均处于均衡状态。如果投资下降使 IS 曲线移至 IS'，并与 LM 曲线相交于 E'点，在该点上，IS'=LM，但 E' 点在 BP（=0）这条曲线的左上方，说明此时国际收支有盈余。因为一国的投资（I）、出口（X）和政府支出（G）之和等于储蓄（S）、进口（M）和税收（T）之和，以方程式表示为：

$$I + X + G = S + M + T \tag{12-4}$$

假定储蓄不变、投资下降，使 S>I，同时也使 T>G，这时，(S+T)-(I+G)>0。

但由于 (S+T)-(I+G)=X-M，则 X-M>0。

反过来，如果 LM 曲线与 IS 曲线的交点在 BP（=0）的右下方，则说明国际收支处于赤字状态。

习　题

一、选择题（含单项选择题和多项选择题）

1. 以下货币均衡概念正确的是（　　）。
   A. 货币均衡是简单的 $M_s = M_d$
   B. 货币均衡是 M_s 与 M_d 的绝对相等
   C. 货币供应量和货币需求量都是流量的概念
   D. 货币均衡是一个动态的概念，是一个由均衡到失衡，再由失衡到均衡的不断运动的过程

2. 以下关于简单货币均衡的说法正确的是（　　）。
   A. 简单货币均衡是市场经济条件下，由货币供应量的变化进行调节的货币供求均等的实现过程
   B. 当货币供给作为内生变量时，货币供给的变动是由客观经济过程决定的
   C. 当货币供给作为外生变量时，货币供给的变动由收入、储蓄、投资和消费等实际经济变量所决定
   D. 当货币供给作为外生变量时，货币供给的变动不由货币当局的货币政策所决定

3. 以下关于 IS 曲线的说法正确的是（ ）。
   A. IS 曲线是产品市场的均衡曲线，它代表产品市场均衡条件下利率和收入水平的不同组合
   B. 当经济中的利率与总产出组合点落在 IS 曲线的左侧时，表明相应于这个利率和总产出水平的总需求小于总产出，因而存在超额供给
   C. 当经济中的利率与总产出组合点落在 IS 曲线的右侧时，表明相应于这个利率和总产出水平的总需求大于总产出，因而存在超额需求
   D. IS 曲线反映了产品市场均衡随利率变化而变化的规律，确定了均衡总产出 Y 与利率 i 之间的正向变动关系
4. 以下关于 LM 曲线的说法正确的是（ ）。
   A. 根据货币市场均衡条件可以推导出 LM 曲线
   B. LM 曲线是一条向右下方倾斜的曲线，即均衡利率与总产出之间呈反向变动关系
   C. 当经济中的利率与总产出组合点落在 LM 曲线的左侧时，利率低于这个总产出水平上的均衡利率，表明货币需求过多，存在超额货币需求
   D. 当经济中的利率与总产出组合点落在 LM 曲线的右侧时，利率高于这个总产出水平上的均衡利率，表明货币供给过多，存在超额货币供给
5. 货币均衡的实现条件是（ ）。
   A. 国民收入 Y 等于国民支出，没有超额分配现象
   B. 货币市场化程度高
   C. 利率市场化程度高
   D. 要有一个均衡的利率水平
6. 以下关于 IS-LM 曲线的说法正确的是（ ）。
   A. 产品市场和货币市场的调节速度是不一样的，货币市场的均衡可以很快达到，产品市场的调节相对较慢
   B. 产品市场与货币市场的共同均衡只有静态均衡
   C. 在 IS 曲线右侧，存在过剩产品供给；在 IS 曲线左侧，存在过剩产品需求
   D. 在 LM 曲线右侧，存在过剩货币需求，在 LM 曲线左侧，存在过剩货币供给

二、名词解释

货币均衡　IS 曲线　LM 曲线

三、简答题

1. 如何观察和判断货币的均衡？
2. 货币均衡的实现条件是什么？
3. 简述货币供给作为内生变量时的简单货币均衡。
4. 简述货币供给作为外生变量时的简单货币均衡。
5. 简述 IS-LM 模型。

四、论述题

1. 货币均衡与社会总供求均衡有什么关系？
2. 如何认识我国的货币均衡问题？

通货膨胀与通货紧缩 13

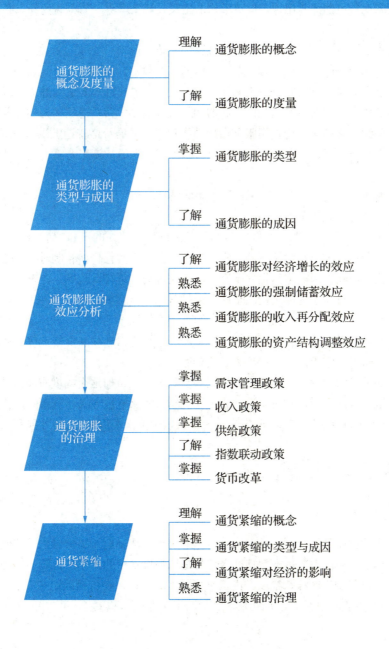

通货膨胀与通货紧缩是世界各国在经济发展过程中都会遇到的问题。通货膨胀是人们经常议论的话题，而通货紧缩则不为人们所熟知，这是因为它不像通货膨胀那样频繁地出现。本章将重点介绍通货膨胀与通货紧缩的定义、类型、成因、对经济的影响及相应的治理对策等内容。

第一节　通货膨胀的概念及度量

一、通货膨胀的概念

通货膨胀现象虽然经常出现，但关于它的定义，经济学界一直众说纷纭，直到现在也没有一个权威的定义。

根据马克思的货币需求理论，所谓通货膨胀，是指在纸币流通的条件下，由于货币的发行量超过商品流通中的实际需要量，从而引起货币贬值、一般物价水平上涨的经济现象。

西方经济学界对通货膨胀有着不同的见解。比如，罗宾逊等人认为通货膨胀是由于同样经济活动的工资报酬率的日益增长而引起的物价直线变动；弗里德曼认为物价普遍上涨就是通货膨胀；萨缪尔森则认为通货膨胀是指物品和生产要素的价格普遍上涨——面包、汽车、理发的价格上升，工资、租金等也都上升；梅耶等人认为通货膨胀乃重大而持续的物价水平之上升。

目前大家普遍认为，通货膨胀是指在一定时期内一般物价水平持续上升的现象。对这个定义的理解，还应注意以下几点。

第一，通货膨胀所指的物价上涨并非个别商品或劳务价格的上涨，而是指一般物价水平，即全部物品及劳务的加权平均价格的上涨。当然，当政府实行价格管制时，即使存在导致物价上涨的压力，但物价因被冻结也并不会上涨，这时会出现排队抢购、定量供应、持币待购等现象。人们称这种现象为隐蔽的通货膨胀或抑制的通货膨胀。

第二，通货膨胀中的一般物价水平的上升是指物价在一定时期内持续地上涨，而不是一次性、暂时性地上涨。因季节性原因或自然灾害等引起的部分商品价格上涨和经济萧条后恢复时期的商品价格正常上涨都不能称为通货膨胀。

第三，通货膨胀所指的物价上涨必须超过一定的幅度。但这个幅度应如何界定，各国又有不同的标准。一般来说，物价上涨的幅度在 2%以内都不被当成通货膨胀，国际上一般把 3%作为物价上涨的警戒线，也有些国家认为只有物价上涨幅度超过 5%才能称为通货膨胀。

二、通货膨胀的度量

（一）物价指数

通货膨胀的程度多以物价上涨幅度表示，而物价上涨幅度（物价总水平的变动）则通过物价指数来反映。物价指数是本期物价水平与基期物价水平的比率，它是一般物价水平的指数形态，用以反映物价的涨跌幅度。由于价格刚性的存在，物价指数通常大于 100%，其超出 100%的部分为物价上涨率，也就是通货膨胀率，即：

通货膨胀率=物价指数-1

由于用来衡量一般物价水平上升幅度的物价指数不同，因此反映出来的通货膨胀率也不一样，但这并不代表一个国家同一时期具有不同的通货膨胀率，只能说明它们所选的样本数量和范围不同。物价指数有批发物价指数、零售价格指数、消费价格指数、生活费用价格指数、动力购进价格指数、固定资产投资价格指数等，通常使用的是以下几种。

1. 批发物价指数

批发物价指数是根据商品的批发价格编制的物价指数，用以反映不同时期商品从生产进入流通时价格的变动情况。以批发物价指数来衡量通货膨胀的优点是：在最终产品价格变动之前获得工业投入品及非零售消费品的价格变动信号，进而能够判断其价格变动对最终进入流通的零售产品价格的影响。缺点是批发物价指数不包括劳务产品，且只计算了商品在生产环节和批发环节上的价格变动，没有包括商品最终销售环节的价格变动，而生产、批发环节的价格变动幅度常常小于销售环节的价格变动幅度。因而，在用它判断总供给与总需求之间的对比关系时，可能会出现信号失真的现象。

2. 零售价格指数

零售价格指数是根据商品的零售价格编制的指数，反映商品零售价格的变动情况。计算时，可以按全部商品编制零售价格总指数，也可以按城市和农村分别编制零售价格指数，还可以按商品类别分别编制。该指数的优点是资料容易收集，能直观地反映消费者的价格负担，并且可以每个月公布一次，从而及时地反映价格趋势。缺点是所包括的商品范围较窄，不能反映生产资料价格与劳务费用的变动。

3. 消费价格指数

消费价格指数（Consumer Price Index，CPI）也称居民消费价格指数或消费者物价指数，它是反映居民生活中的产品和劳务价格变动的物价变动指标，是观察通货膨胀水平的重要指标。一般来说，当 CPI 的增幅≥3%时，我们就认为出现了通货膨胀，CPI 的数值越大，通货膨胀就越严重。CPI 的计算公式是：

$$CPI = \frac{\text{一组固定商品按当期价格计算的价值}}{\text{一组固定商品按基期价格计算的价值}} \times 100\%$$

 阅读材料 13-1

我国居民消费价格指数

从 2001 年起，我国采用国际通用做法，逐月编制并公布以 2000 年为基期的居民消费价格指数，将其作为反映我国通货膨胀（或紧缩）程度的主要指标。我国编制价格指数的商品和服务项目，是根据全国城乡近 13 万户居民家庭消费支出数据和有关规定确定的，包括食品、烟酒、衣着、家庭设备用品及维修服务、医疗保健及个人用品、交通和通信、娱乐教育文化用品及服务、居住八大类，共 262 个基本分类，约 700 个代表品种。居民消费价格指数就是在对全国 550 个样本市、县，近 3 万个采价点进行价格调查的基础上，根据国际规范的流程和公式计算出来的。

与零售价格指数相比,消费价格指数的编制范围不仅包括了大部分的商品,还包括了服务项目,所以能更加全面地反映居民消费价格状况及其对居民实际生活费支出的影响程度。

(二)国内生产总值平减指数

国内生产总值平减指数是按报告期价格计算的国内生产总值与按不变价格计算的国内生产总值的比率,用于描述通货膨胀的程度,具体公式如下。

$$国内生产总值平减指数 = \frac{按报告期价格计算的报告期国内生产总值}{按基期价格计算的报告期国内生产总值} \times 100\%$$

以国内生产总值平减指数度量通货膨胀的优点是:该指数涉及的范围广,可以全面地反映全部生产资料、消费品和劳务费用的价格变动。缺点是资料难以收集,编制较费时,一般一年只公布一次,缺乏及时性,很难迅速反映通货膨胀的程度和变化趋势。

(三)货币购买力指数

货币购买力指数是指一定时期内单位货币实际能买到的商品与服务的数量。如果物价上涨,单位货币能买到的商品与服务就会减少,即货币购买力下降,货币贬值;反之,如果物价下跌,单位货币能买到的商品与服务就会增多,即货币购买力上升,货币升值。在这里,物价起着决定性的作用,货币购买力的变化反映了通货膨胀率。货币购买力指数一般是根据物价指数来计算的,实质上是物价指数的倒数。货币购买力指数小于 1,说明货币购买力下降,货币贬值,通货膨胀发生。货币购买力指数越小,通货膨胀越严重。

第二节 通货膨胀的类型与成因

一、通货膨胀的类型

从不同的角度、按不同的标准可以对通货膨胀进行不同的分类。

(一)根据通货膨胀的表现形式划分

通货膨胀可分为公开型通货膨胀和隐蔽型(抑制型)通货膨胀。

公开型通货膨胀又称开放型通货膨胀,是指在政府不对物价水平进行管制时,物价随市场供求变化而自由涨跌,这时只要出现通货膨胀,就表现为物价水平的明显上升。

隐蔽型通货膨胀又称抑制型通货膨胀,是指政府通过价格控制、定量配给及其他的一些措施来抑制物价的上涨。表面上货币工资没有下降,物价总水平也没有上升,但居民实际消费水平在下降。在这种情况下,由于物价水平较低,同时经济中存在过度的总需求,因此市场上会出现严重的商品短缺现象,如我国在计划经济时代就出现过这类通货膨胀。

(二)根据通货膨胀的程度划分

通货膨胀可分为爬行式通货膨胀、温和式通货膨胀、奔腾式通货膨胀和恶性通货膨胀。

爬行式通货膨胀一般是指物价上涨率在2%~3%的通货膨胀。许多学者认为这种轻微的稳步上涨的物价有利于经济的发展和国民收入的增加，并且不会引起通货膨胀预期，因此爬行式通货膨胀被称为最佳的通货膨胀。20世纪50—60年代，西方国家的通货膨胀基本属于这类通货膨胀。

界定温和式通货膨胀的标准并不统一，有的学者认为年物价上涨率在3%以上、10%以下属于温和式通货膨胀，有的学者则认为年物价上涨率应该在7%以下。对于温和式通货膨胀给社会经济带来的后果，经济学家们也没有达成一致的意见，他们一般认为如果温和式通货膨胀持续的时间不太长，就不会对经济造成很大的不利影响，但是从长期来看，这种通货膨胀的积累也会引发不良后果。

学术界对于奔腾式通货膨胀的界定也没有达成一致的意见，一般认为年物价上涨率在10%（或15%）以上并在100%以下的属于奔腾式通货膨胀。此类通货膨胀的发展速度很快，破坏力也很大。

恶性通货膨胀又称极度通货膨胀，是最为严重的一种通货膨胀，一般指物价连续暴涨，且已经失去控制，年物价上涨率超过100%的通货膨胀。也有学者认为，奔腾式通货膨胀已经属于恶性通货膨胀之列。恶性通货膨胀不仅使货币在很大程度上丧失交易和价值贮藏功能，还有可能导致一国货币体系崩溃。1923年，德国的年通货膨胀率超过1000000%，成为恶性通货膨胀的典型代表。20世纪80年代末和90年代初，阿根廷和巴西也出现了恶性通货膨胀，1989年阿根廷的年通货膨胀率为3600%，1993年巴西的年通货膨胀率为2557%。

案例 13-1

土耳其通货膨胀

2022年1月3日，土耳其国家统计局公布的数据显示，土耳其2021年12月年化CPI同比上涨36.08%，高于11月的21.31%和市场预期的27%，达到2002年9月以来的最高水平。其中，交通费用同比上涨54%，食品和饮料价格同比上涨43.8%，家庭设备和酒店价格同比上涨超过40%。高盛预计，在2022年的大部分时间里，土耳其的通货膨胀率将保持在40%以上。土耳其最大的城市伊斯坦布尔的大型菜市场的蔬菜水果、肉类及其他各类商品价格都在持续上涨。当地居民感叹，以前100里拉能够买很多东西，而现在只能买两三样物品，甚至连购买主食都很困难。甚至有居民表示："我今年74岁了，在我的一生中，从来没有看到过物价如此之高。"

（三）根据通货膨胀的成因划分

通货膨胀可分为需求拉上型通货膨胀、成本推进型通货膨胀、供求混合推进型通货膨胀、结构型通货膨胀等。我们将在下面对通货膨胀的成因分析中解释它们各自的含义。

二、通货膨胀的成因

(一) 需求拉上说

需求拉上说的要点是：**当总需求与总供给的关系处于供不应求的状态时，过多的需求会拉动物价水平上升**。换言之，通货膨胀就是"太多的货币追逐太少的商品"。我们把**因总需求增长而导致的通货膨胀，称为需求拉上型通货膨胀**。

需求拉上型通货膨胀的成因如图 13.1 所示，横轴 Y 代表总产出或国民收入，纵轴 P 代表物价水平，AS 代表总供给曲线，AD_1、AD_2、AD_3、AD_4、AD_5 分别代表不同水平的总需求曲线。社会总供给曲线 AS 分为三段，AB 段总供给曲线呈水平状态，意味着社会上存在着大量的闲置资源或失业，供给弹性无穷大，因而，当总需求从 AD_1 移动至 AD_2 时，国民收入由 Y_1 增加到 Y_2 时，物价不变。BC 段总供给曲线向上倾斜，表示当经济接近充分就业时，社会上的闲置资源已较少，总供给的增加能力有限，此时为扩大产量而增加的需求会促使产量和生产要素价格上涨。因此，当总需求从 AD_2 移动至 AD_3 时，国民收入虽然也增加了，但增长幅度下降，同时物价开始上涨，这种现象被凯恩斯称为"半通货膨胀"。在 CS 段，总供给曲线变为垂线，表示社会资源已经达到充分利用的状态，不存在任何闲置资源，Y_f 就是充分就业条件下的国民收入，这时的总供给曲线是无弹性的曲线。在这种情况下，当总需求从 AD_4 移动至 AD_5 时，只会导致物价上涨，这种现象被凯恩斯称为"真正的通货膨胀"。

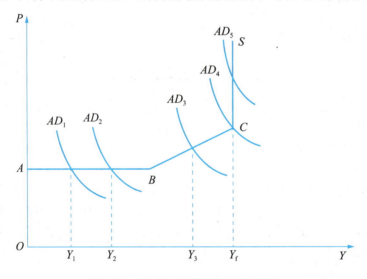

图 13.1　需求拉上型通货膨胀的成因

(二) 成本推进说

从 20 世纪 50 年代后期开始，在一些资本主义国家出现了一种前所未有的新现象，即在经济远未达到充分就业的时候，物价就已持续上涨，甚至在失业增加的同时，物价也在上涨。对此，需求拉上说显然无法解释。于是，引起通货膨胀的供给方面的因素开始受到人们的重视，由此出现了成本推进说。

该理论认为，通货膨胀的根源不是需求过度，而是产品成本的增加。我们把这种由于成本的增加而引起的通货膨胀称为成本推进型通货膨胀。

该理论认为，现代经济社会中存在着两大强有力的集团，即工会和垄断性大公司，它们对成本和价格具有操纵能力，是增加生产成本进而提高价格水平的重要力量。工会要求企业提高工人的工资，迫使工资的增长超过劳动生产率的增长，企业则会因人力成本增加而提高产品价格以转嫁增加的工资成本。这种由于工资水平的提高而引起的通货膨胀称为"工资推进的通货膨胀"。如果是垄断企业为了获取垄断利润先行提高产品价格而引起的通货膨胀则称为"利润推进的通货膨胀"。

成本推进型通货膨胀的成因如图 13.2 所示，横轴仍代表总产出或国民收入 Y，纵轴代表物价水平 P，D 为总需求曲线，Y_f 为充分就业时的产出水平。最初，总供给曲线 A_1S 与总需求曲线 D 交于 C 点，在总需求不变的条件下，由于生产要素价格提高，生产成本增加，总供给曲线从 A_1S 移动到 A_2S 再到 A_3S，分别与总需求曲线交于 E 点、F 点，因生产成本增加带来的失业增加而引致的产量损失，使国民收入由 Y_f 降到 Y_1 再降到 Y_2，物价水平则由 P_0 上升到 P_1 再到 P_2。

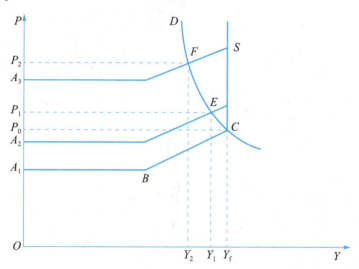

图 13.2　成本推进型通货膨胀的成因

成本推进型通货膨胀既可能发生在充分就业之后，也可能发生在充分就业之前，无论总供给曲线处于哪一生产阶段，发生成本推进型通货膨胀时，总供给减少都是与物价水平上升同时出现的。因此，这一理论被试图用来解释"滞涨"的成因。

（三）供求混合推进说

虽然从理论上可以区分需求拉上型通货膨胀与成本推进型通货膨胀，但是在现实生活中，需求的作用与成本的作用常常混合在一起，所以，人们把由总需求增加和总供给减少共同作用而形成的通货膨胀称为供求混合推进型通货膨胀。事实上，无论是需求拉上型通货膨胀还是成本推进型通货膨胀，单方面的作用只会引起物价的暂时上涨，并不能带来物价的持续上涨，只有总需求与总供给的共同作用，才会导致持续性的通货膨胀。

比如，在由总需求增加引起的通货膨胀中，不仅商品价格上涨，而且生产成本的相应增加，必然使总供给减少，产出水平回落，从而又引发了成本推进型通货膨胀，使得价格进一步上涨。此时，如果总需求继续增加（通常会如此），通货膨胀将会持续下去。

当然，持续性的通货膨胀也可能从供给冲击开始。如果发生了一次性成本推进型通货膨胀，但需求并不增加，那么通货膨胀就不会长久。因为工资提高会使失业增加或产量减少，其结果将会使由成本推进的通货膨胀过程终止。但在供给减少时，为避免产出和就业下降，政府或货币当局往往会采取措施以增加需求，这就会使通货膨胀持续下去。可见，"成本推进"只有加上"需求拉上"才有可能产生持续的通货膨胀。

供求混合推进型通货膨胀的成因可由图 13.3 表示。我们可以看到，由于"需求拉上"（需求曲线从 D_1 移动到 D_2 再到 D_3）和"成本推进"（供给曲线从 A_1S 移动到 A_2S 再到 A_3S）的共同作用，物价沿 C、E、F、G、I 呈螺旋式上升。

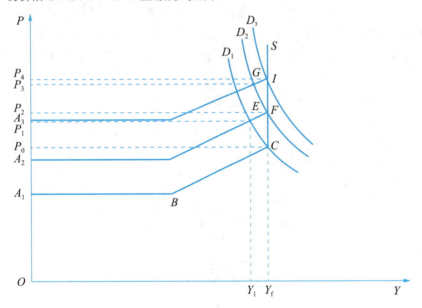

图 13.3　供求混合推进型通货膨胀的成因

（四）结构变动（失调）说

一些经济学家认为，即使在整个经济中的总需求和总供给处于均衡状态时，由于经济结构方面的因素发生变动，也会出现一般物价水平的上升，这就是结构型通货膨胀。

结构型通货膨胀是由部门结构之间的某些特点引起的。一些部门在需求方面或成本方面的变动，往往会通过部门之间相互看齐的过程而影响其他部门，从而引起一般物价水平的上升。结构型通货膨胀又可以分为以下四种。

1. 需求转移型通货膨胀

从整个社会来看，总需求可能并不多，但在各部门之间由于供求关系发展不平衡，市场对一些部门的需求出于各种原因而转向其他部门。后者因需求过多或供给不足而出现价格上涨现象，前者则因为劳动力和生产要素不能及时转移而出现供给超过需求的现象。如果前者的产品价格能够因供过于求而相应下跌，那么就只会发生部门之间的价格变动，而不会引起一般物价水平的上升，即通货膨胀。但若前者的产品价格具有只涨不跌（刚性）的特点，即它的价格并不因供给超过需求而下跌,就会出现这样的情况:尽管整个社会的总需求并不多,有些部门甚至存在大量的失业和闲置未用的生产能力,但也会出现一般物价水平持续上升的现象。

2. 输入型通货膨胀

输入型通货膨胀是指海外商品或生产要素价格的上涨,通过国际传导机制,引起国内物价持续上涨的现象。在国际贸易占国民经济较大份额的国家中,与世界市场密切联系的部门(也称开放经济部门)的价格水平依赖于世界市场的价格水平,而与世界市场没有直接联系的部门(也称非开放经济部门)的价格水平则取决于本国的需求和成本状况。因此,开放经济部门的价格水平将随世界市场价格水平的上升而上升,其价格上涨率和劳动生产率共同决定本部门的货币工资增长率。在开放经济部门货币工资出现增长后,非开放经济部门货币工资将向前者看齐,当非开放经济部门货币工资增长率超过其劳动生产率的增长率时,便会出现由工资推进的通货膨胀。这时,一国通货膨胀率取决于开放经济部门与非开放经济部门在该国国民经济中的相对份额及各部门的货币工资增长率和劳动生产率的增长率。

输入型通货膨胀除了通过工资来传导,还可以通过以下三种途径来传导。①通过总需求来传导。即国际市场存在通货膨胀,会刺激出口国增加商品的出口,与此同时,出口国对进口商品的需求减少,这就直接导致其国内的总供给小于总需求,从而引发通货膨胀。②通过货币来传导。即国际市场存在通货膨胀,商品出口国因扩大出口、减少进口而出现贸易顺差,大量的顺差会导致外汇储备增加,外汇储备的增加又会导致国内货币供给增加,而货币供给的增加会直接引发需求拉上型通货膨胀。③通过价格来传导。即国际市场上的石油、原材料等基础材料的成本上升会造成进口物价上涨,若其他条件不变,就会引发成本推进型通货膨胀。

3. 部门差异型通货膨胀

在一个国家的国民经济中,总有一些部门劳动生产率提高较快,而另一些部门劳动生产率提高较慢。当前者因劳动生产率提高而导致货币工资增加时,后者的货币工资因要向前者看齐而提高,当其工资增长率超过劳动生产率的增长率时,就会引起工资推进的通货膨胀。

4. 二元经济结构型通货膨胀

对于一些发展中国家来说,其传统农业部门和现代工业部门并存,在农业生产结构僵化、农产品供给弹性不足、资本短缺、需求结构变化迅速、劳动力自由流动程度低及货币化程度低等结构性因素的制约下,为了促进经济发展,往往会通过赤字预算、多发行货币来积累资金,而这就会带动物价全面上涨。

(五)通货膨胀预期说

假设一个经济体系里的所有价格均由市场灵活决定,人们普遍预期一年后价格要比现在高。比如,商品出售者考虑到这个预期及为一年存货所需支付的利息与仓储成本以后,就不愿意以低于预期的价格出售自己的商品。如果购买者持有同样的预期,并且其他条件不变,他们就会立即购买这些商品,直到现行价格上涨到预期价格。这种在市场各方面预期作用下发生的通货膨胀就称为预期型通货膨胀。预期型通货膨胀就是指在人们膨胀预期的心理作用下持续存在的通货膨胀。

一般来说,一个国家只要在较长的时期内一直存在通货膨胀,人们就会产生关于通货膨胀的预期，即预期下一时期仍会存在通货膨胀。一旦产生了这种预期，人们就会在进行各种经济活动时考虑预期通货膨胀的影响。政府、中央银行将根据预期通货膨胀率制定财政政策和货币政策，投资者、消费者、工人、管理者则会根据预期通货膨胀率调整自己的经济决策和经济活动，由此预期通货膨胀率将会被纳入或包含在福利、工资、经济合同及各种有关未来的经济决策而被保存下来，这就使通货膨胀产生了惯性。所以，这种持续存在的通货膨胀也称惯性通货膨胀。

当然，预期通货膨胀率并非一成不变，当出现需求和供给方面的冲击或者政府实施控制通货膨胀的政策时，实际通货膨胀率会发生变化，相应地，人们就会调整对通货膨胀的预期。至于预期通货膨胀率跟随实际通货膨胀率调整的速度，或预期通货膨胀率惯性的大小则主要取决于预期形成的方式。

西方经济学家在预期形成的方式问题上存在很大的分歧，主要有两种截然不同的假设：①"适应性预期假设"，这种假设认为人们在形成预期时是"向后看"的，即人们是根据过去的经历形成对未来的预期；②"合理预期假设"，这种假设认为人们在形成预期时是"向前看"的，即人们会根据所有方面的信息分析有关变量的影响，在此基础上形成对未来的预期。如果人们形成预期时是"向后看"的，则预期通货膨胀率就会具有较大的惯性，而且在形成预期时"向后看"得越远，越重视距今较远的过去经历，这种惯性就越大。相反，如果人们在形成预期时是"向前看"的，则预期通货膨胀率的惯性就比较小，仅限于调整各种经济决策和各种协议、合同所必需的时期。

第三节 通货膨胀的效应分析

通货膨胀既然有不同的程度之分，那么，它对社会和经济产生的影响也就不该一概而论。事实上，经济学家通过对不同现象进行分析，也得出了不同的结论。

一、通货膨胀对经济增长的效应

关于通货膨胀是否有利于经济增长，学术界一直存在着激烈的争论，主要有三种观点：一是促进论，认为通货膨胀可以促进经济增长；二是促退论，认为通货膨胀不利于经济增长；三是中性论，认为通货膨胀对经济增长既无正效应，也无负效应。

（一）促进论

以凯恩斯主义为代表的"促进论"认为通货膨胀对经济增长起促进作用，而无论是否存在闲置资源。该理论认为，实施通货膨胀政策可以从三个方面促进经济增长：①提高货币供给增长率，可以刺激有效需求，增加流通中的货币供给，当财政赤字时可用于实际投资，并避免了挤出效应，增加的投资可以促进经济增长；②通货膨胀可能促使企业利润提高，从而刺激私人投资的积极性，因此有利于促进经济增长；③通过货币发行改变阶层的收入分配结构，虽然通货膨胀对高收入阶层有利，对低收入阶层不利，但由于高收入阶层的投资率高于低收入阶层，收入分配结构改变的结果使得边际投资率增加，从而促进了投资增长和经济发展。20 世纪 70 年代以后，由于西方国家出现了"滞胀"，"促进论"的说法越来越不灵，因此逐渐被世界各国所摒弃。

（二）促退论

以弗里德曼为代表的货币主义认为通货膨胀对经济增长有害。弗里德曼在《自由选择》一书中说："通货膨胀是一种疾病，是一种危险的，有时是致命的疾病，如果不及时医治，它可以毁掉一个社会。"通货膨胀之所以对经济增长有害，是因为：①通货膨胀会降低借贷成本，诱发过度的资金需求，增加信用风险，从而削弱金融体系的运营效率；②长期通货膨胀扩大了生产性投资的风险并增加了经营成本，导致生产部门投资下降，从而影响生产发展；③长期通货膨胀会使价格信号失真、市场导向失误，并造成经济秩序混乱；④在通货膨胀期间，人们会增加现期消费，减少储蓄，从而导致投资减少，不利于生产性投资的扩大和经济增长。此外，在社会公众对通货膨胀产生预期之后，政府可能会加强全国的价格管制，从而使经济运行更缺乏竞争性和活力。

（三）中性论

中性论是预期学派提出来的理论。该理论认为，如果通货膨胀成为一种经常现象，人们就会对通货膨胀形成一种预期，而这种预期的结果会减弱通货膨胀对经济的效应。例如，人们预期通货膨胀率为 5%，这时工资也要求提高 5%，这样的结果就会使想借货币发行与物价上涨之间的"时间差"来扩大积累和扩大投资的政府政策失效。所以，通货膨胀对经济增长既无正效应，也无负效应，它是"中性"的。由于中性论的理论根据显得模糊和牵强，因此该理论得到的赞同并不多。

二、通货膨胀的强制储蓄效应

通货膨胀的强制储蓄效应主要是通过两种途径来实现的。第一种是政府在财政出现赤字时，向中央银行透支，中央银行再增发货币来弥补，由此引发通货膨胀。政府通过"通货膨胀税"把家庭和企业持有的一部分货币收入转移到发行货币的政府部门，即通过通货膨胀把部分私人储蓄变成政府的额外收入来扩大投资。换言之，政府在通货膨胀中获得了好处，而私人部门的利益却受到损害。第二种是当政府为了保证经济高速增长而实行高积累、低消费的政策时，它往往会采取直接压制消费的政策，通过工农业产品的"剪刀差"或者直接控制工资总额增长的方式，强制压缩消费基金，将私人储蓄转化为政府储蓄，从而形成强制储蓄。相对于第一种途径而言，第二种途径是比较直接的强制储蓄手段。

三、通货膨胀的收入再分配效应

在通货膨胀时期，由于人们的收入来源不一样，当物价上涨时，有些人的实际收入水平会下降，而有些人的实际收入水平反而会上升。这种由物价上涨造成的收入再分配，就是通货膨胀的收入再分配效应。

通货膨胀对各主体、各阶层的影响是不一样的。对工资收入者和利润收入者而言，如果工资不能及时随物价上涨而及时调整或者调整的幅度赶不上物价上涨的幅度，那么工资收入者的实际收入就会下降，收入就会由工资收入者向利润收入者转移，最终利润收入者在通货膨胀中获益。对债权人与债务人而言，因为债务契约是根据签约时的通货膨胀率来规定名义利率的，如果在偿还期发生了通货膨胀，且通货膨胀率高于签约时规定的名义利率，那么债务人所付的实际利率就降低了，最终债权人的利息收入受到损害，而债务人则获得了好处。对政府与公众而言，通货膨胀发生后，收入会从公众向政府转移。政府不仅在通货膨胀中获得了"通货膨胀税"的好处，其作为最大的债务人也可以大大减轻偿债负担。因此有学者批评，通货膨胀之所以频繁出现，与政府的利益不无关系。

四、通货膨胀的资产结构调整效应

资产结构调整效应也称财富分配效应。一个家庭货币收入的结余可分为两部分：实物资产储蓄和金融资产储蓄。同时，许多家庭还持有负债，如住房贷款或其他消费贷款。因此，一个家庭的财产净值是它的资产价值与债务价值之差。

通货膨胀会通过资产价格的变化影响资产结构的调整。在通货膨胀初期，实物资产的货币价值一般是随着通货膨胀率的变动而相应变化，有的货币价值增长幅度大于通货膨胀率，有的货币价值增长幅度小于通货膨胀率。即使是同一种实物资产，在不同的条件下，其货币价值的增长幅度，与通货膨胀率相比也时高时低。金融资产的情况比较复杂，面值和收益稳定的各种金融资产（如债券），其价值会随着物价上涨而下跌，因此，持有这类资产的人会因通货膨胀而遭受损失；而对于像股票这类收益和价值不确定的金融资产，在通货膨胀时期其价格会呈上升趋势，因此持有这类金融资产的人可能会获得一定的好处。但是影响股票的因素是多样的，因而并不能保证所有股票在通货膨胀期间都能获利。对于持有现金的人来说，因为现金只有流动性便利，没有利息收入，所以他们在通货膨胀中遭受的损失最大。正是因为在发生通货膨胀时，各种资产的价值和收益会发生变动，所以资产持有者会根据市场情况对资产结构加以调整直至达到新的均衡。

第四节　通货膨胀的治理

反通货膨胀一直是各国政府长期以来的重要研究课题，经济学家为此做出了不懈的努力，并总结出了一些解决问题的方法。但由于对通货膨胀产生原因的认识不同，经济学家们采取的对策也不同，总结起来主要有以下几种。

一、需求管理政策

需求管理政策是一种针对预期型通货膨胀及需求拉上型通货膨胀的主要政策，它主要是通过政府实施财政政策或货币政策的操作，改变全社会的总支出，以减少总需求，从而实现治理通货膨胀的目的。需求管理政策包括紧缩性财政政策和紧缩性货币政策。

（一）紧缩性财政政策

1. 增加税收

居民个人或家庭的可支配收入是影响消费需求的主要因素之一，当可支配收入增加时，消费需求随之增加；当可支配收入减少时，消费需求随之减少。由于可支配收入是个人所得减去直接税收负担后的余额，因此政府可以通过提高个人所得税税率，减少个人及家庭的可支配收入，从而达到控制消费需求的目的。

2. 减少政府支出

政府支出是总需求的主要构成内容之一，而且除了基本建设支出，政府支出大多具有非生产性，所以控制政府支出是控制社会总需求的重要手段。但是，政府支出的许多项目，如经费支出、国防支出、债息支出、社会福利支出等，都具有刚性，因而可调节的幅度非常有限。在财政赤字已成普遍现象的今天，出现通货膨胀时，政府必须严格控制财政赤字规模，以缓解其对通货膨胀的压力。

（二）紧缩性货币政策

1. 提高法定存款准备金率

中央银行通过提高法定存款准备金率，压缩商业银行的贷款能力，从而达到紧缩贷款规模、减少投资、减少货币供应量的目的。

2. 提高利率

一方面，中央银行可以通过提高再贴现率，增加商业银行向中央银行的融资成本，从而自动压缩信贷规模，同时这又会促使商业银行提高贴现率，增加企业融资成本，抑制企业的贷款需求，最终达到减少投资、减少货币供应量的目的。

另一方面，提高利率可以鼓励居民增加储蓄，把消费基金转为生产基金，从而减少通货膨胀压力。提高利率是各国近年来采用的抑制通货膨胀的主要措施之一，它在抑制货币供应量增加方面的作用是显而易见的，但也会带来以下问题：①高利率使工商业投资减少，从而导致经济衰退；②高利率使企业贷款成本提高、生产成本增加，从而导致商品价格提高，出现新一轮通货膨胀；③高利率导致国外资金大量涌入，外资竞相购买本国债券、股票或存入银行，而大量利息流向国外债权人；④高利率引起外币大量流入，同时本国货币坚挺，这有利于进口、不利于出口，尤其是在通货膨胀的情况下，进口的大量增加又会导致贸易逆差；⑤高利率使国债利息支出增加，政府财政负担加重，财政赤字更难以消除。上述后果均会导致新一轮通货膨胀。

3. 公开市场操作

中央银行可以通过在市场上出售手中持有的有价证券，达到减少市场货币供应量的目的。因为无论这些证券是商业银行购买的还是企业、居民个人购买的，都会有相应数量的货币流回中央银行。

此外，中央银行还可以通过行政干预或道义劝说等手段影响商业银行，达到其压缩信贷总规模、减少市场货币供应量的目的。

总的来看，财政政策是通过直接影响政府和个人的消费支出来压缩总需求，而货币政策则是通过影响信贷和投资来改变市场货币供应量，进而压缩总需求。

二、收入政策

一些西方经济学家认为，通货膨胀是由成本推动的，物价上涨是由工人要求提高工资和垄断组织提高垄断价格推动的，而不是由市场的过度需求拉动的。实行紧缩的货币政策与财政政策，虽然压缩了总需求，但并不能保证成本下降、物价平稳和通货膨胀消失，反而会导致经济衰退和失业率上升。针对成本推动型通货膨胀，应该采取以管制物价和工资为内容的收入政策，也就是由政府拟定物价和工资标准，劳资双方须共同遵守，该政策的目的一方面是降低通货膨胀率，另一方面是不至于造成大规模的失业。

收入政策可采取以下几种形式。①以指导性为主的限制。即对特定的工资或物价进行"权威性劝说"，或施加政府压力，迫使工会或雇主协会让步；对于一般性的工资或物价，政府根据劳动生产率的增长趋势制定一个增长标准，将其作为工会和雇主协会双方协商的指导线，要求他们自觉遵守。对于双方的协商，原则上政府不能直接干预，因此该指导线的效果取决于劳资双方能否通力合作。②以税收为手段的限制。一是对那些工资增加过多的企业按工资增长超额比率课征特别税款，以抑制工资的过快增长；二是对可获得暴利的企业的超额利润课征较高所得税，以限制企业为追求超额利润而提高产品价格。但如果该超额利润是通过提高劳动生产率和降低成本取得的，这种做法就会对先进企业造成伤害。③强制性限制。即政府颁布法令对工资和物价实行管制，直至实行暂时冻结工资和物价措施。这种措施对收入的控制最为有力，但对经济干扰较大，妨碍了市场机制对资源的有效配置。而且如果只进行价格管制却没有采取相应紧缩需求的措施，一旦重新开放价格，通货膨胀就会以更大的力量爆发出来。所以，如果通货膨胀不是处在恶化的形势下，通常较少采用强制性限制。

三、供给政策

20 世纪 70 年代以后，许多发达国家出现了"滞胀"现象，供给政策因此受到了重视。供给方面的经济政策既压缩总需求，又通过刺激生产增长的方法来增加供给。主要的措施有：①削减政府开支，降低总需求；②降低所得税税率并提高机器设备折旧率，促进投资，增加货币供应量；③限制货币供应量增长率，压缩总需求。

供给政策的实施，改变了过去只着眼于解决过度需求的做法，它从解决过度需求和增加供应两方面解决总供给的状况，从而达到平抑物价、缓解通货膨胀的目的。

四、指数联动政策

指数联动政策又称收入指数化政策，是指对货币有关的契约与协议，附加物价指数条款，使与货币有关的收入和支出能够与物价指数联动，也就是使工资、利息、各种债券收益及其他收入随物价变动而变动的政策措施。例如，现有一份劳务合约，接受劳务方每月支付 1 万元劳务费且双方约定该劳务费随物价指数调整。若当月物价指数未变，则下月仍需支付 1 万元劳务费；若当月物价指数上涨 10%，则下月需支付 1.1 万元劳务费。

一般来说，指数联动政策适用于极广泛的经济活动，从银行存贷款利息支付到职工工资的调整，从商品价格的制定到国债利息的确定，这些货币形式的收支均可根据物价指数进行调整。

指数联动政策的作用有以下几个。①该政策有利于国民收入分配的公平和社会的稳定。特别是可以使固定收入者的名义工资收入随通货膨胀率的提高而增加，从而有效排除了通货膨胀对固定收入者的影响。②该政策可以提高社会资源的分配效率，保证价格机制与市场体系合理、稳定，不会发生混乱和扭曲，该政策能引导资源正常流动与分配。③该政策可以在一定程度上保证经济正常发展。在通货膨胀期间，由于不合理的所得和财富分配干扰了经济秩序，因此经济可能会崩溃或畸形发展。该政策因为排除了通货膨胀对所得和收入分配的影响，所以有可能促进经济的持续发展。④该政策有可能抑制通货膨胀。该政策可以割断通货膨胀与实际工资、收入之间的互动关系，减少通货膨胀预期，从而起到抑制通货膨胀的作用。

但是，指数联动政策也有许多不理想的地方，如指数选择很困难。各国的物价指数相当多，且各指数的变化速度和方向也不尽相同，而指数联动政策只能选其一，很难保证科学合理。指数联动政策并非适用于一切经济活动和所有经济机构，比如对于金融机构来说，由于其资产与负债的期限结构不同，若实行指数联动政策则会增加其经营上的困难。另外，指数联动政策的主要目的在于维持原有利益格局，它本质上并不能对通货膨胀起到遏制作用，而且还可能加剧成本推进型通货膨胀。

五、货币改革

如果物价上涨已经到了不可遏制的状态，而政府还在不断地发行纸币，整个货币制度已处于或接近崩溃的边缘，即通货膨胀已达到恶性通货膨胀的程度，这时应该采取的对策是实行货币改革。**货币改革的一般做法是废除旧币，发行新币，并实施一些保证新币币值稳定的措施。** 发行货币的目的在于增强居民对货币的信任，增加居民储蓄存款，使货币恢复执行其原有的职能。但是，货币改革必须辅以其他措施，如停止军事行动、维持社会安定、恢复和增加生产等，否则通货膨胀仍难以遏制，新币的信誉会迅速下降，最终新币的发行将以失败告终。

总之，在治理通货膨胀问题上，并无十全十美或一成不变的治理对策。每个国家都应根据本国的实际情况，采取多种手段对通货膨胀进行治理，而且应该把反通货膨胀作为一个长期任务。

第五节 通货紧缩

一、通货紧缩的概念

通货紧缩是一个与通货膨胀相对应的概念，它同样是一种货币现象。学术界对通货紧缩的定义仍存在较大的分歧，主要有三种不同的观点。

第一种观点是"三个特征论",该观点认为通货紧缩应包括价格、货币供应量和经济增长水平三个指标的下降。通货紧缩与经济衰退相伴随,是经济衰退的货币表现。

第二种观点是"两个特征论",该观点包括两种意见:一种认为通货紧缩应包括价格水平和货币供应量的下降;另一种则认为衡量通货紧缩的标准应当是物价持续负增长和经济实际增长率持续低于自然增长率。

第三种观点是"一个特征论",该观点认为通货紧缩就是指一般物价水平普遍地、持续地下降。这个观点被大多数人所接受,因而本书对通货紧缩的界定与这个观点一致。

二、通货紧缩的类型与成因

(一)通货紧缩的类型

与通货膨胀类似,通货紧缩的成因和表现形式也是多样化的,因此可以根据不同的标准来划分通货紧缩的类型。

依据产生通货紧缩的原因不同,可以将通货紧缩分成两个基本类型:温和型通货紧缩和危害型通货紧缩。

1. 温和型通货紧缩

温和型通货紧缩又称无害型通货紧缩或技术型通货紧缩,这种通货紧缩最主要的表现是物价水平下降,但总产出水平上升。它常常是由技术进步加快降低了生产成本,从而促进了产品价格下降所致。另外,开放市场、放松管制、引入竞争也可以使厂商降低生产和销售成本,进而降低商品价格。这种由技术进步和引入竞争等所引起的价格持续下降现象,属于温和型通货紧缩。从世界范围来看,这类通货紧缩主要存在于发达的欧美国家。

2. 危害型通货紧缩

危害型通货紧缩是生产能力过剩和需求低迷所导致的,表现为实际产出与潜在生产能力之间的"产出缺口"不断扩大。这类通货紧缩不仅会降低物价水平,而且减少了总产出。其根源在于总需求对总供给的偏离或实际经济增长率对潜在经济增长率的偏离。当总需求持续低于总供给(供给过剩或需求不足导致的供需缺口持续存在)时,就出现了物价水平不断下降和货币不断升值的危害型通货紧缩现象。这类通货紧缩多发生在新兴国家,很多学者认为,我国 20 世纪 90 年代中后期出现的通货紧缩属于危害型通货紧缩。

既然通货紧缩的主要表现形式是一般物价水平的持续下跌,那么根据物价水平的下跌程度及其持续时间的不同,又可以把通货紧缩分为轻度通货紧缩、中度通货紧缩和严重通货紧缩。不过,不同的学者对具体的划分标准有不同的看法。例如,谢平、沈炳熙认为,通货膨胀率持续下降,并由正值变为负值,此种情况可称为轻度通货紧缩;通货膨胀率负增长超过一年且未出现转机,此种情况应视为中度通货紧缩;中度通货紧缩持续发展,且持续时间达到两年,或物价降幅达到两位数,此种情况就是严重通货紧缩。

(二)通货紧缩的成因

与通货膨胀一样,通货紧缩的成因也是比较复杂的,单一原因造成通货紧缩的可能性不大,通货紧缩往往是由多方面因素的合力作用而形成的。

1. 货币因素

通货紧缩的表现形式与通货膨胀正好相反。太多的货币追逐太少的商品会引起通货膨胀，那么，当货币供应量不能满足货币需求量时，过多的商品追逐数量有限的货币，其结果只能是物价水平下降。

现代经济是信用货币经济，货币供给偏紧或不足的原因主要是货币政策方面的。在实行反通货膨胀政策时，货币当局一般会采取压缩社会总需求的紧缩政策，包括紧缩性财政政策和货币政策。这些政策的实施一方面有利于控制总需求的过度膨胀，另一方面由于紧缩性货币政策、财政政策有一定的惯性，投资和消费的缩减有可能导致社会需求过分萎缩，进而造成市场疲软。若在经济高速增长时期为防止经济过热实行了紧缩性货币政策和财政政策，而在经济增长已经趋缓时又未能及时调整原有政策，那么，通货紧缩的消极影响就很难避免。

2. 有效需求不足

通货紧缩在实体经济中发生的根源是总需求对总供给的偏离，因而社会总需求各构成部分的大幅度减少都有可能造成通货紧缩。

（1）**消费需求不足**。生产结构与消费结构不吻合，预期收入增长率的下降，预期支出的增加，以及对未来经济形势预期的不乐观，都会导致边际储蓄倾向上升，从而造成消费需求不足。

（2）**投资需求不足**。实际利率上升和预期边际资本收益下降都可能造成投资需求不足。在当期的边际资本收益较低时，企业对未来的边际资本收益率的预期也会较低，因而投资的动力不足，最终造成投资需求不足。在这种情况下，各种投资品的价格会下降，并影响到消费品，当物价水平整体下降后，即使名义利率不变，实际利率也会因物价水平的下降而上升，这又将进一步抑制投资需求。

（3）**政府支出减少**。根据凯恩斯的需求管理分析，在居民消费需求和私人投资需求不足时，通过扩张性货币政策来刺激居民消费需求和私人投资需求的效果是有限的。而通过扩张性财政政策直接增加政府支出进而带动有效需求的增加才是重要的政策手段。但是，在很多时候，由于社会经济情况发生变化，政府支出也可能从原来较高的水平降下来。如果政府支出减少的这一部分能够被居民消费需求、私人投资需求或出口增加所弥补，则不会出现有效需求下降；反之，如果其他需求或出口不变，那么就有可能出现因政府支出减少而造成的有效需求下降，严重时就会引起通货紧缩。

（4）**出口减少**。出口需求是总需求的构成部分之一，对于以出口导向型经济为主的国家，出口减少将直接导致本国产品需求减少，使本国的生产出现供过于求的情况，进而造成某些出口产品价格下降。1997年的亚洲金融危机严重打击了发生危机的国家的经济，使这些国家对我国出口产品的需求急剧下降。由于当时出口是拉动我国经济增长的"三驾马车"之一，因此出口的锐减在很大程度上导致了我国通货紧缩的出现。

3. 生产能力过剩

生产能力过剩其实也是相对于有效需求而言的，但是它是从不同的角度来说明物价下跌的直接原因的。与有效需求不足的成因不同，生产能力过剩的原因既可能是前期的投资（特别是重复投资）过多，也可能是产品的结构不能满足现在的社会需求从而造成挤压。当生产能力过剩、产品积压过多时，只要这个市场是竞争性市场，产品的价格就会下跌。在这种情况下，有些企业就会被迫减产或裁员，而这又必然导致企业投资和居民消费下降，反过来又加剧了市场需求不足,加大了物价下跌的压力。当一个国家或地区的大多数产业部门都出现生产能力过剩时,在竞争条件下,一般物价水平的下降是不可避免的。

此外,当本币汇率被高估,或者当坏账不断增加从而使银行出现信用紧缩时,通货紧缩也有可能会出现。

三、通货紧缩对经济的影响

正如美国经济学家西林把通货紧缩分为"好"的通货紧缩和"坏"的通货紧缩一样,通货紧缩对经济的影响也可以从正负两方面来分析。一般来说,温和型通货紧缩对经济产生正面影响,它将物价水平的下降与技术进步、经济增长融合在一起,形成促进经济发展与增加社会福祉的良性循环。而危害型通货紧缩若从正面影响的角度来分析,它能使创新活动更加密集,驱动经济增长沿着更新结构、提高质量和技术、组织市场创新的路径前进,还能在客观上把经济高潮时落后的企业淘汰出局,这都有利于国民经济的健康发展,使经济在结构和质量方面进入更高的层次。

当然,危害型通货紧缩作为一种经济失衡的表现,它对经济的负面影响是更需要重视的,可以说,**物价持续的和普遍的下跌对经济是有促退作用的**,其作用机制可以从以下几个方面来分析。

(一)企业经营效益下滑和消费需求不足的恶性循环

虽然企业经济情况最终取决于企业自身的经营管理素质,但从短期来看它更多地受到市场状况的制约和影响。所以,物价持续走低会使许多企业盈利水平下降,经济效益下滑,并影响职工收入和消费者的消费信心,进而影响整个消费市场的活跃程度,而消费市场不振反过来又会影响企业的经营和经济的发展,最终形成企业经营效益下滑和消费需求不足的恶性循环。

(二)投资风险加大与投资需求不足的恶性循环

市场需求的下降、商品价格的下跌使投资者的投资风险不断加大,投资回报率不断下降,从而抑制了投资者的投资积极性,影响了投资者的投资信心。而投资意愿不足又反过来影响市场需求和商品价格,使投资风险进一步加大,投资预期进一步下降,并使刺激投资增长、促进经济发展的政策效果大打折扣,最终形成投资风险加大与投资需求不足的恶性循环。

(三)坏债与消费、投资不振的恶性循环

20世纪30年代,美国的经济大萧条是其消费和投资倾向萎缩伴随着坏债链条的"多米诺骨牌效应"的结果。20世纪90年代末,在我国似乎也看到了这种综合效应的迹象,消费和投资的不振与20世纪80年代以来大量累积起来的坏债相互强化,从中国1997年下半年商业银行经营的现实情况来看,坏债与消费、投资不振的恶性循环表现得十分清楚。消费、投资倾向的萎缩使企业经营情况恶化,坏债增加,进而导致商业银行经营风险加大、不良资产规模迅速扩大。为了防范金融风险,各家商业银行纷纷收缩信贷规模,而信贷的收紧又使

通货紧缩程度加深，企业坏债更加突出，形成坏债增加与银行信贷收缩相互推动、相互作用的螺旋式循环过程，最终可能加大系统性金融风险并引发金融危机。

从以上的分析中我们可以看出，通货紧缩与通货膨胀一样，具有自我强化的性质，若不尽快终止这种恶性循环，通货紧缩就会愈演愈烈，最终导致经济的全面衰退和萧条。

四、通货紧缩的治理

从以上的分析中我们可以看出，通货紧缩的危害绝不亚于通货膨胀，因此，当通货紧缩发生时，必须积极寻找有效的治理方式。通货紧缩成因的多样性决定了通货紧缩治理手段的多样性。一般来说，治理通货紧缩主要采用以下几种方式。

（一）扩张性的需求管理政策

1. 扩张性财政政策

扩张性财政政策包括扩大政府支出，增加赤字规模，以及降低投资和消费方面的税收，从而提高投资倾向和消费倾向，推动投资和消费增长。扩张性财政政策在20世纪40年代后非常盛行，被誉为西方国家走出大萧条的良方，但在20世纪70年代"滞胀"出现后，它的作用又受到了人们的质疑，一些国家甚至认为它是"滞胀"的罪魁祸首。1998年之后的几年，我国不断扩大国债发行规模，增加基础设施等方面的开支，其目的也是刺激和带动国内经济的增长。

2. 扩张性货币政策

在通货紧缩时期，财政政策的效果可能会优于货币政策，因为从短期来看，货币政策的效应比较迟缓，且其效应还要看企业和居民的需求状况，但是从长期的经济增长情况来看，扩张性货币政策具有明显的启动作用，因此两种政策必须配合使用。扩张性货币政策主要是通过降低法定存款准备金率、再贴现率、再贷款利率和在公开市场上买进有价证券来增加货币供应量，从而刺激经济发展。

（二）生产结构调整

无论是扩张性财政政策还是扩张性货币政策，其作用都是有限的。对于因生产能力过剩等长期因素造成的通货紧缩，要从根本上解决问题，就必须进行生产结构调整，以推进产业结构和产业组织结构的调整。

产业结构的调整，主要是推进产业结构的升级，培育新的经济增长点，同时形成新的消费热点。

产业组织结构的调整也是在中长期内治理通货紧缩的有效手段。当生产能力过剩时，很多行业会出现恶性市场竞争，为了争夺市场，价格战会不断出现，而行业利润率会不断下降。如果价格战能够在较短的时间里使一些企业退出市场，或者在行业内部出现较大范围的兼并与重组（产业组织结构调整），则在调整后的产业组织结构中，恶性市场竞争会被有效制止，因恶性竞争所带来的物价水平大幅度下降的情况也可能被避免。

（三）金融制度建设

通货紧缩的根本原因来自实体经济方面，随着现代经济社会的货币化程度不断加深，对居于现代经济核心地位的金融部门来说，如果它的运行出现问题，那么它在出现通货紧缩苗头时不仅不能有效地遏制其发展，甚至可能加速其发展，如银行"惜贷"就可能加速通货紧缩的发展。一般来说，如果金融部门运行出现问题并导致全社会出现信用危机甚至信用崩溃，那么通货紧缩就会伴随着全面的经济衰退。为了防患于未然，金融部门要建立健全金融风险防范制度，以避免大规模的系统性风险的出现。**旨在防范和治理通货紧缩的金融制度建设大体上包括：建立银行内部风险防范机制；建立存款保险制度；促进信贷供给结构和信贷需求结构相吻合。**

除了以上措施，对工资和物价的管制也是治理通货紧缩的手段之一。例如，可以在通货紧缩时期制订工资增长计划或限制物价下降，这与通货膨胀时期制订工资和物价指导线措施的作用方向相反，但作用的原理相同。此外，对股票市场的干预也可以起到一定的作用，如果股票呈现出普遍上涨的趋势，则有利于形成乐观的未来预期，同时股票价格的上升使得居民金融资产的账面价值上升，产生了财富效应，而这又有利于提高居民的边际消费倾向。

习　题

一、选择题（含单项选择题和多项选择题）

1. 在通货膨胀中，一般物价水平的上升指的是（　　）。
   A. 物价在一定时间内的持续上涨
   B. 物价一次性、暂时性地上涨
   C. 因季节性原因或自然灾害等引起的部分商品价格上涨
   D. 经济萧条后恢复时期的商品价格正常上涨

2. 通货膨胀所指的物价上涨必须超过一定的幅度。国际上一般把（　　）当作物价上涨的警戒线。
   A. 1%　　　　　B. 2%　　　　　C. 3%　　　　　D. 5%

3. 恶性通货膨胀是最为严重的一种通货膨胀，又称极度通货膨胀，一般指物价连续暴涨，且已经失去控制，年物价上涨率超过（　　）的通货膨胀。
   A. 90%　　　　B. 100%　　　　C. 110%　　　　D. 120%

4. 能够反映居民生活中的产品和劳务价格变动的物价变动指标，通常被作为观察通货膨胀水平的重要指标的是（　　）。
   A. 批发物价指数　　　　　　　　B. 外贸物价指数
   C. 零售价格指数　　　　　　　　D. 消费价格指数

5. 对于因生产能力过剩等长期因素造成的通货紧缩，要从根本上解决问题，就必须进行（　　），以推进产业结构和产业组织结构的调整。
   A. 货币政策的实行　　　　　　　B. 财政政策的调控
   C. 生产结构调整　　　　　　　　D. 科学技术的发展

6. 通货膨胀可以用哪些指标来度量？（　　）
   A. 物价指数　　　　　　　　　　B. 国内生产总值平减指数

  C. 货币购买力指数   D. 通货膨胀的表现

7. 可以根据哪些角度或标准对通货膨胀进行划分？（   ）

  A. 根据通货膨胀的需求划分   B. 根据通货膨胀的程度划分

  C. 根据通货膨胀的成因划分   D. 根据通货膨胀的表现形式划分

8. 结构型通货膨胀又可以分为（   ）。

  A. 需求转移型通货膨胀   B. 二元经济结构型通货膨胀

  C. 部门差异型通货膨胀   D. 输入型通货膨胀

9. 通货膨胀的效应有（   ）。

  A. 通货膨胀对经济增长的效应   B. 通货膨胀的强制储蓄效应

  C. 通货膨胀的收入再分配效应   D. 通货膨胀的资产结构调整效应

10. 通货膨胀的治理方法有（   ）。

  A. 需求管理政策   B. 收入政策   C. 供给政策

  D. 指数联动政策   E. 货币改革

11. 通货紧缩的成因有（   ）。

  A. 货币因素   B. 有效需求不足   C. 生产能力过剩   D. 劳动力不足

12. 通货紧缩的治理方式包括（   ）。

  A. 供给侧结构性改革   B. 生产结构调整

  C. 金融制度建设   D. 扩张性的需求管理政策

二、名词解释

  通货膨胀 通货紧缩 CPI 恶性通货膨胀 需求拉上型通货膨胀 成本推进型通货膨胀 供求混合推进型通货膨胀 结构型通货膨胀 危害型通货紧缩

三、简答题

1. 通货膨胀可以用哪些指标进行度量？
2. 通货膨胀的成因有哪些？
3. 通货紧缩对社会经济有哪些影响？

四、论述题

1. 通货膨胀会对社会经济发展产生哪些影响？
2. 治理通货膨胀的措施主要有哪些？

货币政策 14

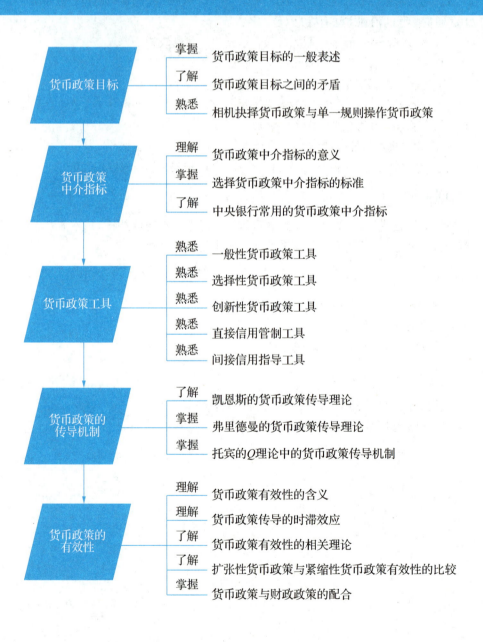

货币政策 14

货币政策是指中央银行为实现既定的经济目标运用各种政策工具调节货币供求进而影响宏观经济的诸多方针和措施的总和，是国家宏观经济政策的重要组成部分。中央银行制定货币政策，必须先确定货币政策最终所需实现的目标，再选择相应的货币政策工具以实现最终目标。但是，从货币政策工具开始运用到货币政策目标实现，往往要经历一个漫长的传导过程，其间甚至会出现偏差。为了实现最终目标，中央银行必须拥有可以直接控制的目标和手段，这就是货币政策中介指标（中间目标）。因此，货币政策由三大要素构成：货币政策目标、货币政策中介指标、货币政策工具。三者的关系是：中央银行采取某些货币政策工具，作用于货币政策中介指标，通过货币政策中介指标来促进最终货币政策目标的实现。由于从货币政策工具的运用到货币政策目标实现的传导过程中存在着偏差，或者说漏损，货币政策理论自然还需研究货币政策传导机制及货币政策的有效性等问题。

第一节 货币政策目标

一、货币政策目标的一般表述

货币政策目标通常包括四个方面的内容：经济增长、物价稳定、充分就业、国际收支平衡。

（一）经济增长

经济增长是指商品与劳务的产出及与之相应的供给能力的增长，通常用国内生产总值增长率来表示。这里的国内生产总值增长率应该是按不变价格计算的，或者说是剔除价格变动因素影响后的国内生产总值增长率。影响经济增长的因素有很多，概括起来主要有两方面。①生产规模，它主要取决于生产资料、劳动力等生产要素的投入。因此，投资是决定经济增长的重要因素之一。②生产效率，也就是资本产出率。资本产出率的提高主要依靠的是科学技术的进步和经营管理水平的提高。货币政策主要是通过影响投资规模和结构，或者说为促进经济增长的资源合理配置营造良好的金融环境，发挥其促进经济增长的作用。至于多高的经济增长率才合适，则会因不同的国家、不同的发展时期而不同。

（二）物价稳定

物价稳定和经济发展之间存在着紧密的联系，物价稳定是经济发展的前提条件，经济发展则是物价稳定的基础。所谓物价稳定，就是指中央银行通过货币政策的实施，使得一般物价水平在一定的时期内不至于发生较大的波动。中央银行要实现物价稳定的目标，就要通过货币政策有效地控制住货币供应量，防止通货膨胀的产生及其造成的物价上涨，也要避免因为货币供给不足而出现通货紧缩的现象。但是，稳定物价并不等于冻结物价，在市场经济条件下，物价在短期内发生局部性的波动是不可避免的，这是价值规律作用的结果。因为商品价格除了受货币供应量的影响，还受到供求关系的制约，某些商品在短期内的供求变化，会导致其价格出现波动。因而，稳定物价通常是要求把物价总水平控制在相对稳定的范围内。由于西方国家普遍面临的是通货膨胀问题，因此避免物价出现持续的、全面的上涨就成为稳定物价的基本要求。在西方国家一般认为物价上涨率在3%以下即可视为物价稳定。

（三）充分就业

充分就业是指劳动力资源的充分利用，或者说需要就业的人都能找到适当的工作。西方国家之所以把充分就业作为货币政策的目标，是因为一个国家的劳动力能否充分就业，是衡量该国各种资源是否达到充分利用、经济是否正常发展的标准。实现了充分就业就意味着各种资源得到了最大限度的运用，经济发展是正常的。但是，充分就业并不是指失业率为零，因为有些失业是不可避免的。例如，青年人在参加工作之前往往要经历一段时间的待业，或者为了变换工作而暂时处于失业状态，甚至是自愿不参加工作，等等。因此，西方国家通常把失业率在 5%以下视为充分就业。

（四）国际收支平衡

国际收支平衡是指一个国家与其他国家之间在一定时期内的全部经济往来中的货币收入和货币支出持平。由于影响国际收支的因素有很多，因此收入和支出完全相等几乎是不可能的。就全世界而言，如果某些国家国际收支盈余，那么必然有一些国家的国际收支出现赤字。正因为如此，许多国家在国际经济交往中，或者略有盈余，或者略有赤字。而对于一国来说，在较长时期内，各年度之间能够相互弥补，就称为国际收支平衡。实现国际收支平衡的目的主要是维持适当的国际储备水平或者保持汇率的稳定。中央银行可以通过货币政策影响商品的进出口和资本的国际流动，从而影响国际收支。将国际收支平衡作为货币政策目标时，应该根据各国所处的不同发展阶段来具体考虑。对于处于经济起飞阶段的国家和处于经济成熟阶段的国家，或者正处于经济调整阶段的国家，它们的国际收支状况是不同的，但各国中央银行一般都会把平衡国际收支列为其货币政策目标。

二、货币政策目标之间的矛盾

虽然货币政策目标有四个方面，但是任何一个国家的中央银行也没有办法同时兼顾四个目标。货币政策四个目标相互之间的关系比较复杂。其中，充分就业和经济增长之间存在正相关关系，经济增长，就业就会增加；而经济下滑，失业就会增加。除此以外，其他目标相互之间也都或多或少地存在着矛盾。

（一）物价稳定与充分就业之间的矛盾

英国经济学家菲利普斯对 1861—1975 年英国的物价上涨率和失业率进行了比较研究，并提出了著名的菲利普斯曲线。他指出失业率与物价上涨率直接对应，二者之间存在稳定的反比例关系。物价上涨率高时，失业率则较低；而物价上涨率低时，失业率则较高，如图 14.1 所示。从图中可以看到，要么是失业率低而物价上涨率高（如 A 点），要么是失业率高而物价上涨率低（如 B 点）。

这是因为，稳定物价通常需要紧缩银根，紧缩信用，降低通货膨胀率。其结果会导致经济衰退和失业率上升。而为了增加就业，又需要采取信用扩张的办法，放松银根，增加货币供给，增加投资，刺激需求，从而扩大生产规模，增加就业人数。其结果又会导致物价上涨，加剧通货膨胀。

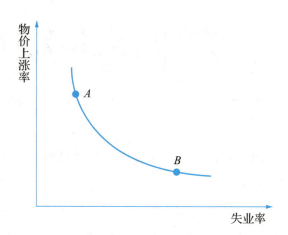

图 14.1　菲利普斯曲线

图 14.1 还说明在物价稳定与充分就业之间的可能选择，只有：①失业率较高的物价稳定；②物价上涨率较高的充分就业；③在物价上涨率和失业率之间进行权衡。因此，中央银行的货币政策不可能同时把二者作为宏观调控的目标，也不可能为保证充分就业而容忍很高的物价上涨率，或者为保证较低的物价上涨率而容忍较高的失业率。中央银行只能在二者之间相机抉择。

（二）经济增长与物价稳定之间的矛盾

一般而言，如果物价稳定，则经济增长就有了一个良好的金融环境和稳定的货币尺度，因而经济就能得以稳定、持续地增长。经济增长了，稳定货币购买力也就有了雄厚的物质基础。也就是说，二者是相辅相成的，既可以通过稳定物价来发展经济，也可以通过发展经济来稳定物价。但是从各国经济的发展历史来看，当经济发展较快时，物价上涨率比较高；而物价上涨率比较低时，经济发展也比较缓慢。我国近年经济发展的情况也大体如此。这也许是因为较快的经济发展速度总是伴随着较强的对投入品和产出品的需求，这就促使货币需求增加，而货币需求增加又会导致货币供应量增加，进而引发通货膨胀，因而物价上涨率就比较高。而当物价上涨到一定程度，超过了经济或社会的承受能力时，政府又不得不控制物价，这时往往要采取紧缩银根的措施。当紧缩银根时，由于受惯性作用的影响，物价并不会马上下跌，先降下来的将是经济的发展速度。

（三）物价稳定与国际收支平衡之间的矛盾

物价上涨表明国内货币贬值，国外商品价格相对低廉，这就会导致本国出口减少，进口增加，从而造成国际收支恶化。如果国内物价稳定，但国外发生通货膨胀，则国内物价相对低于国外，就会造成出口增加，进口减少，国际收支大量顺差，而国际收支的大量顺差也属于不平衡状态。只有在世界各国都能维持大致相同的物价水平，而且贸易形态不发生变化的情况下，才可能同时达到物价稳定和国际收支平衡，而这在实际中是不可能实现的。

（四）经济增长与国际收支平衡之间的矛盾

一般而言，随着经济的增长，国民收入的增加及支付能力的增强，国内的需求会增加，对进口商品的需求也会相应增加。同时，经济的高速增长，往往伴随着物价水平的上升，这会刺激商品的进口。这两种结果都会导致国际收支逆差。要改善贸易收支状况，平衡国际收支，通常需要紧缩信用，减少货币供给，以抑制国内需求。但是这又会导致生产规模缩小，经济发展速度减慢。可见，经济增长与国际收支平衡之间也是存在矛盾的。

三、相机抉择货币政策与单一规则货币政策

既然货币政策目标之间存在着矛盾，那么中央银行应该如何解决呢？各国在实践中探索出了不同的方法，归纳起来主要有两种：相机抉择货币政策与单一规则货币政策。

（一）相机抉择货币政策

相机抉择货币政策又称权衡性货币政策，是指中央银行依据对经济形势的判断，为达成既定的货币政策目标而采取的权衡性措施，如经济趋冷时采取扩张性货币政策刺激经济；经济趋热时采取紧缩性货币政策使经济保持较稳定的发展。

相机抉择货币政策规范具有以下三个特点。

（1）该货币政策本身属于一种能动性的短期经济稳定政策，中央银行之所以要根据经济运行态势相机抉择，是因为其要用货币政策所造成的能动性名义国民收入波动来抵消因总需求扰乱所导致的自发性名义国民收入波动，以调节经济周期、稳定经济运行。

（2）该货币政策对因总需求扰乱所导致的自发性波动的能动抵制作用，也对经济运行起到了稳定作用，是通过"逆对经济风向行事"的反经济周期的具体操作方式实现的。

（3）在"逆对经济风向行事"的反经济周期的货币政策的具体操作过程中，中央银行被赋予广泛的权力，它可以根据自己的主观判断权衡取舍，从而扮演了一个"货币列车驾驶员"的角色。

（二）单一规则货币政策

单一规则货币政策是指将货币供应量作为唯一的政策工具，制定货币供应量增长的数量法则，使货币增长率同预期的经济增长率保持一致。这种单一规则货币政策是美国货币学派代表人物弗里德曼将其作为相机抉择货币政策的对立面而提出的。弗里德曼认为，由于货币扩张或紧缩对经济活动以及价格水平的影响有"时滞"，因此中央银行采取相机抉择的货币政策时必然会产生"过头"的政策行为，从而对经济活动造成不利的影响，这是西方国家产生通货膨胀的重要原因。赞同单一规则货币政策的学者还认为，由于当前人们对经济周期的成因及货币在形成周期中的作用尚缺乏科学缜密的说明，西方国家不具备成功执行反经济周期货币政策所需要的技术知识，而且多重货币政策目标难以兼顾，相机抉择会导致"过头"的政策行为，因此主张实行单一规则货币政策。

第二节 货币政策中介指标

一、货币政策中介指标的意义

货币政策中介指标是比较短期的、可以明确衡量的数量化金融指标。它是货币政策工具

和货币政策目标之间的中介或桥梁，在货币政策的传导中起着承上启下的作用。它使货币政策工具能正确、有效、稳步地对宏观经济发挥作用，避免货币政策实施的盲目性及带来经济上的巨大波动。

建立货币政策中介指标是为了及时测定和控制货币政策的实施程度，保证货币政策最终目标的实现。具体来说，之所以要建立货币政策中介指标有以下几点原因。

（1）货币政策最终目标的实现需要经历一个长时间的过程，最终目标的统计资料，也需要较长时间的汇集整理，待统计计算得出最终目标的结果时，即使其与原定目标相差甚远，但也已成为事实，无可挽回。因此，在货币政策实施的过程中，必须有一个能随时体现货币政策效果的指标，以便适时实施有效的调节，这个指标就是中介指标。

（2）货币政策的传导存在着"时滞"的现象，这也要求建立货币政策中介指标。由于中央银行掌握的是间接的调控手段，缺乏强制性，在很大程度上必须依靠金融市场的机制，才能接近其最终目标，因此无法避免"时滞"现象。因此，中央银行有必要在金融市场上选取若干可以控制的金融指标作为货币政策的中介指标，使中央银行能随时了解货币政策效果，及时做出必要的调整。从而避免因"时滞"而影响货币政策的最终效果。

二、选择货币政策中介指标的标准

货币政策中介指标应该具备以下五个条件。

（一）相关性

相关性是指作为货币政策中介指标的金融指标，必须与货币政策的最终目标密切相关。只有以具有相关性的金融指标作为中介指标，才能通过它的数值变化测知货币政策的实施状况；也只有对具有相关性的指标进行调节和控制，才能影响货币政策实施的效果，确保最终目标的实现。

（二）可测性

可测性是指中央银行能够迅速、准确地获得所选择的中介指标的有关资料，以便进行分析和预测。如果货币政策中介指标不具有可测性，必须取得的资料得不到，或不能及时得到，甚至资料的可信度很差、不准确，那就必然会影响中央银行的宏观调控效果，影响货币政策最终目标的实现。

（三）可控性

可控性是指货币政策中介指标要能为中央银行所控制，也就是中央银行能够通过运用货币政策工具对该指标进行有效的控制与调节。不具备可控性，就无法促进货币政策最终目标的实现。

（四）抗干扰性

抗干扰性是指货币政策中介指标受外来因素或非政策因素干扰程度较低。只有选取那些受干扰程度较低的中介指标，才能通过货币政策工具的操作实现最终目标。

（五）适应性

适应性是指货币政策中介指标与经济体制、金融体制有较好的适应性。由于经济及金融环境不同，中央银行为实现既定的货币政策目标而采取的政策工具也不同，选择作为货币政策中介指标的金融变量也必然有区别。

三、货币政策中介指标的一般选择

中央银行通常采用的货币政策中介指标可以分为短期中介指标（短期利率、银行准备金和基础货币）和中间目标（长期利率、货币供应量和汇率）。

（一）短期中介指标

1. 短期利率

短期利率又称货币市场利率，包括同业拆借利率、商业票据利率、国债回购利率、国债现货利率、外汇比价等。从利率形成的机制来看，货币市场利率对社会资金供求关系具有灵敏性和高效性，是反映市场资金状况、衡量金融产品收益率的重要指标。

有些国家的利率市场化是先从发展货币市场入手，再通过增加短期金融工具品种和扩大货币市场规模来完善货币市场，使非贷款类短期金融资产利率自由化，产生一个可靠的货币利率信号，从而形成对银行存贷款利率的促动，最终形成市场化的利率体系。中央银行通常以货币市场利率水平为依据，监控市场利率水平，预测市场利率走势，制定基础利率。所以，货币市场利率是利率市场化的关键环节。

2. 银行准备金

银行准备金是指商业银行按库存现金的比例存放在中央银行的存款。准备金制度规定，商业银行不能将吸收的存款全部贷放出去，必须按一定的比例，或以存款形式存放在中央银行，或以库存现金形式自己持有。准备金占存款总额的比重为存款准备金率。实行准备金的目的是确保商业银行在遇到存户突然大量提取银行存款时，能有充足的清偿能力。20 世纪 30 年代以后，法定存款准备金制度成为一国调节经济的重要手段，也是中央银行对商业银行的信贷规模进行控制的一种制度。中央银行控制的商业银行的准备金的多少和存款准备金率的高低影响着银行的信贷规模。

银行准备金作为货币政策操作指标，满足了可测性要求，同时与货币政策目标的相关性也较高。

3. 基础货币

基础货币是指能派生出信用货币的货币。它取决于中央银行购买商业银行票据和对商业银行的放款，而商业银行通过运用这部分资金，则会产生派生存款。也就是说，派生存款的创造是以基础货币的增加为条件的。控制基础货币对控制货币供应量及货币总量有直接影响。对于中央银行而言，基础货币的数字一目了然，数量也易于调控，能很好地满足可测性和可控性的要求，可以作为货币政策中介指标。不少国家把它视为较理想的近期指标。

（二）中间目标

1. 长期利率

长期利率又称资本市场利率，其优点是可控性强。中央银行可直接控制再贴现率，也可通过公开市场业务或再贴现政策调节市场利率的走向。中央银行能够通过长期利率影响投资和消费支出，从而调节总供求，而且中央银行在任何时候都能观察到市场利率的水平及结构。缺点是长期利率的变动是顺循环的，即当经济繁荣时，长期利率因信贷需求增加而上升；当经济停滞时，长期利率随信贷需求减少而下降。然而长期利率作为政策变量，应与总需求沿同一方向变动。

2021年我国货币供应量

在现代经济中，利率作为资金的价格，不但受到经济社会中许多因素的制约，而且其变动会对整个经济产生重大影响，因此，现代经济学家在研究利率的决定问题时，特别重视各种变量的关系及整个经济的平衡问题。

2. 货币供应量

无论从相关性、可测性还是可控性考虑，货币供应量都很适合作为货币政策中介指标。货币供应量与经济发展、物价水平等都有直接的联系。在经济繁荣时，银行会扩大信贷规模，从而使货币供应量增加；而在经济增长速度下降或经济衰退时，银行就会缩减信贷规模，从而使货币供应量减少。货币供应量还直接影响物价水平，货币供给过多，就会引发通货膨胀，造成物价总水平上升；而减少货币供给则可治理通货膨胀，稳定物价水平。另外，中央银行也能迅速、准确地获得货币供应量的有关资料。就可控性而言，由于货币供应量的变化主要取决于货币政策的变化，较少受非货币政策因素的干扰，因此，它能准确体现中央银行货币政策的方向和力度，中央银行通过控制基础货币供给和调整法定存款准备金率等方式就可对其进行调节和控制。货币供应量作为中介指标，其优点是该项指标与经济发展状况联系密切，社会总供给与社会总需求的失衡不论是由何种因素引起的，都会通过货币供应量的过多或过少反映出来；这一指标与货币政策最终目标比较接近；货币供应量作为内生变量是顺循环的，而作为政策变量是逆循环的，因此，中央银行比较容易判断其政策效果。其缺点是货币供应量本身包含的范围或统计口径比较复杂，难以清晰界定。另外，随着当代金融创新活跃度的增加，中央银行对货币供应量的控制变得更加困难。

3. 汇率

一国货币汇率上升会加剧物价指数的上涨，并对该国经济增长产生正向影响。与货币供应量相比，汇率与利率和宏观经济变量之间的关联性更为显著。一国货币政策的效力会受到本币汇率波动的影响，汇率市场化程度越高，其与货币供应量的关联性越显著。一些国家由于特定的经济金融条件而将其本币与另一较强国家的货币挂钩，并通过货币政策操作盯住汇率水平，以此实现最终目标。

在以上货币政策中介指标中，长期利率、货币供应量和汇率指标一般被视为远期指标。这类中介指标离货币政策最终目标较近，但中央银行对这些指标的控制力弱于对短期利率、银行准备金和基础货币这样的短期指标的控制力。中央银行不管以什么指标作为货币政策中介指标，最终都是通过影响流通中的货币总量来发挥作用并保证货币政策最终目标实现的。

第三节 货币政策工具

货币政策工具是中央银行为了实现货币政策目标，对金融进行调节和控制所运用的政策手段。中央银行货币政策工具的实施，是通过调控货币政策中介指标，进而影响最终目标来实现的。货币政策工具的选择和运用取决于一个国家的历史条件、社会经济结构及一定时期金融调节的需要。一般来说，中央银行的货币政策工具有一般性货币政策工具、选择性货币政策工具、创新性货币政策工具、直接信用管制工具和间接信用指导工具。

一、一般性货币政策工具

一般性货币政策工具是在市场经济条件下，中央银行调控货币供应量所采用的常规手段。它主要用于调控货币的供给总量，是影响整个经济的最为重要的工具。一般性货币政策工具主要有以下三种传统手段，也就是通常所说的"三大法宝"：法定存款准备金率、再贴现率和公开市场操作。前一种主要用来影响货币乘数的大小，后两种则是用来影响基础货币的数量。

（一）法定存款准备金率

商业银行等金融机构按照规定的比率，将所吸收存款的一部分交存中央银行，本身不得使用，这部分交存中央银行的存款称为法定存款准备金。中央银行规定商业银行吸收存款中所需缴存的比例为法定存款准备金率。

中央银行最初实行存款准备金制度的主要目的是保证商业银行的清偿能力，保护存款人的利益。存款准备金制度在实施过程中，体现出对商业银行创造派生存款的制约作用，因而逐渐演变成中央银行的货币政策工具。中央银行通过调高或调低法定存款准备金率，增加或减少商业银行应缴存的存款准备金，从而影响商业银行的贷款能力和创造派生存款的能力，达到调节货币供应量的目的。如果中央银行调低法定存款准备金率，就会减少商业银行必须缴存中央银行的法定存款准备金，增加商业银行的贷款能力，并通过货币乘数机制，数倍地扩大货币供应量。反之，如果中央银行调高法定存款准备金率，则会增加商业银行缴存的法定存款准备金，抑制商业银行的贷款能力。若此时商业银行的超额准备金已全部贷出，则会迫使商业银行迅速收回已贷出的部分款项或已做出的部分投资，从而使其在中央银行的存款符合法定要求。这也会通过货币乘数机制，数倍地缩小货币供应量。

由于银行存款基数大，因此法定存款准备金率具有极强的调节效应。只要法定存款准备金率有微小变动，就会对银行的法定存款准备金产生极大影响，也会引起大众心理预期的强烈变化。而且，法定存款准备金率是存款机构日常业务统计报表中的一个重要指标，频繁地调整势必会扰乱存款机构正常的财务计划和管理，也会破坏准备金需求的稳定性和可测性，不利于中央银行进行公开市场操作和对短期利率进行控制。因此，不宜经常调整，也不宜大幅度调整法定存款准备金率。各国中央银行在运用这一工具时均持慎重的态度。

法定存款准备金率政策工具的内容，因各国制度不同而有所差异。纵观各国的情况，主要有以下几种情况。

（1）**按存款的类别规定不同的法定存款准备金率。**存款期限越短，其货币性越强，规定的法定存款准备金率就越高。因此活期存款的法定存款准备金率比定期存款的法定存款准备金率高，有的国家甚至仅对活期存款规定法定存款准备金率。1953年以后建立存款准备金制度的国家，大多采用单一法定存款准备金率的制度，即对所有存款均按同一比率计提法定存款准备金。

（2）**对规模和经营环境不同的银行规定不同的法定存款准备金率。**一般来说，商业银行的规模越大，所处的经营环境越好，其法定存款准备金率就越高；反之则越低。但是，有些国家则不论银行规模的大小和经营的好坏，一律规定同样的法定存款准备金率。例如，1971—1981年，英国规定所有的银行必须保持12.5%的最低法定存款准备金率。

（3）**规定可作为存款准备金资产的项目。**可作为法定存款准备金的资产，一般只能是商业银行的库存现金或者存放在中央银行的存款。但有的国家对此要求不严。例如，英国将一些具有高度流动性的资产，如国库券、可在中央银行贴现的商业票据、一年内到期的短期证券等，也列入可作为法定存款准备金资产的项目。对须上缴法定存款准备金的资产，有的国家会明文规定现金和存款各自所占的比例。

（4）**对中央银行调整法定存款准备金率幅度的限制。**绝大多数国家对法定存款准备金率规定了允许变动的范围，中央银行可在这一范围内改变法定存款准备金率。但也有国家只规定了法定存款准备金率的最高限度。

（二）再贴现率

商业银行在准备金不足时，可以用自己保有的合格票据向中央银行申请贴现，以获得必要的资金。商业银行的票据一般是通过对工商企业办理贴现取得的，所以当商业银行以此向中央银行办理贴现时，称再贴现。再贴现时使用的利率，称再贴现率。再贴现率可以等于、高于或低于中央银行的贷款利率。从时间上看，再贴现率是中央银行最早拥有的货币政策工具。中央银行通过调整再贴现率来影响或干预商业银行的准备金及金融市场的银根，从而调控市场的货币供应量。

一般来说，中央银行通过提高或降低再贴现率，可以影响商业银行的贷款数量。如果中央银行提高再贴现率，商业银行向中央银行借款的成本就会增加，就会减少向中央银行借款的数量，从而导致商业银行可运用资金减少。而且再贴现率的提高，会迫使商业银行提高对社会公众的贷款利率，从而导致社会公众对信贷资金的需求减少。最终，商业银行贷款量减少，货币供应量相应减少。反之，如果中央银行降低再贴现率，并使之低于市场利率，商业银行向中央银行借款或贴现的资金成本就会减少，这必然会增加商业银行对中央银行的资金需求，从而导致商业银行的准备金增加。商业银行的准备金增加，就会扩大贷款或投资的规模，从而导致市场的货币供应量增加。随着市场货币供应量的增加，银根松动，筹资较易，市场利率相应降低，社会对货币的需求量也会相应增加。

再贴现率的变动还会产生明示效应。再贴现率的升降，无异于通知人们利率升降，这就在某种程度上影响了人们的预期。但是，随着融资渠道的日益广泛，商业银行可以通过同业拆借、发行票据，以及在欧洲货币市场借款等途径获得准备金，而无须走向再贴现柜台，这就使得再贴现率作为一种货币政策工具的有效性大为降低。各国中央银行运用再贴现率的形式也是有差异的。例如，英国的中央银行并不直接对商业银行贷款，而只对伦敦贴现市场协会的 11 家贴现行直接贷款，但贴现行会经常对商业银行贷款。因此，英国中央银行改变再贴现率会间接影响商业银行的贷款规模。在英国和日本，再贴现率是极其重要的货币政策工具。美国联邦储备银行的会员银行虽然可直接向联邦储备银行借款，但联邦储备银行通常不愿意对个别银行提供经常性的或大量的贷款。

（三）公开市场操作

公开市场操作是中央银行在金融市场上买卖有价证券从而调节货币供应量的行为。中央银行在金融市场上买入有价证券会增加货币供应量；而中央银行在金融市场上卖出有价证券会减少货币供应量。假定中央银行在金融市场上从一家商业银行购进 100 万元政府债券，则该商业银行和中央银行的账户如图 14.2 所示。

资产	负债
在中央银行的准备金 +100万元	
持有的政府债券 −100万元	

（a）商业银行账户

资产	负债
持有的政府债券 +100万元	商业银行存款 +100万元

（b）中央银行账户

图 14.2　中央银行从商业银行购进政府债券

如果中央银行不是从商业银行买入政府债券，而是从一家企业买入政府债券，则该企业从中央银行获得金额后，也会存入自己的开户银行，并形成开户银行在中央银行的存款。中央银行及企业所开户的商业银行的账户变化如图 14.3 所示。

资产	负债
在中央银行的准备金 +100万元	企业存款 +100万元

（a）商业银行账户

资产	负债
持有的政府债券 +100万元	商业银行存款 +100万元

（b）中央银行账户

图 14.3　中央银行从企业购进政府债券

由此可见，中央银行无论从商业银行还是从企业买入证券，商业银行的准备金都会增加；反之，中央银行卖出证券，则商业银行的准备金减少。

与法定存款准备金率和再贴现率相比，公开市场操作的优越性是显而易见的。

（1）中央银行通过公开市场操作可以直接调控银行系统的准备金总量，使其符合政策目标的要求。通过对临时性准备金的调节还能抵消各种意外因素对银行准备金的影响，使其稳定在预期的水平上，以保证货币供应量目标的实现。

（2）中央银行通过公开市场操作可以"主动出击"，避免了贴现机制的"被动等待"，确保了货币政策具有超前性。

（3）通过公开市场操作，可以对货币供应量进行微调，从而避免法定存款准备金政策的震动效应。

（4）中央银行通过公开市场可以进行连续性、经常性及试探性的操作，还可以进行逆向操作，从而灵活地调节货币供应量。

但是，公开市场操作需要一定的条件。第一，要有发达和完善的金融市场，以保证各种金融工具的流通；第二，必须有足够数量的有价证券，而且种类应该多样，以便有选择地操作。比如在美国，由于其国内证券市场发达，而且公开市场委员会拥有大量的联邦政府债券，有足够的力量来根据需要运用这一工具，因此，公开市场操作成为美国联邦储备体系最主要的货币政策工具。然而对于绝大多数发展中国家来说，由于条件不足，实施公开市场操作比较困难。

当然，也存在一些影响公开市场操作效果的因素，如商业周期、货币流通速度的变化等。另外，公开市场操作对准备金的影响也存在着不确定性。例如，如果中央银行在公开市场上是从非银行公共机构买入债券的，那么这对准备金的影响就取决于非银行公共机构以何种方式持有这笔款项。如果完全以现金形式持有，则银行准备金不会改变；如果以存款形式持有，则银行准备金会相应增加。在两种情形下，基础货币都是一样增加的。这就对中央银行的准备金预测技术提出了更高的要求。

二、选择性货币政策工具

选择性货币政策工具是指中央银行对某些特殊领域的信用加以调节和影响的措施。各国中央银行使用过或正在使用的选择性货币政策工具主要有证券市场信用控制、消费者信用控制、不动产信用控制、预缴进口保证金和优惠利率等。

（一）证券市场信用控制

证券市场信用控制是指通过规定法定保证金比率或者规定以信用方式购买有价证券时第一次付款的额度来调节商业银行对证券经纪人的信贷规模。中央银行对信用进行控制是十分必要的。有效的信用既可以控制证券市场的资金供求、抑制过度投机、化解金融风险、稳定金融市场，又能控制信贷资金的流向，改善金融宏观结构。信用控制对证券市场的调控直接、灵活，且效果显著，同时还避免了对其他领域造成负面影响，这是一般性货币政策工具所做不到的。

（二）消费者信用控制

消费者信用控制主要是规定以分期付款方式购买耐用品时首期付款的最低金额，规定分期付款的最长期限，规定可以以分期付款方式购买的耐用品的种类，并对不同的耐用品规定不同的信贷条件，等等。消费者信用控制可以抑制过高的消费需求，避免通货膨胀。适当的消费者信用控制也有助于引导社会消费，提高资源配置效率。

（三）不动产信用控制

不动产信用控制是指中央银行对商业银行及其他金融机构的不动产贷款采取的限制措施。通常，不动产信用控制包括以下几个方面的内容。①对金融机构的不动产贷款规定最高限额，即对一笔不动产贷款的最高额度给予限制。②对金融机构的不动产贷款规定最长期限。③规定首次付款的最低金额及分摊还款的最低金额等。不动产信用控制的目的在于控制不动产市场的信贷规模，抑制过度投机，减轻经济波动。不动产消费特别是住房消费不同于一般的耐用品消费。与一般耐用品消费相比，住房消费额度大、期限长，且与宏观经济走势关系紧密。因此，通过不动产信用控制调控不动产需求，有利于宏观经济的稳定。

（四）预缴进口保证金

中央银行规定进口商应按进口商品总值的一定比例，把一部分外汇存于中央银行作为进口保证金。预缴进口保证金可以抑制进口过快增长，控制外汇流失，减少国际收支逆差。

（五）优惠利率

优惠利率是指中央银行对国家亟须发展的项目、产业、短线产品在贷款利率上给予优惠，也就是收取比一般贷款利率低的利率。

三、创新性货币政策工具

（一）常备借贷便利

常备借贷便利（SLF），是指中央银行以抵押方式向金融机构提供的较长期流动性贷款便利，可以满足金融机构期限较长的大额流动性需求。常备借贷便利是全球大多数中央银行都会设立的货币政策工具，只是名称各异，如美国联邦储备体系（以下简称美联储）的贴现窗口、欧洲中央银行的边际贷款便利、英格兰银行的操作性常备便利、日本银行的补充贷款便利、加拿大中央银行的常备流动性便利等。常备借贷便利的主要作用是提高货币调控效果，有效防范银行体系的流动性风险，增强对货币市场利率的调控效力。

常备借贷便利有三个特点：一是由金融机构主动发起，即金融机构可根据自身流动性需求申请常备借贷便利；二是常备借贷便利是中央银行与金融机构的"一对一"交易，因此针对性强；三是常备借贷便利的交易对手覆盖面广，通常覆盖所有的存款金融机构。

（二）中期借贷便利

中期借贷便利（MLF），是指由中央银行提供中期基础货币的货币政策工具，是由中国人民银行于 2014 年 9 月创设的。该工具的对象为符合宏观审慎管理要求的商业银行、政策性银行，可通过招标方式开展。发放方式为质押方式，需提供国债、央行票据、政策性金融债、高等级信用债等优质债券作为合格质押品。

中期借贷便利利率发挥中期政策利率的作用，中央银行通过调节向金融机构进行中期融资的成本来对金融机构的资产负债表和市场预期产生影响，引导金融机构向符合国家政策导向的实体经济部门提供低成本资金，从而降低社会融资成本。

（三）抵押补充贷款

抵押补充贷款（PSL）是 2014 年 4 月由中国人民银行创设的。抵押补充贷款作为一种新的储备政策工具，有两层含义：在量的层面，它是基础货币投放的新渠道；在价的层面，它通过商业银行以抵押资产从中央银行获得融资的利率引导中期利率。抵押补充贷款的主要功能是对金融机构提供期限较长的大额融资以支持国民经济的重点领域、薄弱环节和社会事业发展。抵押补充贷款采取质押方式发放，合格抵押品包括高等级债券资产和优质信贷资产。

抵押补充贷款的目标是通过抵押补充贷款的利率水平来引导中期政策利率，以实现中央银行在短期利率控制之外，对中长期利率水平的引导和掌控。

抵押补充贷款和再贷款非常类似。再贷款是一种无抵押的信用贷款，市场常常给再贷款赋予某种金融稳定的含义，即一家机构出了问题后才会被投放再贷款。出于种种原因，中央银行可能会将再贷款工具升级为抵押补充贷款工具，也就是说未来抵押补充贷款可能会在很大程度上取代再贷款，但再贷款依然保留在中央银行的政策工具篮子中。

（四）短期流动性调节工具

短期流动性调节工具（SLO）是一种公开市场操作，是对公开市场常规操作的必要补充，在银行体系流动性出现临时性波动时相机使用。公开市场短期流动性调节工具以 7 天以内短期逆回购或正回购为主，可以指引市场基准利率，为利率市场化进程打下更好的基础，但未被作为优先的常规性制度安排。

四、直接信用管制工具

直接信用管制工具是指中央银行凭借行政权力，从质和量两个方面直接对商业银行及其他金融机构的信用活动进行干预所采用的各种行政性手段。各国中央银行使用的直接信用管制工具主要有直接干预、信用分配、流动性比率和利率限制等。

（一）直接干预

直接干预是指中央银行直接对商业银行的信贷业务范围、贷款政策等施以合理的干预，如直接限制贷款的额度、直接干涉商业银行对活期存款的吸收、规定各家银行贷款或投资的范围及贷款的方针等。

（二）信用分配

信用分配是指中央银行根据金融市场的状况及客观经济的需要，权衡轻重缓急，对商业银行的信用创造加以合理分配和限制的措施。在需求旺盛和资金短缺时期，中央银行会对商业银行的贷款分配做出规定，并具体规定商业银行在各部门或地区的资金分配数量或比例。大多数发展中国家因资金需求迫切但资金供给不足而广泛地采用这种措施。

（三）流动性比率

流动性比率是商业银行流动资产与存款（流动负债）的比率。中央银行为了限制商业银行创造信用的能力及确保存款客户与银行本身的安全，除规定法定存款准备金率外，有时还会规定商业银行的流动性比率。商业银行为了保持中央银行规定的流动性比率，就必须增加短期贷款、减少长期贷款及增加应付提现的资产，而不能任意地把资金用于长期性的工商业贷款。这样一来，中央银行就可以实现限制信用扩张的目的。

（四）利率限制

利率限制是指中央银行为了防止商业银行竞相以高利率吸引存款而多存或以低利率发放贷款而多贷，规定商业银行的定期存款及储蓄存款所能支付的最高利率，或规定商业银行的各种贷款所能支付的最低利率。它是最常用的直接信用管制工具，有利于控制商业银行的贷款能力和限制货币供应量。但是在通货膨胀条件下，不宜采用此方法，因为此方法会导致存款大量流出金融机构。

五、间接信用指导工具

间接信用指导工具是指中央银行通过道义劝说、窗口指导等间接方法影响商业银行信用创造的措施的总称。

（一）道义劝说

道义劝说是指中央银行凭借自己在金融体系中的地位和声望，对商业银行和其他金融机构发出通告、指示或与各金融机构的负责人进行面谈，劝告其按照中央银行的意愿行事，从而影响其业务，使之符合政策目标的要求。例如，在信用过度扩张的时期，中央银行可以劝说商业银行注意限制其贷款量，使其贷款的增加额保持在一定的范围内；在国际收支出现赤字时，劝告各金融机构减少海外贷款；在房地产与证券市场投机盛行时，劝告商业银行缩减对这两个市场的信贷。由于中央银行具有特殊的地位和声望，因此道义劝说还是卓有成效的。但是，道义劝说对商业银行没有法律上的约束力，其有效性取决于商业银行的合作态度与中央银行对不肯合作的商业银行所采取的态度。

（二）窗口指导

窗口指导是指中央银行根据产业行情、物价变动趋势和金融市场的动向，对商业银行规定每季度贷款的增减额，并要求其执行。如果商业银行不按规定的增减额对产业部门进行贷款，中央银行可采取削减向该银行贷款的额度，甚至停止提供信用等制裁措施。窗口指导最早是日本中央银行所采用的一种货币政策手段，它结合了道义劝说和贷款限额这两种货币政策工具，是日本中央银行在与商业银行合作的前提下进行的说服指导，没有法律约束力，但仍然发挥了相当大的作用，第二次世界大战结束后，窗口指导曾一度是日本的主要货币政策工具。

间接信用指导工具的优点是较为灵活，但要想起作用，中央银行必须在金融体系中具有较高的地位和威望，拥有足够的控制信用的法律权力和手段。

第四节 货币政策的传导机制

货币政策传导机制是指中央银行在确定货币政策之后，从选用一定的货币政策工具进行现实操作开始，到实现最终目标之间，所经过的各种中间环节相互之间的有机联系及因果关系的总和。

一、凯恩斯的货币政策传导理论

在货币政策传导机制理论中，利率传导机制被认为是货币政策最重要也是最有效的传导渠道。利率传导机制以传统的凯恩斯主义为代表。

在凯恩斯的理论中，货币政策发挥作用主要是通过货币与利率之间的关系（流动性偏好），以及利率与投资之间的关系（投资的利率弹性）两个渠道来实现的。凯恩斯认为，货币供应量变动首先会引起利率变动，因为一般来说货币供应量的变动会破坏原有货币供求的平衡关系，所以必然会引起利率的波动；其次，利率变动会引起投资规模的变化，投资规模变化的大小主要由资本边际效率决定，利率低于资本边际效率是人们扩大投资规模的前提条件；最后，投资规模变化会引起就业、产量和收入的变化，这种投资效果变化的大小主要取决于消费倾向，因为消费倾向决定投资乘数。我们可以用简图（图14.4）把这个传导过程表示出来。

图 14.4 凯恩斯的货币政策传导过程

图 14.4 中，M 表示货币供应量；r 表示利率；I 表示投资；Y 表示国民收入；P 表示物价总水平。

上述分析只考虑了货币市场对商品市场的初始影响，而没有考虑商品市场对货币市场的影响，没有反映出两个市场间相互作用的过程，因此，这仅是一般的局部分析方法。考虑到货币市场与商品市场间的相互作用的分析，被称为一般均衡分析，其传递过程如下。

第一，假定货币供给增加，在产出水平不变时，利率会相应下降，下降的利率会刺激投资，推动产出上升。这是货币市场对商品市场的作用。第二，产出和收入的增加，必将引起货币需求增加，这时如果没有增加新的货币供给，那么货币供求关系的失衡会导致下降的利率回升。这是商品市场对货币市场的作用。第三，利率回升，又会使总需求减少，产量下降，而产量下降又会导致货币需求下降，利率又会回落。这是货币市场和商品市场循环往复相互作用的过程。第四，上述过程最终会逼近一个均衡点，这个点同时满足货币市场和商品市场两方面的供求均衡要求。在这个点上，利率可能较原来的均衡水平低，而产出量则可能较原来的均衡水平高。

凯恩斯认为利率传导渠道并不总是畅通的，可能引起栓塞的因素主要有两个。①"流动性陷阱"，即当利率达到一定的低点后，货币需求变得无限大，此时任何货币量的增加都会被吸收，从而不再对利率产生影响，传导渠道的第一个环节就被阻塞了。②投资的利率弹性，如果在某一时期投资的利率弹性很低，利率下降未必对投资规模有显著的刺激作用，此时传导渠道的第二个环节就被阻塞了。

凯恩斯主义者最初是利用利率传导机制分析利率对企业投资支出决策的作用的，后来逐步扩展到分析消费支出、耐用品消费支出决策，因为它们属于投资决策。后来，一些经济学家进一步发展了这一观点，比如泰勒认为，货币传导的利率渠道是货币政策向经济传导的重要组成部分。在他的模型中，紧缩性货币政策使短期名义利率上升，在价格黏性和理性预期的共同作用下，实际的长期利率也会上升，并且至少会持续一段时间。较高的实际利率会导致企业固定投资、居民住房投资、耐用品投资和库存投资下降，进而导致总产出下降。

在现代信用经济条件下，利率传导效应具有广泛的影响力和渗透力。在经济金融活动日益市场化、证券化和国际化的背景下，利率的作用更加凸显。实际上，20 世纪 90 年代以后，许多西方工业国家的中央银行相继把利率作为其最重要的政策变量，甚至是中介目标。并且，几乎所有工业国家的中央银行都把短期利率作为货币政策的操作目标。

二、弗里德曼的货币政策传导理论

弗里德曼认为，对货币政策传导机制的分析应以理想的均衡状态为出发点。在这种理想状态下，中央银行运用货币政策增加货币的供应量，就会提高流动性，使人们实际持有的货币量超过其意愿持有的货币量，从而打乱人们既有的资产组合平衡。这时，人们为了摆脱流动性的过度提高，维持流动性与盈利性之间的平衡，就会对自己的资产结构进行相应的调整。在这种调整过程中，人们首先会将多余的货币用于购买那些收益较高的金融资产，从而导致金融资产价格不断上涨，利率下降。金融资产价格的上涨和利率的下降又会刺激人们将其资产结构调整的注意力由金融资产转向实物资产，导致对实物资产的需求增加和实物资产价格上涨，由此刺激新的实物资产的生产，进而促使企业部门增加投资、扩大生产规模、提高产量水平。随着产量水平的提高，人们的实际收入及其意愿持有的货币量也相应增加，新增的货币供应量就会相应地被吸收，从而使人们实际持有的货币量恢复到其所愿意持有的货币量的水平上，整个经济社会便由原有的均衡状态转移到一个新的均衡状态。其传导过程如图 14.5 所示。

图 14.5　弗里德曼的货币政策传导过程

图 14.5 中，E 表示总支出；其他符号的含义与图 14.4 中的符号含义相同。

弗里德曼的货币政策传导理论有两个显著特点。①不重视利率在货币政策传导机制中的作用，强调相对价格的变动在货币政策传导机制中的影响。在弗里德曼的理论中，货币供应量的变动也是通过资产结构调整效应的传递而对国民收入产生影响的。在资产结构调整过程中，随着货币持有者的支出分布和支出方向发生变化，货币供应量的变动虽然会相应地影响到各类资产（从金融资产到实物资产）的相对价格和利率的变动，但由于弗里德曼认为货币供应量变动的利率效果是双重的（即期效果与滞后效果正好相反），因此，在由货币持有者的支出分布和支出方向变动到名义国民收入变动的过程中，起主要作用的是资产相对价格的变动，而不是利率水平的升降。②传导机制本身较为简单。弗里德曼认为货币供应量的变动以非常多和非常复杂的方式影响总需求，要想把这些途径全部找出来是徒劳无益的。因为任何这样做的企图都难免会漏掉其中的一些途径，从而低估货币供应量的变动对总需求和名义国民收入的影响。所以，他满足于从实证上研究货币供应量与名义国民收入的相关性，即把一定时期内货币供应量的变动与名义国民收入的变动相比较，而不具体探讨货币供应量对名义国民收入的作用方式或影响过程。

三、托宾的 Q 理论中的货币政策传导机制

托宾的 Q 理论主要是研究金融市场的各种变化对消费和投资决策的影响。该理论中的货币政策传导机制的一个显著特征是，假定金融与实体经济之间存在广泛的联系。根据该理论，货币政策影响经济的机制是通过影响股票的价值来实现的。托宾定义的 Q 是企业的市场价值与企业当期重置成本的比率。如果 Q 值大于 1，相对于企业当期重置成本来说，企业的市场价值就比较高；相对于企业的市场价值来说，新的厂房和设备的成本就比较低。这时企业选择发行股票，以吸引新的投资，从而使产出增加。如果 Q 值小于 1，企业的市场价值低于企业当期重置成本，企业就不会购买新的厂房和设备，因为相对于资本成本来说企业的市场价值比较低，选择收购另一家企业以获得旧设备进行生产扩张，相较于进行新的投资，支出会比较低。在这种扩张的方式下，社会总投资没有增加，因而也不会对总产出产生影响。

但是货币政策会怎样影响股票价格呢？按照托宾的 Q 理论，当货币供给下降时，人们会发现他们手头的钱比其想要有的钱少了，因此他们将会尽量减少花销。人们可能会减少在股票市场上的投入，他们的股票交易需求下降会导致股票价格下跌。紧缩性货币政策引起的利率上升使得债券比股票更有吸引力，这也会导致股票价格下跌。更低的股票价格导致更低的 Q，进而导致更低的投资支出。托宾的货币政策传导过程如图 14.6 所示。

图 14.6 托宾的货币政策传导过程

图 14.6 中，Pe 表示股票价格；其他符号的含义与前面相同。

托宾的 Q 理论还同样应用于建筑物，导致土地和资产价值下降的货币紧缩降低了它们相对于重置成本的市场价值，导致它们的 Q 下降，从而使人们在建筑物方面的支出减少。

阅读材料 14-1

第二次世界大战后美国货币政策操作

20 世纪 40 年代至 50 年代初。1941 年，美联储为筹措军费，采取了廉价的货币政策，即钉住第二次世界大战爆发前的低利率：三个月期的国库券利率为 0.375%，长期财政债券利率为 2.4%。当利率高于上述水平且债券价格开始下跌时，美联储就会进行公开市场购买，迫使利率下降。这项政策在大部分时间是成功的，但 1950 年朝鲜战争的爆发，引起了美国的通货膨胀。1951 年 3 月，美联储和美国财政部达成"一致协议"，取消钉住利率，但美联储承诺不会让利率急剧上升。同时，美联储正式独立于财政部，此后美国的货币政策才开始具有完全的独立性，美国货币政策也开始成为影响美国经济的主导力量。

20 世纪 50 年代至 70 年代。这期间美国经济周期性扩张和收缩的特征非常突出，因此，扩张性和紧缩性货币政策交替也很明显，货币政策目标也经常变化。20 世纪 50 年代，美联储控制的中介指标有自由储备金净额、三个月期的国库券利率和货币总量，并按此次序来决定指标控制的重要性。结果表明，美联储对前两个指标的控制较好，对货币总量控制较差，这就导致美国在 20 世纪 50 年代发生了三次经济危机。到了 20 世纪 60 年代，美国又重新推行廉价的货币政策，同时重视财政政策的运用。货币供应量的增长率日趋上升，宽松的货币政策加上宽松的财政政策导致通货膨胀率不断上升，从 1965 年的 2.3% 上升到 1969 年的 6.1%。20 世纪 70 年代，美联储将货币总量作为中间目标，从 M_1 和 M_2 的增长率来看，美联储以紧缩性货币政策为主，这也最终导致了 1979 年的经济危机。

20 世纪 80 年代至 90 年代。20 世纪 70 年代以后，随着通货膨胀被抑制，美联储又转向了平稳利率政策，并获得了极大成功。例如，20 世纪 90 年代初，美国经济陷入萧条，美联储在 1990 年 7 月到 1992 年 9 月连续降息 17 次，将短期利率从 8% 降到 3%，促进了投资与消费的增长，并带动了整个经济的发展。从 1994 年初到 1995 年 7 月，美国由于经济过热，又连续 7 次提高联邦基金利率，成功实现了软着陆。1994 年，美联储主席指出，美联储将放弃以货币供应量的增减对经济实行宏观调控的做法，此后将以调控实际利率作为经济调控的主要手段。这意味着美国货币政策发生了重大转变。

21 世纪初至今。2000 年由于互联网泡沫破灭，美国经济再次陷入衰退，美联储开始连续大幅降息。大幅降息激发了美国的房地产泡沫，2003 年下半年美国经济强劲复苏，需求快速上升导致通货膨胀抬头，2004 年美联储开始收紧货币政策，连续 17 次加息，2006 年 6 月联邦基准利率达到 5.25%。2008 年次贷危机引发全球金融危机，美联储再次开始降息至接近零的水平。2009—2012 年美联储先后实施了三轮量化宽松政策，其间大量购买国债、联邦机构债券、抵押贷款支持债券，美联储总资产规模从 1 万亿美元最高扩张至 4.5 万亿美元。为了防止量化宽松引起的通货膨胀，美联储重启加息政策。2014 年随着美国经济的恢复，美联储逐步退出量化宽松。但 2020 年由于新冠疫情在全球范围内蔓延，美国经济出现萎缩。为了稳定市场形势，美联储实施了史无前例的量化宽松政策，在 2020 年 3 月美联储连续两次降息，将基准利率降至 0~0.25%，推动美国经济在 2021 年迅速重启。与此同时，受多方面因素影响美国通货膨胀率持续走高，通货膨胀压力拖累美国经济复苏的进程。为了抑制通货膨胀，美联储于 2021 年年底开始缩减购债，这也标志着美联储开始收紧因新冠疫情蔓延而实施的量化宽松政策。2022 年 3 月美联储启动加息，截至 2022 年年底，美联储已累计加息 425 个基点，联邦基金利率目标区间上升到 4.25%～4.5%。

第五节 货币政策的有效性

一、货币政策有效性的含义及衡量

货币政策有效性是指货币政策在稳定货币和促进经济增长这两方面的作用大小和有效程度，即货币政策的实施能在多大程度上以尽可能低的通货膨胀率来获取尽可能高的经济增长率。货币政策是否有效，主要取决于三方面：①货币能否系统地影响产出；②货币与产出之间是否存在稳定的联系；③货币当局能否有效地控制货币量。

货币政策有效性可以从两个方面来衡量：①从数量方面衡量货币政策发挥的作用的大小，即货币政策的数量效果；②从时间方面衡量货币政策发挥作用的快慢，即货币政策的时间效果。也就是说，衡量货币政策有效性，就是分析和测算货币政策解决社会经济问题的效力的强弱程度，以及这个效力在政策实施多长时间后才能发挥表现出来。对货币政策数量效果的衡量是一个非常重要的方面，它关系到货币政策对国民经济的最终影响的规模。一般来说，衡量货币政策的数量效果，主要在于分析和比较实施的货币政策所取得的效果与预期所要达到的目标之间的差距。

二、货币政策传导的时滞效应

货币政策的传导时滞是指从宏观经济发生变化到中央银行制定货币政策再到货币政策取得成果的时间差。在货币政策操作中，一般要经历如下过程：根据一定时期宏观经济运行的状况决定货币政策所需达到的目标；根据目标选择货币政策工具；筛选与货币政策目标及货币政策工具相适应的货币政策中介指标；检查货币政策调节效果并在必要时进行适当的调整。在上述货币政策操作过程中，前两个环节存在着内部时滞，后两个环节的实现则含有一个外部时滞。一般而言，内部时滞可控性较强，外部时滞可控性较弱，且外部时滞要长于内部时滞。

内部时滞是指从经济现象发生变化，需要制定政策加以矫正，到中央银行实际采取行动的时间过程。它可以再细分为两个阶段。①认识时滞。这是指从形势变化需要中央银行采取行动到中央银行认识到这种需要的时间。这种时滞之所以存在，是因为：一方面信息的搜集和情形的判断需要时间，对某个时期的经济状况的精确度量只有在以后一些时候才能得到；另一方面即使已经搜集到某一时期的经济状况的相关资料并做出了精确的度量，中央银行对这些资料的意义做出判断也需要时间。②决策时滞又称行政时滞，是指中央银行认识到需要采取行动改变政策，到实际采取行动提出一种新的政策所需耗费的时间。中央银行认识到经济形势的变化之后，将立即对此项经济情况进行研究，以找出可行的对策，而研究和行动也需要时间。

外部时滞是指从中央银行采取行动开始到对政策目标产生影响为止的这段时间。外部时滞又可细分为操作时滞和市场时滞两个阶段。①操作时滞。它是指自中央银行调整货币政策工具到货币政策工具对中介指标发生作用所需要的时间距离。这段时滞存在的原因是，在实施货币政策的过程中，无论何种货币政策工具都要通过影响中介指标才能起作用。政策究竟能否生效主要取决于商业银行和其他金融机构对中央银行的态度、对货币政策工具的反应能力和金融市场对中央银行货币政策的敏感程度。中央银行货币政策的作用对象是社会公众的投资和消费，但中央银行并不直接与社会公众发生业务关系，与社会公众直接发生业务关系的是商业银行或金融市场，所以中央银行的货币政策操作只有通过商业银行或金融市场来传导，才能对社会公众的投资与消费行为产生调节作用。②市场时滞。它是指从中介指标发生反应到其对最终目标产生作用所需要的时间。这段时滞存在的原因是，企业部门对中介指标变动的反应有一个过程，而且投资和消费的实现也有一个滞后过程。企业部门对中介指标变动的反应滞后主要是由于在利率、信用条件或者金融市场中的有价证券价格发生改变后，个人或厂商面对新的情况，做出改变其支出习惯或支出行为的决定需要一个时间过程。支出单位决定支出意向后对整个社会的生产、就业和消费产生影响，最终导致名义国民收入水平及物价水平发生相应变化，同样需要一个时间过程。这主要是因为商业银行或金融市场的传导所造成的货币供应量的增减、利率水平的升降等，不会立即对名义国民收入产生作用。例如，就投资而言，利率的下降并不一定会促使厂商立即增加投资，他们必须制订计划，进行订购等，即使他们要增加投资，制造其所需要的投资品通常也需要时间；就消费而言，也不会立即变化，这既有原有习惯和消费结构的影响，也有预期心理等因素的影响。市场时滞的长短取决于调控对象对中介指标变动的反应。

内部时滞完全发生在中央银行的范围内，可由中央银行直接掌控，而外部时滞的长短主要取决于政策的操作力度和金融部门、企业部门对政策工具的反应大小，它是一个由多种因素综合决定的复杂变量。因此，中央银行对外部时滞很难进行实质性的控制。

三、货币政策有效性的相关理论

（一）新古典学派的"面纱论"

"面纱论"产生于普遍实行金币本位制的19世纪末和20世纪初，代表人物有甘末尔、费雪、马歇尔和庇古，其基本信条是货币数量的增减必然会引起物价的升降。该学派有两大分支，一支是费雪的现金交易数量说，另一支是庇古的现金余额数量说。总体而言，新古典学派的货币数量说认为，货币仅仅是笼罩于实体经济之上的一层"面纱"。实体经济可以自行其是，与"面纱"多大全然无关。即不管货币如何变动，经济始终处于充分就业状态，因此，货币政策是完全无效的。

（二）哈耶克的货币中性论

哈耶克在维克塞尔中立货币概念的启发下，进一步研究了货币与物价、货币与经济之间的均衡关系，他在《物价与生产》一书中提出了著名的货币中性论。

哈耶克把资本化生产过程所经历的时间称为生意期间，把生意期间的各个阶段称为生产阶段，把社会产品分为消费品（最终产品）和资本品（中间产品）两类，把生产的各类产品的比例关系称为生产结构，并且假定他所分析的经济中没有闲置的生产资源和劳动力。他认为，在静态的均衡经济中，货币数量是一定的，这样，生产结构稳定和经济均衡的条件是三个比例相等，即用于购买消费品的货币量和购买资本品的货币量的比例等于消费品需求量和资本品需求量的比例，也等于周期内所生产的消费品与资本品的比例。

在动态经济中，如果变动货币供应量，就会使货币失去中立性而引起经济失衡。这是因为，当人们的消费支出不变、储蓄不增加时，人为地扩大货币供应量，由银行向企业家提供资金来增加投资、扩大生产，会使得购买资本品的货币量、资本品的需求量和产量增加，这时会出现生产期间延长、生产阶段增多的短期繁荣。但由于已无闲置的生产资源，只能将原来用于生产消费品的一部分生产资源转向生产资本品，使得消费品减少，价格上涨。但与此同时，消费者并没有改变购买消费品的货币量和其对消费品的需求，于是，三个比例互不相等，经济均衡的条件遭到破坏。因此，哈耶克提出的保持货币中立的基本条件是保持货币的数量固定不变。但是，要真正做到货币中立，仅有这个基本条件还不够，还需要另外两个条件。①自由价格制，即所有商品价格都能随供求状况变化而自动调整。②人们用货币签订的长期契约都建立在对未来价格预测比较准确的基础上。哈耶克认为，由于许多商品的价格具有相当程度的刚性，且人们在签订货币形式的长期契约时，也很难准确地预测未来的价格波动，因此，物价体系很难灵活地适应各种情况的变化，要保证货币完全中立具有一定的困难。

（三）凯恩斯主义的货币政策有效性理论

1929—1933年大萧条的残酷现实粉碎了古典主义的充分就业梦，并迫使经济学家重新思考，凯恩斯的《就业、利息和货币通论》就是这一时代的产物。该书体现了凯恩斯主义的三大基本信条，即：①宏观经济的常态是有效需求不足和未充分就业状态下的均衡；②有效需求不足是由边际消费倾向、资本边际效率和流动性偏好这三大基本心理因素的作用导致的；③市场机制本身无力使宏观经济与充分就业达到均衡，因此国家干预是必不可少的。

《就业、利息和货币通论》在文笔上艰深晦涩。为此，希克斯于1937年提出了 $IS\text{-}LM$ 模型以作诠释，该模型通常也被认为是凯恩斯主义。因此，凯恩斯主义对货币政策有效性的评价不仅包括凯恩斯本人的外生货币论及其对货币变动效应的阐述，还包括 $IS\text{-}LM$ 模型对货币政策效果的评价。

四、扩张性货币政策与紧缩性货币政策有效性的比较

从货币政策的实践来看，扩张性货币政策往往不如紧缩性货币政策有效。也就是说，在出现通货膨胀的情况下，如果采取紧缩性货币政策，减少货币的供应量，物价在较短的时间内就能回落，通货膨胀就能得到抑制；而在产品过剩、有效需求不足、经济萧条的情况下，采取扩张性货币政策，在短时间内效果则不明显。我国近几年的实际情况也证明了这一点。

从 1996 年我国经济实现"软着陆"以来，物价回落而且连续几年出现负增长，整个经济出现产品过剩、有效需求疲软的现象。对此，国家采取了降低法定存款准备金率、降低存贷款利率等一系列扩张性货币政策，但效果并不明显，企业不敢投资，个人不敢扩大消费。这主要是由于各行业主体对未来的预期不乐观，投资者不知新增的商品能否卖出去，而消费者则不知未来收入能否增加。所以，即使是实行扩张性货币政策，也难以刺激经济增长。在这种情况下，货币政策需要与其他政策相配合，才能更好地发挥作用。

五、货币政策与财政政策的配合

货币政策若想获得最大效果，必须与政府实施的其他政策，特别是财政政策充分配合和协调。货币政策和财政政策是国家经济政策体系中的两大支柱。为了充分发挥二者应有的功能，避免相互之间的摩擦和碰撞，各国都非常重视货币政策和财政政策的配合运用，党的二十大报告明确提出"加强财政政策和货币政策协调配合"的要求。

货币政策和财政政策是国家实现宏观经济管理目标的重要手段。这两种政策都是以货币为载体和操作对象，通过对社会总需求的调控来影响产出的。货币政策是通过中央银行调节货币供应量和利率水平，进而调节社会总需求的；财政政策是通过政府调整财政支出和税收政策，进而调整社会总需求。这两种政策虽然都以调节需求来达到社会供求平衡，但具有不同的特点。财政政策主要运用行政手段调节需求，具有强制性的特征；而货币政策主要运用经济手段调节需求，具有灵活性的特征。财政政策通过安排预算支出和税收政策，可实现产业结构和产品结构的调整，所以财政政策在结构调整上有较大的优势；而货币政策主要对货币供应量、信贷规模和利率等进行调节，所以货币政策在调节需求量方面具有更大的功效。由于财政支出或税收政策的重大调整均须由立法机构讨论，而货币政策的决策程序一般不像财政政策那样冗长，所以财政政策的内部时滞一般比货币政策长。财政政策一旦实施，通过财政支出和税收变动可立即影响总需求；而货币政策却需要较长时间来传导，所以财政政策的外部时滞一般比货币政策短。由此可见，货币政策与财政政策有必要配合运用。

财政政策与货币政策的相互配合具有替代性、互补性和矛盾性三方面特点。

（一）财政政策与货币政策的替代性

财政政策与货币政策的最终目标是一致的，都要为宏观经济服务，促进充分就业，促进经济增长，保持经济稳定。目标上的一致性，使二者具有一定的相互替代性。例如，依靠财政政策和依靠货币政策都能达到紧缩需求的目的。单纯实行财政紧缩政策，增加税收和削减支出，就能使需求下降，且滞后期短，效果较快。单纯实行货币紧缩政策，可使利率上升、投资下降、需求下降，但滞后期长，效果较慢。如果将二者配合使用，因二者能达到同一目的，政策就会更加有力，也就能取得更加令人满意的效果。

（二）财政政策与货币政策的互补性

虽然运用财政政策和货币政策都能取得同样的结果，但二者各有优劣，相互之间具有互补性。如果把二者配合使用，则可以取长补短，使效果更佳。比如从财政政策方面增加政府支出会刺激投资、增加国民收入，但若同时从货币政策方面加以考虑，适当提高利率，则又会抑制投资和限制收入。只有二者配合，一松一紧，逐步微调，才能取得最佳效果。

（三）财政政策与货币政策的矛盾性

财政政策与货币政策的替代性和互补性，是把二者混合起来同时运用的基础条件。但它们之间还具有一定的矛盾性，矛盾性的存在要求我们在混合运用时要注意二者的协调配合，以避免冲突。一般来说，货币政策的主要任务是稳定金融市场，财政政策的主要任务是发展公共服务。由于二者的具体任务不同，常常会产生一些矛盾。例如，政府因公共需要而出现了巨大的财政赤字，要依靠中央银行来解决。中央银行通过公开市场操作（购买大量政府债券），来为政府提供资金，这就势必引起通货膨胀。中央银行又不得不实行紧缩的货币政策，提高利率，抑制通货膨胀。但提高利率又会增加财政负担，加剧财政赤字。这种恶性循环，会使财政部与中央银行的关系紧张化。在实际事务中，为了避免和克服财政政策与货币政策混合运用时存在的矛盾，中央银行往往会因屈服于政治压力而不能独立自主地执行货币政策。

在不考虑中性的财政政策和货币政策情况下，货币政策和财政政策的配合运用方式主要有四种，即同时紧缩、同时扩张、此紧彼松和此松彼紧。所谓中性的财政政策，是指财政收支量入为出、自求平衡的政策。所谓中性的货币政策，是指保持货币供应量合理、稳定地增长，维持物价稳定的政策。在社会总需求极度膨胀、社会供给严重不足及物价大幅度上涨时期，通常会运用货币政策和财政政策同时紧缩的配合方式，但双紧政策的长时间运用可能会导致经济衰退。在社会总需求严重不足、生产资源大量闲置时期，通常会运用货币政策和财政政策同时扩张的配合方式，但双松政策的长时间运用可能会导致经济过热和通货膨胀。在社会总需求偏大，物价有一定幅度上涨，但产业结构与产品结构严重不平衡时期，通常会运用紧缩性货币政策、扩张性财政政策的配合方式。在企业投资需求不太旺盛，经济不太景气，但政府开支很大，物价有逐步上升趋势的情况下，可以运用扩张性货币政策、紧缩性财政政策的配合方式。对配合运用方式的选取应根据不同的经济形式而定，不能千篇一律。

习　题

一、选择题（含单项选择题和多项选择题）

1. 货币政策工具的类型不包括（　　）。
   A. 法定存款准备金率　　　　　　B. 公开市场操作
   C. 再贴现率　　　　　　　　　　D. 最低价格控制
2. 在一国金融体系中居于主导地位的是（　　）。
   A. 中央银行　　　　　　　　　　B. 商业银行
   C. 政策银行　　　　　　　　　　D. 非银行金融机构
3. 货币政策四个目标之间存在矛盾，任何一个国家想要同时实现四个目标都是很困难的，但其中（　　）是正相关的。
   A. 经济增长与国际收支平衡　　　B. 充分就业与经济增长

C. 物价稳定与经济增长　　　　　　D. 物价稳定与国际收支平衡
　4. 以下货币政策操作会引发货币供应量增加的是（　　）。
　　　A. 提高再贴现率　　　　　　　　　B. 降低再贴现率
　　　C. 提高法定存款准备金率　　　　　D. 中央银行卖出债券
　5. 当中央银行降低法定存款准备金率时，商业银行（　　）。
　　　A. 可贷资金量增加　　　　　　　　B. 可贷资金量不受影响
　　　C. 可贷资金量减少　　　　　　　　D. 无法确定
　6. 菲利普斯曲线反映（　　）之间此消彼长的关系。
　　　A. 通货膨胀率与失业率　　　　　　B. 通货紧缩率与经济增长
　　　C. 经济增长与失业率　　　　　　　D. 通货膨胀率与经济增长
　7. 属于货币政策中介目标的是（　　）。
　　　A. 汇率　　　　B. 长期利率　　　　C. 超额准备金　　　D. 基础货币
　8. 下列属于一般性货币政策目标工具的是（　　）。
　　　A. 公开市场操作　　　　　　　　　B. 再贴现率
　　　C. 法定存款准备金率　　　　　　　D. 道义劝告
　9. 货币政策的时滞又可以分为（　　）。
　　　A. 外部时滞　　　B. 间接时滞　　　C. 直接时滞　　　　D. 内部时滞
　10. 公开市场操作的优点是（　　）。
　　　A. 精确地影响准备金和基础货币　　B. 政策操作具有灵活性
　　　C. 中央银行具有主动性　　　　　　D. 货币政策力度可以轻微调整

二、名词解释

　　货币政策　基础货币　再贴现　公开市场操作　菲利普斯曲线　法定存款准备金率　常备借贷便利　中期借贷便利

三、简答题

　1. 西方国家的货币政策目标通常有哪些？
　2. 解释菲利普斯曲线。
　3. 简述经济增长与国际收支平衡之间的关系。
　4. 什么是货币政策中介指标？如何选择货币政策中介指标？
　5. 简述三大一般性货币政策工具的作用机制及特点。

四、论述题

　1. 试述我国应以什么作为货币政策目标？适宜充当货币政策中介指标的经济指标有哪些？
　2. 谈谈你对货币政策有效性的认识。

国际收支及其调节 15

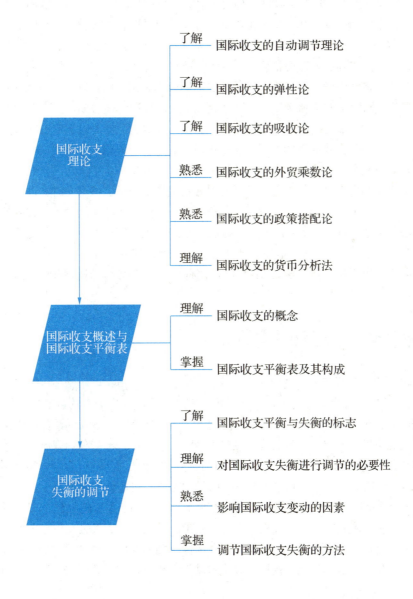

在开放的经济中，一个经济体与其他经济体之间的贸易、资本、经济、政治、文化和科技等方面的往来，会引发相互之间的货币收付活动及债权债务关系，从而产生国际收支问题。编制国际收支平衡表、分析研究国际收支的失衡状况并对其进行必要的调节，已成为各国货币金融政策的重要组成部分及国际金融领域研究的重要课题。本章从国际收支、国际收支平衡表等基本概念出发，重点介绍国际收支的内容、国际收支平衡表的构成与编制原理、保持国际收支平衡的必要性、影响国际收支变动的因素、调节国际收支失衡的方法。

第一节　国际收支理论

早在 15 世纪至 16 世纪，重商主义者就提出了"贸易差额论"。当时的国际收支问题，实际上就是国际贸易收支问题。追求国际贸易顺差是聚敛财富的主要途径。因此，重商主义者主张实行贸易保护主义政策，以争取贸易顺差、增加财富。由于他们既未分析形成贸易差额的原因，也未提出弥补差额的措施，所以还不能算成形的国际收支理论。最早成形的国际收支理论是由英国经济学家休谟提出来的基于国际金本位制下的国际收支自动调节理论。20 世纪 30 年代，国际金本位制崩溃后，国际金融进入混乱和动荡时期，汇率波动频繁，国际收支不稳定性加剧，于是国际收支弹性论应运而生。资本主义世界经济的国际收支危机严重地影响着国际贸易和世界经济的发展，使得各国对国际收支问题日趋重视。随着凯恩斯主义的盛行，国际收支吸收论产生并占据重要地位。20 世纪 60—70 年代，西方经济陷入滞胀困境，于是以弗里德曼为首的货币主义学派的国际收支货币分析法盛行一时。资本主义经济的不稳定性，以及经济关系调整和科学技术革命，常常会使经济环境发生不同程度的变化，为了解释新的、变化了的经济现象，同一学派也会提出一些新的学说。例如，凯恩斯主义的"外贸乘数论"，就是凯恩斯学派在非充分就业前提下提出的均衡学说；而"政策搭配论"则是在充分就业情况下提出的均衡学说。各种学说都有其合理的地方，但也存在着一定的局限性，应当注意加以区分和把握。

一、国际收支的自动调节理论

国际收支的自动调节理论是指由英国经济学家休谟于 1752 年提出的"物价-铸币流动机制"，它揭示了在国际金本位制下，货币、价格变动对国际收支失衡的自动矫正作用。

"物价-铸币流动机制"建立在三个前提之下：①各国都以黄金表示其货币价值，各国间货币的兑换比率以此而定；②各国黄金应自由地流入或流出，不受任何限制，货币当局应按官价无限制地买卖黄金或兑现外汇；③各国银行券或纸币的发行应受黄金准备数量的限制。

"物价-铸币流动机制"的基本思想是：国际收支逆差引起外汇储备减少，从而使货币供应量减少，货币供应量的减少将降低国内物价水平，使本国商品更有竞争力，从而促进出口、减少进口、改善国际收支。这个过程一直持续到国际收支逆差消失为止。当国际收支出现顺差时，将出现相反的过程。因此，只要允许金本位制发挥其内在的自动调节机制，国际收支失衡就会自行消失。金本位制下的国际收支自动调节机制的作用路径如图 15.1 所示。

图 15.1　金本位制下的国际收支自动调节机制的作用路径

由此可见,在该机制的作用下,任何国家都不可能拥有持久的国际收支顺差或国际收支逆差。

"物价-铸币流动机制"要真正发挥其自动调节国际收支失衡的作用,实际上还必须具备以下条件。①经济中不存在大量的失业,否则,货币供应量的变化不一定会导致物价的相应变动;不存在国际资本流动,否则,国际收支失衡未必会引起黄金的流动。②金本位制下的比赛规则(货币纪律)必须得到遵守,一方面各国政府不得限制黄金的自由输出、输入,另一方面在国际收支失衡时,政府不得对其货币供给施加反方向的影响,也就是要求赤字国紧缩信用而盈余国则进一步放宽信用以加强调节过程。这意味着各国失去自行决定国内政策的选择权。③进出口必须具有较高的价格弹性,只有这样,进出口数量才能对价格的变动做出迅速和有效的反应。

二、国际收支的弹性论

弹性论又称弹性分析理论,是由英国经济学家罗宾逊于 1937 年提出的。20 世纪 30 年代,金本位制崩溃,许多国家实行竞争性贬值,致使汇率波动频繁,从而引起经济学家的关注,他们纷纷探索汇率的波动对国际收支产生的影响和作用,于是诞生了弹性分析理论。

该理论的前提是:①其他条件不变(如收入、其他商品价格、偏好),只考虑汇率变化对进出口商品的影响;②贸易商品的价格几乎具有完全的供给弹性;③没有资本流动,国际收支等于贸易收支,且没有贸易障碍,商品可自由流动。

该理论的基本观点是:**汇率变动引起进出口商品价格的变动,商品价格的变动又会引起**

商品进出口数量的变化，商品进出口数量的变化必将对国际收支起到调节作用。汇率变动所引起的商品进出口数量的变化能否取得预期的调节效果，主要取决于商品的供求弹性。由于前提已假定供给具有完全弹性，因此本币贬值的效果将取决于需求弹性。

进出口商品价格变动引起的进出口商品需求量的变动，可能存在以下三种情形。①当出口商品的需求价格弹性（E_x）与进口商品的需求价格弹性（E_m）之和大于 1 时，本币贬值将起到改善贸易收支逆差的积极作用。②当出口商品的需求价格弹性与进口商品的需求价格弹性之和等于 1 时，本币贬值对贸易收支逆差的改善不起作用。③当出口商品的需求价格弹性与进口商品的需求价格弹性之和小于 1 时，本币贬值反而会使贸易收支逆差进一步恶化。

由此可见，弹性分析理论侧重于分析汇率变化的相对价格效应，指出取得积极的相对价格效应是有条件的，是受进出口商品的供求弹性制约的。上述第一种情况是采取本币贬值政策达到改善贸易收支逆差目的的必要条件，又称"马歇尔-勒纳条件"。在后两种情况下，则不宜采取贬值本币的方法来调节贸易逆差。当一国进出口商品中低需求弹性商品居多时，必须积极改善商品结构，才能从根本上改善国际收支（或贸易收支）逆差的状况。

需要指出的是，当一国进口商品和出口商品的需求价格弹性之和大于 1 的条件得到满足时，外汇供给随着出口的扩大而增多，外汇需求随着进口的缩小而减少，外汇市场的外汇供求状况将恢复平衡。然而，实际的情况却常常是在汇率调整后，国际收支逆差现象会因为"时滞"的缘故而要保持一段时间才能扭转过来。一般来说，在本币贬值初期，以本币表示的进口商品价格会立即上涨，而进口数量则要经过一段时间才能减少；以本币表示的出口商品价格上涨较慢，出口数量也要经过一段时间才能增加。所以，在最初的一段时间里，出口收入的外汇反而比进口支出的外汇有所减少，经过一段时间（大约半年）以后，进出口贸易的外汇收支状况才会逐渐得到改善。这种改善过程似 J 形曲线，所以又称 J 曲线效应，如图 15.2 所示。

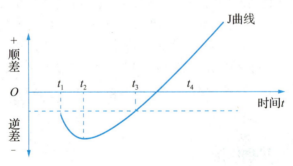

图 15.2　J 曲线效应

三、国际收支的吸收论

吸收论又称支出分析法，是米德和亚历山大于 20 世纪 50 年代初期提出来的。20 世纪 50 年代，虽然西欧国家的经济正在恢复，但国际收支方面的问题仍相当严重，吸收论就是在此背景下，从国民收入与国民支出的关系的角度说明了国际收支差额产生的原因及其调节政策。所谓支出，就是居民购买商品和劳务的支出。

（一）理论公式

按照凯恩斯的理论，国民收入与国民支出的关系可以表述为：

$$国民收入（Y）=国民支出（E）$$

在封闭经济的条件下：

$$国民支出（E）=消费（C）+投资（I）=国民收入（Y）$$

在开放经济的条件下，把对外贸易也考虑进去，则：

$$国民收入（Y）=消费（C）+投资（I）+出口（X）-进口（M）$$

如果用 A 表示国民收入中被国内吸收的部分（以下简称国内吸收），则 $A=C+I$；用 B 表示国民收入中被国外吸引的部分，则 $B=X-M$。最终可导出：

$$B = Y - A \tag{15-1}$$

式（15-1）为贸易收支差额计算公式，以 B 作为国际收支差额的代表，它的大小取决于国民收入（Y）与国内吸收（A）两个因素的相对变动之差。

（二）基本观点

国际收支的状况取于国民收入与国内吸收的相对变动。当国民收入大于国内吸收时，国际收支为顺差；当国民收入小于国内吸收时，国际收支为逆差；当国民收入等于国内吸收时，国际收支平衡。

（三）政策主张

根据上述结论，吸收论所主张的国际收支调节政策，无非就是改变国民收入与国内吸收的政策，即支出增减政策和支出转换政策。当国际收支出现逆差时，说明一国的总需求超过总供给，即国内吸收超过总收入。这时，就应当运用紧缩性财政政策和货币政策来减少对贸易商品（进口）的过度需求，以纠正国际收支逆差。但紧缩性财政政策和货币政策在减少进口需求的同时，也会减少对非贸易商品的需求并降低总收入，因此，还必须运用支出转换政策来消除紧缩性财政政策和货币政策的不利影响，在进口需求减少的同时使总收入增加。这样可使贸易商品的供求相等，非贸易商品的供求也相等，需求减少的同时收入增加，就整个经济而言，国内吸收等于总收入，从而达到内部与外部的均衡。在利用汇率手段时，要想通过贬值本币改善国际收支逆差，就必须有闲置资源的存在，即经济处于"未充分就业"状态，只有闲置资源流入出口商品生产部门，出口才能增加。而且出口增加会引起国民收入和国内吸收同时增加，只有当边际吸收倾向小于 1（即吸收的增长小于收入的增长）时，贬值本币才能最终改善国际收支逆差。因为当出口扩大时，出口部门的投资和消费会增长，收入也会增长。只有当边际吸收倾向（即每增加的单位收入中，用于增加的吸收的百分比）小于 1 时，整个社会增加的总收入才会大于国内总吸收，国际收支才能改善。由此可见，吸收论侧重于汇率变动的收入效应，具有明显的政策搭配取向。

四、国际收支的外贸乘数论

外贸乘数论是哈罗德和马克卢普根据凯恩斯的乘数原理提出的。

（一）理论前提

外贸乘数论建立在以下假设前提基础之上。①仅考虑经济项目收支，资本流动忽略不计。②汇率基本固定。③所有价格因素（包括工资、利率等）都为常量。④经济处于非充分就业状态。

（二）基本观点

一国的出口贸易具有和国内投资相同的效应，可以增加国民收入的总量；而一国的进口贸易具有和国内储蓄相同的效应，可以制约或减少国民收入的总量。当一国扩大出口贸易时，从国外获得的货币收入，将使该国出口产品生产部门劳动就业工人的工资收入增加。而劳动就业工人工资收入的增加必将引起该国国内消费需求的增加及进口的增加。如此循环往复，最终该国国民收入将成倍增长。用公式表示为：

$$K = \Delta Y / \Delta X = 1/(MPS + MPA) \tag{15-2}$$

式中，K 代表外贸乘数（即新增的国民收入额 ΔY 与新增的出口额 ΔX 之比），它等于边际储蓄倾向 MPS（每增加的单位收入中，用于增加的储蓄的百分比）与边际进口倾向 MPA（每增加的单位收入中，用于增加的进口的百分比）之和的倒数。

外贸乘数对调节国际收支有以下指导意义。①一般情况下，外贸乘数变大，意味着随出口增加的进口增加幅度变小，有利于改善国际收支逆差。②当出口增加导致国际收支出现顺差时，若外贸乘数较大，则能保持较长时期的顺差。③当出口减少导致国际收支出现逆差时，若外贸乘数较大，则不宜摆脱国际收支逆差的困境；若外贸乘数较小，则比较容易进行调整，从而达到改善国际收支逆差的目的。

五、国际收支的政策搭配论

内部均衡和外部均衡的矛盾及政策搭配的思想，最早是由英国经济学家米德于 1951 年提出来的。米德认为，在开放的宏观经济运行过程中，有时会出现内部均衡与外部均衡（国际收支均衡）相互矛盾的情况。要解决这个矛盾，同时实现两个均衡，就要采用两种独立的政策，进行适当的政策搭配。一种政策用于实现内部均衡的调节；另一种政策用于实现外部均衡的调节。一种政策工具只能用来实现一个目标，因为一种政策工具如果被同时用来对付两个相互独立的政策目标，则两个目标可能都得不到充分实现。因此，要充分实现多少个相互独立的政策目标，就需要有多少种不同的政策工具进行配合。

根据这一指导思想，西方经济学家在后来的研究中提出了不同的政策搭配方法。其中较为典型的有：芒德尔提出的用财政政策和货币政策的搭配来解决内部失衡与外部失衡；索尔特和斯旺提出的用支出转换政策和支出增减政策的搭配来解决此类失衡。他们的政策搭配组合示意表如表 15-1 所示。

表 15-1 政策搭配组合示意表

经济状况		单项政策工具			
		财政政策	货币政策	利率政策	汇率政策
内部失衡	繁荣、膨胀	紧缩	—	提高	—
	失业、衰退	扩张	—	降低	—
外部失衡	国际收支顺差	—	扩张	—	升值本币
	国际收支逆差	—	紧缩	—	贬值本币
内外失衡组合		芒德尔的政策搭配组合		索尔特和斯旺的政策搭配组合	
		财政政策	货币政策	利率政策	汇率政策
繁荣、膨胀/国际收支顺差		紧缩	扩张	提高	升值本币
繁荣、膨胀/国际收支逆差		紧缩	紧缩	提高	贬值本币
失业、衰退/国际收支顺差		扩张	扩张	降低	升值本币
失业、衰退/国际收支逆差		扩张	紧缩	降低	贬值本币

六、国际收支货币分析法

货币分析法是在 20 世纪 60 年代美国兴起的货币主义学说的基础上建立起来的，它不是从商品的角度，而是从货币的角度，从国际收支平衡表中的线下项目（国际储备项目）的角度来研究、考查国际收支的总体失衡原因，并提出了相应的政策主张。该理论的主要代表人物有约翰逊和弗伦克尔等。

（一）基本前提

货币分析法有以下基本假定。①在充分就业状态下，一国的实际货币需求是收入和利率的稳定函数。②从长期来看，货币需求是稳定的，货币供给变动不影响实物产量。③贸易商品的价格由世界市场决定，从长期来看，一国的价格和利率水平接近世界市场的价格和利率水平。

（二）基本公式

根据上述假定，货币分析法采用了最简单的数学模型来表达其理论：

$$MS(名义货币供应量) = MD(名义货币需求量) \tag{15-3}$$

$$MD = pf(Y, i) \tag{15-4}$$

式中，p 为本国价格水平；Y 为国民收入；i 为利率（持有货币的机会成本）；$pf(Y, i)$ 表示对名义货币的需求；$f(Y, i)$ 表示对实际货币存量（余额）的需求。

$$MS = m(D + R) \tag{15-5}$$

式中，D 为国内的货币供给基数（又称强力货币），即中央银行的国内信贷或支持货币供给的国内资产；R 为来自国外的货币供给基数，它通过国际收支盈余获得，以国际储备为代表；m 为货币乘数，指银行体系通过辗转存贷创造货币、使货币供给基数多倍扩大的系数。

为叙述方便，取 $m=1$（实际上，根据研究目的的不同，MS 有不同的定义和范围，因而 m 也有不同的对应值），根据式（15-3）、式（15-4）、式（15-5），可得：

$$MD = D + R \tag{15-6}$$

移项整理可得：

$$R = MD - D \tag{15-7}$$

式（15-7）就是货币分析法的基本方程式。式中的 R 代表国际收支状况，当 R 为正值时，国际收支为顺差；当 R 为负值时，国际收支为逆差；当 R 为零时，国际收支平衡。R 的状况及大小取决于名义货币需求量 MD 与国内的货币供给基数 D（或名义货币供应量）之间的相对变动。可见，国际收支逆差，实际上就是一国国内的名义货币供应量超过了名义货币需求量的结果。由于货币供给不影响实物产量，在价格不变的情况下，多余的货币就要寻找出路，对于个人和企业来说，他们会增加货币支出，以重新调整他们的实际货币余额；对于整个国家来说，这种调整便表现为货币的净外流，即国际收支出现逆差；反之，则表现为货币的净内流，即国际收支出现顺差。国际收支变动实际上反映的是实际货币余额（货币存量）对名义货币供应量的调整过程，当国内名义货币供应量与实际经济变量（国民收入、产量等）所决定的实际货币余额需求相一致时，国际收支便处于均衡状态。国际收支逆差是由国内货币供给过多引起的，国际收支顺差是由国内货币需求过度造成的，因而，国际收支是与货币供求相联系的货币现象。

货币分析法还对汇率变动的作用进行了分析，它推崇浮动汇率制，认为在浮动汇率制下，汇率的变动可通过其货币效应对国际收支的失衡产生一种自动修复功能。如果国际经济交往中的"一价定律"成立，即假定商品、资本自由流动，货币自由兑换，则：

$$E(\text{直接标价法下的外汇汇率}) = \frac{P(\text{本国的价格水平})}{P^*(\text{外国的价格水平})} \tag{15-8}$$

移项整理可得：

$$P = EP^* \tag{15-9}$$

将式（15-9）代入式（15-4）可得：

$$MD = EP^* f(Y, i) \tag{15-10}$$

由此可见，当本币贬值时，E 的数值变大，由此会引起国内价格上升，则 MD 相应增加，进而可使 R 增加，国际收支朝顺差方向变化；若本币升值，则演变过程刚好与上述情况相反。由于 $R = MD - D$，因此，本币贬值使国际收支能够得到改善的前提条件是在贬值时或贬值后，要么 D 不增加，要么 D 的增加幅度小于名义货币需求量 MD 的增加幅度。否则，贬值将不能改善国际收支状况。

第二节 国际收支概述与国际收支平衡表

一、国际收支概述

国际收支是指一国（或某些特殊地区）在一定时期内对外政治、经济、文化往来所发生的全部经济交易的货币价值总和。国际收支又可解释为在一定时期内，一国居民与非居民所发生的全部经济交易的货币价值总和。

对国际收支的理解，应包含以下几方面内容。

（一）考查范围和对象

国际收支是以各个国家（或某些特殊地区）为考查对象的，其考查时间范围通常以"年"为单位。

（二）居民与非居民的界定

居民通常是指在本国连续居住达一年或一年以上的人，包括自然人和法人。自然人又可分为本国人、外国人和无国籍人士；法人又可分为政府、企业及非营利性团体、办事处等。与居民相对应的概念是非居民，它通常是指在本国连续居住不到一年的人，也包括自然人和法人，自然人和法人的进一步划分与居民相同。例如，美国通用电气公司在新加坡的子公司是新加坡的居民，是美国的非居民，子公司与母公司的业务往来分别属于新加坡和美国各自国际收支的内容。需要注意的是，本国派驻外国的外交官员、军队官兵、留学人员等均被视为派出国的居民和驻在国的非居民；国际机构（如联合国、国际货币基金组织、世界银行等）则被视为任何国家的非居民。

（三）经济交易的含义

这里所讲的经济交易与人们通常所讲的经济交易的含义有所不同，它是指经济价值从一个经济实体向另一个经济实体的移动。它包括五种类型：①金融资产与商品劳务之间的交换；②商品与商品及商品与劳务之间的交换；③金融资产之间的交换；④无偿的商品与劳务的转移；⑤无偿的金融资产的转移。例如，在国际贸易中，支付外汇获得外国商品与劳务，属于第一种类型的国际经济交易；双边贸易中的易货贸易，属于第二种类型的国际经济交易；国际证券筹资，属于第三种类型的国际经济交易；国际实物捐赠、国际赠款则分别属于第四、第五种类型的国际经济交易。也就是说，国际收支所涉及的经济交易，既可以是有形商品的移动，也可以是无形劳务的移动；既可以是发生货币收支的活动，也可以是不发生货币收支的活动（如易货贸易、国际实物捐赠、援助等）；既可以是发生所有权转移的活动，也可以是不发生所有权转移的活动（如国际投资、国际借贷、国际租赁等）。

（四）货币计量汇总

只要发生了国际经济交易，不论其是否引起实际的货币收付，都要将与其相应的货币价值形式予以汇总计量。例如，易货贸易虽然不发生货币收付，但国际收支仍要计算其以货币形式表示的贸易额。按照国际惯例，各国目前均使用美元进行汇总计量。

国际收支的概念最早出现于17世纪初，但在很长一段时期内，它只被简单地解释为一国的贸易收支。随着国际经济交易内容的不断丰富，国际收支又被用来指一国的外汇收支，即包括了所有涉及外汇收支的国际经济交易，如国际贸易、国际资本借贷及单方面国际资金转移等。目前，世界各国所通用的国际收支概念，已将衡量的内容扩展到了所有的国际经济交易，包括无偿援助、补偿贸易等不涉及外汇收支的国际经济交易，因为在当今世界，服务贸易、资本流动、国际捐赠等已成为国际交往的重要内容。

二、国际收支平衡表及其构成

国际收支平衡表是按照复式簿记原理，运用货币计量单位以简明的表格形式总括地反映一个国家在一定时期内（通常为一年）全部对外经济交易活动的报告文件。

一个国家在一定时期内对外所发生的全部经济交易活动，构成了这个国家国际收支的基本内容。第二次世界大战后，国际货币基金组织负责收集并公布各成员国际收支平衡表。为此，它制定了编制国际收支平衡表的方法。当用国际收支平衡表反映和记录一个国家的对外经济贸易时，一切收入项目或负债增加、资产减少的项目都列为贷方，或称正号项目；一切支出项目或负债减少、资产增加的项目都列为借方，或称负号项目。每笔经济交易同时分记有关的借贷两方，金额相等。因此，原则上国际收支平衡表全部项目的借方总额和贷方总额是相等的，其净差额为零。这种借贷两方总额相等的关系，客观地反映了外汇资金来源与运用之间的相互关系。但这并不是说国际收支平衡表的各个具体项目的借方数额与贷方数额在总量上是相等的，相反，每个项目的借方数额与贷方数额经常是不平衡的。这是因为，一个国家的商品的进口和出口、劳务的收入与支出、资本的输入与输出都不可能完全相等。所以，每个具体项目的借方与贷方很难做到收支相抵，总会出现差额，如贸易差额、劳务差额等，统称局部差额。各局部差额的合计，构成国际收支的总差额。当一个国家的外汇收入大于外汇支出时，就有了盈余，称国际收支顺差，用"＋"号表示；外汇收入与外汇支出相抵后有了亏空，称国际收支逆差，用"－"号表示。国际收支平衡表的各个项目的借贷差额在差额栏里反映。

（一）账户设置

国际收支平衡表的内容非常广泛，各国编制的国际收支平衡表虽不相同，但均包括以下账户：经常账户、资本和金融账户、净误差与遗漏。

（1）经常账户。即本国与外国进行经济交易而经常发生的项目，它是国际收支平衡表中最基本、最重要的项目，根据《国际收支手册》第六版的规定，经常项目主要包括货物、服务、初次收入和二次收入。

（2）资本和金融账户。资本账户指居民与非居民之间的资本转移，以及居民与非居民之间非生产非金融资产的取得和处置。金融账户反映金融资产与负债，包括非储备性质的金融账户和储备资产。

（3）净误差与遗漏。按照复式记账法，每笔交易都由两笔价值相等、方向相反的账目表示，所以借方与贷方应该是恒等的关系，如果实际统计中存在差额，这个差额就计入净误差与遗漏。净误差与遗漏一般是统计技术方面的因素造成的，但也有可能是人为因素造成的。

表15-2 2019年四季度中国国际收支平衡表

项　　目	行次	亿元人民币	亿美元	亿SDR
1. 经常账户	1	2850	405	295
贷方	2	53943	7672	5579
借方	3	-51093	-7266	-5284

续表

项　目	行次	亿元人民币	亿美元	亿SDR
1.A 货物和服务	4	4402	626	455
贷方	5	50246	7146	5196
借方	6	-45845	-6520	-4741
1.A.a 货物	7	8578	1220	887
贷方	8	45608	6486	4717
借方	9	-37030	-5266	-3830
1.A.b 服务	10	-4176	-594	-432
贷方	11	4639	660	480
借方	12	-8814	-1254	-912
1.B 初次收入	13	-1736	-247	-180
贷方	14	3238	461	335
借方	15	-4974	-707	-514
1.C 二次收入	16	184	26	19
贷方	17	458	65	47
借方	18	-274	-39	-28
2. 资本和金融账户	19	1550	220	160
2.1 资本账户	20	0	0	0
贷方	21	4	1	0
借方	22	-4	-1	0
2.2 金融账户	23	1550	220	160
资产	24	-4305	-612	-445
负债	25	5854	833	605
2.2.1 非储备性质的金融账户	26	1110	158	115
2.2.1.1 直接投资	27	1971	280	204
资产	28	-1986	-282	-205
负债	29	3957	563	409
2.2.1.2 证券投资	30	1048	149	108
资产	31	-1844	-262	-191
负债	32	2892	411	299
2.2.1.3 金融衍生工具	33	-96	-14	-10
资产	34	-84	-12	-9
负债	35	-12	-2	-1
2.2.1.4 其他投资	36	-1812	-258	-187
资产	37	-830	-118	-86
负债	38	-983	-140	-102
2.2.2 储备资产	39	440	63	45
3. 净误差与遗漏	40	-4399	-626	-455

注：SDR的全称为Special Drawing Right，即特别提款权。
资料来源：国家外汇管理局。

（二）记账规则

国际收支平衡表运用的是复式记账法，根据复式记账的惯例，不论是对于金融资产还是实际资源，借方都表示该经济体资产（资源）持有量的增加，贷方都表示资产（资源）持有量的减少。记入借方的账目包括：①反映进口实际资源的经常项目；②反映资产增加或负债减少的金融项目。记入贷方的账目包括：①反映出口实际资源的经常项目；②反映资产减少或负债增加的金融项目。因此，进口商品属于借方项目，出口商品属于贷方项目；非居民为本国居民提供服务或从本国取得收入属于借方项目，本国居民为非居民提供服务或从外国取得收入属于贷方项目；本国居民对非居民的单方向转移属于借方项目，本国居民收到的国外的单方向转移属于贷方项目；本国居民获得外国资产或对外国投资属于借方项目，外国居民获得本国资产或对本国投资属于贷方项目；本国居民偿还非居民债务属于借方项目，非居民偿还本国居民债务属于贷方项目；官方储备增加属于借方项目，官方储备减少属于贷方项目。

（三）记账实例

对具体交易进行记账方法的分析有助于正确掌握国际收支账户中的记账原理和理解各账户之间的关系。下面列举6笔交易来说明国际收支账户的记账方法。

【例题 15-1】 企业出口价值100万美元的设备，导致该企业在海外银行的存款相应增加。就出口行为来说，它意味着本国拥有的资源减少，因此应记入贷方；对于资源流出这一行为而言，它意味着本国在外国的资产增加，应记入借方。如果不考虑账户的具体内容，可简单记为：

借：资本流出	100万美元
贷：商品出口	100万美元

但进一步来看，这一资本流出实际上反映为该企业在海外银行的存款增加，而这又属于金融账户中的其他投资项目。因此，对这笔交易更准确的记录应为：

借：本国在外国银行的存款	100万美元
贷：商品出口	100万美元

在以下的分析中，均会采用比较准确的方式进行记录。

【例题 15-2】 居民到外国旅游花费30万美元，这笔费用从该居民的海外存款账户中扣除。这笔交易可以记为：

借：服务进口	30万美元
贷：本国在外国银行的存款	30万美元

【例题 15-3】 外商以价值1000万美元的设备投入，兴办合资企业。这笔交易可以记为：

借：商品进口	1000万美元
贷：外国对本国的直接投资	1000万美元

【例题 15-4】 政府动用外汇库存40万美元向外国提供无偿援助，另提供相当于60万美元的粮食药品援助。这笔交易可以记为：

借：二次收入	100万美元
贷：官方储备	40万美元
商品出口	60万美元

【例题15-5】企业在海外投资所得利润为150万美元,其中75万美元用于当地的再投资,50万美元购买当地商品运回国内,25万美元调回国内,结售给政府以换取本国货币。这笔交易可以记为:

借:商品进口	50万美元
官方储备	25万美元
对外长期投资	75万美元
贷:海外投资利润收入	150万美元

【例题15-6】居民动用其在海外的存款40万美元,用以购买外国某公司的股票。这笔交易可以记为:

| 借:证券投资 | 40万美元 |
| 贷:本国在外国银行的存款 | 40万美元 |

将以上6笔交易编制成一个完整的国际收支账户表格,如表15-3所示。

表15-3 6笔交易构成的国际收支账户 单位:万美元

项目	借方	贷方	差额
商品贸易	1050	160	-890
服务贸易	30	—	-30
初次收入	—	150	+150
二次收入	100	—	-100
经常账户合计	1180	310	-870
直接投资	75	1000	+925
证券投资	40	—	-40
其他投资	100	70	-30
官方储备	25	40	+15
资本和金融账户合计	240	1110	+870
总计	1420	1420	0

(四)国际收支账户分析

国际收支账户分析实际上是对国际收支状况的分析。因此,必须先弄清楚国际收支状况的衡量方法。国际收支状况在形式上是指在国际收支平衡表的一个项目与下一个项目之间画出一条水平直线后线之上项目的贷方和借方的净差额。净差额为零,表示该项目的国际收支平衡,否则表示该项目的国际收支失衡。当国际收支失衡时,如果线之上项目的借贷净差额为正数,即贷方总额大于借方总额,就称国际收支状况为盈余或顺差;如果借贷净差额为负数,即贷方总额小于借方总额,则称国际收支状况为赤字或逆差。线画在不同的高度,会得到不同的局部差额,这些局部差额构成了国际收支分析的主题。在国际收支平衡表中,线画得越低,线上差额的概括性就越全面。应当注意,线之上的贷方余额的数字一定等于线之下的借方余额的数字,因为国际收支平衡表上的贷方总额与借方总额总是相等的。所以,国际收支平衡既可以用线之上的贷方余额来衡量,也可用线之下的借方余额来衡量。至于这条水平直线应当画在何处,将根据政策分析的需要而定。不同的政策问题往往需要针对国际收支平衡表内的不同净差额进行分析。目前衡量国际收支状况的重要差额主要有以下几个。

1. 商品贸易差额

商品贸易差额是指商品进出口流量的净差额,即狭义的国际贸易差额。由于商品贸易流量的资料每个季度(甚至每个月)都可以从海关迅速获得,而服务贸易流量资料则要专门进行调查才能获得,比较困难和费时,因此,一般将商品贸易流量与服务贸易流量分开列。商品贸易差额对于了解一国国际收支的动向具有一定的参考作用。

2. 贸易差额

贸易差额是指包括商品与服务在内的进口和出口之间的差额,即广义的国际贸易差额。由于对一些国家来说,贸易收支在全部国际收支中所占的比重相当大,而且贸易差额表现了一个国家自我创汇的能力,反映了该国的产业结构和产品在国际上的竞争力及在国际分工中的地位,是一国对外经济交往的基础,影响和制约着其他账户的变化,因此,贸易差额在传统上经常被作为整个国际收支的代表。

3. 经常项目差额

经常项目差额是商品贸易、服务贸易、初次收入和二次收入等流量的借贷方净差额,反映实际资源在一国与他国之间的转让净额。如果一国经常账户出现盈余,意味着该国的海外资产净额增加了,换句话说,经常项目盈余表示对外净投资;经常项目赤字则意味着由于输入相对较多的商品、劳务等,该国正在减少对外投资,也可以说该国的资本形成利用了国外的储蓄。由于经常账户在宏观经济中具有举足轻重的地位,因此它是现代衡量国际收支状况的一个重要指标。

4. 综合差额

将水平直线画在资本和金融账户中的其他投资项目之下,线之上项目的总差额便是综合差额。综合差额的意义在于它可以衡量国际收支状况对一国持有国际储备所造成的压力,因为综合差额必然导致官方储备的反方向变动。在固定汇率制度下,它可作为衡量本国货币在外汇市场上遭受的压力或国际收支失衡程度的指标,用于反映为消除国际收支失衡和稳定外汇市场而必须增减的官方储备资产的变动情况。在浮动汇率制度下,原则上一国政府可以不动用官方储备而任由汇率变动来调节国际收支的失衡,或者通过主动干预外汇市场变动官方储备。因此,目前综合差额的变动主要不是用来反映国际收支失衡的程度,而是用来反映货币当局干预外汇市场、影响汇率水平及汇率变化的程度。

上述各项差额及其相互关系可用表 15-4 来反映。

表 15-4 国际收支局部差额的内容及其关系

差额名称	贷方(+)	借方(-)
+商品出口收入		
-商品进口支出		
=商品贸易差额		
+服务收入		
-服务支出		
=贸易差额		

续表

差额名称	贷方（+）	借方（-）
+初次收入收入		
-初次收入支出		
+二次收入收入		
-二次收入支出		
=经常项目差额		
+资本账户流入		
-资本账户流出		
+直接投资流入		
-直接投资流出		
+证券投资流入		
-证券投资流出		
+其他投资流入		
-其他投资流出		
=综合差额		
-储备增加（+储备减少）		
+（-净误差与遗漏）		
=零		

表 15-4 中的净误差与遗漏，一般是由统计技术方面的因素造成的，但也有可能是人为因素造成的。当一国国际收支账户持续出现同方向、较大规模的净误差与遗漏时，这常常是由人为因素造成的。净误差与遗漏的数额过大会影响国际收支分析的准确性，因此对净误差与遗漏账户本身进行分析是必要的，往往可以从中发现实际经济中存在的某些问题。比如，对出口进行退税是国家鼓励出口的一种财政措施，如果企业为了骗取退税收入而虚报出口，就会造成出口数额过高而资本流入数额过低，由此导致国际收支借方余额小于贷方余额，从而相应形成净误差与遗漏账户的借方余额。再比如，在一国实行资本管制时，为躲避管制而形成的资本外逃也会最终反映在净误差与遗漏账户中。因此，衡量资本外逃的常用方法之一就是用资本净流出额加上净误差与遗漏账户中的数额。可见，对净误差与遗漏账户进行分析是具有一定价值的。

（五）国际收支与宏观经济变量分析

在开放的经济条件下，国际收支状况对国民收入均衡具有一定的影响。国民收入均衡是指总需求（AD）与总供给（AS）达到平衡，即 $AD=AS$ 时的国民收入水平。

1. 不考虑资本流动条件下的国际收支与宏观经济变量分析

在不考虑资本流动的开放经济条件下，总需求包括：家庭的消费需求（C）；企业的投资需求（I）；政府的需求，即政府支出（G）；国外对本国商品的需求，即出口（X）。因而，

$$AD = C + I + G + X \tag{15-11}$$

由于总供给既包括国内私人生产要素和政府劳务的供给，即消费（C）+储蓄（S）+税收（T），也包括国外生产要素的供给，即进口（M），因此，

$$AS = C + S + T + M \tag{15-12}$$

由总供求平衡 AD=AS，得：

$$C+I+G+X = C+S+T+M \tag{15-13}$$

将上式整理，又得：

$$I-S = (T-G)+(M-X) \tag{15-14}$$

由此得出在不考虑资本流动的开放经济条件下，国民收入均衡的具体实现条件为投资储蓄差额等于政府收支差额与进出口贸易差额的和。这表明在开放经济条件下，国民收入的不均衡既可能是由国内经济因素的变化引起的，如投资、储蓄的不平衡或政府收支不平衡，也可能是由对外贸易往来的不平衡引起的。因此，在开放经济条件下，国民收入均衡的恢复和维持就不能仅依靠针对国内的经济政策来实现，还要依靠对外经济政策来实现。

2. 考虑资本流动条件下的国际收支与宏观经济变量分析

在考虑资本流动的开放经济条件下，如果一国总收入等于总支出，那么对该国来说，就有下列恒等式成立：

$$C+I+G+X+IF+RF = C+S+T+M+if+rf \tag{15-15}$$

式（15-15）中的 IF 表示外国在本国的投资，RF 表示本国在外国投资的收益，if 表示本国在外国的投资，rf 表示外国在本国投资的收益。

将上式整理，可得：

$$(I-S) = (T-G)+(M-X)+(if+rf)-(IF+RF) \tag{15-16}$$

如果我们再假定 $I=S$，$G=T$，则有：

$$(if+rf)-(IF+RF) = (X-M) \tag{15-17}$$

式（15-17）中，$(if+rf)$ 是资本流出额，$(IF+RF)$ 是资本流入额。显然，要使国际收支达到均衡，或者说使国际收支差额等于 0，可分别从以下三种情况进行讨论。

（1）假定只考察国际商品流动而不考察国际资本流动（即等式左边为 0），那么国际收支的均衡条件是进口等于出口。

（2）假定只考察国际资本流动而不考察国际商品流动（即等式右边为 0），那么，国际收支的均衡条件是资本流出等于资本流入。

（3）假定同时考察国际商品流动和资本流动，并以 Q 代表净出口额（出口与进口的差额），以 Z 代表资本净流出额（即资本流出与流入的差额），那么，此时的国际收支差额就为 $Q-Z$。如果要使国际收支差额为 0，就必须有 $Z=Q$。

第三节　国际收支失衡的调节

一、国际收支平衡与失衡的标志

当国际收支不能保持平衡时，国际收支就是失衡的。国际收支平衡是指一国对其他国家的全部货币收入和货币支出相抵，差额为零。国际收支的平衡可分为静态平衡和动态平衡。

静态平衡，是指以 1 年的国际收支数额相抵为目标的平衡，只要年末的国际收支相抵，就称之为平衡。它的目标明确，判别方法简单，时间上也符合习惯。

动态平衡，是指以一定时期（如 3 年、5 年）的国际收支数额相抵为目标的平衡。它在考虑经济运行和经济增长需要的基础上，以若干年为平衡周期，不仅考虑国际收支的总量平衡，也考虑国际收支结构的合理性。

此外，国际收支是否平衡，还可根据国际经济交易的性质来判断。国际经济交易按其性质的不同，可以划分为自主性交易和调节性交易。

自主性交易也称事前交易，是指个人、单位或官方出于自主的经济动机或其他动机而进行的交易，如商品和劳务的输出输入、赠与、侨民汇款、长期资本移动等。调节性交易也称事后交易，是指为弥补自主性交易所产生的国际收支差额而进行的交易，如短期资本移动和黄金、外汇储备的变动等。当一国国际收支中的自主性交易发生逆差时，该国就得从国外银行或国际金融机构获得短期贷款或黄金、外汇储备来弥补差额，这就属于调节性交易的内容。如果自主性交易可以保持平衡，不需要调节性交易来弥补，则称为国际收支平衡；反之，则称为国际收支失衡。

二、对国际收支失衡进行调节的必要性

对国际收支失衡进行调节的必要性就在于国际收支失衡会对一国宏观经济运行产生某些不利的影响，因此，各国政府的相关部门通常都会根据各自的实际需要而对本国国际收支的失衡进行调节。国际收支失衡对宏观经济运行所产生的不利影响可以分为由顺差造成的和由逆差造成的。

（一）国际收支顺差造成的不利影响

1. 加重通货膨胀的压力

国际收支顺差意味着一国货币的净流入，这是增加国内货币供给的一个重要因素。为了维持汇率的稳定，货币当局常常要在外汇市场上投放本币，购进外币，如果国际收支持续顺差且数额巨大，在其他条件不变的情况下，因购进外币而投放的大量本币就会诱发或促使国内物价普遍上涨。

2. 导致资源闲置和外汇风险增大

国际收支顺差常常会引起一国外汇储备的增加。外汇储备是一国的对外债权，代表着一国对外国商品和劳务的请求权。如果外汇储备长期不能动用，就会出现两个问题：①本国有一笔资金或对外债权闲置，也就意味着本国的实际资源在被外国所利用；②如果储备币种的汇率或利率不稳定，因储备资产市场价值或收益的不确定性而形成的外汇风险将会增大。

3. 影响本币汇率的稳定，削弱出口商品的价格竞争优势

持续不断的巨额顺差会导致本国外汇市场上出现外汇供大于求的状况，引起汇率波动（外汇汇率下浮、本币升值），一旦这种波动成为现实，本国出口商品的价格竞争优势将会被削弱，从而使出口受阻，因而持续顺差不利于国内经济和就业的稳定增长。

4. 诱发国际摩擦与纠纷

一国的顺差必然与他国的逆差相关联，一国持续不断的巨额顺差必然意味着他国持续不断的巨额逆差，长此以往将导致他国国际支付出现困难，造成国际经济交往的重大失衡，诱发国际贸易的摩擦与纠纷，从而影响世界经济的稳定与发展。

（二）国际收支逆差造成的不利影响

1. 造成财富流失，削弱国际支付能力

国际收支逆差意味着一国货币的净流出。持续不断的逆差会引起外汇、黄金储备减少，导致代表着国家财富的金融资产流失，当这种流失积累到一定程度时，就会造成对外支付困难，引发国际支付危机，进而破坏国际经济和国内经济的正常运行。

2. 影响汇率和国内物价的稳定

持续不断的逆差会导致本国外汇市场上出现外汇供不应求的状况，引起汇率波动（外汇汇率上浮、本币贬值），一旦这种波动成为现实，本国进口的商品的价格将会提高。持续逆差，一方面可能导致必要的生产资料的进口受阻，不利于国内经济和就业的稳定增长；另一方面会导致进口消费品的价格及以进口生产资料为原料的产品价格有不同程度的提高，从而增加国内物价上涨的压力。

因此，不论是对国际收支顺差造成的失衡，还是对国际收支逆差造成的失衡，都应进行必要的调节，将其限制在合理的范围之内。

三、影响国际收支变动的因素

对国际收支失衡进行有效调节的重要前提，是要对影响国际收支变动的因素及其作用机制有一个正确的把握。影响国际收支变动的因素是多种多样的，有的是直接的，有的是间接的，有的是经济因素，有的是非经济因素，国际收支的变动往往是诸多因素共同作用的结果。

（一）国际贸易状况

在其他条件相同的情况下，国际贸易顺差将会导致国际收支顺差；国际贸易逆差则会导致国际收支逆差。

（二）国际资本流动状况

在其他条件相同的情况下，如果一国的资本流入大于流出，将会导致该国国际收支出现顺差；反之，则会导致该国国际收支出现逆差。

（三）国民收入的变动

国民收入的变动对国际收支的影响是间接的。当国民收入增加后，人们的消费需求会随之增加，增加的消费需求可能会引起进口增加和出口减少，进而引起国际收支往逆差方向变动；反之，国民收入下降会促使国际收支往顺差方向变动。国民收入变动的背后，是经济增长率的变动，因此，经济增长率的变动会通过国民收入影响到国际收支。由国民收入变动引起的国际收支失衡，通常被称为收入性失衡。

（四）物价水平的变动

本国物价水平与外国物价水平之间的相对变动，会改变进出口商品的价格竞争优势，从而对进出口贸易产生影响，并最终影响国际收支状况。在其他条件不变的情况下，本国物价水平上升，会使进口增加、出口减少，最终使国际收支往逆差方向变动；反之，本国物价水

平下降则会促使国际收支往顺差方向变动。但凡会引起物价水平上升的因素（如本国货币数量的过度增加、本国生产成本的上升等），都会对国际收支状况产生影响，使国际收支往逆差方向变动；反之，但凡会引起物价水平下降的因素，都会使国际收支往顺差方向变动。由货币数量变动引起的国际收支失衡，通常被称为货币性失衡。

（五）利率水平变动

利率水平变动对外汇汇率的影响机理较为复杂，在资本项目可自由兑换的条件下，一国存款利率水平的变动，会引起套利资本的国际流动，进而影响国际收支状况。此外，一国存款利率水平的变动，会通过"利率→消费需求→进出口贸易→国际收支"的传导途径影响国际收支状况；一国贷款利率水平的变动，则会通过"利率→生产成本→国内物价水平→进出口贸易→国际收支"或"利率→生产成本→投资→经济增长→进出口贸易→国际收支"等传导途径对国际收支产生影响。

（六）财政收支状况

财政收支状况是间接影响国际收支的因素。财政收支状况的变动，一方面会通过影响总需求和进出口的途径影响外汇汇率，另一方面会通过影响货币供应量和物价水平的途径影响外汇汇率，最终通过外汇汇率影响国际收支。

（七）外汇汇率变动

外汇汇率变动与国际收支变动之间存在着相互依存、相互制约的关系。从外汇汇率变动对国际收支影响的角度来看，外汇汇率变动一方面会改变进出口商品的相对价格，使进出口商品各自的价格竞争优势发生变化，即通过进出口贸易途径对国际收支状况产生影响；另一方面，也会通过"外汇储备→本币投放→国内物价水平→国际收支"的传导途径对国际收支状况产生影响。一般来说，外汇汇率上升，会促使国际收支往顺差方向变动；反之，则会促使国际收支往逆差方向变动。

（八）政府政策的运作

在现代社会经济生活中，政府的作用日益增强。一国政府会根据本国政治经济形势的变化，选择实施不同的财政政策、货币政策、外汇管制政策、外交政策等，这些调节措施最终都会对国际收支状况产生不同程度的影响。

（九）经济周期

一方面，如果外部世界处于繁荣阶段，那么外部世界对本国出口商品的旺盛需求容易引起本国出口大幅增长，使本国国际收支往顺差方向变动；另一方面，如果本国内部处于繁荣阶段，那么对进口商品的旺盛需求容易引起进口大幅增长，使国际收支往逆差方向变动。由经济周期因素引起的国际收支失衡通常被称为周期性失衡。

（十）经济结构变动

当国际分工格局或国际需求结构等国际经济结构发生变化时，如果一国的产业结构及相应的生产要素配置不能适应这种变化，就会出现经济结构老化、单一和落后等不利状况，国际收支就会往逆差方向变动，而且往往难以调节。由经济结构变动引起的国际收支失衡通常被称为结构性失衡，此类失衡常发生于发展中国家。

四、调节国际收支失衡的方法

国际收支的调节方法可以分为自动调节机制和政策引导机制（也称相机调节机制）两种类型。自动调节机制是指由经济运转机制中存在的能够自发运转的力量，在没有政府干预的情况下，对国际收支产生作用，推动国际收支自动趋于平衡。政策引导机制是指在消除国际收支失衡的既定目标下，政府采取一系列平衡国际收支的干预措施，推动国际收支趋于平衡。由于所有的调节方法都是有代价的，因此需要在不同方法中进行选择和搭配，以使调节成本最小。

（一）国际收支的自动调节机制

如果没有人为的干预，经济体系中某种机制的运行往往能够使出现的国际收支失衡至少在某种程度上自动恢复平衡。例如，在国际金本位制下，休谟所揭示的"物价-铸币流动机制"，一般来说就足以保证国际收支失衡自动消除。在信用货币制度下，纸币流通使国际货币流动失去直接清偿性，国际货币交换必须通过汇率来实现。因此，"物价-铸币流动机制"目前已不复存在。尽管如此，当一国国际收支失衡时，仍然存在某种机制能够发挥使国际收支自动恢复平衡的作用，即国际收支变动会使汇率、国民收入、物价、货币供给等发生相应的变动，进而对国际收支失衡产生矫正作用。根据起作用的因素不同，可将自动调节机制分为三类：汇率调节机制、收入调节机制和货币调节机制。

1. 汇率调节机制

一国国际收支出现盈余或赤字，必然会对外汇市场产生压力，促使外币贬值或升值。如果该国政府允许汇率自由变动，则盈余或赤字就会被本币的充分贬值或充分升值所消除，从而使该国国际收支恢复平衡。通过汇率运动来达到国际收支的平衡是需要一定时间的，虽然时间的长短取决于商品价格弹性等因素，但由于弹性很低的情况是很罕见的并且是暂时的，因此，只要有足够的时间，汇率的自由波动就能自发地消除国际收支失衡。

2. 收入调节机制

收入调节机制是指如果在某一均衡收入水平上发生了国际收支盈余或赤字，国民经济中就会产生能够使收入水平发生变动的作用力，而收入的变化至少会部分地减少国际收支的失衡程度，如图 15.3 所示。

图 15.3 中，B 表示国际收支差额，假设资本流动忽略不计，则 B 就等于经常项目差额。假设国际收支起初是平衡的，如果某种外生变量使出口增长，则 $(X-M)_0$ 曲线向上移到 $(X-M)$ 的位置，从而在原有的国民收入水平 Y_0 上产生了 OB_0 的国际收支盈余。此时，Y_0 不再是收入的均衡水平。总流入比总流出多 QY_0，从而对国民收入产生扩张作用，在新的国民收入水平 Y_1 上，总流出与总流入重新恢复平衡。随着国民收入的提高，进口也会相应增加，从而促使国际收支盈余由 OB_0 下降为 OB_1，虽然盈余没有被完全消除，但实实在在地缩小了。

如果最初对国际收支的干扰不是来自出口增长，而是来自进口增长，则收入调节过程也可类似地通过投资、政府支出、储蓄、税收等的变动进行分析。

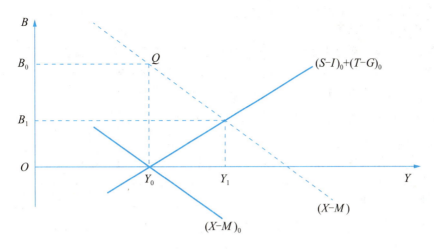

图 15.3　国际收支的收入调节机制

3. 货币调节机制

国际收支失衡会影响该国流通中的货币量，进而影响该国的利率、价格水平和公众持有的现金余额等变量，这些变量本身的变化又会起到缩小国际收支差额的作用，这就是国际收支的货币调节机制。如果没有政府的干预，它能自动消除国际收支失衡。假定一国货币当局采取严格的稳定汇率政策，因而汇率调节机制在这里不发生作用。在这种情况下，如果该国国际收支出现赤字，该国的基础货币减少，从而导致社会的货币量减少，其结果有以下几种。①该国国内价格水平相对于国外价格呈下降趋势，这会导致该国的出口增加、进口减少，从而减少该国的国际收支赤字。②一国货币量的减少会产生一个提高利率的短期效应，随着该国利率相对于国外有所提高，国内外投资者就会把他们的资金部分地转向该国资产，这会有助于产生资本账户的顺差，从而弥补或缩小最初的国际收支赤字。③国际收支赤字会减少该国货币总量，当现金余额由于货币总量的减少而下降到不能容忍的水平时，该国的居民就会减少对商品和劳务的支出，这会导致进口减少。另外，该国居民也可通过向国外卖出资产的办法暂时地扩大现金余额，这有助于产生资本项目的盈余。上述这些行为，都有助于减少最初的国际收支赤字。

通常来说，收入调节机制是"不完全"的，其调节作用在国际收支完全恢复平衡以前就会停止；而货币调节机制则是"完全"的，它将一直运行到国际收支失衡被完全消除。

（二）国际收支的政策引导机制

第二次世界大战以后，在以国际货币基金组织为基础的国际货币制度下，一国在国际收支失衡时可以采取的对策主要有以下几种。

1. 外汇缓冲政策

外汇缓冲政策是指运用官方储备的变动或向外短期借款来对付国际收支的短期性失衡。一般的做法是建立外汇平准基金，该基金保持一定数量的外汇储备和本币，当国际收支失衡造成外汇市场出现超额外汇供给或超额外汇需求时，货币当局就动用该基金在外汇市场上进行公开市场操作，通过买进或卖出外汇，消除超额的外汇供给或需求。这种政策以外汇为缓冲体，故称外汇缓冲政策。

如果国际收支失衡是由季节性因素或不正常的资本流动造成的，那么通过改变国内经济的运行来消除这种失衡，就会对国内经济造成不良影响。这时最好运用缓冲政策，使失衡的影响止于外汇储备阶段，从而使其不影响国内经济与金融的稳定运行。

外汇缓冲政策的难点在于如何判断失衡的类型，因为它仅能解决短期性国际收支失衡问题。对于长期的根本性失衡，该政策不仅不能解决，还会使失衡加剧，最终使国内经济因不可避免的调整而遭受极大的震动。此外，该政策的运用也要具备一定的条件：必须保持实施缓冲政策所需要的充足的外汇储备；必须具备实施公开市场操作的有效市场环境。

2. 需求管理政策

需求管理政策包括支出增减政策和支出转换政策。

（1）支出增减政策。支出增减政策又包括财政政策和货币政策，这类政策旨在通过改变社会总需求水平或总支出水平来改变对外国商品、劳务和金融资产的需求，从而达到调节国际收支的目的。支出增减政策主要用于消除国际收支的周期性失衡和货币性失衡，是第二次世界大战后各国普遍采用的方法。

财政政策的调节一般是从财政收入和财政支出两方面进行的，即通过对各类税收的调节和对公共支出系统的调节来实现政策目标。国家财政当局根据国际收支失衡的不同情况，分别采取宽松的和紧缩的财政预算对总需求进行直接调节，并通过对国内企业的传递，特别是对涉外企业的传递来实现其对国际收支的调节。以国际收支盈余为例，财政当局通过宽松的财政政策（减税或增加预算支出）刺激企业和个人的需求，从而推动收入增长或价格上升，结果是：出口减少，进口增加，盈余减少。

货币政策是指国家货币当局利用金融调控手段干预金融市场，进而扩大或缩小需求规模，达到平衡国际收支的目的。这些调控手段主要包括利率、信贷政策和公开市场操作等。具体来说，当一国处于赤字状态，需要实行紧缩政策时，货币当局可以采用的政策有以下几种：①提高利率，以增加融资成本的方式来限制货币需求的膨胀，并吸引外资流入；②提高法定存款准备金率，以紧缩信贷规模，从而达到限制进出口规模的目的；③实行公开市场业务的操作，以调节货币需求，从而减少国际收支赤字。

（2）支出转换政策。支出转换政策又包括汇率调整政策以及直接管制政策，这类政策旨在改变总需求和总支出的方向，将对外国商品和劳务的需求和支出转向对本国商品和劳务的需求和支出上来。下面以汇率调整政策为例进行说明。

一般情况下，本币贬值可以使国际收支逆差情况改善，而本币升值可以使国际收支逆差情况恶化。因而，汇率调整政策就是在国际收支发生逆差时实行本币贬值，在发生顺差时实行本币升值。应当注意的是，这里的汇率调整政策是指一国货币当局公开宣布的法定升值或法定贬值，不包括国际金融市场上一般性的汇率变动。汇率调整政策旨在改变外汇的供求关系，并经由进出口商品价格的变化、资本融进融出的实际收益或成本的变化等渠道来实现政策目标，因而它主要用来调节国际收支的货币性失衡。20世纪30年代，许多西方国家将其货币贬值到均衡汇率以下（竞争性贬值），以获得国际收支盈余，促进国内收入和就业增长。由于这种政策会使那些同样面临经济衰退的国家的国际收支恶化，因此这种政策实际上是

"出口失业，转嫁危机"的政策，因此，竞争性贬值又称"以邻为壑"的政策，这种政策会引发货币战。由于汇率是国际经济交易的价值尺度，不宜频繁变化，因此国际货币基金组织以稳定汇率为宗旨，在第二次世界大战后的相当长的时期内，仅在国际收支发生"根本性不平衡"时，才允许成员调整汇率。

汇率调整政策与支出增减政策具有两个共同的特点：一是这些政策发生的效应要通过市场机制方能实现；二是这些政策实施后不能立即取得效果，其发挥效应的过程较长。因此，在一些情况下，各国还必须采用直接的管制政策来调节国际收支。直接管制政策是指对国民经济交易进行直接行政干预的政策。它包括外汇管制和贸易管制。前者主要包括对汇率的管制和对外汇交易量的控制，后者是通过关税、配额、许可证制度来控制进出口。以直接管制政策调节国际收支的优点是起效迅速且效果显著。汇率调整政策和支出增减政策都必须先对外汇供求或生产活动产生影响后，才能发挥效果，这不但需要一定的时间，而且也不一定能够完全达到预期的目的。而实施直接管制政策，只要政策管理当局处理得当，即可迅速达到目的。此外，当国际收支失衡的原因为局部性因素时，针对该部分实施直接管制政策比较容易，且不必使整个经济发生变动，而汇率调整政策和支出增减政策则较难做到这点。直接管制政策也存在以下弊端。①直接管制政策会对价格机制产生阻碍，不利于自由竞争和资源的最佳配置，社会福利也难以实现最大化。②由于直接管制政策易于察觉，因而比汇率调整政策和支出增减政策更易招致他国的责难或报复。③暂时得到政策措施保护的受益者，在这种措施已经变得没有必要之后，也总是不愿让它废止，因而直接管制政策有一种长期持续的倾向。一般来说，直接管制政策作为调节国际收支的手段，应在其他对策不发生效果的情况下使用。例如，对于结构性失衡，汇率调整政策和支出增减政策往往收效甚微，只有直接管制政策这种具有差别性的手段对付这种失衡才较易奏效。

3. 供给管理政策

供给管理政策是指利用产业政策和科技政策来改善一国的经济结构和产业结构，以扩大该国出口商品和劳务的生产，提高产品质量，降低生产成本，最终实现增加社会产品（包括出口产品和进口替代产品）的供给，改善国际收支逆差的目的。此类政策虽然可以从根本上纠正失衡，但其难处在于用时较长，受本国综合经济实力的约束较大。

4. 国际合作政策

从调节国际收支的意义来说，国际合作政策包括两方面的内容。①通过国际金融机构实现经济金融合作，发挥国际金融机构对国际收支的调节作用，如国际货币基金组织、欧洲支付同盟等，根据成员的申请，为成员提供缓解其国际收支逆差所必需的信贷资金，使其国际收支失衡问题得到及时解决。②建立区域性或特定范围内的经济机构（如自由贸易区、输出国联盟、关税同盟、共同市场），以促进该区域或特定范围内的贸易自由化或经济一体化为直接目的，通过促进国际商品自由流动，推动国际经济的均衡发展，从而起到改善和调节国际收支的作用。

表15-5对各种调节国际收支失衡的政策和措施进行了归纳。

表 15-5　国际收支调节方式汇总表

政策性质及类型		政策/措施名称		操作	
				顺差	逆差
需求管理型	支出增减政策	财政政策	税收	减税	增税
			财政支出	增加	削减
		货币政策	利率	降低	提高
			法定存款准备金率	降低	提高
			公开市场业务	买入债券	卖出债券
	支出转换政策		外汇汇率	降低	提高
			直接管制	从宽、从松	从紧、从严
供给管理型		产业、科技政策		—	向出口倾斜
外汇缓冲型		官方（外汇）储备		积累、增加储备	使用、减少储备
		国际借贷		贷出资本	借入资本
其他类型		国际合作		加强合作	

习　　题

新冠疫情下的日本国际收支结构保持相对稳定

一、选择题（含单项选择题和多项选择题）

1. 最早的国际收支概念是指（　　）。
   A. 广义国际收支　　B. 狭义国际收支
   C. 贸易收支　　　　D. 外汇收支

2. 判断一项交易是否属于国际收支范围的依据是（　　）。
   A. 国籍　　　　B. 地理位置　　　　C. 民族　　　　D. 经济利益中心

3. 为使国际收支的借贷数额相等而人为设立的抵消账户是（　　）。
   A. 经常账户　　B. 净误差与遗漏　　C. 官方储备账户　　D. 资本和金融账户

4. 一国的利息、股息和股利收支属于国际收支平衡表中的（　　）。
   A. 储备账户　　　　　　　　　B. 经常账户
   C. 单方转移收支账户　　　　　D. 资本和金融账户

5. 若在国际收支平衡表中，储备资产项目为-100 亿美元，则表示该国（　　）。
   A. 增加 100 亿美元的储备　　　B. 减少 100 亿美元的储备
   C. 人为账面平衡，不说明问题　D. 无法判断

6. 在我国的国际收支总体顺差中，以下账户中贡献最大的是（　　）。
   A. 经常账户　　B. 资本账户　　C. 金融账户　　D. 境外投资

7. 在国际收支平衡表中，被列入经常项目的是（　　）。
   A. 进出口　　　B. 服务　　　C. 投资收入　　　D. 侨汇

8. 在国际收支平衡表中，属于中国居民的机构是（ ）。
   A. 在我国建立的外资企业　　　　　B. 我国的国有企业
   C. 我国驻外使馆工作的外交人员　　D. 国际货币基金组织等驻华机构
9. 应记入贷方的项目是（ ）。
   A. 反映进口商品实际资源的经常项目
   B. 反映出口商品实际资源的经常项目
   C. 反映资产增加或负债减少的资本和金融项目
   D. 反映资产减少或负债增加的资本和金融项目
10. 国际收支逆差对经济的负面影响包括（ ）。
    A. 外汇储备减少　　　　　　　　B. 影响投资者的信心
    C. 国内发生通货膨胀　　　　　　D. 该国货币升值
11. 国际收支出现顺差时应采取的调节政策有（ ）。
    A. 扩张性财政政策　　　　　　　B. 紧缩性货币政策
    C. 鼓励出口的信用政策　　　　　D. 降低关税
12. 直接管制政策是指政府通过发布行政命令，对国际经济交易进行行政干预，以使国际收支达到平衡，主要包括（ ）。
    A. 金融管制　　B. 财政管制　　C. 贸易管制　　D. 行政管制

二、名词解释

国际收支　非居民　国际收支平衡表　经常账户　资本和金融账户　经常项目差额　综合差额　自主性交易　国际收支的动态平衡　国际收支失衡　国际收支的自动调节机制

三、简答题

1. 国际收支的概念及内涵是什么？
2. 国际收支平衡表由哪些项目构成？它们相互之间存在哪些关系？
3. 什么是国际收支的自动调节机制？
4. 调节国际收支失衡的必要性有哪些？
5. 影响国际收支变动的因素有哪些？它们是如何影响国际收支变动的？
6. 利用汇率工具调节国际收支失衡应考虑什么条件？为什么？

四、论述题

1. 论述各类国际收支失衡调节政策的利与弊。
2. 试述一国国际收支不平衡对该国经济的影响。
3. 论述各种国际收支理论的基本观点或主要结论。

附　　录

AI 伴学内容及提示词

AI 伴学工具：生成式人工智能工具，如 Deepseek、Kimi、豆包、腾讯元宝、文心一言等

序号	AI 伴学内容	AI 提示词
1	第1章　货币	请用货币本质理论解释：为什么货币是"一般等价物"？
2		解释货币的五大职能（价值尺度、流通手段、贮藏手段、支付手段、世界货币）
3		我国如何划分货币层次？其划分依据是什么？
4		比较实物货币、代用货币和信用货币的典型特征，各举一例说明其历史或现实应用场景。解释为什么信用货币成为现代主流形态？
5		基于货币的演进历史，讨论比特币是否具备货币的特征与职能？
6		出一套关于货币本质的自测题，题型为选择题
7	第2章　货币制度	什么是货币制度？简述货币制度的构成要素
8		简述劣币驱逐良币规律
9		简述牙买加体系的缺陷
10		布雷顿森林体系崩溃的原因以及对当代国际货币体系的启示
11		中央银行数字货币(CBDC)对传统货币制度带来哪些挑战？
12		出一套关于国际货币体系的自测题，题型为选择题
13	第3章　信用	简述信用的本质及功能
14		简述商业信用与银行信用的特点与联系
15		高利贷信用与资本主义信用的区别
16		消费信用过度扩张所带来的消极作用
17		比较直接融资和间接融资的优缺点
18		出一套信用风险管理的自测题，题型为选择题

续表

序号	AI 伴学内容	AI 提示词
19	第4章　利息与利率	年金可以分为几种类型，它们的计算公式分别是什么？
20		现值与终值的区别
21		名义利率与实际利率之间的区别与联系
22		对比分析三种利率决定理论：古典利率理论、流动性偏好理论、可贷资金利率理论
23		简述利率的影响因素
24		出一套有关于利率政策的自测题，题型为选择题
25	第5章　金融机构	简述金融机构体系的构成
26		运用交易成本理论和信息不对称理论，解释金融机构存在的必要性
27		我国政策性银行有哪些？主要任务是什么？
28		简述金融机构的功能
29		出一套关于金融机构的自测题，题型为选择题
30	第6章　商业银行	简述商业银行的职能
31		商业银行业务的主要内容
32		简述商业银行应遵循的经营管理原则以及这些原则的联系与冲突
33		商业银行的经营模式有哪些？
34		根据贷款的风险程度，可将贷款分为几类？其中不良贷款有哪些？
35		商业银行资产负债管理理论的发展趋势
36		出一套关于商业银行信用风险的自测题，题型为选择题
37	第7章　中央银行	简述中央银行产生的主要原因
38		简述中央银行的性质与职能
39		什么是中央银行相对独立性？有什么内容？
40		中央银行业务活动的原则有哪些？
41		中央银行货币发行的渠道有哪些？
42		出一套关于中央银行的自测题，题型为选择题
43	第8章　金融监管	简述金融监管的含义及其必要性
44		金融监管的内容有哪些？
45		简述分业监管体制、集中监管体制和不完全集中监管体制的优势和不足
46		金融监管的一般方法有哪些？
47		简述《巴塞尔协议Ⅱ》的三大支柱
48		出一套关于金融监管的自测题，题型为选择题
49	第9章　金融市场	金融市场有哪些分类？
50		不同市场的分类和特征是什么？
51		金融市场具有哪些功能？
52		股票、债券的本质差异是什么？如何根据风险收益特征构建投资组合？

续表

序号	AI 伴学内容	AI 提示词
53	第9章 金融市场	证券投资基金的主要特点是什么？
54		影响外汇汇率变动的因素主要有哪些？
55		阐释股票、债券、投资基金、期货、期权、远期、互换等不同类型的金融工具的性质和特点
56		出一套关于金融市场基本知识的自测题，题型为选择题
57	第10章 货币需求	货币需求的内涵和分类是什么？
58		简述凯恩斯的流动性偏好论
59		简述弗里德曼的货币需求理论
60		在马克思的货币需求理论中，商品流通与货币流通的关系是什么样的？
61		现金交易数量说和现金余额数量说的基本观点有哪些不同？
62		阐述新古典综合学派货币需求理论中的"平方根定律"和托宾模型的主要观点
63		费雪方程式与剑桥方程式的逻辑差异是什么？
64		出一套关于货币需求基本知识的自测题，题型为选择题
65	第11章 货币供给	简述货币供给的概念及其双重性质、统计口径
66		简述名义货币供给与实际货币供给的关系
67		简述商业银行和中央银行在货币供给的形成过程中所起的作用
68		简述乔丹关于货币供给的分析的基本内容
69		简述影响货币供给的各种因素及现代货币供给的形成机制
70		分析弗里德曼和施瓦茨的货币供给模型与卡甘的货币供给模型之间的联系与区别
71		出一套关于货币供给的自测题，题型为选择题
72	第12章 货币均衡	简述货币均衡的概念和实现条件？
73		简述货币供给分别作为内外生变量时的简单货币均衡
74		简述 IS-LM 模型
75		货币均衡与社会总供求均衡有什么关系？
76		出一套关于货币均衡的自测题，题型为选择题
77	第13章 通货膨胀与通货紧缩	通货膨胀有哪些类型？阐释不同类型通货膨胀的成因
78		通货膨胀对经济带来什么影响？
79		通货膨胀是否需要治理？如何治理？
80		通货紧缩有哪些类型？造成通货紧缩的原因有哪些？
81		通货紧缩对经济带来什么影响？
82		治理通货紧缩的手段有哪些？
83		出一套关于通货膨胀率与通货紧缩的自测题，题型为选择题
84	第14章 货币政策	西方国家的货币政策目标通常有哪些？
85		解释菲利普斯曲线
86		简述经济增长与国际收支平衡之间的关系
87		什么是货币政策中介指标及如何选择货币政策中介指标？

续表

序号	AI伴学内容	AI提示词
88	第14章 货币政策	简述三大一般性货币政策工具的作用机制及特点
89		简述凯恩斯、弗里德曼、托宾的货币政策传导机制
90		谈谈你对货币政策有效性的认识
91		出一套关于货币政策的自测题,题型为选择题
92	第15章 国际收支及其调节	国际收支的概念及内涵是什么?
93		国际收支平衡表的构成及它们相互之间存在哪些关系?
94		什么是国际收支的自动调节机制?
95		调节国际收支失衡的必要性有哪些?
96		影响国际收支变动的因素有哪些?它们是如何影响国际收支变动的?
97		调节国际收支失衡的方法有哪些及其利弊?
98		利用汇率工具调节国际收支失衡应考虑什么条件?为什么?
99		试述一国国际收支不平衡对该国经济的影响
100		简述各种国际收支理论的基本观点或主要结论
101		出一套关于国际收支及其调节的自测题,题型为选择题

参 考 文 献

艾洪德，范立夫，2011. 货币银行学[M]. 大连：东北财经大学出版社.
博迪，凯恩，马科斯，2017. 投资学精要：第10版[M]. 北京：清华大学出版社.
曹龙骐，2010. 金融学[M]. 3版. 北京：高等教育出版社.
成力为，2003. 货币银行学[M]. 北京：科学出版社.
戴国强，2006. 货币金融学[M]. 上海：上海财经大学出版社.
何翔，董琳娜，2016. 金融学：货币银行学[M]. 北京：清华大学出版社.
胡继之，1997. 金融衍生产品及其风险管理[M]. 北京：中国金融出版社.
黄达，2012. 金融学[M]. 3版. 北京：中国人民大学出版社.
蒋先玲，2013. 货币金融学[M]. 北京：机械工业出版社.
莱德勒，1989. 货币需求：理论、证据和问题[M]. 戴国强，译. 上海：生活•读书•新知三联书店上海分店.
李扬，王松奇，2000. 中国金融理论前沿[M]. 北京：社会科学文献出版社.
廖进中，1999. 现代货币银行学[M]. 长沙：湖南人民出版社.
刘光第，1996. 中国经济体制转轨时期的货币政策研究[M]. 北京：中国金融出版社.
娄祖勤，1998. 商业银行资产负债比例管理与资产风险管理[M]. 成都：西南财经大学出版社.
陆世敏，赵晓菊，1998. 现代商业银行经营与管理[M]. 上海：上海财经大学出版社.
迈耶，杜森贝，阿利伯，1990. 货币，银行与经济[M]. 吴立范，姚爱民，蔡赤萌，等译. 北京：中国金融出版社.
汪爱利，郑沈芳，童建良，1996. 商业银行信贷管理[M]. 上海：立信会计出版社.
王长江，2018. 公司金融学[M]. 北京：北京大学出版社.
王广谦，2011. 中央银行学[M]. 3版. 北京：高等教育出版社.
王松奇，李扬，王国刚，1997. 金融学[M]. 北京：中国金融出版社.
王兆星，吴国祥，张颖，2006. 金融市场学[M]. 北京：中国金融出版社.
王振山，高顺芝，1999. 商业银行信贷管理[M]. 大连：东北财经大学出版社.
王志伟，2000. 货币政策有效性的制约分析[J]. 上海金融（1）：15-17.
吴晓求. 王广谦，2013. 金融理论与政策[M]. 北京：中国人民大学出版社.
夏德仁，李念斋，1997. 货币银行学[M]. 北京：中国金融出版社.
徐英富，2007. 货币银行学[M]. 北京：机械工业出版社.
杨长江，张波，王一富，2004. 金融学教程[M]. 上海：复旦大学出版社.
杨建民，1996. 货币银行学概论[M]. 广州：中山大学出版社.
杨星，2000. 金融创新[M]. 广州：广东经济出版社.
姚遂，李健，1999. 货币银行学：修订本[M]. 2版. 北京：中国金融出版社.
张辉，1997. 金融学[M]. 南宁：广西民族出版社.
张亦春，郑振龙，2003. 金融市场学[M]. 2版. 北京：高等教育出版社.
赵海宽，郭田勇，1998. 中国金融体制改革20年[M]. 郑州：中州古籍出版社.
周骏，王学青，1996. 货币银行学原理[M]. 北京：中国金融出版社.
周慕冰，1993. 西方货币政策理论与中国货币政策实践[M]. 北京：中国金融出版社.